能源互联网
商业模式创新

王君安 ◎ 著

·北京·

图书在版编目（CIP）数据

能源互联网商业模式创新 / 王君安著. --北京：中国经济出版社，2022.5
ISBN 978-7-5136-6935-1

Ⅰ.①能… Ⅱ.①王… Ⅲ.①互联网络-应用-能源发展-商业模式-中国 Ⅳ.①F426.2-39

中国版本图书馆CIP数据核字（2022）第084856号

责任编辑　郭国玺
责任印制　巢新强
封面设计　任燕飞工作室

出版发行　中国经济出版社
印　刷　者　北京艾普海德印刷有限公司
经　销　者　各地新华书店
开　　　本　710mm×1000mm　1/16
印　　　张　23.75
字　　　数　352千字
版　　　次　2022年5月第1版
印　　　次　2022年5月第1次
定　　　价　98.00元
广告经营许可证　京西工商广字第8179号

中国经济出版社　网址 www.economyph.com　社址 北京市东城区安定门外大街58号　邮编 100011
本版图书如存在印装质量问题，请与本社销售中心联系调换（联系电话：010-57512564）

版权所有　盗版必究（举报电话：010-57512600）
国家版权局反盗版举报中心（举报电话：12390）　　服务热线：010-57512564

前　言

　　中国将提高国家自主贡献力度，采取更加有力的政策和措施，二氧化碳排放力争于2030年前达到峰值，努力争取2060年前实现碳中和。各国要树立"创新、协调、绿色、开放、共享"的新发展理念，抓住新一轮科技革命和产业变革的历史性机遇，推动疫情后世界经济"绿色复苏"，汇聚起可持续发展的强大合力。

——习近平主席2020年9月22日在第75届联合国大会上的讲话

　　面向碳中和目标的能源转型是全人类共同努力的方向。全球能源体系正在经历零碳新能源技术、现代通信技术突飞猛进所带来的重大转变，全球主要经济体纷纷制定了实现碳中和目标的时间节点。截至2021年1月，全球已有超过120个国家和地区宣布了碳中和目标。习近平主席2020年9月22日在联合国大会上做出以上庄重承诺，展现了中国在应对全球气候变化问题上的大国担当。我国要实现碳达峰到碳中和，只有30年时间，而发达国家所用的时间是70~80年。实现"3060"目标，可谓时间紧、任务重、难度大。从化石能源驱动向清洁可再生能源驱动的社会经济转型，最大的挑战在于如何快速推广可再生能源技术应用，因而能源领域的商业模式创新显得尤为迫切。

　　许多国家的能源领域出现了三大发展趋势，即清洁化、数字化和市场自由化。这三大趋势相互作用，表现为能源系统和互联网、物联网、大数据、云计算以及可再生能源技术相融合，形成敏捷智慧的能源系统和开放联通的能源市场——"能源互联网"（Energy Internet）。能源互联网将深刻改变我们的生产和生活，包括发电、配电、用电方式，汽车动力来源以及房屋制冷、供暖方式等。能源互联网还有望有效解决能源经济中信息不对称的问题，实

能源互联网商业模式创新

现能源市场的资源配置优化和交易成本降低。

2015年9月26日，习近平主席在联合国发展峰会上倡导"探讨构建全球能源互联网，推动以清洁和绿色方式满足全球电力需求"。能源互联网是信息技术与能源技术融合发展的必然趋势，全球能源互联网"中国倡议"已成为各国共识。[①] 目前，对能源互联网实现途径的探讨主要在能源基础设施、技术创新层面展开，但能源互联网相关技术的商业推广离不开商业模式创新研究，因为商业模式是技术创新和价值创造之间的媒介。例如，客户侧可再生能源发电相关的商业模式创新研究可能增加适当的价值主张，为实现这些价值主张进行创新性的价值创造和价值传递，有助于打破当前能源转型的壁垒。能源互联网商业模式创新在提升可再生能源比率和解决能源效率低下方面具有巨大潜力，目前尚缺乏相关研究。

全书将商业模式理论融入社会技术系统转型理论，从宏观、中观、微观三个层面展开论述，探讨社会技术系统转型背景下的能源互联网商业模式创新动力，面向清洁可再生能源不同参与主体的商业模式创新设计，提出促进能源互联网商业模式创新的政策建议。全书共十三章（包括绪论），主要包括能源互联网商业模式创新的理论基础、历史背景，能源互联网商业模式创新的"景观"层次分析，能源互联网商业模式创新有望突破中国能源转型困境，能源互联网商业模式的内在逻辑和创新动能分析，中国电力企业、在位企业能源互联网市场参与主体的商业模式创新，面向需求响应（DR）的能源互联网商业模式创新、能源互联网价值链中潜在商业模式创新、能源互联网商业模式创新类型以及促进能源互联网商业模式创新的政策建议。在探讨全球丰富的能源互联网商业模式创新案例的基础上，为我国能源互联网各类参与主体提供参考。

总体来说，在探求能源行业未来革命性转变的能源互联网市场发展场景

---

① 新华网．"全球能源互联网中国倡议"已成为各国共识［N/OL］．经济日报，（2017-11-01）［2021-10-10］．http：//www.xinhuanet.com//info/2017-11/01/c_136719257.htm.

的基础上，本书勾勒出全球特别是中国能源体系未来发展的市场机遇与挑战，为相关企业商业模式创新提供可能的思路。本书所提出的商业模式创新旨在推动可再生能源份额的增加，并为搭建健全的能源互联网商业系统提供建议。本书具有以下理论价值和应用价值：

第一，从商业模式创新角度对能源互联网的研究可促进能源互联网市场理论的发展。本书融合跨学科多领域的成果，对促进多学科融汇交流和能源互联网市场理论的发展具有一定意义。

第二，从商业模式创新角度对能源互联网进行研究有助于推进能源互联网可持续发展实践。商业模式创新研究有助于政府、市场、社会不同主体以更有效率的方式应对能源互联网带来的挑战。

第三，从商业模式创新角度对能源互联网进行研究有助于提高国家综合实力。中国发展能源互联网既是源于对气候环境的关切，有助于提升国民幸福度；也是为了深化改革，打破能源行业的垄断，激发市场活力，提升市场对资源配置的效率，降低企业成本，增强国际竞争力。

第四，从商业模式创新角度对能源互联网进行研究可以明确政府与市场在能源互联网创新活动中的职责边界，发挥社会组织及公众的群体智慧，为希望转变能源治理模式、推进能源互联网发展的政策制定者提供思路，对可持续的能源规划治理框架和能源互联网市场体制设计具有一定参考价值。

第五，以商业模式理论为分析框架，审视能源企业传统商业模式及其面临的挑战，研究在能源互联网发展趋势下在位企业进行商业模式创新的方式，推进能源互联网市场推广层面的研究。同时，本书也为新进企业主动寻求能源互联网市场机会，积极尝试商业模式创新提供了思路，具有一定的实践指导价值。

值得一提的是，数字经济下很多商业模式创新颠覆了传统商业模式的逻辑。例如，优步（Uber）作为世界上最大的出租车公司，并不拥有一辆汽车；脸书（Facebook）作为全球最受欢迎的社交媒体之一，本身并不创造内容；

阿里巴巴（Alibaba）作为全球最大的零售商之一，根本没有任何存货；还有爱彼迎（Airbnb），虽然是全球最大的住宿供应商，却不拥有房产；等等。作为数字经济重要构成部分的能源互联网企业，其商业模式创新同样很难直接套用某个现成的商业模式，本书仅提供创新的各种思路和可能性。

本书将理论研究与实践研究相结合，对来自全球的众多能源互联网商业模式创新案例进行分析研究，对关注能源互联网商业前景的研究者、投资者、创业者、政府部门和企业管理者具有一定的参考价值。本书也可以作为能源经济学专业、能源互联网工程专业、能源服务工程专业的创新创业类教学参考用书。

本书是湖北省教育厅2019年度哲学社会科学研究项目"面向能源互联网的能源企业商业模式创新研究"（项目编号：19Y081）、湖北省资源枯竭型城市转型与发展研究中心开放基金"面向工业4.0的资源型城市可持续能源转型路径研究"（项目编号：KF2021Y01）、湖北省教育厅2020年教学研究项目"面向双创'转识成智'：线上线下深度融合的课堂教学模式研究"（项目编号：2020611）的研究成果。

书中难免存在观点偏颇、表述不准甚至谬误之处，本人对此文责自负。欢迎读者批评指正！

王君安

2021年5月6日

目 录

绪 论 ··· 1

第一节 选题背景、选题意义和研究思路与方法 ······················ 1
 一、选题背景 ··· 1
 二、选题意义 ··· 5
 三、研究思路与方法 ·· 7
 四、研究价值 ··· 8

第二节 能源互联网的概念界定 ·· 10
 一、能源互联网的概念内涵 ···································· 10
 二、能源互联网的相关概念 ···································· 12
 三、能源互联网遵从互联网经济三大定律 ················· 13

第三节 能源互联网的发展理念 ·· 14
 一、开放 ··· 15
 二、互联 ··· 15
 三、清洁 ··· 16
 四、分布式 ·· 17
 五、数字化 ·· 18
 六、以用户为中心 ·· 21

第四节 能源互联网生态系统 ··· 23
 一、能源互联网生态系统的概念界定 ······················· 23
 二、能源互联网生态系统中的信息流、业务流、能量流和资金流 ······ 27
 三、能源互联网生态系统中的节点企业 ···················· 28

四、能源互联网生态系统带来的价值 ……………………………………… 30

第一章　能源互联网商业模式创新的理论基础 …………………………… 31

第一节　商业模式创新相关理论 ……………………………………… 31
一、创新与可持续创新 …………………………………………… 31
二、商业模式 ……………………………………………………… 37
三、商业模式创新 ………………………………………………… 43
四、可持续创新与商业模式创新 ………………………………… 47

第二节　社会技术系统转型理论 ……………………………………… 49
一、大技术系统 …………………………………………………… 51
二、多层次视角 …………………………………………………… 52
三、三重嵌入框架 ………………………………………………… 57

第三节　能源互联网商业模式创新研究基础 ………………………… 60
一、能源转型研究 ………………………………………………… 60
二、能源互联网商业模式创新研究 ……………………………… 65
三、能源互联网商业模式创新与社会、环境和复杂价值 ……… 69

第二章　能源互联网商业模式创新的历史背景 …………………………… 72

第一节　能源开发利用史纵览 ………………………………………… 72
一、能源与工业革命 ……………………………………………… 72
二、能源互联网与工业4.0 ……………………………………… 74

第二节　能源转型路径 ………………………………………………… 81
一、脱碳、低碳发展、低碳转型 ………………………………… 82
二、能源互联网商业模式创新推动能源转型 …………………… 85

第三节　工业4.0时代的能源互联网商业模式创新发展 …………… 89
一、人工智能与能源互联网商业模式创新 ……………………… 90
二、区块链与能源互联网商业模式创新 ………………………… 95
三、智慧能源与能源互联网商业模式创新 ……………………… 98

四、智慧城市与能源互联网商业模式创新 …………………… 102

第三章　能源互联网商业模式创新的"景观"层次分析 ………… 105

　第一节　能源互联网商业模式创新所处的宏观趋势 ……………… 105
　　一、社会文化趋势 …………………………………………… 106
　　二、经济趋势 ………………………………………………… 109
　　三、技术趋势 ………………………………………………… 112
　　四、政策法规趋势 …………………………………………… 118

　第二节　经济影响因素 ………………………………………………… 121
　　一、全球市场情况 …………………………………………… 121
　　二、资本市场 ………………………………………………… 122
　　三、资源禀赋 ………………………………………………… 123
　　四、能源互联网基础设施 …………………………………… 125

　第三节　市场影响因素 ………………………………………………… 126
　　一、市场创新 ………………………………………………… 126
　　二、能源互联网需求侧市场机会窗打开 …………………… 128
　　三、能源企业面临业务转型压力 …………………………… 131
　　四、行政权力配置资源向市场配置资源过渡 ……………… 131

　第四节　行业影响因素 ………………………………………………… 132
　　一、能源互联网对相关行业的影响 ………………………… 132
　　二、能源互联网主要的参与主体 …………………………… 136
　　三、不同行业的跨界融合 …………………………………… 137

第四章　能源互联网商业模式创新有望突破中国能源转型困境 … 142

　第一节　多层次视角下新中国能源发展转型历程 ………………… 144
　　一、现行能源体制确立，创新利基受抑制（1952—1977 年）… 146
　　二、在稳定的能源体制中培育创新利基（1978—2002 年）… 146
　　三、利基和能源体制同步扩展（2003—2014 年）………… 148

四、利基层次对现行能源体制构成冲击（2015—2019 年） ………… 149

五、利基市场商业模式创新加速（2020 年至今） …………………… 154

第二节 多层次视角下中国能源转型所面临的挑战 ……………………… 155

一、能源体制层面：政府干预占主导，资源难以实现最优配置 …… 156

二、能源体制与景观、利基层面：市场主体缺失，竞争协调机制
不畅 …………………………………………………………………… 157

第三节 能源互联网多层次突破能源转型困境 …………………………… 158

一、外界形势压力促成能源互联网兴起 …………………………… 159

二、能源互联网为能源体制创新开辟新空间 ……………………… 159

三、能源互联网带来利基创新的新动力 …………………………… 160

四、能源互联网市场利基先行者和在位企业商业模式协同演化 … 164

第五章 能源互联网商业模式的内在逻辑 ……………………………………… 167

第一节 能源互联网商业模式的价值主张 ………………………………… 171

第二节 能源互联网商业模式的目标客户 ………………………………… 172

一、能源认知和需求差异大 ………………………………………… 175

二、青睐一体化能源服务 …………………………………………… 177

三、变单纯消费者为"产消者" …………………………………… 178

四、重视参与感，喜欢数字互动 …………………………………… 179

第三节 能源互联网商业模式的价值创造与价值传递 …………………… 180

一、满足消费者需求 ………………………………………………… 180

二、开发新增长平台 ………………………………………………… 182

三、增加双向互动 …………………………………………………… 183

四、建立合作伙伴关系网络 ………………………………………… 183

五、发展核心能力 …………………………………………………… 185

第四节 能源互联网商业模式的成本和盈利：价值获取 ………………… 188

一、成本分析 ………………………………………………………… 188

二、价格分析 ………………………………………………… 190
　　三、计费和支付方案 ……………………………………… 191

第六章　能源互联网商业模式创新动能分析 ……………… 194
　第一节　能源互联网商业模式创新的阻力 ……………… 194
　　一、认知障碍和行为障碍 ………………………………… 195
　　二、技术障碍和能力障碍 ………………………………… 197
　　三、组织惯性 ………………………………………………… 197
　　四、财务障碍 ………………………………………………… 199
　　五、监管障碍 ………………………………………………… 199
　第二节　能源互联网商业模式创新的驱动力 …………… 200
　　一、需求驱动 ………………………………………………… 200
　　二、技术进步驱动 …………………………………………… 201
　　三、企业家精神驱动 ……………………………………… 207
　　四、竞争驱动 ………………………………………………… 211
　　五、政策驱动 ………………………………………………… 212

第七章　中国电力企业能源互联网商业模式创新 ………… 215
　第一节　中国电力企业传统商业模式亟须创新 ………… 216
　　一、电力部门传统商业模式演变 ………………………… 217
　　二、传统商业模式面临挑战 ……………………………… 218
　第二节　能源互联网下电力企业商业模式创新 ………… 222
　　一、价值主张创新 …………………………………………… 222
　　二、客户界面创新 …………………………………………… 224
　　三、基础架构创新 …………………………………………… 226
　　四、盈利模式创新 …………………………………………… 227
　第三节　电力企业能源互联网商业模式创新演化 ……… 230

第八章　在位企业能源互联网商业模式创新 …… 232
第一节　在位能源企业的现行商业模式画布 …… 234
第二节　从资源驱动转向客户驱动的商业模式创新 …… 236
第三节　代表性商业模式创新画布 …… 242
一、绿色能源公用事业部门的商业模式画布 …… 242
二、能源合作公用事业公司的商业模式画布 …… 243
三、面向产消者的公用事业公司的商业模式画布 …… 245
四、产消者服务商的商业模式画布 …… 246

第九章　面向需求响应的能源互联网商业模式创新 …… 248
第一节　面向需求响应的能源互联网商业模式创新主体 …… 251
一、能源互联网需求响应市场类型 …… 252
二、能源互联网市场利益相关者 …… 252
三、能源互联网市场不同类型的企业 …… 254
第二节　能源互联网灵活需求响应的商业模式创新 …… 259
第三节　能源服务商商业模式创新 …… 261
一、以分布式能源为核心的专业化能源服务公司商业模式 …… 261
二、分布式能源运营企业的电力购买协议或电力租赁商业模式 …… 263
第四节　分布式能源运营企业商业模式创新 …… 263
一、业主托管模式 …… 265
二、第三方所有（Third-Party-Owned，TPO）模式 …… 268
三、社区共享（Community-Shared，CS）模式 …… 271
四、分布式能源运营企业商业模式创新设计 …… 275
五、基于需求响应的虚拟电厂商业模式创新案例 …… 279

第十章　能源互联网价值链中潜在商业模式创新 …… 281
第一节　生产环节中潜在商业模式创新 …… 283
一、可再生能源发电厂到电力批发市场销售 …… 285

二、与消费者签订实体购电协议 ………………………………… 286

　　三、与消费者签订非实体购电协议 ……………………………… 287

　　四、自产自消型可再生能源发电 ………………………………… 288

　　五、现场电力转换为 X（介质/能量/服务） …………………… 289

　第二节　输配环节中潜在商业模式创新 ………………………………… 290

　　一、基于主动配电网的智慧能源管理系统提供商商业模式 …… 290

　　二、基于智能微电网的分布式能源资源聚合商商业模式 ……… 291

　　三、基于储能和智能微电网的储能提供商商业模式 …………… 293

　　四、配电系统平台（Distribution System Platform，DSP）模式 … 296

　第三节　交易环节中潜在商业模式创新 ………………………………… 297

　　一、能源互联网售电交易平台 …………………………………… 298

　　二、P2P 能源交易模式 …………………………………………… 300

　第四节　用户服务中潜在商业模式创新 ………………………………… 302

　　一、企业能源服务 ………………………………………………… 303

　　二、家庭能源服务 ………………………………………………… 304

　　三、综合能源服务 ………………………………………………… 306

第十一章　能源互联网商业模式创新类型 …………………………………… 309

　第一节　基于能源流的能源互联网商业模式创新 ……………………… 309

　　一、基于可再生能源的智能电站商业模式创新 ………………… 309

　　二、基于电动汽车的商业模式创新 ……………………………… 310

　　三、基于充电桩的商业模式创新 ………………………………… 311

　　四、基于储能的商业模式创新 …………………………………… 315

　第二节　基于信息流的能源互联网商业模式创新 ……………………… 317

　　一、开放的能源互联网平台思维 ………………………………… 318

　　二、平台思维下能源互联网商业模式创新 ……………………… 322

　　三、基于信息平台的能源互联网商业模式创新案例：Opower … 323

第三节　基于资金流的能源互联网商业模式创新 …………… 324
　　　一、光伏租赁与资产证券化模式 ………………………………… 326
　　　二、众筹模式 ……………………………………………………… 328
第十二章　促进能源互联网商业模式创新的政策建议 ………… 330
　　第一节　创建促进能源互联网商业模式创新的市场机制 …… 330
　　　一、交易机制 ……………………………………………………… 331
　　　二、供求机制 ……………………………………………………… 333
　　　三、价格机制 ……………………………………………………… 334
　　　四、竞合机制 ……………………………………………………… 340
　　　五、创新机制 ……………………………………………………… 341
　　　六、风险机制 ……………………………………………………… 342
　　第二节　创新包容的能源互联网商业模式治理方式 ………… 343
　　　一、营造有利于能源互联网商业模式创新的市场监管环境 …… 344
　　　二、完善激励能源互联网商业模式创新的能源政策 …………… 346
参考文献 …………………………………………………………………… 350
后　记 ……………………………………………………………………… 364

绪　论

第一节　选题背景、选题意义和研究思路与方法

一、选题背景

能源是经济发展的基础，也是现代社会文明的基石。全球正面临气候变化、环境污染、化石能源短缺等一系列长期挑战，可持续发展必然要求能源市场进行彻底而系统的变革，面向碳中和目标进行能源转型。所有低碳情景都要求现行能源体制的制度、技术、用户实践和商业模式实现重大改变。然而，全球低碳能源转型的速度还不够快，难以避免气候变化所带来的糟糕影响，而人类对气候变暖带来的后果仍待进一步了解。①

中国不仅是当今世界最大的碳排放国，也是世界最大的可再生能源投资国，拥有最大的能源市场；中国既是全球能源体系的主要参与者，也是能源互联网的倡导者和关键推动者。"中国建成了全球最大的清洁能源系统，新能源汽车产销量连续5年居世界首位。"②《联合国气候变化框架公约》（UNFCCC）秘书处执行秘书帕特里夏·埃斯皮诺萨曾这样评价："中国为降低碳排放所做出的努力得到了越来越多的认可，甚至成为清洁能源领域的领军国家。"中国目前正在深入推进经济增长方式的转变，加快能源转型步伐。在2016年的《巴黎协

---

① 例如，气候变化可能在新冠病毒的演变或传播中发挥了关键作用。据 Robert Beyer 等（2021）的研究，蝙蝠可能是几种感染人类的冠状病毒（CoV）的人畜共患源。由于大量温室气体排放扩展了适宜蝙蝠生存的森林栖息地，使得部分地区成为蝙蝠传播冠状病毒的热点地区。参见：BEYER R, MANICA A, MORA C. Shifts in global bat diversity suggest a possible role of climate change in the emergence of SARS-COV-1 and SARS-COV-2 [J]. Science of the Total Environment, 2021 (767): 1-5.

② 摘自2020年11月22日习近平主席在二十国集团领导人利雅得峰会"守护地球"主题边会上的致辞。

定》中，中国承诺2030年之前达到碳排放峰值；2020年9月22日，中国在联合国大会上郑重承诺，到2060年前实现碳中和。[①] 为实现"3060"目标，几乎所有行业要在30年时间里达到近零碳排放，中国需要加快推进能源转型。

能源转型是指能源生产和消费结构发生根本性的改变，它对一国经济社会发展乃至全球地缘政治格局都将产生深刻影响。清洁化、全球化、智能化是《巴黎气候协定》确定的全球能源转型战略方向（见表0-1）。要实现《巴黎气候协定》的气候变化目标，就要加快能源转型。

表0-1　《巴黎气候协定》2℃温控目标下不同情景参数设计[②]

参数	参考情景	加速智能互联情景	2℃温控情景
经济社会	经济年均增长2.6%，人口年均增长0.8%	经济更快增长，年均增长2.8%；人口增长放缓，年均增长0.5%	经济年均增长2.6%，人口年均增长0.8%
能源效率	车辆燃油经济性年均提高1.5%左右；燃煤发电效率年均增长0.3%左右；2050年工业部门等用能技术效率较目前提高25%左右	车辆燃油经济性年均提高2%左右；燃煤发电效率年均增长0.5%左右；2050年工业部门等用能技术效率较目前提高35%左右	节能技术取得重大进展，车辆燃油经济性年均提高3%以上；2050年工业部门等用能技术效率较目前提高50%以上
技术发展	可再生能源发电成本下降幅度逐步减小；储能技术在2025年前后具备竞争力；电动汽车（LEV）与燃料电池车分别于2025年和2035年前具备经济性	智能化技术突破带动可再生能源发电成本更快降低；大规模储能技术取得重大突破；燃料电池成本2035年前与传统车辆相当	CCUS技术[③]大规模商业化应用；可再生能源发电成本竞争力大幅度提高；大规模储能技术取得重大突破；燃料电池车成本2030年前后与传统车辆相当
碳排放约束	实现2℃温控目标		

资料来源：中国石油经济技术研究院（2020）。

---

① 根据联合国政府间气候变化专门委员会（IPCC）的定义，"碳中和"是指在规定时期内，二氧化碳的人为移除抵消人为排放。人为排放是由于人类活动导致的碳排放，包括化石燃料燃烧、工业过程、农业及土地利用活动排放等；人为移除即人类通过植树造林增加碳吸收、碳捕获与封存等移除二氧化碳。

② 中国石油经济技术研究院.2050年世界与中国能源展望（2020版）[R].北京：国际能源研究中心，2020.

③ CCUS技术（Carbon Capture, Utilization and Storage），指碳捕获、利用与封存技术。该技术为传统能源向清洁能源转型提供了重要技术选择，有望实现化石能源大规模低碳利用。

绪 论

如何在满足日益增长的能源需求的同时又能实现碳排放的减少,是现阶段全球能源转型的最大挑战。中国确定在 2030 年之前达到碳排放峰值;2020 年 9 月,中国在联合国大会上郑重承诺到 2060 年实现碳中和。为实现这些分阶段目标(见图 0-1),需要探索建立清晰而长期的脱碳轨道,进行可持续创新。

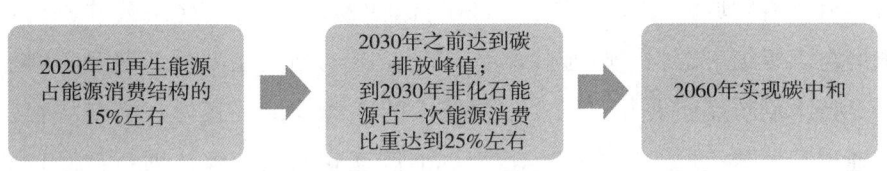

图 0-1　中国能源转型路线①

资料来源:《新时代的中国能源发展》白皮书(2020 年 12 月);习近平主席在第 75 届联合国大会一般性辩论上的讲话(2020 年 9 月 22 日);继往开来,开启全球应对气候变化新征程——习近平在气候雄心峰会上的讲话(2020 年 12 月 12 日)。

作为全球最大的发展中国家和最大的能源消费国,中国的可持续发展面临着化石能源生产消费引起的生态破坏、资源枯竭、环境恶化等多重约束,加快推进能源转型迫在眉睫。为实现社会经济由高速增长转向高质量增长,从资源投入型粗放增长模式转向以全要素生产率提升为核心的可持续发展模式,中国正在进行一场深刻的能源变革。加之,中国目前正处在工业化、城镇化加速发展的阶段,要以更短的时间完成由高碳能源结构向低碳能源结构的根本性转变。

值得期待的是,互联网、物联网、大数据、云计算、人工智能以及可再生能源技术为构建智慧能源系统提供了必要的技术储备,它们的融合有望形成"能源互联网"(Energy Internet),加速能源转型步伐。能源供应体系需要在能源互联网背景下实现全球一体化、自由化、脱碳化、数字化等根本性变革,同时保持健康运转。能源互联网因其必将对传统能源行业产生颠覆性影响,已迅速发展为产业界和学术界共同的热点话题。美国工程院院士穆罕默

---

① 《新时代的中国能源发展》白皮书数据显示:2019 年,我国非化石能源占能源消费总量比重达 15.3%,已提前实现到"2020 年非化石能源消费比重达到 15% 左右"的目标。

3

德·谢罕德普（Mohammad Shahidehpour）评价道："能源互联网创新在未来几十年里将是能源研究最重要的课题，它可以打破传统能源生态系统中不同能源条块间的壁垒，并将对其他行业和整个社会产生深远影响。"我国已逐步在能源互联网领域确立国际引领地位。[①]

能源互联网研究汇集了来自许多学科的学者（包括工程、社会、政治、经济等跨学科领域的交叉研究）与许多行业的从业人员（包括公共、私人和非政府组织等第三部门、政府监管部门等）。现有研究主要从能源互联网基础设施、技术创新层面展开，但"一项技术的经济价值一直处在潜在状态，直到它通过某种商业模式实现商业化"。[②] 能源互联网商业模式创新在提升可再生能源比率和解决能源效率低下问题上具有巨大潜力，目前尚缺乏相关研究。

随着可再生能源技术的快速发展，风能、太阳能等清洁可再生能源正在加速扩散，新的组织不断涌现出来，可持续能源供应得到可靠的保障。小规模可行的可再生能源发电技术，如风能和太阳能光伏，正在与之前一直占主导地位的发电技术（如煤电厂燃煤发电）展开竞争。这些新进入者带来了企业创造、传递和获取价值的新型商业模式，也为潜在竞争者进行更丰富的商业模式创新提供了机会。传统能源公用事业部门正处于剧烈动荡中，其现有的商业模式无法应对基于分布式的可再生能源系统的挑战。尽管很多传统能源企业已经围绕提高可再生能源比率制定了战略愿景，但如何实现这些战略愿景还有待深入探讨。目前，很少有研究对传统能源企业如何调整其商业模式提供具体的指导，以帮助其应对可持续能源的未来。

与此同时，智能家居技术的进步与能源系统的快速变化同步，为消费者、能源供应商和监管机构创造了新的机遇和挑战。面向终端用户的智慧能源平台或 App 大量涌现，互联网 B2B（Business to Business，企业与企业间的电子商务）模式也在向大宗能源项目扩张，能源互联网正在快速发展、成形。

[①] 清华大学.IEEE 电力与能源学会首个由中国学者发起成立的委员会：能源互联网协调委员会成立［D/OL］.北京：清华大学，(2020-07-31)［2021-04-23］.https：//www.tsinghua.edu.cn/info/1683/79289.htm.

[②] CHESBROUGH，H. Business model innovation：Opportunities and barriers［J］. Long Range Planning，2010，43（2）：354-363.

形势变化迫切需要对商业模式进行创新，通过利用不断创新的技术来提供新的产品和服务，包括微电网、独立电力系统、端到端（End to End，E2E）能源交易和电动汽车的网络支持服务。能源企业需要依靠商业模式创新来实现颠覆式转型——从集中式传统发电转向分散的、智能的和互联的可再生能源发电，使消费者能够生产、存储、分享、消费或在能源互联网市场上销售能源。可持续产品开发同样要依赖商业模式创新，以实现供应商和客户的无缝连接。能源互联网商业模式创新将成为整个能源领域系统性创新的驱动力。

尽管有大量新的参与者进入能源市场，但似乎很少有人进行有关能源互联网商业模式的研究。既然能源互联网是能源系统与互联网所代表的现代信息技术的深度融合，那么由谁来融合？如何融合？如果单纯依靠政府来推进，一定会举步维艰，几十年来电力体制改革进展相对缓慢就是明证。数量庞大、层次多元的各类市场主体，尤其是消费者、创业者和创新型企业，是值得期待、潜力巨大的市场力量。那么，各类市场主体如何实现融合呢？一个可能的方案是，着眼于能源互联网商业模式创新，找到从数字技术、可再生能源技术、现代通信技术融合中创造和获取价值的新方式。对促进能源互联网商业模式创新的方式进行研究，有助于加速能源互联网技术扩散并有效推动能源转型、行业改造以及创新创业。

二、选题意义

能源互联网旨在实现人类从依赖化石能源到利用可再生能源的转变，这一转变将从根本上影响能源产业的结构，改变能源的生产、传递和销售方式（Small and Frantzis，2010；Klose et al.，2012）。

能源互联网不只是技术变革，更是商业模式、生活理念的更新。能源互联网技术创新往往伴随着高昂的成本、稀缺的配套资源和低下的市场认同度。如果缺乏技术创新或相关资源，商业模式创新不可能为企业带来持续竞争力；但如果不进行商业模式创新，技术创新将难以推广、扩散。因此，技术创新是商业模式创新成功的基础，商业模式创新会推动能源互联网技术创新并实现创新技术的商业化。能源互联网在全球范围内处于起步阶段，我国远未进入能源同互联网跨界融合发展的黄金时代，互联网企业涉足能源行业缺乏动力，大部分能源企业对互联网行业不够了解。能源行业的各类企业需要调整和重塑自己，接纳能源行业外企业的加入并与之共同构建新的行业生态。

以化石能源为主的传统能源生态体系已不能满足中国经济可持续发展的需要，能源互联网的兴起成为中国产业升级的重要机遇。自2016年以来，在国家政策支持和技术创新的双重推动下，能源互联网智慧园区示范试点项目在国内逐步实施。综合能源服务模式在这些智慧园区的可持续运行中发挥着关键作用。与传统的单一化石能源相比，面向能源互联网的综合能源供应链管理需要更多的变革，在此过程中，分布式可再生能源微电网的全覆盖有助于实现综合能源供需协调发展。中国的实践表明，示范试点项目的建设促进了不同资源禀赋地区在能源互联网商业模式创新实现路径方面的探索。

运转顺畅的市场是能源转型发展和经济增长的关键因素。自中华人民共和国成立以来，能源发展转型历程中一直存在政府干预占主导、市场主体缺失、资源难以实现最优配置、竞争协调机制不畅等现实困难，在外界形势压力下兴起的能源互联网有望突破能源转型困境。能源互联网市场体系建设，需要顺应数字技术革命浪潮，结合清洁技术来推进能源行业变革，激发企业商业模式创新，从而培育、形成新的竞争业态。

能源互联网商业模式创新研究必须基于不同视角和多学科对话，支持国家战略规划，重视与政府的合作，促进社区伙伴关系并鼓励公民参与。在能源互联网带来的变革中，居关键主体地位的是企业。本书以商业模式理论框架作为分析工具，采用社会技术系统转型理论的多层次视角和大系统视角，将能源互联网可持续创新的研究重点从单个企业和技术转向整个价值网络的创新系统，探讨引导企业为实现经济、社会和环境共赢发展建立广泛合作的关系网络，进行能源互联网商业模式创新的途径。

三、研究思路与方法

（一）研究的基本思路

本研究将商业模式理论融入社会技术系统转型理论，对社会技术系统转型背景下的能源互联网商业模式创新动力进行分析，对面向清洁可再生能源不同参与主体的商业模式创新设计等进行探讨，最后提出促进能源互联网商业模式创新的政策建议。研究思路与研究方法见图0-2。

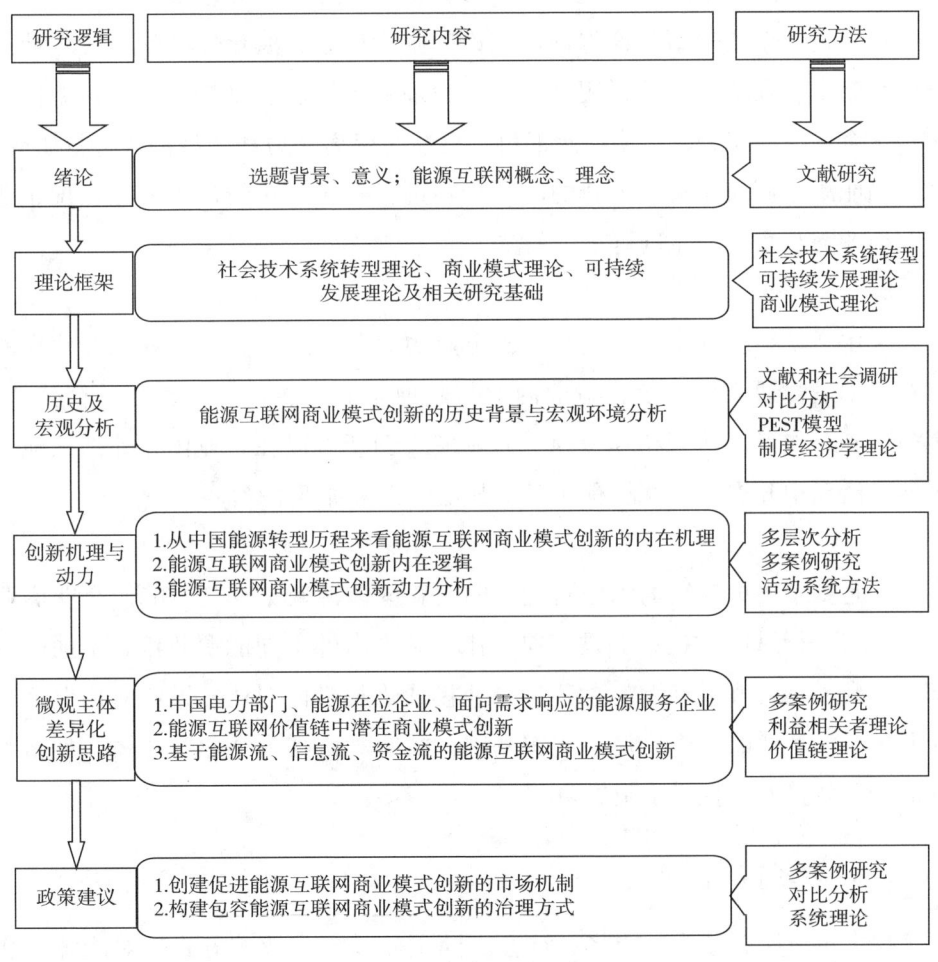

图0-2 研究思路与研究方法

（二）研究的主要方法

1. 案例研究方法

案例研究方法有助于将复杂、综合的商业模式创新决策因素和过程具体细腻地呈现出来，将能源互联网和企业商业模式间的动态协同作用过程阐述清楚。比如，本书第七章"中国电力企业能源互联网商业模式创新"进行探索性案例研究，对我国能源电力部门、在位企业传统商业模式面临的挑战做出识别，对商业模式创新的动力及创新途径进行探讨。

2. 社会技术系统转型理论中的多层次视角模型

社会技术系统转型理论将创新理论、制度理论、演化经济学、技术社会学联系起来，强调转型的过程和机制，为理解多维度、复杂的能源转型提供了一个全局性的视野，以多层次视角对长期的聚集动力和转型模式进行研究，对我国能源企业商业模式创新的动力机制进行分析，对新进入者和在位企业的创新冲突与角色变化进行重点关注。

3. 活动系统方法

采用活动系统方法，将我国能源企业的商业模式作为一系列相互依存的组织活动进行研究，不仅在行业内部与其他企业互相依存，也与社会公众、竞争者和合作者、政府相互依存。商业模式创新可以在企业内、外部任何一个业务活动中开展。该方法有助于发现商业模式创新路径。

4. 对比研究方法

一是基于历史逻辑的纵向对比，即对我国能源政策演变、能源企业商业模式演变进行纵向对比；二是横向对比，对国内外不同能源政策、不同能源部门（化石能源和新能源）的不同商业模式进行横向对比。纵向对比保证了对我国能源企业的分析立足于现实基础，横向对比则为企业商业模式创新和政府相关政策制定提供了新思路。

四、研究价值

本书可以帮助政府、市场、社会不同主体以更有效的方式应对能源互联网带来的社会技术系统转型挑战。由于能源互联网具有开放性特征，本书不

绪 论

仅对能源领域具有应用价值,对其他行业领域也具有参考价值。

(一) 学术价值

1. 促进能源互联网市场理论的发展

本书将商业模式理论与社会技术系统转型理论相结合,所探讨的能源互联网商业模式创新不仅追求经济价值,而且追求环境价值和社会价值,因此也属于社会可持续创新。在经济学、社会学、管理学、工学等跨学科研究中对能源互联网商业模式进行讨论,有助于促进多学科融汇交流和能源互联网市场理论的发展。

2. 具有启发能源互联网商业模式创新思维的潜力

本书对全球范围内在位企业和新进入企业之间的能源互联网商业模式创新差异进行比较,对社会技术系统转型中面向能源互联网的创新商业模式进行剖析,对"自下而上"地推动面向碳中和目标的能源转型理论具有参考价值。

3. 提供了完善能源互联网市场机制、包容更多利益相关者参与协同创新能源互联网商业模式的政策建议

本书对政策制定部门创建促进能源互联网商业模式创新的市场机制具有参考价值,也为政府部门建构可持续的能源互联网治理框架提供借鉴。

(二) 应用价值

1. 为能源互联网相关政策的制定者提供政策建议

在全面深化改革背景下从商业模式创新角度进行能源互联网的研究,为希望转变能源治理模式、推进能源互联网发展的政策制定者提供思路;有助于回应政府对气候环境的关切,提升大国形象和国民幸福度;也有助于深化能源体制改革,打破能源行业的垄断,降低企业成本,激发市场活力,提高市场的资源配置效率,增强国际竞争力。

2. 推动多主体参与能源互联网研究和商业实践

本书将理论研究与实践研究相结合,对全球众多能源互联网商业模式创新案例进行分析,为关注能源互联网商业发展前景的研究者、投资者、创业者、企业管理者提供能源互联网商业模式创新的理论指导和实践启示，有助于他们把握能源互联网发展机遇，参与建设健全的能源互联网商业系统。

第二节 能源互联网的概念界定

能源互联网是能源系统和互联网深度融合的产物，是当前国际学术界和产业界关注的新焦点。绿色文明的发展理念、科学技术的进步、巨大的市场需求以及中国整体经济实力的不断增长是能源互联网在中国兴起的动因。在传统的能源世界中，能源是一种有限的、集中式开发、单向输送的大宗商品。能源互联网开启新的能源世界，能源更加充足而清洁，分布式电力更加便捷并可以双向输送，无论企业用户还是个人用户都能享受到按需定制的能源产品或能源服务。

一、能源互联网的概念内涵

能源互联网最早由美国北卡罗来纳州立大学的黄勤（Alex Q. Huang）教授于2004年提出，在《经济学人》（*The Economist*）发表了题为"Bulding the Energy Internet"的论文，并主持开发了"未来可再生电能传输及管理系统"（The Future Renewable Electric Energy Delivery and Management System，FREEDM 系统）。[①] 杰里米·里夫金（2011）发展并推广了这一概念："能源互联网是把互联网技术与可再生能源相结合，在能源采集、配送和利用上从传统的集中式变为智能化的分散式，从而将全球的电网变成能源共享网络。"他还指出能源互联网较之传统能源体系的主要特点，即化石能源向可再生能源转变，集中式向分布式转变，封闭向开放共享转变。能源互联网的发展使命是追求更高比例的可再生能源和分布式能源，推动全球能源转型。

尽管不同国家和地区对能源互联网定义不一，但形成了基本的共识：能源互联网通过能源系统与互联网、信息通信技术的深度融合，在运行模式上

---

① SU W C, HUANG A Q. 美国的能源互联网与电力市场［J］. 科学通报，2016, 61 (11)：1210-1221.

采用区域自治和骨干管控相结合的方式，通过节能和接纳分布式可再生能源实现电网最优平衡与可持续发展；实现能源和信息的双向通信，信息流支撑能源调度，能源流引导用户决策，最大限度地利用可再生能源。能源互联网将授权全社会参与可再生能源的生产和利用，用户从单纯消费者变为"产消一体者"。

能源互联网也被称为"智慧能源系统"，能够实现智能电力、热能和天然气电网间的协同作用，为每个单独的能源部门以及整个能源系统提供最佳运行方案。① 这样的能源系统代表了从单一部门思维到未来可持续能源系统综合设计的范式转变，更加可行，可以将当前能源系统转变为可再生和可持续的能源系统。能源互联网通过引入激进的技术变革，包括电动汽车、热泵、储能，将高份额的间歇性可再生能源整合到能源系统和脱碳部门，如供暖、制冷、工业和交通部门。

"能源互联网"概念在中国得到进一步发展。2014年，习近平总书记在中央财经领导小组第六次会议上明确提出"四个革命、一个合作"的重大能源战略思想。② 刘振亚（2015）提出构建"全球能源互联网"，其实质是"特高压电网+智能电网+清洁能源"的全球互联坚强智能电网，是清洁能源在全球范围大规模开发、配置、利用的基础平台。刘振亚认为构建能源互联网需要实现"两个替代"，一是在能源供应端实现以清洁能源对化石能源的替代；二是在能源消费侧实现电能替代，即大幅度提升电力在能源终端的应用比例。③

能源互联网是一个能源系统和互联网、物联网、大数据、云计算以及可再生能源技术融合形成的复杂系统。从构成要素来看，能源互联网可分为三个层级：物理层、信息层和运营层。以物理层构成网络基础设施，实现多能

---

① LUND H. Renewable Energy Systems：A smart energy systems approach to the choice and modeling of 100% renewable solutions [M]. Salt Lake City：American Academic Press，2014：6.

② "四个革命"指：推动能源消费革命，抑制不合理能源消费；推动能源供给革命，建立多元供给体系；推动能源技术革命，带动产业升级；推动能源体制革命，打通能源发展快车道。"一个合作"即全方位加强国际合作，实现开放条件下的能源安全。

③ 刘振亚. 全球能源互联网 [M]. 北京：中国电力出版社，2015.

源跨界互联，促进新能源消纳，创造新价值；以信息层构成高度融合的信息物理系统载体，实现新价值；运营层上多方利益均衡发展，追求经济、环境和社会效益最大化的商业模式，分配新价值（孙宏斌等，2015）。从覆盖范围来看，能源互联网从高到低由四个层级组成：跨国/洲际层、国家层、地区/城市层和用户层（张小平、李佳宁、付灏，2016），见表0-2。

表0-2 能源互联网框架

跨国/洲际层	特广域范围电网、气网的互联	可再生能源和碳捕捉与存储	储能与电动汽车	特高压直流与柔性交流电输电	信息通信技术与信息安全
国家层	广域范围电网、气网的互联				
地区/城市层	电网、气网、热网与交通网的互联（智慧城市）				
用户层	智能家庭、智能建筑与智慧用户				

资料来源：张小平，李佳宁，付灏. 全球能源互联网对话工业4.0 [J]. 电网技术，2016，40（6）：1607-1611。

分布式可再生能源技术与物联网、互联网等现代信息通信技术的快速发展是能源互联网兴起的基础；公众对太阳能、电动汽车等低碳环保产品的市场需求是能源互联网发展的根本动力。能源互联网最终目标是建立分布式可再生能源体系，大大小小的组织，如家庭住户，都可以利用可再生能源。例如，"产消一体者"装个光伏发电站，其所发电力可以自用，也可以参与到能源市场中，实现能源就近消纳。在这些环节中，电动汽车的储能电池可以根据电力价格实时变动所传导的供应和需求信息进行充放电，从而发挥能源互联网电力调节作用。因为可再生能源发电具有极强的波动性，而用能需求也存在很大波动，需要实时信息实现"移峰填谷"。

二、能源互联网的相关概念

"能源互联网"与"智能电网"概念紧密联系。智能电网即电网中深度融合现代信息通信技术，允许信息和电力在生产者与消费者间进行双向流动。由于智能电网为能源互联网创造了良好的物理和信息平台，因此它被认为是能源互联网的初级阶段。

综合能源系统是能源互联网的物理载体，是在能源规划、建设和运行等过程中，通过对能源的产生、输配、转化、存储和消费等环节进行有机协调与优化后所形成的能源产供销一体化系统。综合能源系统以冷热电联供型微电网为核心，充分利用区域间负荷的互补性，使多个区域功能系统的统一规划、统一设计与协同运行成为可能，提高能源系统效益，实现整体最优。

智慧能源以联供设备为核心，包含多种分布式单元（发电、负荷、储能、蓄热等），力求能源供给绿色化、能源配置和消耗智能化。智慧能源是智能配电网与智能微电网的融合，从配电网侧构建"荷—源—网—储"能源互联网格局。智能配电网承担能源的输送与分配，智能微电网承担新能源的并网与消纳。智能微电网具有社会基础，因为它们由去中心化的社会技术网络组成，形成了参与者间高度互动的社区。如涉及智能楼宇、智能充电桩、智能家居等诸多领域的智慧社区、智慧能源小镇、智慧城市。

能源互联网将有更大比例的混合可再生能源系统入网。混合可再生能源系统（Hybrid Renewable Energy Systems，HRES）是将可再生能源技术、储能电池、电解器、储氢罐、智能转换器等多种技术结合起来，在不同情况下实现最合适的解决方案的系统。混合可再生能源系统设计创造了多种改进的可能性，平抑可再生能源的间歇性，实现更高的整体产量并获得更高的产能。

三、能源互联网遵从互联网经济三大定律

（一）摩尔定律

英特尔公司创始人摩尔提出，在成本不变的前提下，芯片的计算速度和密度每18个月增长一倍。换句话说，在价格不变的前提下，计算机的性能每18个月提升一倍，而体积减少一半。

摩尔定律揭示了科技发展速度呈指数增长的趋势。能源互联网相关技术，如风机、光伏、储能的技术发展趋势与摩尔定律并行不悖，这意味着未来的可再生能源度电价格将趋于零。例如，锂离子电池的成本从2010年的1100

美元/千瓦时降至2019年的156美元/千瓦时。①

（二）麦特卡夫定律

麦特卡夫定律指网络的价值与使用者数量的平方成正比。这一定律揭示了网络价值的外部性。

截至2020年12月，中国互联网用户已超过9.89亿。② 截至2021年1月，全球互联网用户已超过46.60亿。③ 终端用户在推动可持续商业模式创新方面可以发挥重大作用。④ 能源互联网为每一个公民参与能源生产和消费提供了入口，若能充分调动网民参与的积极性，必将创造巨大价值。能源互联网平台可以让消费者参与生产和价值创造，让厂商与消费者连接，厂商与消费者共创价值、分享价值。网络连接挖掘出顾客深层次的需求，创造难以估计的价值，蕴藏巨大的商业模式创新潜力。

（三）巨变定律

巨变定律指社会、政治、经济体制以渐进的方式演变，而技术却以几何级数发展。当两者间的鸿沟越大时，就越可能发生革命性的变革。

融合新能源技术、现代信息通信技术的能源互联网必将推动前所未有的社会经济政策体制改革，加速推进能源转型。

第三节　能源互联网的发展理念

能源互联网力求提高清洁可再生能源的利用比例，借助互联网、大数据等技术降低成本、提高能效，其核心是全社会参与能源的生产和利用，没有

---

① BNEF. Battery pack prices fall as market ramps up with market average at ＄156/kWh in 2019 ［EB/OL］. （2019-12-03）［2021-07-03］. https：//about. bnef. com/blog/battery-pack-prices-fall-as-market-ramps-up-with-market-average-at-156-kwh-in-2019/.
② 中国互联网络信息中心（CNNIC）. 第47次中国互联网络发展状况统计报告［EB/OL］.（2021-02-03）［2021-05-04］. http：//cnnic. cn/hlwfzyj/hlwxzbg/hlwtjbg/202102/t20210203_ 71361. htm.
③ We Are Social & Hootsuit：Digital 2021 global overview report ［EB/OL］. （2021-02-09）［2021-05-04］. https：//wenku. baidu. com/view/dd64fafcf311f18583d049649b6648d7c0c708f8. html.
④ NIELSEN K R. Policymakers' views on sustainable end-user innovation：Implications for sustainable innovation ［J］. Journal of Cleaner Production，2020（254）：1-12.

资质与门槛的限制，和可持续发展理念高度吻合。具体而言，能源互联网秉持开放、互联、清洁、分布式、数字化和以用户为中心的发展理念。

一、开放

能源互联网的核心理念是开放。其包括：多种类型的能源开放互联、设备与系统开放对等接入、参与者和终端用户开放参与、开放的能源市场和交易平台、开放的能源创新创业环境、开放的能源互联网生态圈、开放的数据与标准……这需要电力、热能、油气、交通、信息通信、建筑、金融等多领域的交叉融合。

开放容纳大量分布式可再生能源是能源互联网的核心要义。以分布式可再生能源相关项目投资为例，开放的能源互联网商业模式不拘泥于早期的投资，也不拘泥于特定地点或行业的投资，具有高度的可扩展性。

二、互联

能源互联网包含了物理互联和数据互联两层互联。其中，物理互联是能源系统的类互联网化，包括电、气、油、热、冷等多能互联，提高能源使用效率和可再生能源消纳能力；电力自由跨区传输，实现全球能源高效配置；开放对等接入，实现各种负荷（电动车、分布式能源等）的即插即用。数据互联包括："互联网+能源互联"，通过数据互联有效管理能源系统中的各种资源；"互联网+能源管理"，利用大数据、物联网等技术为用户提供更便捷的服务；"互联网+能源行业"，实现能源行业去中心化，形成自由交易的能源互联网市场。能源互联网搭建出互联互通的平台，实现石油、煤炭、电力等多类能源系统的互联以及热、冷、风、光等多种能源形式的互联。

从企业商业模式创新角度来看，除了以上物理互联和数据互联两层互联外，还能实现三个方面的互联。

第一，市场方面的"以用户为导向的互联"。企业的软硬件配置与信息系统集成方式必须主要考虑终端用户的用能体验是否最优，实现从单纯的能源产品供应商向面向客户需求变化的能源服务提供商的转变。

第二,企业核心资源方面的"万物互联"。物联网基础设施和远程无线连接、可视化定位、监测和控制技术等智能硬件部署,加上无人机和传感器等设施,可以帮助能源互联网企业进行价值创造和价值传递方面的创新。

第三,企业合作关系等经营管理方面的"企业互联"。在能源互联网生态中借助技术进步,提升运营能力,促进包括供应商、银行等金融机构、网络服务商等各类参与者的互联,成为智能互联企业。

众多参与者开放互联、各类能源系统与能源设施设备互通互联,越来越多的数据被收集和分析,能源行业可以更好地理解如何利用和响应能源互联网市场信号,连接挖掘出顾客深层次的需求,促进参与各方协同创新商业模式。通过商业模式创新实现资源的有效利用,并创造新的社会价值及商业价值。

三、清洁

清洁发展,加快以风能、太阳能、水能等清洁能源替代化石能源,从源头上控制全球碳排放,是可持续发展的核心举措。能源生产向清洁能源转变,通过清洁能源大规模开发、大范围配置和高效率使用,推动全球摆脱对化石能源的依赖。能源互联网优先纳入以可再生能源为代表的清洁能源,促进能源绿色转型(见表0-3)。能源互联网为应对气候变化开辟出一条清洁、创新、共赢之路。

表0-3 能源互联网中优先纳入的清洁能源与传统化石能源比较

特征	化石能源	清洁可再生能源
地缘和技术特征	①不可再生、分布相对集中; ②主要采取大规模、集中式开发; ③资本密集型产业; ④能源配置具有总量大、环节多、输送距离远等特征; ⑤开发、配置、使用环节的基础设施可以相对分离、便于管理	①可循环、充足并广泛分布; ②能源供给具有间歇性和被动性; ③存在分布式、集中式两种发电利用模式; ④能源设备依赖稀土资源; ⑤配套的电源技术、电网技术、储能技术需进一步发展; ⑥优质的可再生能源资源往往远离负荷中心

续表

特征	化石能源	清洁可再生能源
经济效应	①寡头市场、垄断行业； ②政府、国有企业、跨国企业主导的开发经营模式； ③衍生诸多外部性问题，如气候变暖、环境污染、生态破坏； ④全球市场容易波动、不稳定； ⑤容易导致"资源诅咒""荷兰病"等经济问题	①能源生产者变得分散，生产者和消费者的身份可以合二为一，成为"产消者"； ②科技创新在能源互联网体系中将产生更大影响； ③能源贸易的形式和规模多元化； ④去中心化的管理模式更普遍
对国际关系的影响	①能源外交的主轴是能源进口国和出口国的相互博弈； ②能源出口国往往拥有超出其综合国力的国际影响力； ③在全球治理中，出现了欧佩克、国际能源署这样的国家集团； ④进口国、出口国、通道国面临不同程度的能源安全挑战	①跨国、跨洲能源互联网将成为政治的热点，对其的掌控将构成国家权力来源； ②可再生能源禀赋好的国家获得更多优势； ③依赖能源互联网的国际能源系统会面临相互依赖的脆弱性； ④对稀土资源的争夺会更激烈

资料来源：刘振亚. 全球能源互联网［M］. 北京：中国电力出版社，2015：57-69。
SCHOLTEN D. The Geopolitics of Renewables：An Introduction and Expectations［A］// SCHOLTE D. The Geopolitics of Renewables［M］. London：Springer，2018。
张锐，寇静娜. 全球清洁能源治理的兴起：主体与议题［J］. 经济社会体制比较，2020，208（2）：182-191。

四、分布式

分布式能源指"位于用户所在地附近，不以大规模、远距离输送电力为目的，所生产的电力除由用户自用和就近利用外，多余电力送入当地配电网的发电设施、发电系统或有电力输出的能量综合梯级利用多联供能系统"。[①] 其主要包括：太阳能发电（光伏电池、光热发电）、风力发电、生物质能发电等。分布式能源系统具有分散布置、中小容量规模、用户自主等特征，经过分布式能源系统优化和整合，可实现高效、经济、可持续等多功能目标。

分布式能源系统适于与太阳能、地热能、风能等系统规模小、能量密度

---

① 国家能源局. 分布式发电管理办法（征求意见稿）［EB/OL］.（2018-03-20）［2021-10-15］. http：//zfxxgk. nea. gov. cn/auto87/201803/t20180323_ 3132. htm.

低的可再生能源相结合，为可再生能源的利用提供了新的思路，是分布式能源系统的未来发展方向，极具发展潜力。

分布式可再生能源、电动汽车、分布式移动储能、自动充电桩及柔性负荷等赋予社会公众更为丰富的知情权、参与权和选择权，使用户能够利用模块化或小型化可再生能源技术在本地发电，并结合储能调整使用时间，通过数字化和智能终端设备有效提升能源利用效率，同时区块链技术在能源电力中的使用也将形成分布式的交易环境。

五、数字化

计算机中所有信息对象如数字和运算、字符、声音、颜色、图形、图像，连同计算机指令，都用"比特"（bit）来表示，这一关键技术被称为"数字化"（Digitalization）。[①] 能源领域的数字化包括创建和使用计算机化信息，以及处理能源供应链各个阶段产生的大量数据，是以"大云移智物"（大数据、云计算、移动互联网、人工智能、物联网）为代表的数字技术与能源系统的深度融合，是应用先进的数字技术来重塑现有能源系统的过程。数字化可以帮助解决可再生能源发电的间歇性问题，允许更有效的网络监控和拥堵管理，保障更高效的网络运行。数字化还能为需求响应、E2E 能源和碳信用交易等提供数字化平台。

数字化和互联化制造将使企业能够处理从产品设计、制造、使用到寿命结束的整个生命周期中收集的大量数据，提高新产品设计工作的效率。以数据为驱动的新产品开发工作，辅以用于产品设计、工程和制造的数字技术，能够为推出更多节能的消费品铺平道路。能源互联网使制造商能够部署促进能源可持续性的新产品开发和制造模式。

人类发展已步入数字智能化时代。在新冠肺炎疫情暴发之前，中国已经成为全球消费领域的数字化领导者——中国电子商务交易额大约占到全球电

---

① 蔡曙山. 论数字化 [J]. 中国社会科学, 2001 (4)：33-42.

子商务交易额的 45%，移动支付渗透率则比美国高出 3 倍。① 新冠肺炎疫情加快了数字智能化进程，数字化程度向来较低的能源行业也在加速数字化步伐。

数字化已经渗透至能源生产、输配、经营以及管理等各个环节。海量数据有效联动，协同构筑更高效、更清洁、更经济同时更安全的现代能源体系。在数字化基础上的智能化控制和信息化管理为可再生能源的利用开辟了新途径。数字化同时带来信息公开和规则规范，社会微观主体（企业、用户等）的参与权与选择权得到极大增加，可从根本上改变现有能源格局。数字化促进能源互联网不同利益相关者间产生了新颖的联系和互动，为能源互联网数字化平台带来广泛机会，并促进多边市场生成和发展。

数字化在解决能源转型瓶颈方面具有巨大潜力（见表 0-4）。其既可以解决将可持续能源技术整合到现有能源结构中的瓶颈，也可以解决可持续能源技术从现有结构中独立出来的瓶颈。解决这些瓶颈的商业模式创新要么是增量渐进式的，要么是革命颠覆性的。

表 0-4 数字化带来解决能源转型瓶颈问题的机遇

能源行业的瓶颈（部分）	数字化机遇	例子
可再生能源和非可再生能源具有不同的技术要求	集成不同技术	数字化使融合可再生能源与非可再生能源的能源互联网进行实时调度和再分配成为可能
集中式和分布式能源生产—输配存在利益冲突	将分布式的本地市场与中央市场融合	基于数字化的技术（如区块链）建立新设施（通过能源路由器）和市场经济（通过实时共享和动态协议）之间的联系
在位企业和新进入者间的合作受到限制	发展平台型商业模式	以数字化为基础的技术通过 IT 平台实现多边供需整合
生产和消费效率低下	产消一体者	基于数字化的技术使新的角色成为可能，例如，将电力生产者和消费者整合在一个太阳能屋顶上（如家庭或中小企业）

---

① 梁敦临，倪以理，成政珉，等. 快进中国：新冠疫情如何加快五大经济趋势 [R/OL]. 麦肯锡管理咨询公司，(2020-05-20) [2021-05-04]. https://www.mckinsey.com.cn/wp-content/uploads/2020/05/202005_麦肯锡_快进中国_新冠疫情如何加快五大经济趋势.pdf.

续表

能源行业的瓶颈（部分）	数字化机遇	例子
无效的激励	价值捆绑	基于数字化的技术可以实现价值捆绑，例如，通过汽车到电网（Vehicle-to-grid）技术，如果存在一辆电动汽车，且不需要驾驶所需的能源，就可以在储能市场上出售电池的电量
类比和大数据方法的共存	提供新的结合点	基于数字化的技术，如 NextKraftwerke 的 next box，提供了将孤立资产连接到网络的机会，例如，作为虚拟发电厂的聚合系统连接市场分散的生产单元
产业融合	跨行业标准化	通过提供新标准，基于数字化的技术可以促进行业融合
能源专家对外行的主导地位阻碍了创新	民主化、赋权重要的利益相关者	像 Open-Utility、Buzzn 或 Vandebron 这样的项目为能源外行提供了参与能力，并提供了分享和交易超出现有市场控制范围的本地电力的新方式
资产驱动和服务驱动间存在业务冲突，难以实现动态平衡调节	利用电子商务进行价值创造，提供模块化、自适应的商业模式构造块	基于数字化技术使新的价值创造方式成为可能，如通过在线社区建设，有助于提供兼容的、模块化的服务，这些服务可以组合成合适的商业模式来适应不同的本地化需求

资料来源：Loock（2020）。

数字化通过将分散的单元整合到现有的集中式能源系统中，通过连接和利用其灵活性来整合分布式能源，为价值创造提供了新的机会，涌现出数字能源服务。① 例如，德国公司 Next Kraftwerke 作为一家虚拟电厂，主要提供平台服务，以更有效地将分散的生物质能源发电厂商连接到能源互联网的国内外市场。为此，Next Kraftwerke 提供了一种名为 Next-box 的设备，该设备使 Next Kraftwerke 公司能够基于现货市场或储能市场的不同市场信号来聚合分布式可再生能源生产，并优化发电计划。

面向未来能源互联网发展的多种应用场景，能源行业价值链正经历着从"以实物资产管理为核心"到"以实物资产和信息化融合为核心"再到"以数字化驱动为核心"的转变。

---

① 数字能源服务是指通过数字化技术实现的能源服务。

六、以用户为中心

传统能源行业遵从产品逻辑，以生产提供能源电力产品为导向；能源互联网则以消费者为导向，商业逻辑发生颠覆性改变。消费者导向的能源互联网商业模式更加以用户为中心，更注重对用户的价值创造和在理解用户需求的基础上增强用户体验。积极探索消费者需求的商业模式将成为能源互联网新兴市场的主导模式。

能源互联网时代创新的首要焦点在于商业思维模式的变革，即将传统能源领域的工业思维转变为互联网思维（见表0-5）。所谓互联网思维，是指在互联网、大数据、云计算等科技迅猛发展的背景下，对用户、产品、市场、企业价值链乃至对整个商业生态系统进行重新审视的思考方式。

表0-5 工业思维与互联网思维

特征比较	工业思维	互联网思维
思维模式	直线式思维	螺旋递进式思维
特征表现	前向式，不可逆，一步到位	循环往复，持续优化迭代
风险属性	规模大，抗变化能力弱	分阶段，风险可控
形式举例	羊毛出在羊身上	羊毛出在猪身上
营销模式	斥巨资用于广告营销	口碑营销、社会化媒体直销
创新模式	封闭式创新	开放式创新
创新主体	企业研发人员创新	用户参与创新
盈利思想	依靠产品本身获得利润	产品本身可以免费
商业模式成功关键	规模、成本、质量	以用户为中心，强调用户体验、用户参与、用户创新

资料来源：孙黎，魏刚．"圆形决策"时代到来［J］．中欧商业评论，2015，81（1）。

能源互联网商业模式创新灵感的源泉应该来自用户的需要而不是竞争对手的作为。以用户为中心，了解客户偏好，注重用户体验，为用户提供便捷、多样化、个性化的能源产品和服务，是能源互联网商业模式成功的关键。能源用户不仅考虑用能安全和价格，更关注能源产品和服务是否独特并符合自己即插即用、多边互动、生产消费一体化的需求，是否提供了无缝化用户体验，是否能利用数字化工具帮助自己管理能源消费，等等。

以用户为中心，还意味着正确认识用户创新。只有正确认识用户创新，承认用户创新的力量、价值，才有可能营造用户创新的环境，以用户创新推动能源互联网的健康快速发展，从而实现能源转型。互联网已展现出用户创新的巨大潜力，互联网孕育了全民可写作、全民可明星的时代，使企业、个人及在线社区的用户知识分布和协调达到了前所未有的水平。

能源互联网发展理念与面向碳中和目标的能源转型要求高度吻合。2015年9月26日，习近平主席在联合国发展峰会上倡议"探讨构建全球能源互联网，推动以清洁和绿色方式满足全球电力需求"。2016年，国家发展改革委、国家能源局、工业和信息化部联合发布国家能源互联网纲领性文件《关于推进"互联网+"智慧能源发展的指导意见》。2017年8月，全国首批55个能源互联网示范项目开工建设，截至2020年10月，大部分项目建成并完成验收。[①]

为落实全球能源互联网倡议，2016年能源互联网首个国际性非政府组织——全球能源互联网合作组织，[②] 由我国发起并成立，现已成为我国参与全球能源治理和国际多边合作的重要平台。2020年7月31日，能源互联网协调委员会（Energy Internet Coordinating Committee，EICC）正式成立。该组织是目前国际电气与电子工程师协会（IEEE）电力与能源学会（PES）直属的21个技术委员会/协调委员会之一，是国际电气与电子工程师协会电力与能源学会成立半个多世纪以来首个由我国学者发起成立的委员会，标志着我国在能源互联网这一新兴领域占据了全球引领地位。[③]

2021年，教育部批准新增能源互联网工程和能源服务工程两个本科专业，能源互联网专业人才培养步伐提速，面向能源互联网的新文科专业也将应运而生。

在开放、互联、清洁、分布式、数字化和以用户为中心的发展理念指导下，能源互联网必将打破传统能源格局，带来整个商业生态系统的根本性转变。

---

① IESPLAZA全国能源信息平台．我国首批55个能源互联网示范项目近半完成验收［EB/OL］．(2020-10-22)［2021-04-08］．https：//www.iesplaza.com/article-1549-1.html.
② 全球能源互联网合作组织于2016年3月29日由中国国家电网公司在北京发起并成立。
③ 清华大学．IEEE电力与能源学会首个由中国学者发起成立的委员会：能源互联网协调委员会成立［EB/OL］．(2020-07-31)［2021-04-23］．https：//www.tsinghua.edu.cn/info/1683/79289.htm.

第四节 能源互联网生态系统

一、能源互联网生态系统的概念界定

商业生态系统概念沿用自生物学领域的生态系统概念。在联合国《生物多样性公约》(Convention on Biological Diversity)中对"生态系统"的定义为：由植物、动物和微生物群落及其无机环境相互作用构成的动态、复杂的功能单元。

商业生态系统是以组织和个体的相互作用为基础的经济联合体，并生产出对消费者有价值的产品或服务。商业生态系统的构成体包括核心企业、消费者、市场中介（代理商、销售渠道商等）、供应商、竞争者、银行、风险承担者与权力机构（政府、立法机构等）。

能源互联网生态系统属于商业生态系统的一种类型。能源互联网生态系统是以与能源生产消费相关的个体、企业、组织或机构为物种，以能源互联网为交流与沟通的媒介和渠道，通过虚拟、联盟等形式进行优势互补与资源共享，实现商品、资金、能源及信息的流动、沟通、分享与循环，形成了多维度、多层级、多样化的复杂性生态系统。生态系统、商业生态系统和能源互联网生态系统概念的提出关系见图0-3。

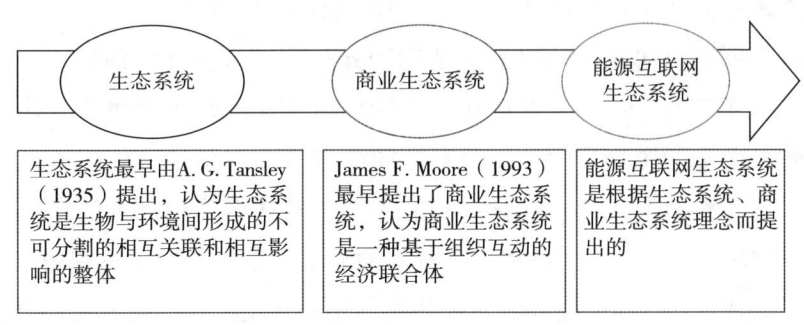

图0-3 能源互联网生态系统的提出

生态位（Ecological Niche）指在生态系统中的一个种群在时间、空间上

所占据的位置，及其与相关种群间的功能关系和作用。生态位又称为"利基"（音译）或"生态龛"，表示生态系统中每种生物生存所必需的最小阈值的生存环境。"利基"概念在创新领域得到广泛应用。利基市场指市场上现有企业没有触及而给创业企业带来生存和发展机会的小众市场。

基于传统能源开发利用的能源产业，生产资源集中，技术密集度高，适合规模化开发和资本密集型投资。其在能源的输配和使用上，采用的是高度集中的层级制管理。技术壁垒和信息壁垒造成了交易过程不透明，消费者与政府对能源生产、输配、使用等过程不能更好地参与和监督，没有形成有效的互动关系。能源生产、输配等环节也难以存在真正意义上的内部竞争，却很有可能形成集中垄断和价格失衡。由于是社会必需品，消费者不得不为传统能源系统的低效买单。因此，严格来说，传统能源产业形态并没有形成一个完整的商业生态系统。

互联网具有强大的组织集聚功能，由此诞生的能源互联网可以迅速发展出能源生态群。互联网影响传统能源行业的特点有三个。第一，万物互联。打破能源信息的不对称性格局。第二，云计算结合能源大数据。对产生的大数据进行整合利用，使得资源利用最大化。第三，众创众包。互联网提供公众平等参与可再生能源生产和消费的机会，促使能源行业涌现大量颠覆式创新，突破技术壁垒，改变传统能源层级式管理格局。可以说，能源互联网是重塑传统能源结构的最好手段，将推动既有能源设施、既有行业网络、既有生产关系的巨大变革，奠定真正的市场化产业生态的基础。

能源互联网双向互动的扁平化结构和分布式可再生能源的纳入，使集中式的传统能源产业发生转变并形成完善的商业生态系统成为可能。能源互联网所发展的新型能源产业中，能源资源的分散性和多样性决定了开发者及开发技术、能量供给方式的多样化，新能源的分布式特性将部分消解投资规模化、技术密集型的问题。通信和信息技术的高水平发展奠定了过程透明化、操作智能化的技术基础和低成本的经济基础。开放多元的互联网思想和自然生态环境保护意识也引导了民众对于分布式、扁平化、透明化、智能化的新型能源产业的积极诉求。这一切变革，为能源互联网生态系统的形成提供了必要条件。

绪 论

能源互联网商业模式下从业者的最大变化，是既可以是消费者也可以是生产者（产消一体者），这对能源互联网发展具有深远的意义。基于生产、交易、消费过程可将利益相关方划分为材料和设备供应商、能量生产商、输配商、交易商、消费者、投资商、中介服务方、行业组织、政府和监督方等。同一个实体或组织，可以身兼数个角色，并在市场中进行调整。特别需要注意的是能源是一种关系民生刚需和国家安全的特殊商品，承担了引导、监督、规范职能的政府是其中的关键角色。能源互联网商业生态系统的从业者中，最重要的是生产商、输配商和消费者。

能源互联网生态系统的核心产品是能量。围绕能量的生产交易过程衍生出信息服务、交易服务和金融服务，而系统内所有活动的基础是信息。因此，能源互联网生态系统是由信息流、业务流、能量流和资金流的融合流动而形成的系统。信息流带动了业务流和能量流，业务流带动了能量流和资金流，业务流和能量流既是信息流的结果，又将新的数据反馈到信息流中。理想状态下的能量流和资金流是过程一体化的。在实际操作中，依据信息的交换和处理结果，能量流和资金流通过不同的渠道分别流动，会在时间和空间上形成位差。

能源互联网生态系统的基本内涵是多元化组合。能源互联网多元化主要包括能源资源的多元化、能量需求的多元化、供给方式的多元化。这些多元化形成互补，为系统更好的抗干扰性、高恢复力、强调节能力奠定了基础，催生了从业者的多元化和整个系统的网络化。太阳能、风能、生物质能、地热能、海洋能、氢能等和煤炭、石油、天然气、核电、水能等的互补关系，保证了能源供给的稳定性；热电气能源微网的发展是对配电网的重要补充，热力供给、燃气供给、冷量供给和电力供给的结合互补，保证了能量消费的稳定性；分布式能源的发展是对集中式能源的重要补充，大量分布在能源主干网末端的微电源、微热源，保证了能量系统的结构稳定性；私企、民间组织、个人和社会资本融入能源生产端，是对大型能源开发商的重要补充，保证了能源生产群体的动态稳定。正是由于多元化组合，能源互联网生态系统具有了随技术进步和需求变动的生长调节能力，是结构化的、有活力的、可发展的、先进的能源生态系统，代表着能源产业系统的发展方向。

传统能源价值链主要靠上下游供需关系维系。能源互联网的生态系统远比传统能源价值链复杂。开放的能源互联网生态系统包含更多的新业务和新角色，参与主体更加多元化。生态系统内的企业需要进行多边合作，使传统价值链演变为多边合作的价值网络。① 能源互联网的各个利益相关方和信息、业务、能量、资金等要素的流动，共同构成了能源互联网生态系统的节点和网络（见图0-4）。

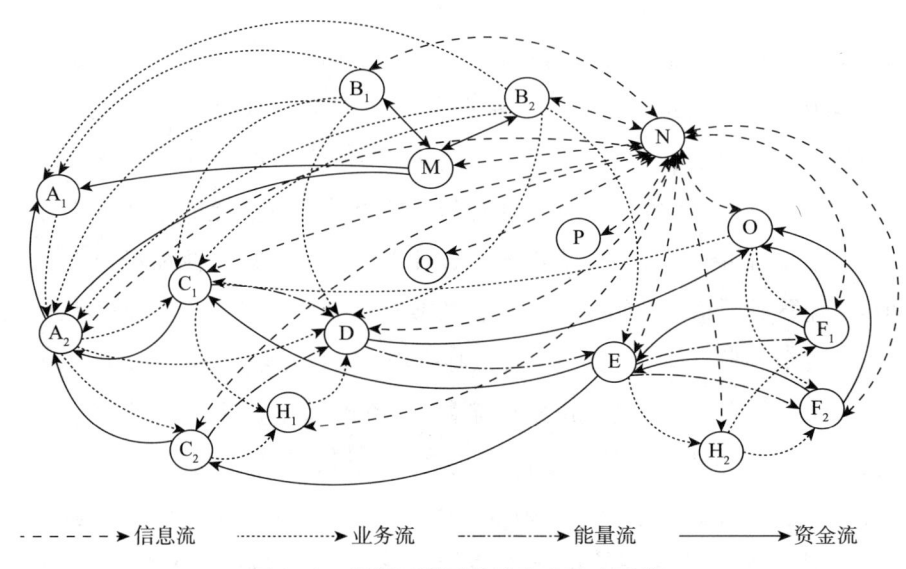

图0-4 能源互联网构成商业生态系统

注：节点企业：A：材料/设备供应商；B：规模化/小众式投资商；C：大规模/分布式能源生产商；D：集中式能量输配商；E：区域能源配售商；F：大宗/小型/家庭能源消费者；H：干网/微网能源交易平台；M：金融平台；N：信息/业务平台；O：能源主管部门；P：能源行业协会；Q：能源行业中介组织。

资料来源：曾鸣. 泛在电力物联网与互惠共赢能源互联网生态圈[J]. 中国电业, 2019 (8): 22-27.

刘永相, 徐华池, 江冰, 等. 基于充电网络与车联网平台的能源互联网生态体系研究[J]. 全球能源互联网, 2019, 2 (5): 492-501.

---

① 邓赟, 童华. 与未来对标：能源互联网价值重塑及海外应用解析[R/OL]. 埃森哲公司, (2019-09-01) [2021-06-21]. https://www.accenture.com/cn-zh/insights/utilities/china-energy-internet.

二、能源互联网生态系统中的信息流、业务流、能量流和资金流

能源互联网中的信息包括能源资源信息、能量需求信息、能源开发信息、能量供需和交易信息、能量流动信息、能量使用信息等。能源资源信息和能量需求信息决定了能源开发的力度和梯度,是决定能源互联网生态系统所处发展阶段的基础。能量供需和交易信息是能源互联网生态系统的核心,是业务流的直接基础。能量流动信息和能量使用信息对能源互联网生态系统完善起着反馈和调节作用。

相对于传统能源产业,能源互联网的信息具有全面、快捷、透明、分散、互动等特征,其流通渠道是扁平化、智能化的通信系统。

能源互联网中的业务,包括对材料、设备、能量、服务等的交易和调度,其本质上是通过对信息进行有效的、针对性的加工应用实现对能量流的管控过程。对材料和设备的交易,是系统搭建和优化的基础。对能量和服务的交易,是系统运转的核心,反映和实现系统从业者的本质价值。无论哪个环节的业务及衍生服务,最终都落脚于能量交易。能源互联网中的服务,包括能量相关服务、信息相关服务和金融相关服务。其中,能量相关服务是主流,包括能效核算、系统设计、咨询评估等;信息相关服务是对有附加价值的能量信息进行筛选、分析而衍生的数据服务;金融相关服务是基于能量流和资金流分离所产生的机会价值而衍生的金融服务。

相对于传统能源产业,能源互联网的业务具有高效、迅速、及时、针对性强、互动性强、预测性好、匹配度高等特征,其流通渠道是智能化交易平台。

能源互联网中的能量,包括热(冷)、电、气、油、煤炭、氢气等多种能源形式。其中,电因其应用广泛、易于输配而适宜作为能源微网和主干网中能量交换的最主要形式。热因其直接需求高、长距离传输困难而确定为能源微网内与电力并列的主要能量形式。作为传统能源资源的主力,油气和煤炭在相当长一段时间内仍然是终端能量供给的主体,但其主导地位会随着资源枯竭、碳排放限制和可再生能源份额增加而逐步衰退。氢气暂未作为能量来

大规模地生产使用，在未来的能量消费中将占据一席之地。

能量流体现着能源互联网系统最终的价值流向。相对于传统能源产业，能源互联网的能量具有分散、清洁、便利、高能效、可持续等特征，其流通渠道是集分布式和集中式于一体的多样化、智能化能量系统。

能源互联网中的资金，是对材料、设备、能量、服务等进行交易的价值交换媒介，也是与系统外进行交换的元素。资金相关数据能够反映能源互联网社会价值。例如，同样能量需求或同等产品产出下，资金占用越少，说明能源互联网系统越高效。信息流以其低廉成本和高效机制保证能源互联网系统的高效。

相对于传统能源产业，能源互联网的资金具有分散、多元、稳定、占用时间短、衍生品丰富等特征，其流通渠道是金融系统。

三、能源互联网生态系统中的节点企业

能源互联网生态系统中的节点企业包括投资商，能源、电力或热力供应商，智能技术供应商（如华为、苹果），软件或平台供应商（如阿里巴巴、亚马逊），电网运营商和配电网络运营商，能源服务公司或综合能源服务提供商，中介服务商（如广告和营销公司），以及保险公司、行业组织、政府，甚至涉及了建筑师和建造商。任何单一类型的公司都不能主导能源互联网商业空间。

投资商、材料供应商、设备供应商是能源互联网商业生态系统中的重要角色，他们对能源互联网的认识、服务水平直接反映系统处于什么样的发展阶段。新材料和新设备的研发、创新设备工程的投资建设，是能源互联网系统持续发展的物理基础，但是需要通过其他从业者的反馈获得驱动和调控。相对于传统能源产业，能源互联网中的材料和设备供应规模小、投资少，技术集成度高但是开放性好，具有良好的试错性和可匹配度，有助于促进能源互联网商业生态系统的优化升级。

能量生产者和能量消费者的供需关系构成了能源互联网生态系统运行的驱动力。在扁平化、智能化的能源互联网系统中，生产者和消费者将形成市

绪　论

场化的互利共赢关系。分布式架构使得产消一体者的生产和消费均与整个系统联通，服从于系统的优化调配，从而使自身的生产和消费过程更加稳定。

传统能源产业中的渠道商或中介商、输配商、交易商都具有规模经营、集中运作的特点。在能源互联网系统中，能量的输运和配售被分离成两个不同环节，能量交易将在独立的第三方平台上匹配进行，按照约定的规则调控生产者和消费者的行为，控制输送者和配售者的操作。为避免集中式、规模化的能量输配和交易过程催生新的垄断群体，避免交易失配造成的低效率，必须对输配者和交易者进行准入性约束和控制性监督。一般地，可以由政府授权的非营利性组织直接担任能量输运机构或承建交易匹配平台。

作为服务方和监督方，行业组织、中介服务商、政府是维护系统稳定、优化、健康的重要保障。行业组织提供从业者协调、资源优化配置、标准规范制定等服务；中介服务商提供咨询、评估、设计等服务；政府和监督方起到引导、规范和监督作用。相对于传统行业，这些参与者的话语权将明显增加，其服务内容也更丰富有效。

更重要的是，能源互联网生态系统能够吸引多样化的新进入者。各行各业的企业家或创业者都感知到了能源互联网市场潜在的巨大价值。他们意识到，能源行业的价值不再仅仅体现在能源销售的利润上，更体现为由用户数量和市场份额带来的衍生价值。这些企业不但可以依托互联网平台提供整合的 B2B 和 B2C 能源产品和服务，还会借此平台延伸至相邻行业——如家居和零售业，以创造价值更大的跨界服务市场。①

例如，英国 OVO 能源公司依靠固定资费产品打开能源互联网市场进行商业模式创新。如利用技术降低成本和提升服务，捕捉到客户对价格敏感的特点，与比价网站合作，发挥互联网在售电中的优势，为用户提供标准化的电力供应商更换手续。它们还与地方政府合作，建立能源零售平台。

---

① 陈继东，陈珊，李姝．能源互联网 4.0：以变御变，数创未来［R/OL］．埃森哲公司，（2019-04-29）［2021-10-11］．https：//www.accenture.com/_acnmedia/PDF-101/Accenture-energy-internet-4-0-creates-future-with-change.pdf#zoom=50．

四、能源互联网生态系统带来的价值

能源互联网时代的竞争将不再是独立的企业间的竞争。拥有不同核心能力的企业按照能源互联网相关合作协议形成包含供应商、渠道商、客户以及竞争者的关系网络，从而实现差异化、整合化的用户价值，并最终获得群体竞争优势、网络结构优势和抗风险能力。企业间、用户间及企业与用户间的链式关系，逐渐演化为相互依存、相互关联的价值关系网络，甚至价值生态系统。

作为价值生态系统，能源互联网不仅为参与其中的企业带来价值，也为社会带来价值。

第一，能源互联网将促进风、光等清洁可再生能源的发展，促进能源绿色转型，实现社会效益、环境效益和经济效益的三重提升。

第二，能源互联网将改造传统的能源行业结构、市场环境、技术体系。能源互联网改变传统的能源生产和消费模式，有助于打破行业垄断，推进能源行业的金融化及市场化，增加公众对能源系统的参与度，促进能源体制改革。

第三，能源互联网通过多种形态的能源互补融合和能源梯级利用，能卓有成效地提升能源综合利用效率，减少能源使用和能源支出。

第四，能源互联网通过信息的实时开放共享，能提高能源行业资源资产的利用率，满足能源需求的不确定性，实现能源供给的高度灵活性，并提高能源价值链各环节——生产、输配、交易、消费、节能减排、循环利用、金融及管理的便捷性，加强对能源消费的控制，提高客户的满意度和舒适度。

第五，能源互联网通过分布式可再生能源形成"生产—消费"一体化的、人人可参与的能源网络，形成巨大的创新创业动能，有利于国家创新驱动战略的实施。

第一章 能源互联网商业模式创新的理论基础

第一节 商业模式创新相关理论

一、创新与可持续创新

（一）创新、创造性破坏、颠覆式创新

在人类发展历程中，存在一种驱动力——创新，促使人类寻求解决问题的新方法。人类历史可以概括为一系列的创新。从狩猎—采集时代到农业经济时代、工业时代、信息时代以及现在的知识经济时代，人类一直在努力寻找提高生活质量的方法。

1912年，熊彼特在其德文版《经济发展理论》中，首先从经济学角度提出创新理论——创新可以被看作一种能够重构整个市场的"创造性破坏"浪潮；并给出"创新"的定义：创新指一种生产函数的转变，或者生产要素和生产条件的重新组合，并引入生产体系使其体系发生变革，以获得企业利润或潜在的超额利润的过程（熊彼特，1912）。Myers 和 Marquis（1969）提供了一个相对综合的定义：创新不是一种单独的行为，而是由相互关联的子过程组成的一个完整的过程。它不仅是想出一个新的创意、发明一个新的设备或开发一个新的市场，创新是所有这些行为过程的整合。下列简单方程式有助于说明创新概念：

$$创新 = 理论概念（新创意概念） + 技术发明 + 商业开发$$

简言之，创新可以理解为有意地引入和应用新的、改进的做事方式（Anderson and Markard，2020）。更具体地，创新是从新思想（创意）的产生、研究、开发、试制、制造，到首次商业化的全过程，是将远见、知识和冒险精神转化为财富的能力，特别是将科技知识和商业知识有效结合并转化为价值。①

20世纪90年代，Christensen将"创造性破坏"描述为"颠覆式创新"，②该词最早是在他的著作《创新者的窘境》（1997）中流行起来的，并被应用于许多不同的领域。学术界从技术史角度研究也发现，成熟型大企业往往被小企业的颠覆式创新淘汰出局。在前一代技术轨道积累的成功经验、核心能力与竞争优势恰恰成为新一轮竞争的障碍（Clayton，1997）。例如，一项新技术遵循的性能逻辑与市场上已存在的技术不同，它很少直接应用于已建立的市场，但会在中长期改变市场的架构（Christensen and Bower，1996）。有时，一些事情的发生会带来整个行业的颠覆，例如，从胶片摄影到数码摄影的转变完全改变了这个行业。这些变化都是非连续的，但带来的变化却非常明显，这通常被称为"颠覆式创新"。见图1-1。

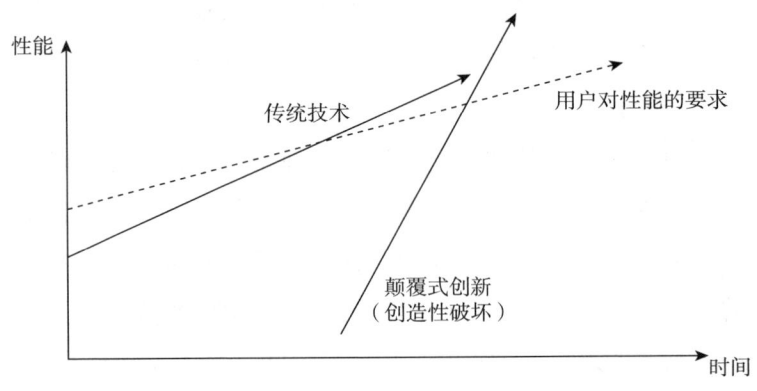

图1-1 颠覆式创新

资料来源：[英] 保罗·特罗特. 创新管理与新产品开发 [M]. 焦豪，等，译. 北京：机械工业出版社，2020：21。

渐进式创新指持续改进或小规模发展，这些改进本身不会对行业或社会

---

① 陈劲，郑刚. 创新管理：赢得持续竞争优势 [M]. 北京：北京大学出版社，2016：23.
② Christensen等（2015）声称，"颠覆式创新"这一术语经常被误解和误用，并澄清"颠覆"只发生在行业中已经存在的参与者被新晋者成功挑战的情况下。

产生显著影响,但能够提高长期生产率。颠覆式创新(突破性创新、破坏式创新)指在其环境中产生重大或革命性变化的大规模技术发展。颠覆式创新与传统技术基础上的渐进式创新在创新目标、创新组织、创新过程及面临的不确定性等方面都存在显著差异,如表1-1所示。

表1-1 颠覆式创新与渐进式创新的多角度比较

比较项目	渐进式创新	颠覆式创新
创新目标	维持与加强既有市场地位	改变市场规则,实现跨越
创新重点	原有产品成本和性能的提高	开发新产业、产品、工艺
技术	现有技术的开发利用	研究探索新技术
不确定性	低	高
技术轨道	线性的、连续的	发散的、不连续的
商业计划	创新开始即制订计划	基于探索性学习而演化
新思想产生与机会识别	在前一个创新末期产生	偶发于整个生命周期
主要参与者	正式的交叉功能团队	具有多种功能知识的个人,非正式的网络
创新过程	正式的阶段模型	早期阶段为非正式的柔性,后期阶段为正式
组织结构	在业务单位内部运转的跨功能项目小组	从思想到孵化器,再到目标驱动的项目组
资源与能力	标准的资源配置	创造性获取资源与能力
运营单位的介入	早在一开始就正式介入	从早期的非正式介入到后期的正式介入

资料来源:LEIFER R. Radical Innovation: How Mature Companies Can Outsmart Upstarts [M]. Boston: Harvard Business School Press, 2000。

(二)创新的分类

为促进创新研究的深化并提高创新政策的针对性,学者根据不同标准和维度对创新进行了分类,将创新从创新内容、创新程度和市场定位三个维度进行划分。从创新内容维度来看,创新包含产品创新、工艺流程创新、服务创新和商业模式创新;从创新程度维度来看,将创新根据改进的程度深浅划分为渐进式创新和颠覆式创新(也称为"突破式创新""破坏式创新");从创新市场定位维度来看，创新可划分为高端创新与低端创新，前者主要面向高端市场，后者主要面向普通大众市场。见图1-2。

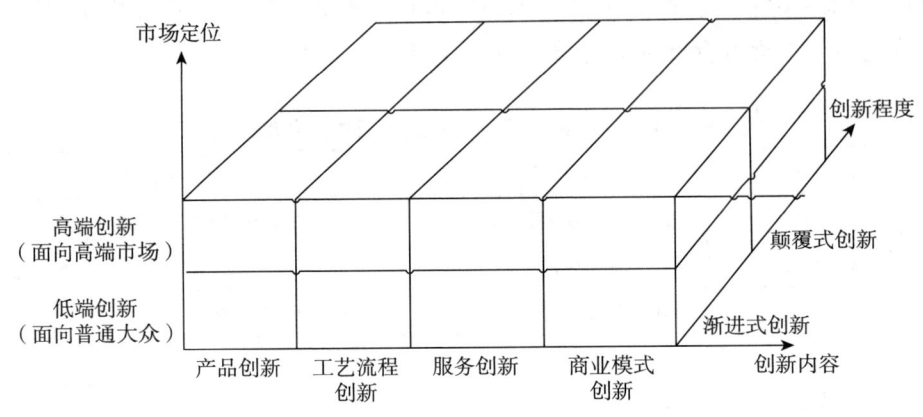

图1-2 创新的分类

资料来源：陈劲，郑刚. 创新管理：赢得持续竞争优势［M］. 北京：北京大学出版社，2016：54。

（三）创新研究进程

关于创新来源的研究，有两种不同的观念。社会决定论学派认为，创新是外部社会因素结合和影响的结果，如文化变迁、经济影响和人口统计学因素的变化等；而个人主义学派认为，创新是独特的个人天赋，创新者是天生的。

关于创新是由什么"推动"的问题，研究趋向于分成两个学派：市场决定论和资源决定论。市场决定论认为，市场提供的环境能够促进或限制企业创新活动的程度（Porter，1980，1985）。其中，最关键的是企业识别市场机会的能力。资源决定论认为，由于市场是动态的、不稳定的，所以以市场驱动为导向无法为企业创新战略的制定提供可靠的保障，而企业拥有的资源可以提供一个更加稳定的环境，可以使企业根据自身的观念开展创新活动并塑造市场（Conner and Prahalad，1996）。

在过去的几十年里，创新已经从注重企业内部流程向注重供应链整体流程转变。创新模式已经显著地从集中到分散，从封闭到开放（Chesbrough，

2003；West et al.，2014）。

为了获得竞争优势和创造价值，利用内外部资源来加速创新并将其交付给市场，Chesbrough（2003）提出"开放式创新"概念。简单来说，开放式创新是指与外部利益相关者合作创新。具体来说，开放式创新指创新过程已经从企业内部一个封闭的系统转移到一个新型的开放系统，这个系统包括供应链上下游的众多参与者。开放式创新研究可有不同的分析层次：个人或团体项目、业务单元、社群生态系统、公司、地区甚至国家创新系统（West and Gallagher，2006）。迄今为止，开放式创新研究主要集中在企业层面。

企业层面的开放式创新与企业的资源基础观以及相关的动态能力观有着密切联系。开放式创新是一种利用企业内外部资源、思想和渠道实现技术创新和创造商业价值的手段。Jansen 等（2005）研究发现，跨职能团队、岗位轮换和下属参与决策对企业的潜在吸收能力有积极影响，这些能力包括识别、获取和吸收外部知识的能力，转化和利用这些知识的能力。为了商业化和价值创造，企业不仅可以通过内部研发过程，还可以通过外部路径，如初创公司、外部许可协议、离职员工等，将内部想法或外部创新带到市场。

与开放式创新密切相关的概念有联合创新、共同创造。联合创新是指一个生态系统范围内的活动，涉及多个利益相关者，他们为了一个共同的目标进行合作，同时又相互竞争（Nachira et al.，2007）。共同创造意味着将不同的参与者聚集在一起，共同创造出对每个参与者都有价值的结果（Prahalad and Ramaswamy，2004）。与最终用户合作和共同创造也被称为"以用户为中心的创新"或"领导用户创新"（Hippel，1986）。早期的研究表明，以用户为中心的创新可以转化为成功的产品和服务（Hippel，2005）。共同创造既可以是公司促成的，也可以是个人发起的（Nielsen et al.，2016）。

表 1-2 总结了创新模式的发展历史。

表 1-2 创新模式发展历史

时间	模式	特征
20 世纪 50 年代	技术推动	简单的线性序列过程，强调研发，市场是研发成果的被动接受者

续表

时间	模式	特征
20世纪70年代	市场拉动	简单的线性序列过程，强调市场营销，市场为研发指明方向，研发对市场做出反应
20世纪80年代	耦合模式	强调研发和营销职能的整合
20世纪80年代	互动模式	技术推动和市场拉动模式的结合
20世纪90年代	结构创新	意识到嵌入企业中的知识对创新的影响
20世纪90年代	网络模式	强调知识积累和外部联系
21世纪初	开放式创新	创新过程要进一步外化，以充分利用知识产生的结果（Chesbrough，2003）

资料来源：［英］保罗·特罗特. 创新管理与新产品开发［M］. 焦豪，等，译. 北京：机械工业出版社，2020：20。

以上创新模式研究仍具有局限性。其一，新的技术能力和新兴的社会需求间的复杂互动是创新过程中至关重要的组成部分，但是在现有的创新模式中未得到体现；其二，消费者和创业者的角色并未被纳入创新模式中。

近年来，对消费者（或终端用户）在创新中所发挥作用的认识发生了明显的转变。终端用户不再仅仅被视为商品和服务的被动接受者，而是从最初的商业创意到商品传播的整个创新过程的积极参与者（Hippel，2005）。用户创新是为了使用，而不是为了销售。在用户创新中，用户（例如个人消费者、终端用户）花费自己的无偿自由时间开发创新解决方案，以满足他们的个人需求（Gambardella，Raasch and Hippel，2016）。这些用户也愿意分享或将他们的创新作为"免费产品"提供给其他人使用（Bogers et al.，2010）。

（四）可持续创新

可持续发展被定义为环境、社会和商业维度的平衡，也被称为"三重底线"（Seuring et al.，2008）。随着全球可持续发展要求，不能仅从经济利益视角考虑创新，可持续创新成了新的研究热点。早期对可持续创新的定义多集中在生态可持续性方面，如生态创新、环境创新（Hall and Clark，2003）以及清洁技术的扩散（Montalvo，2008）。一般来说，可持续创新超越了定期的产品和流程创新，而是以未来为导向的创新（Charter et al.，2008）。显然，

第一章　能源互联网商业模式创新的理论基础

可持续创新也超越了生态创新，因为它包含了社会宗旨并从全局以及长期来考虑，更清晰地与全球可持续发展进程相联系。

可持续创新最早主要专注于生态创新及清洁技术的扩散，随后，转型管理和创新系统研究等更系统的相关视角被引入，技术创新和产品服务系统间的内在关联要素得到更深入的讨论。可持续创新研究迅速扩展，增加了我们对新技术和社会实践中使社会更可持续的方式的理解。

用户创新在可持续创新的文献中也得到了越来越多的关注。在可持续创新中，终端用户越来越被视为向可持续转型启动、加速和稳定的关键（Schot et al.，2016）。为应对一系列以可持续发展为导向的挑战，终端用户不仅能独立地提出创新解决方案，而且能参与到促进可持续发展的过程中。因为他们是"加速创新解决方案向市场渗透的关键"（Sopjani et al.，2018）。

二、商业模式

（一）商业模式概念的提出

商业模式概念最早出现于20世纪50—60年代，[①] 在90年代，伴随着互联网商业的崛起而引起广泛重视。互联网看似完全否定了当时的商业逻辑，比如为用户提供免费服务。商业模式被认为是结合并重新定义新旧商业哲学的绝佳视角（Schaltegger et al.，2016）。商业模式指导资源整合和价值共创实践，而不管这些实践是否以创造利润、社会进步和环境管理为目标（Fehrer and Wieland，2021）。

"商业模式"这一术语之所以存在至今，在于其回答了竞争优势的持续性问题和革新方法问题，解决了21世纪企业经营战略必须面对的两大课题。创业失败率居高不下的一个重要原因在于没有形成成熟的商业模式。而对处于成长、成熟阶段的组织来说，在竞争激烈又充满不确定性的商业环境中，商业模式的持续自我革新成为其转型升级的关键。

[①] JONES G M. Educators, electrons, and business models: A problem in synthesis [J]. Accounting Review, 1960, 35 (4): 619–626.

(二) 不同视角下商业模式的定义

尽管各类商业模式研究显著增加,但许多研究人员对这个术语的含义存在分歧,至今仍没有一个被普遍接受的定义。

1. 价值创造视角

从价值创造视角出发,Timmers(1998)认为商业模式是产品、服务和信息流的结合,包括对不同参与者的角色描述、对不同参与者潜在收益的描述以及对收入来源的描述,是基于企业整体层面的系统性解释理论。Osterwalder等(2005)认为商业模式是一个概念工具,用以理解企业如何做生意,能用来分析比较绩效考核、管理沟通和创新能力。商业模式反映一个企业得以成功的事实,需要组合几个要素成为一个相互耦合的整体,共同解释企业如何经营业务并获得利润。Chesbrough(2007,2010)提出商业模式是连接技术潜能和经济价值实现的直观逻辑,将商业模式定义为:"一种有用的框架,用来把商业构想和科技与经济产出联系起来;商业模式的核心包括两个重要部分,即价值创造和价值获取。"① 魏炜等(2012)提出基于利益相关者交易结构的商业模式理论,将商业模式定义为:从事业务活动的利益相关者的交易结构。

商业模式是以价值创造和价值实现为核心的,由多种要素组成。鉴于研究人员对商业模式的构成要素很少达成一致,Aziz、Fitzsimmons 和 Douglas(2008)运用探索性因子分析法(EFA),对从文献中识别出的 54 个商业模式构成要素进行了分析,得到了 4 个独立因子,分别命名为:利益相关者、能力、价值创造和价值获取。Johnson、Christensen 和 Kagermann(2008)认为,商业模式由顾客价值主张、盈利模式、核心资源、关键流程这 4 个相关联的要素组成,共同创造并传递价值。Richardson(2008)则进一步提出商业模式由价值定位、价值创造和传递系统、价值获取系统三大要素组成。Boons 和 Leudeke-Freund(2013)认为,商业模式基本要素包括:价值定位、价值创造体系(包括供应链管理和与顾客的交互)以及收益模式。Bocken 等

---

① CHESBROUGH H. Open Business Models: How to Thrive in the New Innovation Landscape [M]. Boston: Harvard Business Review Press, 2010.

(2014) 在他们对业务管理的定义中列出了 3 个主要元素：价值主张、价值创造和传递及价值获取。价值主张主要是指能够产生财务利润的客户产品。价值创造和传递专注于能够产生额外收入的新业务领域及市场。价值获取涉及向客户销售产品、服务或流程的回报。按价值定位、价值创造和传递、价值获取 3 个主要要素定义商业模式，对可持续创新就能依据其如何与商业模式要素相联系而加以分析。

2. 企业运作视角

从企业运作视角出发，Negelmann（2001）认为商业模式定义和形成了公司基本运作方式与附加值结构，包括交换过程、参与者角色、商业伙伴利益以及收入实现方式。Amit 和 Zott（2012，2015）提出：商业模式界定一个企业与其合作伙伴（如顾客、供应商、互补品提供者）间交易的架构、内容与规制，从而使之得以利用机会去创造价值。商业模式是一个超越企业自身边界的，与其他伙伴相互依赖的活动系统。在这一活动系统中，为核心企业及其合作伙伴创造和获取价值是该系统的关键输出。

Casadesus-Masanell 和 Ricart（2011）指出，商业模式是由决策和结果组成的，并定义了成功的商业模式可以遵循的三个共同特征：第一，商业模式必须符合企业目标；第二，商业模式设计中的决策必须相互补充，内部一致性至关重要；第三，一个好的商业模式应该能够克服长期的威胁。面向可持续的商业实验可以帮助企业从现有的商业模式过渡到新的、更可持续的商业模式。①

3. 系统分析视角

一些学者把商业模式的研究范畴从企业内部扩展到整个企业生态系统。例如，Miles 等（2006）认为企业间合作经营是推动企业商业模式持续创新的动力和方向；Venkatra-man 和 Henderson（2008）研究发现，现代企业商业模式变革与工业时代有所不同，现代企业的商业模式变革不仅需要内部调整，而且要建立充满活力的企业外部生态系统。环境问题已成为社会公众普遍关

---

① BASHIR H, et al. Experimenting with sustainable business models in fast moving consumer goods [J]. Journal of Cleaner Production, 2020 (270): 1-12.

切的问题，这对企业提出了更高的环境保护要求。解决环境问题的关键在于设计、创造一个可持续发展的商业模式，使之能融入生态系统的可恢复体系。①

孔晓波（2009）提出了商业模式的生态学本质，即商业生态系统内各类物种生存和发展的表现形式，并由此给出商业模式的生态学定义：商业模式是指在一定时间段的生态环境内，各类适应环境、生存、发展、繁殖、演进并改造自然，动态发展的生存方式。在此定义下，能源互联网企业的商业模式由三部分构成：智能硬件、软件平台、基于平台的生态系统。这三部分互联促进，具有平台化、集群化、生态化的特征。比如，一个基于光伏的能源平台上有开发商、设备供应商、银行、保险公司等。

4. 财务盈利视角

也有学者从财务盈利等定量角度出发研究商业模式。Morries（2003）在对30个不同商业模式定义进行内容分析后，根据其包含的不同决策变量，将商业模式的定义分为了三层——经济层、组织层和战略层，这三个层级的复杂程度逐级递增。在经济层面，Stewart 和 Zhao（2000）将商业模式看作公司赚钱和维持利润的一种方式，并给出商业模式的定义：与公司产生利润的方式有关的经济模型。② 相关的决策变量包括收入来源、定价机制、成本结构、利润和预期的数量。在组织层面，Mayo 和 Brown（1999）将商业模式看作创造和维持竞争性商业的共生系统设计，其重点在于使公司创造价值的内外部流程和架构设计。相关的决策变量包括生产和服务配送方式、行政方式、资金流动、知识管理及物流。在战略层面，Slywotsky（1996）将商业模式看作公司选择顾客、定位和差异化商品、确定自营产品或服务以及外包服务、配置资源、进入市场、最后为顾客创造价值从而获得收益的过程。在这一层面，商业模式强调公司的整体市场定位、公司产业链上下游的交互作用和成长机会，包括竞争优势和可持续性。相关的决策变量包括股东定位、价值创造、

---

① 保罗·霍肯. 商业生态学：可持续发展的宣言［M］. 上海：上海译文出版社，2007.

② MORRIS M, SCHINDEHUTTE M, ALLEN J. The entrepreneur's business model: Toward a unified perspective［J］. Journal of Business Research, 2005, 58（6）: 726-735.

差异化、企业愿景、价值观、产业链和生产联盟。

（三）商业模式在技术创新商业化中的作用

除了商业模式的概念及其特征外，商业模式在技术创新商业化中的作用也得到了学者的普遍重视。Chesbrough（2010）解释说，"一项技术的经济价值一直处于潜在状态，直到它通过商业模式以某种方式商业化"。他对施乐公司的分析发现，大公司倾向于选择符合主流商业模式的创新。类似地，Bohnsack 等（2014）对汽车行业中电动汽车技术的采用进行了研究，确定了商业模式设计中的路径依赖关系：在位企业愿意改变它们的收入模式和价值网络，但它们不愿意从根本上改变它们的价值主张。Christensen（2003）的研究显示破坏性创新如何经常地影响不够开放的在位者，谋求更根本性的技术转换。Bjorkdahl（2009）对三家机械工程公司如何将 ICT 整合到它们现有业务流程中的研究表明，即使在成熟的行业中，为了从新技术中获得适当的价值，也需要伴随商业模式的改变。

Burkhart 等（2011）强调了在技术创新商业化过程中商业模式和商业战略间的关系。商业模式主要体现在一定社会和经济发展阶段中，企业经营模式的大趋势和一般性方法通常受到技术进步的影响。商业模式比战略的适用范围更广，属于更加基础性的分析层次（马浩，2015）。[①]

（四）商业模式分析工具——商业模式画布

由于实用性强且操作便捷，亚历山大·奥斯特瓦德（Alex Osterwalder）与伊夫·皮尼厄（Yves Pigneur）共同提出的商业模式理论受到创业实践者的推崇。他们认为，商业模式分为四个部分：客户、价值主张、基础设施和财务。其中，客户部分包括客户细分、渠道通路、客户关系三大要素；价值主张部分包括解决特定问题并为客户创造价值的产品和服务；基础设施部分涵盖了用于价值创造的架构，包括核心资源、关键业务、重要伙伴三大要素；而财务部分则强调了收入来源和企业成本结构间的联系，包括收入来源、成本结构两大要素。在这四个部分共九大要素的基础上，他们还提出了实用型

---

① 马浩. 战略管理：商业模式创新［M］. 北京：北京大学出版社，2015：27.

商业模式的设计方法——商业模式画布。

商业模式画布为可视化新的或现有的商业模式提供了一个有吸引力的模板,因而被各个行业的企业与创业者广泛应用。商业模式画布可以把九大要素有机联系在一起从而阐明某个企业或某项活动的内在商业逻辑(见图1-3)。

主要合作伙伴 让商业模式有效运作所需要的供应商与合作伙伴	核心业务 为了确保其商业模式可行,企业必须做最重要的事情	价值主张 为特定细分客户创造价值的系列产品和服务	客户关系 企业为沟通、接触客户细分群体而建立的关系类型	目标客户 一个企业想要接触和服务的不同人群或组织
	关键资源 让商业模式有效运转所必需的最重要的因素		渠道通路 为接触和沟通细分客户而传递其价值主张	

成本结构 运营一个商业模式所需的所有成本①	收入来源 企业从每个客户群体中获取的资金收入②

图1-3 商业模式画布

资料来源:OSTERWALDER A, PIGNEUR Y, TUCCI C L. Clarifying business models: Origins, present, and fututure of the concept [J]. Communisations of the Association for Information Systems, 2005 (16): 1-25。

商业模式是企业竞争力、业务更新和盈利增长的重要贡献者(Teece, 2010)。不应认为商业模式是一种相对稳定和既定的价值创造与获取方式,而应将其视为一种不断被重塑和迭代的方式,即商业模式应该被视为动态系统(Morris et al., 2005)。作为动态概念,必须随着时间的推移对商业模式进行管理和开发(Hedman and Kalling, 2003)。

在本书中,我们将商业模式定义为一个组织及其合作伙伴进行的相互依赖的活动系统(Zott and Amit, 2010)。这些活动超越了核心企业,跨越企业界限延伸到"供应商、合作伙伴和客户的多重网络"。这些活动系统在本质上是有助于为客户创造和交付价值的配置,同时允许组织获取一些已创造的价

---

① 本书将"成本"概念从单纯的经济成本拓展到涵盖经济、社会和环境的成本。
② 同样地,本书所研究的商业模式创新,收入要素不仅指企业从每个客户群体中获取的资金收入,而且包含社会和环境收入。

值。商业模式画布作为一种分析框架，有助于检查这些活动系统的内容、结构和管理，以及它们在业务开发及生产中的相互作用。

能源互联网将带来能源行业商业模式大规模转型。采用商业模式理论，可在更加具体的层面上引导市场参与主体的决策，特别是相关企业的商业创新。本书将商业模式作为一种为更广泛的利益相关者群体创造价值的方式，来研究更广泛价值的产生，不只关注经济价值，还关注社会和环境价值。

三、商业模式创新

（一）商业模式创新的定义及商业模式创新的驱动力

商业模式创新是指改变现有的商业模式或创建新的商业模式的过程。商业模式创新是一种不同于产品和过程创新的具有挑战性的创新（Chesbrough，2010）。Sosna 等（2010）将商业模式创新理解为组织面对外部环境变化时的一种战略更新机制。

从系统性视角出发，商业模式创新被理解为改变现有商业模式以应对市场、环境和社会条件（如客户偏好的变化、环境变化或新技术）的动态过程。这是一个持续的、迭代的学习和演变过程，促进在相互依赖的参与者组成的复杂系统中产生新的合作实践（Bocken Schuit and Kraaijenhagen, 2018）。商业模式创新是企业系统的整体变革，追求的是在未来竞争环境下的与众不同（Hamel and Frahlad, 1994）。因此，商业模式创新已成为创业活动中极其艰难却最有经济潜力的一种创新形式。Bashir 和 Verma（2017）认为，商业模式创新可以作为一种可持续的竞争优势，因为模仿一个全新的商业系统比模仿一个产品或服务要困难得多。Cuofan（2019）认为商业模式创新是寻找一种系统的方式，在提供有价值的产品和服务的同时，为组织释放长期价值。

商业模式创新带来组织管理边界的变化。传统的组织管理聚焦于组织边界之内，而新的商业模式将组织边界之外的事情纳入企业组织管理的范畴。Zott 和 Amit（2010）认为，商业模式创新是具有三种商业模式设计元素和四条商业模式设计原则的新颖配置。商业模式的设计元素是内容、结构和治理。内容是指所选择的业务活动；结构是指业务活动间的联系及其对商业模式的重要性；治理是指业务活动如何得到执行。商业模式的设计原则是新颖性、锁定性、互补性和效率。新颖性指的是采用新的业务活动（内容）、连接这些业务活动的新方法（结构）以及实施控制（治理）的新方法；锁定性是指保留第三方（如合作伙伴和客户）作为活动参与者的权力；当捆绑业务比独立业务能获得更多价值时，捆绑的业务间就存在互补性；效率是指组织如何使用它们的业务活动系统来消除某些无效状况并降低企业成本。

商业模式创新的驱动因素主要有：①经济压力；②与产品开发有关的问题；③价格竞争；④与客户相关的问题；⑤战略环境；⑥潜在条件；⑦情境驱动因素；⑧日益增长的数字化；⑨可持续性需求。

对更大的可持续性（环境、社会和经济）的需求被认为是重要的商业模式创新驱动力之一。产品、工艺和技术创新本身并不能使组织、行业和社会更加可持续（Abdelkafi and Taeuscher，2016）。组织创造积极的、可持续的价值需要商业模式创新。

（二）商业模式创新的动态演化

Foxon（2011）提出将商业模式创新作为社会—技术"修复"协同演化的框架，该框架考察了五个异质系统——技术、用户实践、机构、商业战略和生态系统——间因果互动下向低碳经济转型的演化过程。这五个异质系统都在进行动态演化，但这种演化通过因果交互作用，既影响到其他系统的动态，又受到其他系统动态的影响。

商业模式创新是创业过程中逐渐浮现的动态过程，并非通过计划而产生，需要创业者对可行的商业模式要素或结构进行不断的试验和调整。Chesbrough（2010）强调了创新领导力在商业模式中的重要性。Prahalad 和 Betis（1995）提出将商业模式中的创新与企业如何创造和获取价值的"主导逻辑"联系起来，有助于创新的涌现。

根据 Zott 和 Amit（2010）的研究，商业模式创新可以通过添加新的业务活动、以新的方式链接业务或者通过改变执行某一业务的一方或多方来实现。通过产业思维的重构而产生的商业模式创新同样能引发某一行业的剧烈变化，带来颠覆式创新，见表1-3。

第一章 能源互联网商业模式创新的理论基础

表 1-3 商业模式创新带来相关行业巨变

企业	行业部门	商业模式创新
Ebay	在线拍卖	搭建在线个体用户社区，进行一种全新的购买与销售方式
瑞安航空公司	航空	不附加无谓服务的新型航空旅行消费方式，强调经济性
亚马逊	零售商	购买商品的新方式——在线零售商
阿里巴巴	批发零售业、制造业	自身无任何存货；搭建中小企业在线交易平台，支持卖家（通常是厂商）按订单生产
iTunes	音乐零售商	购买、下载音乐的新方式
Google	互联网搜索引擎	在互联网上搜索信息的快捷方式
Facebook	社会网络	在线用户社区，可以在线聊天，共享音乐、图像和新闻
YouTube	在线视频和电影库	用户社区，分享自制的视频片段，从影片中录刻自己喜欢的片段
Uber、滴滴等	交通出行	移动"互联网+出行"，创造性地利用社会现有闲置车辆
Airbnb	在线住宿平台	创造性地利用现有空置房产，多方共享，使用而不占有

资料来源：［英］保罗·特罗特. 创新管理与新产品开发［M］. 焦豪，等，译. 北京：机械工业出版社，2020：315。

商业模式创新是一个持续的、复杂的、集体的、循环的、互动的活动，需要积极地探索实验和实践学习。Berends 等（2016）认为，商业模式创新是一个行动和认知相结合的复杂过程，不能简化为"概念"和"执行"两步，不可能做到仅凭一个新的商业模式想法，就落地实施。企业进行商业模式创新，就需要打破公司旧的价值创造逻辑、已形成路径依赖的管理结构和资源分配格局等。

商业模式的创新与演变，在很大程度上决定着企业的兴衰成败，也决定着行业的发展趋势。商业模式是连接顾客价值与企业价值的桥梁，同时为企业的各种利益相关者，如供应商、顾客、其他合作伙伴、企业内的部门和员工等提供了一个将各方交易活动联结在一起的纽带。因此，商业模式重在商业生态系统而非企业内部的价值创新。

商业模式研究不同于对产品、公司、产业的研究：尽管商业模式最终聚焦于某个企业，但是商业模式的研究边界却超越了传统的企业边界。主要的商业模式创新理念包括：①突破行业既有假设，重新定义产品或行业；②不关注行业内部竞争，而关注商业模式价值的创造；③向创业公司转变；④从整体上创新——不只是引入新特性或新功能，而是全新的商业模式。[①]

（三）新进入者和在位企业商业模式创新比较

在商业模式创新研究中，关于新进入者和在位企业战略差异的研究还比较有限。现有的研究主要对新进入者和在位企业进行了创新灵活性比较、渐进式创新与颠覆式创新比较以及商业模式创新要素间的比较。

1. 灵活性比较

在商业模式创新方面，新进入者可能比在位企业有更多的灵活性，但商业模式创新对业绩的影响可能不那么显著（Foss and Saebi, 2017）。然而，像初创企业这样的新进入者具有某些特征，如扁平的等级制度、简单的组织结构、冒险和批判的态度，这使它们能更灵活地通过引入新的商业模式来应对外界变化（Stampfl, 2014）。与新进入者相比，在位企业通常不太可能追求可持续发展相关的机会（Hockkerts and Wüstenhagen, 2010）。但是也有研究表明，在位企业可能是商业模式创新和技术发展方面的先行者（Berggren, Magnusson and Sushandoyo, 2015）。

2. 渐进式商业模式创新与颠覆式商业模式创新比较

渐进式商业模式创新涉及在不改变企业内部能力和外部合作伙伴关系的情况下持续改进现有产品，而颠覆式商业模式创新涉及开发新的产品类型和重新设计当前的组织结构以及利益相关者间的关系（Pedersen et al., 2018）。由于商业模式创新受路径依赖和现有商业模式逻辑的制约，在位企业倾向于追求渐进式创新。例如，其倾向于将新技术融入现有的商业模式。而新进入者不受现有商业模式的制约，倾向于为新兴技术开发新的商业模式（Bohnsack, 2014；Stampfl, 2014）。

[①] 魏炜, 等. 变革性高速成长公司的商业模式创新奇迹：一个多案例研究的发现[J]. 管理评论, 2015 (7): 218-231.

3. 商业模式创新要素比较

价值创造的主要来源：在位企业将效率作为价值创造的主要来源；而新进入者将创新和新颖作为价值的主要来源（Bohnsack et al.，2014）。

商业模式创新的核心资源：在位企业拥有大量资源，特别是大型公司（Helfat and Lieberman，2002），这允许在位企业同时进行渐进式商业模式创新（Doz and Kosonen，2010）和颠覆式商业模式创新的资源投入（Sosna et al.，2010）。相比之下，新进入者受到资源有限的制约（Baker and Nelson，2005），并为了开展市场用户测试，在一定时期内往往追求单一的商业模式（Sosna et al.，2010）。

产品和服务的捆绑：在位企业通过新旧产品和服务的捆绑来创造互补性价值；而新进入者则以独特的方式捆绑新产品和服务来创造互补性（Bohnsack et al.，2014）。

合作伙伴关系：在位企业依靠既有的合作伙伴来提供价值；而新进入者则寻求与非传统合作伙伴合作（Amit and Zott，2001）。

客户关系：在位企业使用商业模式服务现有客户；而新进入者使用商业模式吸引新客户（Bohnsack et al.，2014）。

能源领域的商业模式创新研究主要集中为能源价值链中特定技术的部署，如储能（He et al.，2011）、太阳能发电（Huijben and Verbong，2013）和电动汽车充电（Roman et al.，2011）。这些研究有助于理解新技术如何促使新进入者有能力与在位企业竞争。Channell 等（2013）分析了商业模式创新何以对整个能源市场既产生建设性影响又产生破坏性的影响。也有国家政策议程（如《英国产业战略》）将商业模式创新作为产业变革和能源系统价值创造的关键机制进行讨论（Hiteva and Timothy，2021）。

四、可持续创新与商业模式创新

Charter 和 Clark（2007）指出："可持续创新是包含了对环境、社会和财务绩效的可持续性考量，融合了从产生创意到研发，再到商业化的全过程。这个过程可应用到产品、服务与技术以及新的商业和组织模式中。"该定义首次提出了可持续创新包含商业模式的创新。Carrillo-Hermosilla 等（2010）将可持续创新定义为"提高可持续性绩效的创新"，其中，"绩效"包括生态、经济和社会标准三个维度。可持续创新要求取得生态和经济、社会的平衡或"共赢"。循环经济（Circular Economy）概念在政策制定者、学者和行业专家中备受推崇，其被认为是实现可持续发展的转型路径。近年来的研究也将商业模式创新视为向更可持续的经济体系转型的手段（Wainstein and Bumpus，2016），认为它是从线性经济转换到循环经济的关键驱动。

可持续商业模式通过发展三重底线，即环境、社会和商业活动的整合，挑战商业模式的现状。企业高管逐渐认识到解决日益增长的可持续发展挑战可以获得利润（Stubbs and Cocklin，2008）。可持续商业模式创新作为一种获得竞争优势的方式，在解决社会和环境问题的同时，通过将社会和环境问题纳入核心商业实践来改变商业运作的方式（Foss and Saebi，2017；Massa et al.，2017）。因此，可持续商业模式创新可以被定义为通过改变组织及其价值网络，创造、传递和获取价值的方式，或改变其价值主张，从而创造对环境和社会显著的积极影响，并显著减少负面影响的创新（Bocken，Short and Evans，2014）。

可持续商业模式不仅提供经济价值，还包括对更广泛的利益相关者其他形式价值的考虑（Bocken，Short and Evans，2014）。在关注企业价值创造、传递和获取机制的同时，可持续商业模式创新还包含了一个更广泛的价值概念：从主要关注经济价值到给予社会和环境价值足够关注；从对客户和股东的关注，到对包括社会利益相关者在内的多利益相关者的关注（Bocken et al.，2013；Ludeke-Freund et al.，2016；Massa et al.，2017）。重要的是，可持续商业模式创新可以带来直接的商业效益，如成本节约和新的收入来源拓展（Bocken，Short and Evans，2014）；也可通过领先于未来利益相关者的风险规避及规则制定（Schaltegger et al.，2012）来提高组织的灵活性（Buliga et al.，2016）、获得声誉（Homburg et al.，2013），并增强对员工的吸引力（Greening and Turban，2000），从而获得更多潜在优势。总之，可持续商业模式创新在应对长期存在的可持续发展挑战方面具有巨大潜力（Foss and Saebi，

2017；Laasch，2019）。

可持续商业模式创新相关的研究方向明确聚焦于商业模式和可持续发展，其中包含了一个更强的企业层面作为研究重点，考察新商业模式的开发与实施如何能够从可持续创新中创造和获取价值（Boons and Ludeke-Freund，2013）。可持续商业模式能提供企业和生产消费系统层面的联系（Frank Boons et al.，2013），并在更高系统层次上提供了可持续创新和经济绩效两个概念的联系（Boons and Wagner，2009）。尽管我们对什么驱动了企业层面的可持续创新有了一定的了解（Montalvo and Kemp，2008），但在生产和消费系统层面，对可持续创新如何实现并创造共赢的商业形态仍知之甚少（Boons et al，2013）。

当前，可持续创新的研究还没有对企业在市场进行可持续创新，需要以何种方式整合价值定位、如何构建上下游的价值链及盈利模式给予足够重视。Bocken 等（2014）认为，"为了应对可持续发展挑战，创新需要引入商业模式进行根本性变革，从源头上解决不可持续性问题，而不是作为抵消商业负面影响的附加物"。他们将可持续商业模式创新分为三个层面：技术层面的创新，主要有最大化物质效率和能源效率、从"废物"中创造价值、用可再生和自然过程实现替代；社会层面的创新，主要有传递功能而非占有（产品服务化）、适应管理角色、鼓励充足性；组织层面的创新，主要是为社会价值或（和）环境价值对商业进行再利用、发展和扩大解决方案。

能源互联网将促发能源公用事业的拆分和能源市场的自由化，使能源行业可持续商业模式创新涌现，如能源效率服务和需求响应服务。

第二节　社会技术系统转型理论

满足社会对安全、低碳和负担得起的能源服务的需求，向可持续能源系统转变，这一挑战要求能源互联网商业模式创新研究采用能阐释能源系统在社会、技术、经济和环境领域复杂性的理论方法。社会技术系统转型理论关注技术、社会、制度和经济的协同演化。在 21 世纪的最初十年里，社会技术系统转型研究出现在创新领域的研究中，随后被广泛应用于分析未来可持续发展转型。例如，可再生能源发电、生物质集中供热、电动汽车、农业、城市交通。

社会技术系统由多个元素组成：技术、市场、用户实践、文化内涵、基础设施、政策、产业结构、供应链等。社会技术系统是指为实现特定的社会功能（如能源供应、食品生产或运输）而进行的一种参与主体、规则和技术间的配置。这种配置包括科学和工程、经济、政策、日常生活和文化等方面，由政界、产业界、学术界、民间社会和家庭个人等一系列行动者与社会团体共同决定。这些参与主体有他们自己的资源、能力、信仰、战略和利益。转型可以定义为从一个社会技术系统到另一个社会技术系统的长期（50年或更长）转变。

社会技术系统转型分析，即对嵌入社会关系和过程中的技术进行概念性历史分析。转型不是线性过程，而是共同演化的过程，是多个参与者相互依赖、相互影响的过程，涉及一系列要素和维度的变化。社会技术系统转型理论的优势在于：①分析利基创新与存在路径依赖的社会技术体制间的技术经济和社会政治冲突；②关注多参与主体和各种代理行为（意义构建、战略谋划、权力斗争、学习、投资、冲突、创建联盟）；③分析组织和"博弈规则"；④承认环境、突发事件的复杂影响。

考虑能源转型的多维度，本书采用社会技术系统转型的理论框架进行分析。能源互联网作为新的能源组织形式，伴随着大量颠覆式创新机遇。把握能源互联网创新机遇通常需要组织部署新的商业模式（Johnson et al., 2008）。商业模式为可持续转型研究提供了"企业理论"，并有助于形成对社会技术转型微观基础的理解。因此，本书将商业模式创新融入社会技术系统转型理论背景展开研究。

到目前为止，商业模式创新还很少被置于社会技术转型背景下研究（Boons and Ludeke Freund，2013），但协同演化思维已成为当今许多广泛使用的转型理论的基础，如多层次视角（Geels，2002）、三重嵌入框架（Geels，2014）和技术创新系统（Hekkert et al.，2007）。社会技术系统转型理论将创新理论、制度理论、演化经济学、技术社会学联系起来,不同的系统思维方法为商业模式创新和社会技术系统转型间的动态演化提供了不同视角。

一、大技术系统(Large Technical Systems,LTS)

LTS 强调变革的主体和机构。系统建造者是 LTS 分析的核心。系统建造者通过打破先前科学知识、技术、机构、用户等之间的界限来构建系统,使交互变得越来越顺畅和系统化——休斯称之为"无缝网络"(Hughes,1986)。Hughes(1983)记录了电力基础设施从作为分布式局部网络的早期起源到高度集成的集中化系统出现的发展史。强调需要将政治、经济、技术和社会作为无缝网络的一部分,是 LTS 方法的关键洞见(Hughes,1986)。

通过商业模式创新成功交付价值,类似需要将政治、经济、社会和技术组成部分结合在一起的系统建设。例如,能源互联网商业模式、投资者对风险的感知和政策框架间的协同关系是成功开发一个能源互联网项目的关键。在风险和政策监管间的权衡很大程度上受到政府部门对一项规划做出相应承诺的意愿、财政预算状况,以及环境或经济目标多大程度上得到倡导等因素的影响。

在 LTS 的不同阶段,发明家、企业家、金融家和管理者对扩大一个系统具有影响力,他们的相对影响力取决于需要解决的问题的性质。无论是技术、组织或金融问题,一旦这些问题都被克服了,系统就会获得"动力",从环境中获取资源并对环境产生影响。

社会技术系统转型和可持续转型领域的学者普遍关注 LTS 的转型,如向消费者提供电力、天然气和水,或提供住房和交通(Steward,2012)。分析的核心是围绕着预期的社会安定和特定功能供给(如供暖、住房或交通),由各种行为主体、机构和基础设施组成的社会技术体制。Rip 和 Kemp(1998)借鉴了演化经济学家早期的见解(Nelson and Winter,1977),把体制看作认知习惯、搜索探寻和工程实践的组成部分,认为体制跨越了公司范畴,有时也跨越了行业范畴。随后,Geels 扩展了体制的定义,将包括供应者、使用者和公共机构在内的更广泛的社会群体纳入其中,并将体制作为"一套不完全连续的规则，用于指导和协调社会技术系统各种元素的社会群体活动"（Geels，2011）。LTS以"系统建造者"的角色定位将参与者推向前台。其研究重点是系统建造者如何在特定的环境中工作，通过配置技术系统来构建一个无缝网络，使该技术系统与特定的社会和政治环境相互协同并成为系统转型动力。

能源互联网依赖于一系列互联子系统的系统创新，包括电力基础设施、供暖、个人交通、建筑和电力供应等。能源互联网系统创新不仅需要整合众多自主创新，还需要在支持技术、技能、文化规范、用户和组织实践、法规、发明等方面进行互补演化。系统创新有可能产生全新的"社会技术系统"，其中技术、社会和制度要素共同演化。

二、多层次视角（Multi-Level Perspective，MLP）

虽然企业家、强大的在位企业或社会活动家等参与主体很重要，但是他们并不能孤立地推动能源体制变革，也不能独自创新能源互联网商业模式。从企业制度的角度来看，商业模式总是包括微观层面的个人、团体和组织机构，中观层面的机构（如与专业、社会活动或行业相关的机构）和宏观层面的社会机构。塑造商业模式的系统协调过程只能从不同的系统层次（例如微观、中观和宏观层面的聚合）来理解。

社会技术系统转型理论是一套大系统观的理论框架，用以捕捉技术和社会制度如何进行可持续的转型。社会技术系统转型理论中的MLP将转型定位为利基、社会技术体制和宏观环境间互动的结果。将商业模式和MLP联合起来分析，可以更好地理解现代能源系统格局下的关键商业动力，推动能源互联网商业模式创新。

社会技术系统转型理论的MLP将政治和体制纳入系统，关注长期的总体动态和转型模式，强调转型的过程和机制，为理解多维度复杂转型提供了一个全局性的视野。MLP区分了探索转型的三个层次：①利基，指激进创新的发生地；②社会技术体制，指由产业、政策、文化和科学技术等多主体形成的惯例和规则结构，包括社会文化体制、政治体制、科学体制、技术体制、用户和市场体制；③景观，指外生的社会技术形势。利基、社会技术体制和

第一章 能源互联网商业模式创新的理论基础

景观按照不同要素配置，稳定性不断增强。

社会技术体制被定义为一套共享的、相当稳定且一致的规则，指导特定系统中参与主体的行为。这一套普遍的惯例或规则，创造和加强了一个特定的技术系统。这些规则嵌入社会技术系统的各种元素中，将创新活动塑造成一个特定的渐进式创新轨迹（例如提高汽车的燃油效率）。

比较而言，现行体制通常产生渐进式创新，而颠覆式创新是在利基市场产生的。利基市场中，面向应用的领域通常由特定的选择标准主导，这些标准保护新兴的不稳定技术免受直接市场的压力（例如军事应用优先考虑性能而非成本）。利基还为学习的发生提供了空间，并为支持创新的社会网络的建立提供了现实空间，如能源互联网中供应链和"产消一体者"之间关系的建立。

"景观"代表外生的宏观层面的力量（如人口变化），它们塑造了市场利基和社会技术体制，但在中短期内并不会被利基和社会技术体制塑造。

MLP 理论提出，转型通过市场利基、体制和景观三个层次的相关过程来实现。传统的高碳能源制度具有高度的路径依赖，但在更广泛的社会和政治环境支持下的利基市场创新，可以帮助社会技术转型到低碳能源系统中。

在转型研究中，MLP 理论将转型演化过程理论化为利基、体制和景观三个层次间的动态变化。分层的依据是社会技术结构化的程度。中观层面的体制是高度结构化的，由市场参与主体、机构和技术组成的既定体系。现有参与主体可以根据自身的能力和利益调节协同动态演化；创新可管理并可预测，沿着相对明确的技术轨迹进行渐进式演化。微观层面的利基是社会技术互动结构化较低的空间，因此存在更激进的创新可能。利基和体制内的活动受到外部宏观环境的影响，这在很大程度上超出了系统参与者的控制，如气候变化和全球化。在合适的环境条件下，激进的利基创新可产生影响并有可能推翻现行体制。社会技术转型理论中的 MLP 是理解不同社会层面新进入者和在位企业间创新冲突与角色变化的有用工具。

市场利基、体制和景观间的因果互动塑造了社会技术系统的变化，其动态协同演化关系可简化为四个阶段。

1. 第一阶段：初创

市场格局的变化给现行主导体制带来了压力，而主导体制最初试图从内部解决问题。例如，19世纪的城市化加剧了人们对马车的低速问题、马车所带来的环境问题和公共卫生问题的不满，导致了铁路的引入。然而，同样的压力也为自行车等新兴利基市场的发展提供了一个"机会之窗"。

初创阶段的特点是通过激进的利基创新进行实验和试错学习。研发实验室、真实世界的实验和示范项目作为小众创新的最初具体载体，让初创者了解在具体环境中颠覆式创新的技术—经济表现、社会—文化接受度和政治可行性。初创阶段的特点：①大量的不确定性；②竞争性宣传；③高失败率和大批创业者退出。

2. 第二阶段：加速

创新在一个或多个利基市场立足，这提供了确定性更高的资源流动。随着社会技术体制变得更加不稳定，需要对体制基本架构进行根本性的转变。技术知识的流通和聚集通常由代表整个领域的工程团体、标准化委员会或行业协会来完成。这涉及体制与新兴市场间的互动，以及这些市场间的互动。例如，在城市客运系统中，自行车、有轨电车和汽车与马车的竞争。根据不同的情况，这个过程在本质上可能会有或多或少的竞争，导致不同的利基逐步扩大和对等。

能源机构或创新机构也可以作为沟通和聚合过程中的"中介行为者"，因为它们参与多个项目，可以比较项目，提炼一般性经验教训，并将这些作为新项目的方案建议。这些社会认知活动有助于逐渐稳定创新轨迹。创新也可能发生在用户的实践中，因为消费者将颠覆式创新从不熟悉的事物转变为熟悉的对象，嵌入日常生活习惯和行为活动中。

3. 第三阶段：扩散

颠覆式创新扩散进入主流市场，一方面是由利基内生性驱动，如价格调整、性能改进、规模经济、互补性技术发展和利益相关者的强力支持；另一方面是利用机会窗口创建新发展领域的外生性驱动。两方面的冲突导致现行社会技术体制局势紧张，变得不再稳定。

第一章 能源互联网商业模式创新的理论基础

扩散阶段通常以利基创新和现有体制在多个维度上的斗争为特征：①新技术和现有技术间存在着经济竞争，这种竞争受到市场经济体制的影响；②新进入者和在位企业间存在商业竞争，这可能导致在位企业在竞争中被市场淘汰；③在发展规划、补贴、税收和规章的调整方面可能存在政策冲突与权力斗争，这些斗争既涉及政策参与者（政府部门、咨询委员会），也包括更广泛的利益集团；④不同社会团体在有争议的公共议题中，可能会出现关于问题和方案解决框架的文化话语权斗争。利基创新的成熟有助于政策制定者推动可行性解决方案。例如，风力涡轮机和太阳能光伏发电的价格降低以及性能改善，加上积极的公众言论和行业游说，正在为支持可再生电力发展的政策创造条件。

不能保证利基创新一定会赢得这些斗争：颠覆式创新可能无法形成足够的动力；也可能会遭遇挫折，使现行体制中的紧张局势得到遏制，例如，利基创新的"机会之窗"无法充分实现；或者在位企业可能成功地反动员和阻碍利基创新。

4. 第四阶段：稳定

新的社会技术系统取代旧的系统，逐渐制度化并稳定为政策方案、用户习惯、对惯例的看法、专业标准和技术能力。随着新兴系统在各个方面的稳定，建立新的生产、分配和消费惯例或规则，一种制度的转变就完成了。主导设计和基础设施的相互关联、成熟的商业模式、标准化的监管和明确的用户偏好为快速采用该系统的重点技术提供了先决条件，如自行车、汽车的相继发展。

MLP提出转型的关键是体制转变。创新利基通过持续学习、价格调整、性能改善、不断壮大的团队支持等形成内在驱动，在社会技术形势层次对现行体制造成压力，使体制变得不稳定，从而为创新利基创造机会。这些过程的结合使主流市场上的新奇事物得以形成突破，并与现行体制竞争。转型有两种内生性过程：通过市场对不同产品的选择间接改变规则，即经济演化；通过社团内不同主体协商直接改变规则，即社会演化。通过转换、技术替代、重组、解盟和再结盟等路径实现新社会技术体制对现行体制的替代（见图1-4）。

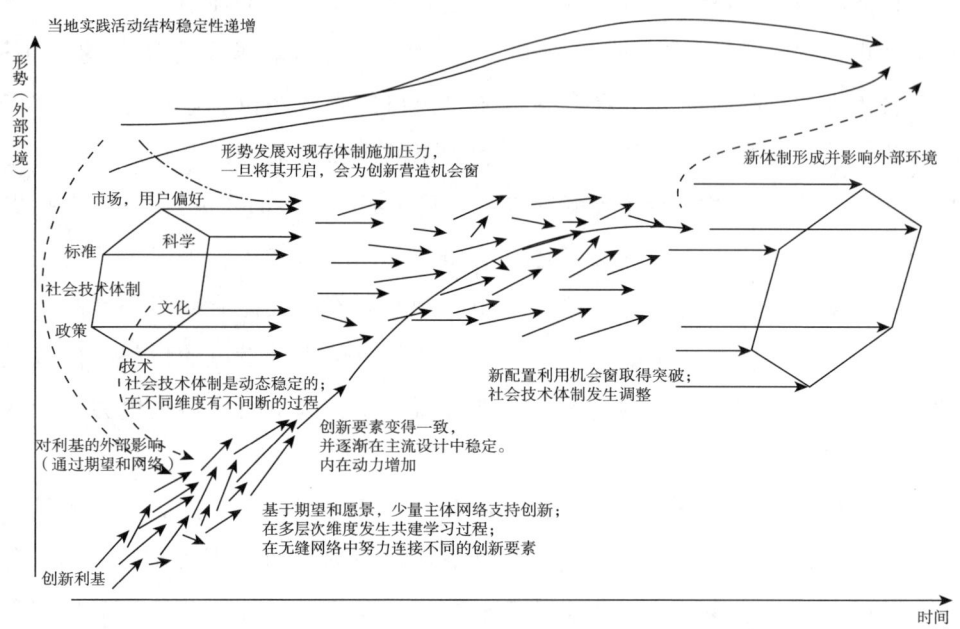

图 1-4 关于转型的 MLP

资料来源：Geels、Schot（2007）。

在社会政治环境和经济环境（景观）视野下，利基市场和现行体制下的主流市场相比，参与者数量更低，核心技术更不成熟，更倾向于驱动市场规则不断变化。社会技术体制往往存在路径依赖，倾向于渐进式创新，而利基市场则更多地涉及路径创造和颠覆式创新。一旦将这些差异缩小到利基市场和社会技术体制比较的维度，就会立即注意到两者共享同一参照系：第一，利基和体制都是由相互支持的参与主体、技术和规则组成的；第二，两者都可以被理解为具有特定边界的实体；第三，存在各种认同利基或体制的个人和集体，从事各种维护利基或体制的活动——利基行为主体试图扩大利基市场而体制行为主体则反击这些活动；第四，两者的最终目标都是实现相类似的功能，例如，19世纪时马车、自行车、有轨电车和汽车的发展都是为城市人口提供更高的流动性。

综上，作为一种过程理论，MLP 理论既包含"全球模型"（由三个分析层次和四个时间阶段组成）组成的描述社会技术系统转型的总体过程，也包含"局部模型"组成的描述多层次相互作用的具体活动和因果机制。

能源互联网商业模式创新要求面向更可持续的能源系统转型背景研究如何进行商业模式创新。Bolton 和 Hannon（2016）检验了创新商业模式在社会技术系统转型中扮演的角色，并对内嵌在社会技术环境中的商业模式进行了系统化的分析，为可持续转型动力和可持续转型管理提供了新的视角。Kungl 和 Geels（2017）利用 MLP 分析了 1998—2015 年德国电力行业面临多重形势带来的压力而不再稳定，能源转型过程中在位企业不适应新形势而趋向衰退。

对可持续发展转型中的企业商业模式创新研究仍在涌现，而在涉及能源的多利基和多体制交互作用的背景下，对企业商业模式创新战略和行为的深入理解在很大程度上还存在缺失。一方面，商业模式创新可能通过促进利基创新的升级和制度规则的重新配置来帮助加速社会技术变革；另一方面，它可能通过强化现行体制结构而阻碍变革进程（Bidmon and Knab，2018）。

三、三重嵌入框架（Triple Embedded Frame，TEF）

为了更好地理解社会技术系统转型中产业与经济、政治、文化及社会环境的协同演化和双向互动，Turnheim 和 Geels（Geels，2014；Turnheim and Geels，2013）提出 TEF。该框架将行业内企业概念化为嵌入两个外部（经济和社会政治）环境和一个行业体制，行业体制受行业内企业针对外部环境所采取的战略行为的影响并协同调整。

TEF 的理论逻辑基于"适应—选择"的争论，这表明协同演化现象可以从两个角度来研究：一是强调外部环境对行业压力的选择理论，TEF 吸纳了演化经济学、新制度理论和经济社会学的见解；二是企业层面的适应理论，TEF 吸纳了外部导向的战略学派（包括经济定位战略、创新战略、企业政治战略、话语战略、问题管理）和内部导向的战略方法（与知识、能力和认知、意义相关）的观点。这两个角度的结合产生了一个具有行业内企业及其环境间双向互动的多维框架（见图 1-5）。因为数字领域和能源领域都正在经历巨变，能源互联网商业模式创新研究有必要采用这种更加"动态"的协同演化框架。

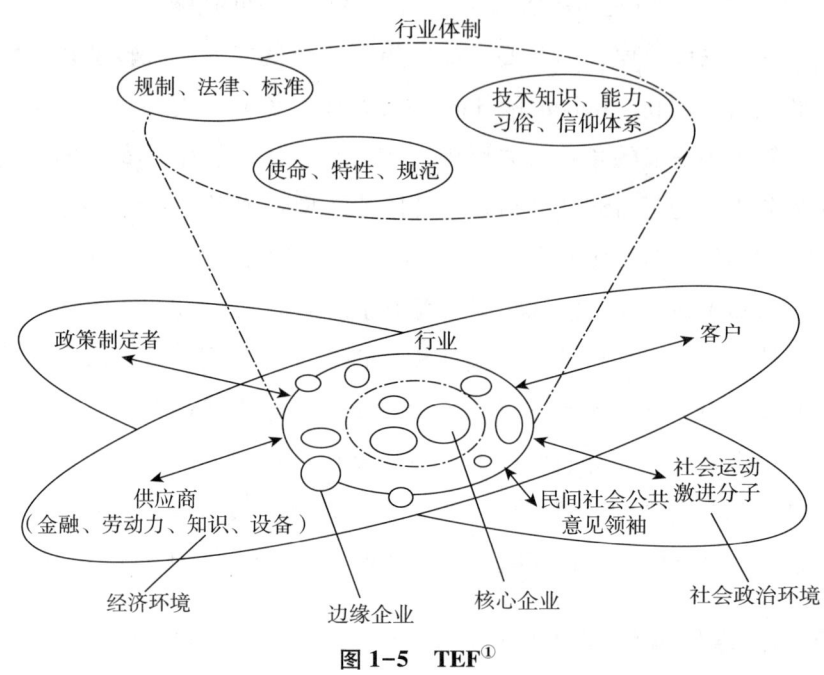

图1-5 TEF[①]

资料来源：Geels（2014）。

能源行业在位企业规模庞大，政治势力强大，分布密集，有许多沉没投资。这些在位企业也拥有许多"互补性资产"，如专业制造能力、大规模测试的经验、分销渠道、服务网络、互补性技术，这使它们相对能源互联网新进入者而言拥有强势地位（Rothaermel，2001）。

一方面，在位企业可以通过开发和营销颠覆式技术创新，在应对重大挑战方面发挥作用。另一方面，在位企业由于各种原因往往不愿发展颠覆性的解决办法：①路径依赖（锁定），它们被困在现有技术、技能和人员以及沉没投资上（Walker，2000）；②颠覆式创新是有风险的，可能会破坏现有的能力（Tushman and Anderson，1986）；③由于集体利益问题和"搭便车"问题，在位企业只有有限的直接动机来解决社会问题。因此，在位企业更倾向于渐进

---

① 在行业TEF图中，"行业体制"在放大的虚线圈里着重表示。

第一章　能源互联网商业模式创新的理论基础

式创新或在现行路径上运行。

这些考虑意味着，为应对能源互联网重大挑战，对能源行业进行重新定位，需要来自消费者、政策制定者、民间社会和社会运动的压力。这种压力的累积可能会刺激在位企业克服锁定机制，转向更激进的创新。

为了超越单一的颠覆式创新路径，一些能源转型学者已经开始进行社会技术的"全系统"分析，以研究如何通过多重利基创新和多重制度发展的组合来重新配置整个能源系统。例如，在1990年到2016年，英国电力行业的二氧化碳排放下降了65%。[1] 这归功于多重供给、需求和基础设施的变化，包括：①可再生能源利基创新（风能、太阳能、生物质能）；②从燃煤发电站到燃气发电站的供给模式转变；③逐步改善设备用能效率，例如，冰箱在2000年的用电量比1990年减少了27%（DTI，2001）、从白炽灯转向节能灯和LED灯；④储能创新，如电池、飞轮、创新压缩空气、抽水蓄能；⑤利用更智能的电网增强灵活性并加强电网管理；⑥需求响应，如新电价机制、智能电表、智能负荷；⑦扩展网络，增加电力容量并连接远程可再生能源；⑧商业模式创新，如创建储能市场以保障能源系统的安全。

"全系统"协同演化框架提供了一个超越企业组织层面，系统理解演化过程的理论。能源部门的转型要求社会政治环境、经济环境和行业体制三个维度的协同演化转型，是包括技术转型、用户实践、政策管制、行业网络、市场结构在内的系统转型。

能源互联网是一个新的、正在开发、终将快速渗透、有破坏性创新的新体系，能给能源转型提供新思路。作为新兴市场，孕育着大量机会，需要全社会各界人士积极培育。能源互联网市场培育可借鉴中国改革开放、发达国家能源转型、全球互联网发展的历史经验，利用社会技术转型的MLP和行业TEF，探索多层次多主体协同培育能源互联网市场的途径。

---

[1] MCMEEKIN A, GEELS F W, HODSON M. Mapping the winds of whole system reconfiguration: Analyzing low-carbon transformations across production, distribution and consumption in the UK electricity system [J]. Research Policy, 2019 (48): 1216-1231.

第三节 能源互联网商业模式创新研究基础

一、能源转型研究

（一）对能源转型的内涵和特征的研究

"能源转型"研究自20世纪早期就已提出，但其含义一直随时代变化。30年代能源转型的主题主要考虑伴随分子的分解，能源状态的变化。70年代研究范围聚焦到燃料替代和资源限制。20世纪末到21世纪第一个十年的研究强调向减少碳排放的经济转型路径，需要参与主体认同可持续发展理念并转变市场行为，改变现行法规和政策（Sovacool and Geels，2016）。21世纪20年代以来的研究也强调如何发展信息技术推动商业实践才能转变能源利用方式。21世纪以来的研究与以往研究相比，对能源挑战的范围、跨领域的影响以及所需努力的认识得到进一步深化。

广义而言，"能源转型"是指在一个系统内对于如何利用能源发生性质上或模式上的转变。这个定义承认与能源类型、获取、来源、输送或终端利用相联系的改变，也承认系统总体导向下的改变。能源转型是多维度的转型过程，可能深刻影响社会及其结构。能源转型可在不同维度任何层面发生，如空间维度，从本地化系统到全球一体化。改变也与社会的实践和偏好、基础设施以及监管有关。总之，能源转型是能源生产和消费结构发生根本性的改变。它对一国社会经济发展乃至全球地缘政治格局都将产生深刻影响。

许多研究都关注技术变革，但这并不是破坏传统能源系统的唯一因素。Freeman和Perez（1988）认为，颠覆式创新技术的广泛应用会导致能源结构调整危机，因为必须发展适合这些技术的新制度和产业结构。进入21世纪以来，能源领域有许多关于新涌现的可持续技术如何成功挑战现行社会技术体制的研究（Geels，2002；Hekkert et al.，2007）。一些研究回顾了通过智能技术（如通过与行为科学相结合的智能家居产品）在能源系统中激发个人更广泛参与的潜力。Kunneke（2008）将"协同演化"这一概念应用于分析在开

第一章 能源互联网商业模式创新的理论基础

放的电力和其他网络产业中，研究协同演化进程如何导致技术和机构之间形成一致。针对电力部门的研究强调了智能电网、智能电表等能效与需求响应设备以及锂离子电池等储能选择在未来能源系统中的作用和经济可行性。智能设备的进步引发了这一方向的子领域研究，即物联网（IoT）的应用，以及从物联网应用中挖掘信息的机器学习技术的内在应用。这些应用寻求提高电力系统效率的方法，为应对可再生能源的间歇性和波动性提供灵活性，并保障可靠的电力供应。

由于从能源体系的主导技术、部门规模到能源治理、政策部署和生活方式的改变等多个领域可能出现不连续的变化，能源转型的方向和步伐仍不确定（Hanna and Gross，2021）。全球变暖的根源是经济增长与技术发展对化石燃料的依赖。当前的能源供应和需求体系需要做出重大改变，以解决所谓的能源"三难困境"——如何持续提供负担得起的能源服务，如何实现能源供应的安全，如何减少能源产消过程中产生的温室气体排放以缓解气候变化。这需要大量部署低碳技术和节能措施，这些措施的成本和收益往往是高度不确定的。

此外，能源系统包括一系列参与者——生产者、发电企业、供应商和最终用户，他们的目标经常相互冲突。在位企业包括那些通过已有资源和权力来维持现状以抵制变化的公司，从而有助于现行能源体制的稳定。相比之下，利基市场新进入者——通常被认为包括企业家、初创企业和衍生企业——被视为分布式可再生能源微（电）网中的领先者、专门的"局外人或边缘行动者"，他们进行了挑战现行能源体制的开创性创新（Geels and Schot，2007）。这些参与者和技术通过现行体制与政府机构管理的实体部门及社会网络相互作用，参与者结构与技术发展也具有不确定性。

简言之，能源转型是一种多维的、复杂的、非线性的、非确定性的过程。不少研究强调了能源系统转型的多维度和系统性的本质，以及不同参与者存在的潜在差异和与环境的关联。能源转型不仅涉及技术重组，还涉及消费者行为、政策法规、文化认知、基础设施和商业模式的改变（Markard，Raven and Truffer，2012）。换句话说，能源转型涉及复杂的社会过程，涉及多个参与者以一种并不协调的方式跨领域行动（Sovacool，2017）。全球能源转型战略必须转化为国家目标，国家目标要靠市场微观主体的行动，每一个市场微观主体积极参与才能切实有效地推动能源转型目标的实现。在对德国和英国电力部门转型的比较中，Geels 等（2016）的研究表明，在特定条件下，在位企业可以促进和引领低碳转型。Johnstone 和 Kivimaa（2018）强调了能源行业中技术和制度方面的破坏式创新之间如何相互作用，并展示了绿色产业政策如何指导和帮助管理破坏式创新。

（二）对能源转型进程的研究

以前的能源转型是在很长一段时间内发生的。然而，当今的能源转型需要以前所未有的快节奏推进，其重点是减少碳排放。20 世纪 90 年代初，第一次出现了向脱碳能源结构转型的需要。1992 年通过的《京都议定书》要求工业化国家减少温室气体的排放，并要求新兴国家到 2000 年将排放量稳定在 1990 年的水平。2015 年《巴黎协定》生效，世界主要经济体相继提出了净零排放目标。实现净零排放目标，需要全球经济领域进行前所未有的创新。Araújo（2014）回顾了能源转型的进程、挑战和机遇，特别强调分析了特定区域的重要性。

尽管技术进步和商业模式创新相结合正在促成能源的加速转型，但这些新技术与新商业模式要求社会和组织进行相应的变革，以减轻可再生能源采纳和更广泛推广的障碍。能源转型并未按期望的速度发生：大规模可再生能源技术和低碳创新试图系统扩散时遭遇到明显的抵制（Geels，2014）。技术和制度的协同演化过程被用来解释现代化石能源系统的"碳锁定"状态，这一状态会阻止替代性低碳技术的发展和使用（Hermosilla，2006；Foxon，2011；Marechal，2007）。

产生"碳锁定"是因为技术和机构都从路径依赖下不断增加的采用反馈中受益。对于技术而言，规模经济、学习效应、适应性预期和网络经济意味着，一项技术被采用得越多，它就越有可能被进一步采用（Arthur，1989，1994）。在关于制度变迁的开创性工作中，North（1990）认为，制度受到类似类型的递增回报（正反馈）。对于社会技术系统来说，这些正反馈可以通过

第一章 能源互联网商业模式创新的理论基础

技术和制度的协同演化过程不断增强。这带来一个累积的因果效应，导致了高碳系统的制度锁定（Unruh，2000）。

与大量关于转型的经验研究相比，只有少数研究采用了关注利基创新未来升级潜力的前瞻性视野。前瞻性研究主要集中为技术和基础设施的升级前景（Truffer et al.，2017）。自2014年以来，能源互联网的兴起扩大了能源转型研究的前瞻性视野。能源互联网是深度融合多能源系统和互联网的新一代能源系统，是面向未来可持续能源的有效途径（孙宏斌，2015）。能源互联网是以可再生能源为优先，以电力能源为基础，通过现代信息技术实现多种能源协同、供给与消费协同、集中式与分布式协同，大众广泛参与的新型生态化能源系统（周孝信等，2017）。刘晓东（2018）探讨了如何利用能源互联网高效协调不同能源间的差异以形成新的能源4.0发展模式，促进传统能源转型升级。

Helm（2017）指出了增加可再生能源所带来的问题，但并没有提出解决方案："在实现脱碳化的道路上，预计能源批发价格会持续下降。"其结果是，批发市场的收入将日益低于传统电力行业新进入者的成本。因此，即使在市场力量存在的情况下，传统电厂投资也将不足。"在一个纯零边际成本的世界①里，只有产能。能量本身是自由的，很难低估这场革命的规模。这是能源互联网宽带的经济效益，而不是我们所知道的电力。"

（三）对能源转型的驱动因素和阻碍因素的研究

技术变革是能源转型的技术驱动力。Ghobakhloo 和 Fathi（2021）认为，制造业数字化所带来的生产效率提升并不是数字化产业转型的直接和最重要的能效成果。工业4.0主要通过使能源行业重塑其运营格局，并享受更先进、智能与复杂的能源生产和分配设备，为能源转型做出贡献。Kattirtzi 等（2021）考察了2008—2018年英国六大电力公司如何应对脱碳、去中心化和数字化的潜在破坏性挑战。其中，"脱碳"是最大的驱动力。英国六大电力公

---

① 可再生能源发电，初始投资成本随技术发展不断降低，而边际成本即可再生能源发电的燃料成本（太阳能、风能等）为零，因此，出现传统能源行业完全不可能实现的"纯零边际成本的世界"。

司发电组合的碳强度已大幅下降，其中燃煤电厂的产能降幅尤为显著。

就经济因素而言，一个主要的驱动因素是投资者的经验。利益相关者正在积累经验（Darmani et al.，2017），电力消费增加等驱动因素正在加速能源转型，而基础设施缺乏等障碍（Diogenes et al.，2019）则在减缓能源转型。

在监管因素中，给定可再生能源上网电价、溢价和一般政策支持是能源转型的驱动因素，行业规范和标准既可能是驱动因素也可能是阻碍因素，① 政策的不确定性和关税的变化通常是能源转型的阻碍因素。Huijben 等（2016）分析了太阳能光伏系统企业如何采用颠覆式和渐进式商业模式创新策略来应对监管制度。

环境壁垒是风、光、热等可再生能源的波动性，例如，太阳强度和日照时间。

另外，虽然短期内尚无法判断全球新冠肺炎疫情如何影响能源系统和碳减排战略，但其影响无疑是巨大的。这突出了一种更普遍的需要，即对来自能源系统外部冲击的研究。

（四）能源转型研究述评

在全球气候变化谈判中的一些关键性事件（如 2005 年《京都议定书》生效和 2015 年《巴黎协定》生效）促使重大政策（如建立资金来源和势在必行的气候目标）形成后，年度学术研究成果数量呈上升趋势。大多数研究是在国家一级部门探讨能源转型，对具体部门的讨论仍然有限。早期的研究通常关注电力和交通，目前已扩大到其他社会领域，如农业、供热、建筑、城市和废物管理（Robertsa and Geels，2019）。

现有的研究通常集中在能源生产或消费环节。Kattirtzi 等（2021）研究了在能源系统脱碳、数字化、去中心化趋势下，英国六大能源公司在生产领域的市场份额有所下降；而在零售领域，2008—2016 年每年都会丧失部分国内电力客户，这些客户主要流向了新进入者。

---

① 例如，为能源互联网发展订立行业规范、建立公认的全球统一标准有利于能源互联网商业模式创新，从而驱动能源转型；而传统的能源行业规范和标准可能阻碍能源转型。

第一章 能源互联网商业模式创新的理论基础

以往对电力转型的研究主要集中在单一的绿色利基创新上,如太阳能光伏、海上风电、陆上风电、生物质能等(Kern et al., 2014; Smith et al., 2014),还有一些研究也关注了技术监管,如对煤炭、天然气和核能的技术监管(Geels et al., 2016)。也有一些研究开始关注一系列家居空间的用电实践,包括洗衣、吃饭、照明等(Mylan, 2015; Clark et al., 2015)。电力输配在很大程度上一直被忽视,直到最近在电网扩展和信息通信技术的结合以创建智能电网和能源互联网的背景下,相关研究才涌现出来(Shomali and Pinkse, 2015; Niesten and Alkemade, 2016; Hiteva and Timothy, 2021)。

这种不平衡和零散的能源研究可能会产生问题,因为能源系统确实形成了一个大型的、综合的社会技术系统——能源互联网。各种上游输入(煤、气、核、生物质能、风)被转化为单一的同质产品(电),可用于许多不同的最终用途。政策、商业和学术界日益认识到采用整体化系统方法研究能源转型的重要性(RAE, 2015)。这使社会技术系统转型理论在能源转型研究中得到普遍推广。

总之,积极应对并扭转碳排放导致的全球变暖后果是能源转型研究的出发点。在现实中,全球变暖的终极来源可归结为人类的活动,因此,能源互联网所带动的能源转型最根本的解决办法源于社会科学领域。在社会技术系统理论框架下理解在位企业以及新进入者的角色,研究如何以商业模式创新促进能源互联网市场健康繁荣发展,既迫切需要也至关重要。

能源转型研究若脱离错综复杂的历史背景与社会现实,提出的解决方案必将遭遇现实困境而难以得到有效实施。本书系统梳理了全球尤其是中国的能源转型历程,分析了能源互联网突破能源转型困境的可能性,并探讨了能源互联网市场在位企业和新进入者商业模式创新的可行路径。

二、能源互联网商业模式创新研究

能源互联网带来的是能源系统的整体改变而不是个体技术、制度或商业模式的采用。能源互联网研究要求更广泛丰富的理论和方法。在商业模式和社会技术文献中,"系统"有不同的概念内涵。从商业模式文献中提取 Zott 和

Amit（2010）的"活动系统"方法，他们认为商业模式是"一系列相互依存的组织活动"。从社会技术系统文献中提取 Hughes（1983）的"LTS"方法和 MLP（Smith et al.，2010）。这三个方法的共同之处在于强调不同系统构成间的相互依存和相互作用。MLP方法更强调转变的过程和机制，而活动系统和 LTS 视角关注的重心是参与主体和代理行为，但是其关注的方式不同。Zott 和 Amit（2010）的"活动系统"方法强调在为活动系统中的参与主体创造和传递价值的过程中企业家与管理者的角色，也将地方政府和主要合作伙伴纳入考虑范围内。通过商业模式创新成功地传递价值，类似将政策、经济、社会和技术要素放到一起的系统建设。将政策、经济、技术和社会作为无缝网络的一部分，是 LTS 方法的核心观点。

在能源转型过程中，面临严峻的结构调整，调整的关键是从关注单个技术的发展转向关注完整的新系统的创造，商业模式能够作为思考系统调整的框架。适当设计的商业模式是克服可持续能源技术市场扩散的一些关键障碍的重要方式。采用基于系统的方法来分析嵌入社会技术背景的商业模式，可以为能源转型的动力和治理提供新的见解。

商业模式创新是加速低碳能源系统转型的关键驱动力（Wainstein and Bumpus，2016）。商业模式创新研究给能源实践的多样性带来深远影响。能源互联网将传统的集中式系统与分布式可再生能源系统整合为一个自由市场，自由市场中的所有能源转型场景都会在能源价值链的不同部分创造和颠覆商业价值。这种价值的创造和颠覆会冲击现有的能源部门和它们的商业模式。将现行能源系统引向能源互联网这一特定的未来，不可避免地会破坏旧的价值观、创造新的价值观。

目前，对能源互联网的研究仍局限于能源系统特别是电力系统，主要关注关键技术的实现，然而，商业模式是技术创新和价值创造之间的媒介。Loock（2020）基于31个案例研究归纳了四类商业模式创新：①延伸可持续能源技术的价值；②推动可持续能源技术；③用可持续能源技术打破现有结构；④发展可持续能源技术的新市场。

国内对能源互联网相关商业模式的研究还相对有限。刘敦楠等（2015）

第一章　能源互联网商业模式创新的理论基础

基于能源互联网愿景，将互联网市场机制及商业模式用于能源互联网，一方面强调了能源互联网信息与能源互联的特征，另一方面忽视了能源互联网与互联网的本质差异。互联网是从无到有，承载的是信息；而能源互联网是已存在的能源系统和以互联网为代表的现代信息通信系统的深度融合，承载的是能源与信息，其市场机制和商业模式远比互联网复杂。王剑（2016）提出当前能源互联网体系构建的关键任务在于构建互联网能源交易平台，促进能源价格市场化，但是并没有明确由谁来构建、如何构建。王君安等（2017）基于能源互联网发展趋势，对能源系统电力部门为什么需要商业模式创新、如何推动商业模式创新进行了研究。

更多的研究从其他视角展开，这些研究拓展了能源互联网商业模式创新研究的视野，为指导能源互联网商业模式创新实践提供了启发。例如，于明远和范爱军（2018）研究了构建全球能源互联网，实现电力资源在全球的优化配置，可成为推动"一带一路"倡仪发展的新机遇。刘强等（2017）研究了全球能源互联网的产业效应。杨锦春和孙欣欣（2019）研究了如何通过能源互联网制度创新促进清洁可再生能源的推广应用。戴宗翰（2019）研究了我国推动能源互联网时可能面临的全面与进步跨太平洋伙伴关系协定（CPTPP）所树立的电力能源贸易壁垒。徐鹏等（2017）基于扎根理论，以国家电网公司为例，研究了能源电力行业变革背景下先发企业合法性的获取机制。王旭等（2018）基于权利博弈视角实证研究了绿色金融创新如何推动全球能源互联网发展。

国际上对能源互联网商业模式的探讨主要集中在智能电网与分布式可再生能源商业模式等方面，关注社区太阳能的出现、端到端（E2E）电力交易的影响以及改善能源共享治理的商业模式创新机会。

Wesseling 等（2020）强调了企业如何遵循利基市场产品和服务的差异化战略，以适应能源行业不同体制维度的转变，包括市场、用户偏好、文化、产业、政策和科学技术。然而，Bolton 和 Hannon（2016）调查了能源服务公司，发现商业模式创新本身并不足以促成能源体制变革。这些研究为商业模式在社会技术变革中的作用提供了有价值的见解，并从重组能源体制层面深入分析了一般商业模式创新战略。

Hannon 等（2013）用商业模式讨论了能源服务公司和能源公用事业公司的特征。Richter（2013）利用商业模式构建模块对公用事业和客户端的可再生能源商业模式进行了比较。Huijben 和 Verong（2013）论述了荷兰光伏商业模式的主要类型。Meier（2014）使用商业模式画布对新兴地区的光伏商业模式进行了评估。Hellström 等（2015）则从系统视角分析了分布式能源生态系统中合作企业的商业模式。Strupeit 和 Palm（2016）研究了日本、德国、美国如何克服可再生能源扩散障碍，发展面向需求侧的太阳能光伏商业模式。Niesten 和 Alkemade（2016）分析了基于智能电网的三种服务导向型商业模式，即电动汽车与智能电网的双向服务、需求侧响应服务、可再生能源接纳服务，并将欧洲和美国正在进行的 434 个试点项目按此归类，但对这些试点项目的研究侧重技术可行性，并没有提供有关商业模式的讨论。

Ruggiero 等（2021）研究发现，芬兰能源需求响应商业模式创新的外部驱动因素除了技术趋势、监管和竞争外，还包括诺基亚衰落后电信行业的消亡。有几名前诺基亚员工在被解雇后成立了自己的公司，并继续致力于建设自动化服务。这是一个有趣的发现，它凸显了一个行业的衰落会如何影响商业模式创新，并刺激一个新行业的崛起。价值网络的参与和与能源公司的合作是能源相邻行业企业商业模式创新的两个内部驱动因素。

许多已建立的商业模式都需要创新。尽管有理由相信电厂有意愿发展智能电网并创新商业模式以接纳可再生能源，但由于政策支持、客户参与及新进入者等的不确定性，电厂可能会消极等待直到这些不确定性被消除（Shomali and Pinkse，2015）。德国公共部门在和传统商业模式高度相似的大规模可再生能源公共服务商业模式上取得成功，但还缺乏将可再生能源技术商业化从而为小规模客户需求服务的商业模式（Richter，2013）。尽管已丧失显著的可再生能源市场份额给行业外投资者，然而绝大多数管理者并不将其视为当前商业模式的威胁，也未把可再生能源视作有潜力的市场。Kungl 和 Geels（2017）通过多层次视角分析了德国 1998—2015 年电力行业面临多重形势压力而不再稳定，能源转型中在位企业不适应新形势而走向衰败。Specht

和 Madlener（2019）指出电力公司原有商业模式已不再适合以分布式发电份额不断增加为特征的未来电力系统，其盈利能力正受到极大挑战。

分布式能源商业领域的新进入者通过客户驱动、金融驱动或服务驱动的商业模式创新正取得市场规模，使可再生能源具有了更高的渗透度，大规模集中式的能源企业靠资源驱动的传统商业模式不再稳定。现有资源驱动型的商业模式有望被客户驱动型的商业模式所替代，客户驱动型商业模式的关键是让客户重新挖掘额外的价值流（Specht and Madlener，2019）。而且，面向分布式和灵活可再生能源的转变将进一步挑战传统企业，并为专注于寻求积极的客户参与及社会价值创造的商业模式带来机会（Wainstein and Bumpus，2016）。Hellström 等（2015）从商业模式系统视角分析了分布式能源生态系统中企业的合作机制，即企业如何在能源商业生态系统中共同发展它们的商业模式以适应行业逻辑的改变。Bolton 和 Hannon（2016）研究了能源服务公司如何为发展热电联产系统进行商业模式创新，强调这个系统如何在英国能源结构和能源市场中与现有配置相联系。

随着人们对可再生能源的关注，扩大可再生能源使用的商业模式创新已成为一个新的研究领域。Look（2020）研究了 249 位可再生能源投资经理的商业模式偏好，发现服务型商业模式更受投资经理的青睐。Hamwi 和 Lizarralde（2017）对可再生能源发电的三种主要商业模式进行了回顾。支持能源系统脱碳和家庭生活脱碳的商业模式的大规模扩散，意味着提供与获取更大的社会和环境价值（Hiteva and Timothy，2021）。数字能源服务商业模式有潜力为用户提供价值，例如，更便捷的付费、更大的控制力；也为能源系统提供价值，例如灵活性，并在推动实现能源碳中和转型方面发挥关键作用。

三、能源互联网商业模式创新与社会、环境和复杂价值

商业模式研究一般集中在企业生命周期中的效率和效益上，即价值链的循环延伸（Bocken and Short，2016）。价值创造、价值传递、价值获取和价值主张是商业模式中的关键概念。常见文献将"价值"视为一个概括性术语，其几乎总是含蓄地指经济价值。关注企业如何创造和获取经济价值是理解商

业模式的核心。这种以企业为中心和以利润为导向的价值创造逻辑,无法应对可持续发展和社会不平等的复杂挑战。组织在创新时应注重发展"环境设计能力",以实现更可持续的发展。换句话说,可持续发展和社会目标必须嵌入系统的商业模式创新过程。如何将社会和环境价值嵌入商业模式现已成为可持续发展领域的研究热点。

环境价值指环境为人类提供的效用,包括对建筑、自然环境、生态系统影响的相对重要性的量化。环境价值的创造可能涉及一系列公众选择,例如减缓气候变化、能源和资源保护、减少碳排放。

社会价值指人们对生活中经历的变化的相对重要性的量化。社会价值包括赋权、行动能力建设、增进福祉、改善健康、提升受教育程度、使用交通工具或公共服务、安全、减少犯罪等。社会价值通常被量化为社会投资回报。虽然企业可以产生变革性的社会影响,但是将社会价值创造作为首要任务在社会企业中比在商业企业中更常见(Austin et al.,2006)。这表明市场增长、盈利能力和社会价值创造之间存在一定程度的冲突(McDonald,2007)。然而,这一结论是否适用于互联网企业和能源互联网企业尚值得商榷。

正如 Joyce 和 Paquin(2016)所指出的那样,在实践中,传统商业模式文献含蓄地弱化了环境和社会价值(Osterwalder and Pigneur,2013;Teece,2010)。Bocken 等(2013)认为,创新更可持续的商业模式需要开发新的商业模式,超越经济焦点,通过组织的行动产生并整合经济、环境和社会价值。Savitz(2012)提倡三重底线(TBL)的观点,它考虑并正式解释了它们的经济、环境和社会影响。商业模式也被越来越多地用于分析更广泛参与者的价值动态,并在实现可持续发展和低碳生活的系统性变革背景下进行讨论(Bolton and Hannon,2016;Mazur et al.,2019;Waes et al.,2018)。

能源行业的商业模式经历了持续演变。在高度整合的能源行业中,商业模式创新往往更关注于向能源系统(而非用户)交付价值,更侧重于交付经济价值,而非社会和环境价值(Hiteva and Timothy,2021),这种倾向需要调整。

在能源互联网商业模式创新中,除了关注经济价值外,还需要特别关注社会和环境价值,因为这是能源用户和能源系统都感兴趣的两个关键领域(Nosratabadi et al.,2019)。能源互联网商业模式力求从数字技术与低碳技术的融合创新中为用户和能源系统创造价值。

能源互联网商业模式创新可以带来更大的环境和社会效益,并为用户和能源系统创造价值。通常商业模式创新并不完全由特定的价值主张或产品开发驱动,而是作为通向未来更复杂商业模式的入口或基石。Küfeoğlu 等(2019)发现,平台、E2E 能源交易、灵活性、储能方面的商业模式创新数量最多,例如电动汽车与电网服务、电动汽车共享、智能充电与停车;其次是能源效率、能源节约、家居应用;而围绕数据和低碳管理的商业模式创新最少。

可持续技术使能源互联网成为可能,而市场才能使能源互联网成为现实。可持续技术以减少有害物排放和更高效利用资源为主要目标,对社会和环境有重大意义,但由于这些技术挑战到当前严重依赖化石能源的商业实践,而很难进入主流市场(REN21,2013)。企业需要将可持续技术放到不同的商业模式中才能利用其可持续特性创造经济、社会和环境价值,克服潜在的市场进入壁垒。正如 Christensen 等(2015)所指出的:创新技术拥有满足关键可持续目标的潜力,可是并不容易引入现行商业模式。只有改变商业模式,该技术才具有商业可行性。

能源转型发展前景充满不确定性。能源互联网为企业家、组织、机构、经济和整个社会带来了更广泛的机会和挑战。它所揭示的社会层面上的转型变化和社会生态系统的复杂性,使我们有必要以一种整体的方法和远见来设计能源互联网发展战略、政策规划,将能源互联网商业模式创新转变为对人类和环境的关切。

第二章 能源互联网商业模式创新的历史背景

第一节 能源开发利用史纵览

全球变暖的根本原因是人类对化石（或者以碳为基础的）燃料的开发利用导致二氧化碳等温室气体的排放。1750年地球大气中二氧化碳的浓度为280ppm，而到2020年达到390ppm。[①] 人类若不采取措施，根据气候模型，到2100年，预计全球气温平均将提高3~5℃，随之而来的后果将使人类不复存在。从人类的前途命运出发，如何开发利用能源值得我们认真反思。未来，除非经济增长有重要的减缓（减缓程度甚至超出2020年全球新冠肺炎疫情带来的经济衰退），否则面向碳中和目标的能源转型才是人与自然可持续发展的途径。

一、能源与工业革命

历史上，工业化和经济发展一直与人类利用自然能源改善自身状况的能力密切相关。人类活动的动力，是以碳为基础的能源。在工业革命之前，全球人口稀少，且经济增长缓慢，许多能源还没有得到大规模的开发和利用，所以对气候的影响并不大，可以通过自然调节恢复均衡。18世纪和19世纪发生了两次工业革命。第一次工业革命以瓦特改良蒸汽机为标志。蒸汽机结束了人类对畜力、风力和水力的长久依赖转而利用煤炭，催生了利用热能为机械提供动力的手段。第二次工业革命以电器、内燃机的发明和使用为标志。人们广泛利用煤炭（第一次革命）和石油（第二次革命）等自然资源驱动机器生产，其产出水平远远超过人类或动物的肌肉力量所能达到的产出水平。

---

① 根据美国国家海洋和大气管理局（NOAA）公布的数据，2021年5月地球大气中的二氧化碳月平均浓度为419 ppm。

第二章　能源互联网商业模式创新的历史背景

这两次工业革命后，人口剧增，能源大量使用，经济高速增长。20世纪发生了第三次工业革命，以电子计算机的发明和使用为标志。综观这三次工业革命，可以说能源推动了人类社会的历史进程，人类对能源的利用体现着社会、经济与科技的发展水平。

工业革命通常被认为是由技术进步引发的，但实际上是在技术进步基础上由技术商业化带来的技术大规模扩散引起的。以第一次工业革命为例：第一次工业革命发生在18世纪60年代到19世纪40年代，以英国人瓦特改良蒸汽机为标志，由一系列技术革命引发从手工劳动向动力机器生产转变。由于以瓦特改良蒸汽机为标志，人们因此把"工业革命"与技术革命等同起来。但早在100多年前，伽利略等就已提出蒸汽机的生产原理，后经不断尝试，在1672年惠更斯造出一台蒸汽机。后来，蒸汽机又不断得到改进，最终由瓦特基于各种积累起来的进步造出改进的机器。瓦特蒸汽机的意义在于实现了蒸汽机商业上的可行性，而技术原理、技术创新和技术进步理念都是现成的。第一次工业革命的历程突出了商业应用对技术推广的重要性。

经过前三次工业革命，人类发展进入社会经济繁荣的时代，但也伴随着全球能源、资源的过度消耗，为此所付出的环境生态成本使人与自然间的矛盾持续加剧。工业革命后，伴随着人类对化石燃料（煤炭、石油等）消费的快速增长和资源开采对森林植被的大量破坏，二氧化碳等带来的温室效应日渐增强。截至2018年，在全球一次能源消耗中，化石能源占比高达84.7%。[①]

自工业革命以来二氧化碳浓度上升超过40%，地表平均温度上升1℃，气候变化成为人类面临的最严峻挑战。按照IPCC的评估，仅在刚过去的20世纪（1900—1999年），全球表面平均温度就上升了0.3~0.6℃，全球海平面上升了10~25厘米。全球气候变化给人类及地球生态系统带来一系列灾难，如极端天气、永久冻土层融化、海平面上升、生态系统改变、旱涝灾害增加、致命热浪等。对化石能源的过度开发利用注定是不可持续的。

人类追求可持续发展，需寻求替代化石能源的新能源。风能、太阳能等

---

① 林卫斌. 能源数据简明手册2019 [M]. 北京：经济管理出版社，2019：8.

可再生能源被认为是清洁能源,对这些能源的最大化利用可以最大限度地减少环境污染。

二、能源互联网与工业4.0

进入21世纪,人类面临前所未有的全球能源危机、生态环境危机、气候变化危机、地区发展不平衡等多重挑战,由此引发了第四次工业革命——通常被称为"工业4.0",也被称为"绿色工业革命"。第四次工业革命(工业4.0)的概念起源于德国,旨在利用信息化技术促进产业变革,发展智能制造。因此,工业4.0也被称为"数字智能时代"。人们普遍认为,工业4.0可能会为应对当前和即将到来的重大全球挑战(如环境退化或经济停滞)提供新解决途径。

工业4.0描述了生产优化中集成和互联技术的使用,例如,网络物理系统(Cyber Physical Systems,CPS)、IoT、大数据(BD)、高端制造(AM)和服务互联网(IoS)。工业4.0包含的其他先进技术包括云计算(CC)、虚拟现实(AR)、系统集成(SI)、仿真、网络安全和智能机器人,如图2-1所示。

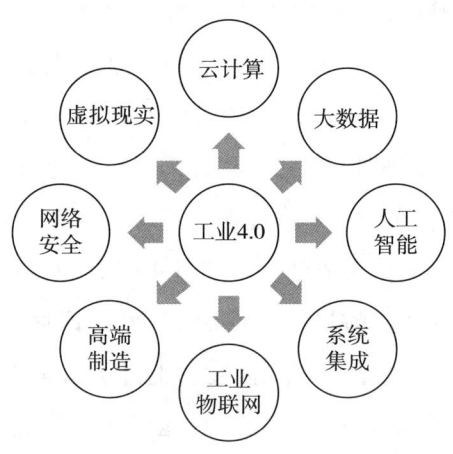

图2-1 工业4.0的技术支柱

资料来源:周济.智能制造:"中国制造2025"的主攻方向[J].中国机械工程,2015,26(17):2273-2284。

工业4.0概念包含了由集中式控制向分散式增强型控制的基本模式转变,

第二章 能源互联网商业模式创新的历史背景

从而建立一个高度灵活的个性化和数字化的产品与服务的生产模式。在这种模式中，传统的行业界限将消失，并会产生各种新的活动领域和合作形式。创造新价值的过程正在发生转变，产业链分工也将被重组。

工业4.0的目的是将工业与互联网连接起来，使工厂更经济、更智能、更高效。工业4.0的核心是先进技术的融合——网络物理系统和制造过程的自动控制（Scalabre，2019）。物理信息系统可实现物理世界和信息世界的双向互动，推动工业从自动化升级为智能化。工业4.0的设计原则是纵向集成、横向集成、互操作性、实时能力和去中心化，构成一套允许工业实体确保数字化转型成功的必要条件，并实现工业4.0承诺的竞争力（Machado，Winroth and Ribeiro da silva，2020）。这种新的技术场景将改变当前工业运作方式，并可能通过改变产品和材料的设计、运营及运输来影响所有部门。工业4.0是对拥有自主和互联制造技术的高端产业的彻底颠覆。[1]

新科技革命突飞猛进，使得人类社会从传统社会逐步向数字化社会演进。更节能、更便宜、更具个性化，也更智能的产品源于工业4.0时代更优化的生产流程以及更高的能源利用效率。

数字技术变革彻底改变了能源行业。工业4.0基于物联网的互联特性，要求工业价值网络的所有组件都拥有数字身份，并持续实时交换数据。工业4.0通过收集、结合和挖掘能源相关数据，实现能源信息的知识化使用，并促进开发智能化能源意识管理系统，以寻求更优化的能源消耗。工业4.0主要通过使能源行业重塑其运营格局，并享受更先进、智能和复杂的能源生产和分配设备，为能源可持续发展做出贡献。能源需求部门的数字化、制造业的数字化以及引入更智能和更可持续的产品，都是工业4.0为能源可持续发展带来的主要机遇。

工业4.0数字技术的引入可以提高生产运营的可视性，并更好地跟踪整个制造与供应网络的资源和能源利用情况。除了支持能源效率外，工业4.0还提供了将可再生能源整合到未来智能工厂的巨大机遇，尤其是AI、IoT、大

---

[1] BAI C, DALLASEGA P, ORZES G, et al. Industry 4.0 technologies assessment: A sustainability perspective [J]. Sustainable Production and Consumption, 2021 (26): 213-227+229.

数据分析、区块链等现代数字技术融入能源互联网的发展中,如虚拟电厂可能提供更高效的能源利用方法。

作为工业4.0的核心应用,能源互联网力图结合可再生能源技术与信息通信技术,推动分布式可再生能源(DER)的大规模利用与分享,促进电力、交通、天然气等多种复杂网络系统相互融合,推动商业模式创新,最终改变能源利用模式。

工业4.0对能源可持续性的贡献主要是能源行业的数字化转型和不同行业生产方法的改进。工业4.0对能源可持续性的贡献不仅在于促进了能源供应部门的智能化,也加速了能源需求部门的数字化。其具体体现在能源需求行业数字化转型、能源部门数字化转型、生产方法改进、生产管理改善、生产计划和控制优化、价值链数字化等方面。

(一)能源需求行业数字化转型(EDSD)

数字化交通运输、电动车、智能建筑、远程医疗技术和其他数字化转型的趋势为服务行业提供了巨大的能源消费可持续发展机会。例如,在航空领域,现代喷气客机都装备了大量的智能传感器,每次飞行都会产生数百GB的数据,以优化日常操作和维护活动。同样,如今的商用飞机也普遍受益于大数据分析和云服务,以优化航线规划,并协助优化飞行决策,减少燃油消耗。另外,物联网在建筑数字化中的商业应用,如智能照明或智能恒温器,可以显著优化建筑的能源使用。尽管各种能源最终使用部门的数字化可能会引发能源反弹效应①,使总体能源使用激增,但数字化过程将提高提供数字化商品和服务的能源效率。

(二)能源部门数字化转型(EST)

自信息化时代以来,能源部门一直是数字技术的早期采用者(Motlagh et al.,2020)。作为工业4.0时代工业数字化的一部分,能源行业的实体基础

---

① 能源反弹效应:使用高效率的能源技术可以让用能者以较低的支出获得等量的服务,用能者财务压力减轻,可能会消耗更多的能源,这种现象被称为"直接反弹效应"。除了直接反弹效应以外,由于节能所省下的资金可用于增加其他生产消费,也可能导致能耗的增加,被称为"间接反弹效应"。

第二章　能源互联网商业模式创新的历史背景

设施与数字基础设施的日益融合将导致电厂的数字化。更多可持续能源系统的数字化部署将形成能源互联网,从根本上改变能源的生产、交付和消费方式。大数据分析、工业模拟和基于传感器的状态监测等应用为基础设施维护管理、电网可靠性、动态生产计划提供了大量机会,这些因素直接导致发电、输电和配电效率提升。更重要的是,新型数字技术,如基于区块链的 E2E 电力交易、智能充电技术和云需求响应系统,可以促进可再生能源的开发和集成,如住宅太阳能光伏板和储能设备。

(三) 生产方法改进 (IMP)

工业 4.0 的底层数字技术,如人工智能、虚拟现实、工业物联网、3D 打印、云计算、模块化制造、工业机器人,促进了能源利用效率提升,并加速了可再生能源在制造业中的部署。减少产品重量、提高运输效率、最小化资源浪费和提高制造灵活性是模块化制造的关键特征,直接改善能源利用效率。Verhoef 等(2018)预测,到 2050 年,模块化制造的广泛应用将使全球能源消耗减少 20% 以上。工业机器人使制造商能够为生产进行能源可持续实践,例如,工业机器人可以在黑暗和寒冷的环境中持续稳定工作,从而减少不必要的照明和取暖。工业智能机器人也正在革新可再生能源领域。智能机器人在高效生产用于开发利用可再生能源的产品方面扮演了至关重要的角色,因为这些产品的制造任务通常需要智能机器人所具备的极高的机器精度或材料处理能力,如制造大部分水力涡轮机部件、焊接导叶。

将农业与可再生能源技术和现代信息通信技术相融合,农林牧渔的传统生产方法也得到改进,如光伏养鱼、光伏温棚等。

(四) 生产管理改善 (IPM)

工业 4.0 的生产监控能力,如实时生产监控、设备可用性评估和智能质量控制,可以显著促进工业环境中的能源管理。工业数字化通过减少浪费、确保生产的可靠性、保证卓越的质量,可提高能源效率。在智能工厂设置中,配备传感器的机械部件可以持续实时诊断能源消耗。此外,基于云的数据管理工具和集成反馈系统能够对整个工厂的能源消耗进行系统跟踪。受益于智能工厂设置中的实时生产管理和过程监控能力,早期检测系统可以测量、预测与避免即将发生的机器故障和产能波动。这种能力在生产运营过程中提供了包括能源在内的资源节约机会。

(五) 生产计划和控制优化(IPPC)

在生产计划指导和控制做保障的前提下,制造商进行战略统一部署,使他们的操作和生产过程尽可能高效、有效和经济。制造商实施生产计划和控制策略的方式也会影响能源效率。传统的生产计划和控制措施通常追求生产时间的优化、减少瓶颈、准时制(Just in Time,JIT)理念、库存优化和提高劳动生产率来间接地解决能效优化问题。在工业4.0和数字化制造环境中,提升能源利用效率不仅在部件(如机器、基础设施和设备)层面得到体现,在工厂层面也被视为战略目标。数据挖掘和人工智能(特别是机器学习)使现代制造商能够实施创新的战略规划,如能源导向的调度,并显著提高能源效率。此外,数字孪生和工业生产模拟如今使制造商能够实现物流可视化、模拟自动化、识别潜在瓶颈,甚至在能效优化的同时虚拟地规划整个制造过程。由此产生的虚拟调试有助于排除故障、优化生产线或储能,实现能源利用效率提升。

(六) 价值链数字化(VCD)

工业4.0颠覆了传统的价值链。随着数字供应网络的出现,整个价值创造网络正经历着数字化转型。制造商与供应商和客户之间数字化整合的新方式,提供了宝贵的能源友好型机会,如产品个性化定制能力或高效的产品开发流程。价值链数字化提供了供应链企业协作消除不必要功能和业务的机会,对能源可持续性有着深远的影响。价值链数字化能使供应链伙伴协作进行过程能力评估和标准测试,并更好地识别与制定能源可持续战略。价值链数字化和数字伙伴关系为能源可持续性提供了合作知识管理、实时透明的E2E数据、信息共享、能源审计标准化和能效合作建模等机会。此外,工业物联网、人工智能和数据分析的应用,以及客户需求和市场数据的预测分析,使供应链伙伴能够进行更精确的客户需求预测,实现更高的供应链敏捷性水平。另外,数字化的供应链大幅度增加了供应链整体的灵活性,为价值网络带来更高的能源效率。

总之,工业4.0必将加快促进能源可持续性,使能源行业能够越来越多地融合物联网、数据分析、云服务和人工智能,以改善调度决策、优化运营模式。工业4.0下的数字化促进了智能互联能源系统的发展,打破了能源供应和最终使用部门间的传统界限。工业4.0的互联和互操作特征是构建能源互联网的主要基石。智能工厂作为工业4.0的重要设计之一,其特点是组件互联、数据透明、互操作性和敏捷性。工业4.0通过全面改进生产管理实践、生产计划控制和跨制造网络的决策过程来进行智能工厂层面的能源效率分析,实现能源可持续发展功能。能源互联网商业模式创新之一——虚拟电厂就是一种智能工厂。

工业4.0的开放互联特性支持新的以服务为导向的商业模式发展,如制造即服务(MaaS)、产品即服务(PaaS)、个性化制造或精益数字化生产,带来生产率和能源效率的显著提升。增量制造、柔性自动化的出现将大规模个性化商业模式变为现实。制造商不仅可以个性化生产他们的产品,也可以从根本上简化供应链、减少库存水平、缩短交付渠道、简化订单处理流程、优化协同产品设计,并最终提高企业效率,实现更优化的能源消耗和能源可持续性。工业4.0的创新技术及其工业应用正在催生"精益4.0"的概念。运用精益生产思维,能源互联网中的工业物联网、CPS,以及智能工厂设置中机器、人、设备和控制系统间的无缝实时通信,使制造商能够获得生产的整体视图,更好地实施有利于能源可持续性的精益方法。

表2-1将当前正发生的工业4.0与前三次工业革命的能源开发利用特征进行了比较。

表2-1 工业4.0与前三次工业革命的能源开发利用特征比较

特征	第一次工业革命 蒸汽时代	第二次工业革命 电气时代	第三次工业革命 信息时代	工业4.0 数字经济时代
时间	18世纪60年代至 19世纪40年代	19世纪70年代至 20世纪第一个十年	20世纪50年代至 90年代	21世纪以来

续表

特征	第一次工业革命 蒸汽时代	第二次工业革命 电气时代	第三次工业革命 信息时代	工业4.0 数字经济时代
主要标志	蒸汽机的发明应用	电力和内燃机的发明应用	原子能、计算机、空间技术和生物工程等领域的重大突破	物联网、人工智能、区块链、清洁能源、生物技术等发展，能源互联网兴起
工业变革	机械化生产替代手工劳动	机械自动化生产	自动化大规模生产	网络化、个性化、定制化生产与共享
通信革命	邮政、报纸	电报、电话、广播	电视、互联网	移动通信互联网
生产方式	机器大生产取代手工劳动，工业文明出现	科学与技术相结合，工业文明快速发展	科学技术转化为直接生产力的速度在加快	数据逐渐成为重要的生产要素
新兴行业	纺织、冶金、采煤、机器制造和交通运输	电力、电机制造、钢铁、汽车、石油化工以及通信产业	计算机、新能源、新材料、信息技术、生物技术、海洋技术和空间技术等	5G、人工智能、生物技术、先进制造、量子科技、DER及氢能等
人与自然	掠夺大自然		资源枯竭、环境破坏、生态危机	倡导和谐可持续发展
人的转变	思想上："人定胜天"，对自然缺乏敬畏。 生活方式上：享受、挥霍、浪费			对自然敬畏、理解，追求对资源的高效利用
文明形态	工业文明			生态文明

资料来源：笔者根据公开资料整理所得。

能源互联网旨在建立一个更清洁、更灵活和负担得起的能源系统，刺激更多的低碳能源投资、商业模式创新并改善客户能源消费选择。能源互联网的发展受到多方力量的驱动，主要因素包括：在能源转型碳减排方面缺乏进展、传统输电方案的高成本（与替代方案的降低成本形成对比）、消费者偏好的改变（转向可再生能源自主发电和自我消费）等。

能源互联网与社会经济系统和生态环境系统紧密相连，构成一个由相互作用、相互依赖、相互区别并具有特定功能和共同目的的无数子系统组合而成的有机集合体。通过能源互联网，可使全球能源系统的整体功效和价值达到最大、最优，成就人与自然和谐可持续发展的生态文明。工业文明与基于能源互联网的生态文明的比较见表2-2。

表 2-2 工业文明与基于能源互联网的生态文明比较

特征	工业文明	基于能源互联网的生态文明
社会观念	私人占有、追求个人财富及物质享受	合作共享，强调社会公共资源和财富
发展目标和评价	GDP、消费效用最大化，生产率和效率最大化	经济发展、社会进步、环境保护等可持续发展的综合指标体系
经济发展方式	资源依赖型、以牺牲环境为代价、以化石能源为支撑的高碳发展模式	以可再生能源为支柱的绿色、可持续的低碳发展方式
经济与环境关系	片面追求经济增长，忽视生态环境外部性损失	人与自然、经济、环境相协调，地球环境空间作为公共资源或生产要素
能源管理方式	集中式、规模化生产和运输的"层级"垂直结构	分布式、智能网络化和扁平化生产与共享结构
消费方式	奢侈、高耗能和高碳消费方式	节俭、节能和清洁低碳消费方式

资料来源：笔者根据公开资料整理所得。

第二节 能源转型路径

当前以化石能源为主体的全球能源体系面临着化石能源枯竭带来的能源安全问题，也面临着总量大、环节多、输送距离远等能源配置难题，更面临着环境污染、气候变化等长期困境。在过去几十年里，极端天气事件、气候变化和疫情在全球发生得更加频繁与剧烈。IPCC 认为，这类事件的发生受全球地表温度变暖 1℃ 的影响（Allen et al., 2018）。2015 年，《联合国气候变化框架公约》通过了《巴黎协定》，要求全球各国共同采取行动，将人类活动导致的全球变暖幅度控制在 2.0℃ 以下，并努力将升温幅度控制在 1.5℃ 以内。面对全球气候和生态环境的剧烈变化，人类社会从能源高碳转向低碳乃至碳中和发展模式已经成为全球共识。

大幅度减少温室气体排放、提高能源效率，需要彻底改变我们生产和消费能源的方式。

一、脱碳、低碳发展、低碳转型

实现能源转型的路径涉及三个关键术语,即"脱碳""低碳发展""低碳转型"。

(一)脱碳

伴随全球人口和经济的增长,二氧化碳的排放量也一直在增长,但全球二氧化碳排放量的增长速度并没有全球经济产量的增长速度那么快,这得益于"脱碳",也就是使用较少的含碳能源就能生产出之前的既定产量。

脱碳是国家或其他主体旨在实现低碳经济的过程,或个人旨在减少碳消费的过程。其通常指的是减少与电力、工业和交通相关的二氧化碳排放,实质性减少碳基能源的消耗。脱碳主要有三个方面:一是对大多数产品而言,当年每单位产品使用的能源少于往年;二是经济组合正从能源含量高的行业和活动,转向能源含量低的行业和活动;三是能源来源从含碳量较高的燃料(例如煤)转向含碳量较低的燃料(例如天然气)以及可再生和非化石能源(例如太阳能、风力和核能)。通过降低能源系统中的碳强度来实现快速和根本的脱碳,需要在发电中升级和投资低碳技术,主要包括可再生能源和核能。

脱碳强调的是二氧化碳排放与支撑经济活动(商品与服务的生产和消费)的能源系统中脱钩的过程。通过实现净零排放来追求长期温度目标,必须通过对关键碳排放部门的实质性改造来实现,包括人类活动如何生产和消耗能源(Rogelj et al.,2015)。二氧化碳排放来源于两类部门:能源部门和非能源部门(Bruckner et al.,2014)。能源部门包括由电力和热力、运输、工业和建筑组成的相关部门,而非能源部门包括农业、林业和土地利用、工业贸易与产品消费部门。到2010年,能源部门的二氧化碳排放量占温室气体总排放量的69%(Bruckner et al.,2014)。

有一系列措施来减少二氧化碳排放,这些措施包括但不限于:①"继续使用煤炭,同时增加脱碳是可能的"(欧盟委员会,2017);②提高能源效率,促进可再生能源消费,推广碳捕获和封存(OECD,2015);③通过使用可再生能源、电解与甲烷化供应热、冷和电,实现工业、商业、住宅和运输部门的脱碳;④引入氢作为交通运输燃料。此外,针对城市规划和大众公共交通系统等稳定

第二章 能源互联网商业模式创新的历史背景

需求的措施可以与现代技术相结合，使能源系统的脱碳更加经济可行。

消费者对脱碳能源的偏好发生了变化，创造了新的商业机会，同时破坏了传统的商业模式。以能源转型因素对煤电企业商业模式中价值获取的影响为例。由于风、光、氢等新能源加速扩散，对煤电的需求将下降，同时新能源成本持续下降，煤电价格被迫下降，需求和价格下降使得煤电企业营业收入降低；另外，碳交易市场价格上升，使得火电企业需用更高的价格购买碳排放配额，生产成本上升；由于财务状况恶化，信用评级下降，融资成本上升；金融及监管部门提高棕色资产①的风险权重，融资成本进一步上升。市场需求下降、价格竞争加剧、融资成本上升，传统能源企业面临着巨大的脱碳压力，迫切需要商业模式创新。

（二）低碳发展和低碳转型

"低碳发展"和"低碳转型"，全球对这两个术语并没有明确的定义。自进入 21 世纪以来，这两个术语变成了政策制定者和学者们使用的行话，但在衡量能源体系是否已经向碳中和迈进的参数和因素方面，目前并没有达成共识。

低碳发展是一种需要将生产和消费模式中的经济增长与二氧化碳排放脱钩的发展模式，将二氧化碳削减战略纳入当前的经济发展轨道（联合国亚洲及太平洋经济社会委员会，2010）。低碳发展采取深度减排战略（如能源多样化或碳封存）。Urban 和 Nordensvard（2013）将其定义为一种发展模式，在促进经济增长的同时减少二氧化碳的排放，例如转向可再生能源、促进碳汇②。其重点是从以化石燃料为基础的生产和消费模式向以可再生能源为基础的模式转变。

低碳转型是指建筑物、能源和交通系统发生重大转变，大幅度提高能源效率，减少能源需求，或导致从化石能源转向可再生能源。低碳转型表现为能源系统及其转型路径的长期重构过程。这些系统变迁不仅带来技术变革，

---

① 棕色资产：指特定会计主体在高污染、高碳（高能耗）和高水耗等非资源节约型、非环境友好型经济活动中形成的，能以货币计量，预期能带来确定效益的资源。"棕色资产"是与"绿色资产"相对的概念。火电、钢铁、建材、有色金属、水泥、石化、造纸等行业内企业均具有棕色资产。

② 碳汇：指自然界中碳的寄存体，如森林和湿地。"碳源"与"碳汇"是两个相对的概念。碳源是指自然界中向大气释放碳的母体。

也带来消费者行为、市场、制度、基础设施、商业模式和文化习俗的改变。可再生能源技术是学术界讨论最多的技术驱动因素，商业中介被认为是加速转型演化的主体或机构（Bush et al.，2017）。

比较而言，低碳转型被视为重新配置社会经济系统及其路径的长期过程；而低碳发展则被视为经济发展模式。低碳发展和低碳转型被视为实现碳中和的理想状态或目标，脱碳则是实现这一目标的途径。低碳发展和低碳转型都需要在当前的发展体系中进行，以实现净零二氧化碳排放，即实现碳中和目标。与此同时，脱碳意味着将二氧化碳排放从支撑商品和服务生产的能源系统中分离出来的过程。

为构建人类命运共同体、体现大国担当，也为融入全球高端产业链，中国确立了2060年实现碳中和这一远景目标。实现碳中和要求全面而深刻的社会、经济、政策体制变革。

能源结构转变是实现碳达峰和碳中和目标的关键。① 截至2020年，中国非化石能源占比约为16.4%。为实现2030年碳达峰和2060年碳中和，非化石能源将首次成为能源增量的主力军。电力方面，新增火力发电项目将趋于零，传统火力发电项目也将逐步退出，光伏和风电快速增长以满足需求增量，其占总能耗的比重预计2030年将达到26.0%，2060年接近100.0%（见图2-2）。化石能源方面，煤、油、气先后达峰，在这一过程中这些能源的价格会受到需求减少和碳排放税的压力；新兴领域方面，新能源车、低碳技术和清洁能源材料面临巨大的市场发展机遇。在能源转型过程中，能耗"双控"②、碳交易及绿色金融是重要政策抓手。

图2-2　2020—2060年中国一次能源消费结构变化预测

资料来源：国家统计局。

---

① 杨帆，等．碳达峰全景图：新目标、新结构、新机遇·碳中和系列报告之一［R］．中信证券研究部，2021．

② 能耗"双控"指能源消耗总量和强度"双控"。

二、能源互联网商业模式创新推动能源转型

能源转型与全社会的技术变革、商业模式创新相辅相成。电源系统的各项清洁低碳技术与能源互联网中能源大数据、能源与人工智能等技术相联系，并进一步与信息技术产业、新材料产业以及高端装备等产业的发展相互关联。如图 2-3 所示，电源系统、能源系统和技术创新系统形成战略性技术相互支撑的情况。这些技术通过能源互联网商业模式创新加速向市场扩散，促使复杂的社会技术系统走上低碳转型之路。

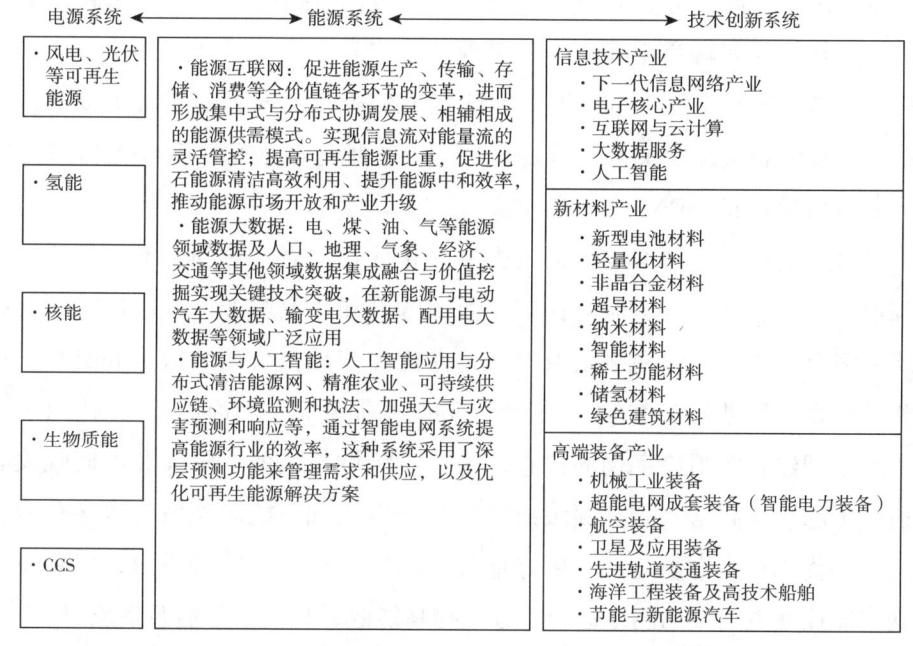

图 2-3 电源系统、能源系统和技术创新系统中战略性技术相互支撑情况

资料来源：项目综合报告编写组．《中国长期低碳发展战略与转型路径研究》综合报告［J］．中国人口·资源与环境，2020，30（11）：1-25。

在低碳转型路径下，能源系统面临三个主要发展趋势：脱碳、数字化和去中心化。为实现碳减排目标，脱碳是由快速扩大可再生能源供应和提高能源效率的需要驱动的；数字化是由数字技术带来的商业模式创新机会推动的，

能源互联网商业模式创新

这些商业模式创新可以满足服务需求，如 E2E 交易；新能源和数字技术相互作用推动了去中心化，使能源服务更接近用户，并满足用户更多参与能源供应的需求和潜力。能源互联网将这三大趋势有机融合，协同进化发展。

脱碳要求践行节能提效战略。中国 2019 年单位 GDP 能耗是美国的 2.20 倍，是德国的 2.80 倍，是日本的 2.70 倍，是英国的 3.68 倍；单位 GDP 电耗是美国的 2.53 倍，是德国的 3.22 倍，是日本的 2.59 倍，是英国的 4.55 倍。① 中国仍存在巨大的能效提升空间。

围绕脱碳的商业模式创新已成为能源领域变革和创新的关键驱动力。具体来说，围绕节能服务、分布式发电、电力存储、插电式电动汽车和充电桩以及电加热等的创新商业模式已经出现。这些商业模式是由智能电表、微电网、区块链、E2E 交易、电动汽车和智能电器等新技术和新实践推动的。新实践包括扩大和重新定义社区能源、聚合商、地方政府部门和经营区域配电网的配电网运营商（DNOs）的角色。

许多脱碳技术中的参与者也是去中心化的推动者。例如，本地化的太阳能发电厂、小型风电场、电池存储、微型电网和热电联产厂，通过部署低碳技术从多个地方性能源网络获取电力，并增加能源供应商的数量和类型。这些举措鼓励了新进入者和在位企业参与到数字能源服务的商业模式创新中。

通过创建和使用数字化的信息，处理能源供应链各个阶段和不同规模企业所产生的大量数据，能源领域的数字化得以实现。能源领域的数字化旨在通过网络优化供需平衡管理，更好地集成间歇性可再生能源发电，以更有效的网络监控和更高效的网络运行等方式提高能效，从而改善能源系统。

数字化的一个关键驱动力是电力生产日益分散的特性，这带来了新的商业机会（Küfeoğlu et al., 2019）。例如，区块链的应用有助于能源的去中心化（Allen, 2017）：①通过直接的 E2E 能源交易消除对中介的依赖，并以较低的价格将一些能源服务（如能源计费、节能建议）打包为一个集成的解决方案；②提供一个允许能源倡议的平台，如整合社区的家庭能源系统，以减少家庭

---

① 根据国家统计局和国际能源署公开数据测算得出。

的日常能源消耗，并智能匹配供需，例如洗衣机定时运作和汽车电池充放电（Dena，2019）。

脱碳、数字化和去中心化是相互关联的过程，可以显著促进低碳技术的扩散，也可以增强市场行为主体（如公众、企业、地方政府）在多个规模（从家庭到系统级别）参与创新商业模式的能力。例如，DER 市场自 21 世纪以来有了显著增长，人们越来越关注通过连接和利用其灵活性来整合 DER，这得益于能源系统数字化水平的提高。

能源系统的脱碳、数字化和去中心化是加大可再生能源利用比率，并将低碳能源融入碳密集型经济部门的过程，也是普及现代能源服务的过程。能源服务的去中心化、数字化和脱碳化带来电网的开放、能源服务类型扩展以及能源系统参与角色的变化。其中，角色变化包括重新定义消费者的角色和引入新的角色（如综合能源服务商和产消一体者）。

总体来说，人类对能源的开发利用正经历着从高碳到低碳、从低效到高效、从局部平衡到大范围配置的深刻变革。[①] 可再生能源在全球能源结构中占比不断上升，这意味着大量新增电能需要由可再生能源来提供。可再生能源如太阳能、生物质能、小水电、地热、海洋能、风能等能源密度低而且分散。随着可再生能源发电增加，需增加输配基础设施，实现在更大的地理空间范围内消纳可再生能源。因此，从能源生产到输配、交易、消费等各个环节，需要建立一个综合的、智能化系统，从而提高能源输送的安全性和效率。通过建立能源互联网实现区域互联、扩大调度区域范围，有利于降低净负荷变化。能源互联网为我们提供了一个实现能源可持续发展的全新思路，一旦全球能源互联网包括洲内联网、洲际联网和全球互联构建起来，全球工业版图和能源版图必将发生颠覆性的改变。这对全世界而言既是机遇也是挑战。

从能源类型来看，化石能源作为不可再生能源，对全球环境造成巨大且长久的污染以及温室效应，决定了化石能源开发和消费均具有不可持续性；核能理论上具有资源与环境的可持续性，但核聚变反应堆技术上仍存在诸多

---

① 刘振亚. 全球能源互联网［M］. 北京：中国电力出版社，2015：102.

难关，核能的商业使用存在不确定性；以可再生能源为主导的能源转型路径是全球能源转型的路径选择。可再生能源技术设备符合"摩尔定律"，使得可再生能源更具经济性，带来可再生能源成本大幅度下降，装机目标大幅度上升。

能源转型的具体实施路径有很多种，包括但不限于：①大幅度降低煤电供应，发展清洁能源；②大力推广绿色建筑，减少建筑碳排放；③布局新能源交通工具，减少交通运输碳排放；④发展碳捕获、碳储存技术，减少工业碳排放；⑤加快植树造林，抵消农业生产碳排放。

自2019年底开始暴发的全球新冠肺炎疫情加速了能源转型。电力需求下降，加上风能和太阳能光伏的持续增长，提高了可再生能源的份额，遏制了二氧化碳排放和空气污染。2020年，全球二氧化碳排放量降低了5.8%，即近2亿吨——这是有史以来最大的年度降幅，几乎是全球金融危机后2009年降幅的5倍。① 但如果不进行结构性改革，2020年史无前例的二氧化碳排放量下降可能只是暂时的。

中国在《中国国家自主贡献》中明确能源转型阶段性目标：2020年非化石能源占一次能源消费比重达到15%；2030年前后碳排放达到峰值，非化石能源占一次能源消费比重达到20%。在《能源生产和消费革命战略（2016—2030）》中明确，到2050年非化石能源占一次能源消费比重达到50%。2020年9月，中国在联合国大会上郑重承诺到2060年实现碳中和。为实现这些分阶段目标，需要探索建立清晰且长期的脱碳轨道。"人类命运共同体"和谐可持续的绿色生态文明理念、积极主动降碳的能源政策以及可再生能源技术带来发电成本的逐渐下降为中国能源转型提供了重要支撑，并在全球能源转型中发挥着至关重要的作用。

自21世纪以来，中国以光伏、水电、风电为主的新能源合作，通过新能源方案设计、合资设厂、工程承包等多种方式由点及面扩展到全球。新能源产能占据全球领先地位，对全球能源转型发挥着越来越大的作用。自2017年以

---

① IEA. 全球能源回顾：2021年二氧化碳排放［EB/OL］.（2021-04-26）［2021-06-09］. https://www.iea.org/reports/global-energy-review-2021/co2-emissions.

第二章 能源互联网商业模式创新的历史背景

来,在政策支持和技术创新的推动下,能源互联网示范试点项目在国内逐步实施。① 试点项目的建设促进了不同资源禀赋地区对能源互联网发展路径的探索。

第三节 工业 4.0 时代的能源互联网商业模式创新发展

当前,主要发达国家围绕替代化石能源的目标,加快能源互联网布局,抢占未来国家战略竞争的制高点。能源互联网在全球范围内处于刚刚起步的阶段,远未走到能源系统同互联网现代通信技术跨界融合发展的黄金时代,互联网企业对涉足能源缺乏动力,大部分能源企业对互联网行业不了解。能源互联网绝不是仅仅依靠技术的进步就能实现的,更需要一种思维的变革。

能源互联网商业模式创新是动态演化的,其创新演进路径按创新理念更替分为五个阶段。①封闭创新。以内部研发为重点,严格保护,作为竞争优势的来源。②合作创新。合作伙伴组织创建世界级的全球价值链战略联盟形式,包括合资企业、技术许可协议和市场合作伙伴。③开放创新。寻找新的创新思想,利用集体智慧和开放来源。④协同创新。建立合作伙伴关系,共享相同的目标使命,从事共同的价值创造并提升全球价值链的核心竞争力。⑤融合创新。捆绑或融合看似无关的对象、思想或经验,包括来自组织外部的各种资源。创新是为了更大和更广泛的利益,不仅仅是为了组织及其利益相关者,而是创造一个包含人、组织和环境共同繁荣发展的绿色智慧未来。能源互联网商业模式创新演进路径见图 2-4。

图 2-4 能源互联网商业模式创新演进路径

能源互联网商业模式挑战了传统的能源生产和分配逻辑,消费者正在成为自己的能源生产者,并通过大量小型分布式系统共同生产能源,打破了能

---

① 国家能源局. 首批"互联网+"智慧能源(能源互联网)示范项目评选结果公示[EB/OL]. (2017-03-06) [2021-04-27]. http://www.nea.gov.cn/2017-03/06/c_136106972.htm.

源由大型公用事业部门封闭创新、在少数几个大型发电厂生产的商业逻辑。例如，住宅太阳能的商业模式显示出将光伏技术引入市场的潜力。在德国，私人家庭运营着 1/3 的可再生能源（德国联邦能源与水资源经济协会，2017）。随着越来越多的可再生能源生产由私人消费者拥有，曾经不可能实现或在经济上缺乏吸引力的能源互联网技术，已开始为消费者提供特定的商业模式创新。例如，基于区块链的 P2P 市场（Zhang et al., 2018；Kim et al., 2019）。在美国加州，提供住宅太阳能的新创业公司采用了与汽车租赁相同的商业模式，使住宅客户无须支付任何费用就可以"使用太阳能"。随着这些市场的发展，专门销售和安装光伏系统的小型太阳能公司开始出现（Overholm，2016）。

还有一些面向家庭住宅的商业模式由于其新颖和有前途的用户创新而特别有趣。用户通过添加智能和连接性组件，使与能源相关的实体产品获得了监测、控制和优化自身使用情况，并最终优化其周围环境的能力。这些与能源相关的实体产品成为智慧能源①产品。在能源互联网中，智慧能源产品甚至可以自主行动，如控制节能的智能家居系统、智能恒温器、智能电灯、智能电表、能源发电单元、储能和电动汽车充电系统。围绕智慧能源产品兴起了智慧能源商业模式，例如通过智能手机 App 监控家庭能源消耗。

能源互联网商业模式创新以工业 4.0 时代的技术发展为依托，仅以人工智能和区块链在能源互联网中的应用为例。

一、人工智能与能源互联网商业模式创新

鉴于能源互联网能够实时产生大量数据（如电网每个节点的瞬时电力供应和需求），能源是人工智能发挥重要作用的领域。人工智能是一种先进的技术手段，可以帮助理解过去、优化现在和预测未来（Jucikas, 2017）。人工智能需要通过机器学习来实现。机器学习指人类利用专家的智慧，通过建立判断和预测算法，在对少量数据进行"训练"后，教会算法在海量数据上执行

---

① 智慧能源指在能源生产、存储、传输和消费中使用信息和通信技术，旨在提高能源效率、鼓励环保行为，并减少温室气体排放。

第二章 能源互联网商业模式创新的历史背景

任务。深度学习是一种实现机器学习的技术。它分解任务并连接分布式任务，以可以与其他算法协作的独立算法方式驱动机器学习。由此可见，机器学习是实现人工智能的方法之一，而深度学习是实现机器学习的工具之一。

人工智能将改变未来许多行业设计和提供产品的方式。能源行业，包括利益相关者、需求响应企业、政策制定者和公用事业部门都对基于人工智能的技术表现出了越来越大的兴趣。人工智能可以用来预测电力需求和发电，优化能源资产的维护和使用，更好地理解能源利用模式，应对平衡电力系统的复杂挑战，以及提供具有更高稳定性和效率的能源互联网系统。人工智能还可以通过协助和部分自动化决策，以及自动化调度和控制所使用的大量设备，减轻人类的负担。

能源互联网作为一个具有复杂结构的系统，既面临着供应安全风险，也存在着复杂算法和设备实时运行不一致的风险。由于物理电网的内在复杂性，即使是轻微的波动也可能导致灾难性的故障。过去已经发生了许多严重的能源安全事件。2003年8月14日，美国经历了历史上最大范围的全国性停电；2006年10月4日，欧洲9个国家受到大规模停电的影响；2009年11月10日，巴西大规模停电影响了18个州7000多万人的日常生活；2015年12月23日乌克兰发生了电网断电，占乌克兰一半地区的140多万居民受到影响，曾有人指控这一长达数小时的电网断电是因为受到其他国家支持的网络攻击（E-ISAC，2016）。大规模停电的经济影响可达数十亿欧元（Küfeoğlu，2015）。因此，能源互联网系统工程需要详细的调研和适当的设计，以减少各种风险。以积极应对并努力减少各种风险为共同目标，电力系统开发人员和AI技术开发人员之间采用人工智能和其他技术措施协同改进能源互联网。智能系统帮助决策者在能源互联网的设计、建设、运行和维护阶段做出更复杂的决策。预计人工智能将广泛应用于能源互联网运营，如预警处理、诊断和故障后恢复、能源预测、系统安全评估。

（一）机器学习

机器学习（ML）作为实现人工智能的实用工具，由于其在分析和计算能力方面的优势，在能源领域的应用越来越多。Navigant Research 的一项研究表明，机器学习最适合于一系列特定的分析过程，包括聚类、回归和分类（Zhou，Yang and Shao，2016）。在此基础上，机器学习被广泛应用于客户细分、定价预测、欺诈检测和预测性维护与操作等公用事业领域（Bose，2009）。例如圣地亚哥燃气电力公司（San Diego Gas and Electric），它使用机器学习进行异常检测，从大量数据中发现隐藏的系统问题（Barreno et al.，2006）。统计数据显示，机器学习正在逐渐进入能源市场，根据2016年Zpryme和SAS进行的一项调查，北美近1/3的公用事业公司使用机器学习进行电表数据管理（Tien，2013）。

作为一种提供灵活性的手段，需求响应（Demand Response，DR）以低成本高效益的方式提高能源系统的可靠性，从而受到越来越多的关注。例如，太平洋燃气电力公司（Pacific Gas and Electric）是一家来自美国加州的公用事业公司，该公司利用机器学习来提高需求预测的准确性和精度，进行需求侧灵活响应（Samad and Kiliccote，2012）。由于可有效应对需求响应具有高度复杂性的相关任务，并满足大数据实时调用和实时决策的频繁需求，人工智能和机器学习已经成为实现需求侧响应的关键技术。

实现需求响应，需要在人工智能技术的帮助下创建一个自动化的架构，这个架构能够在动态环境中进行调整和学习（比如学习理解消费者的偏好）。人工智能方法可以用来应对能源需求响应面临的各种挑战：从消费者的一组最优选择到行为决策过程中，学习他们的态度和偏好，进行动态定价，实时调度并控制设备；学习如何激励消费者参与需求响应计划并如何给予他们一个公平、经济、有效的回报。

(二) 深度学习

在过去的10年中，由深度学习研究发展而来的技术和思维方式迅速发展，给科学研究带来广泛影响，尤其是信号与信息处理领域（Deng and Yu，2014）。根据模型结构的构建方式和技术的使用方式，深度学习可以大致分为三大类（Kingma et al.，2014）。

1. 无监督学习的深度网络（或生成式学习的深度网络）

无监督学习的深度网络用于在没有目标类标签信息的情况下，针对模式分析和合成任务，捕捉观测到的或可见数据集间的高阶相关性。

2. 有监督学习的深度网络（或判别式深度网络）

有监督学习的深度网络直接提供用于模式分类目的的判别能力，其特点是描述了可见数据条件下的类别后验分布。对于这种有监督的学习，目标类别标签总是以直接或间接的形式给出。

3. 混合深度网络

混合深度网络的目标是判别式模型，往往以生成式或无监督深度网络的结果作为重要辅助。

能源互联网是深度学习的应用之一。深度学习通过产生更准确的能源消耗预测来帮助优化能源规划。巴西科学家提出了一个预测模型，从客户的角度来估计能源消耗（Lima and Navas，2012）。该模型将能源使用预测视为一个时间序列回归任务，解决了基于历史数据集对下个月数据进行估计的问题（Berriel et al.，2017）。机器学习技术在解决时间序列回归分析问题方面表现出了强大能力，而深度神经网络在实现这些令人满意的结果中发挥了重要作用。该系统拥有 100 万用户（形成 900 多万个样本），与一些电力公司之前使用的基准方法相比，该系统能够预测每月总能耗，误差减少了 34.6%（Berriel et al.，2017）。

未来能源互联网的需求响应将转向对终端用户负荷的高度精准控制。这就需要更精确的负荷预测和价格预测。传统的负荷预测和价格预测方法包括时间序列模型，如自回归模型（AR）、自回归综合移动平均模型（ARIMA）和指数平滑模型。这些类型的模型通常是线性的，在负荷预测中提供的结果并不太准确。人工神经网络能够高度近似非线性关系，因此被大量用于能源互联网需求响应中的负荷预测和价格预测。由于需求越来越具有非线性和易变性，人工智能方法在负荷预测和价格预测方面因其更高的精准性而更具前景。此外，人工智能预测技术的另一个优势是能够输出跨越时间和空间多个维度的预测，并能够在预测中融入不确定性，从而实现更有信心的预测。另外，用于预测的人工智能方法计算量更大，它们的性能会根据超参数调整和特征方程而变化。

能源互联网商业模式创新

例如，智能电动汽车将车、制造商、服务商、智慧家电全部连在一起，成为一个经济全体系的人工智能生态系统。而为这样一套能源互联网生态体系提供服务的，是一个高效、绿色、安全的能源体系。智能电动汽车的功能实现与用户体验尚待能源互联网企业探索。能源互联网终端 App 将硬件与服务和服务场景相连接，构建用户与产品服务提供商的高效沟通渠道，而更加顺畅、频繁、高效的反馈，又反过来促进能源互联网企业进行产品创新、商业模式创新，进而推动生态和组织架构的变革。

人工智能、机器学习和深度学习已被广泛应用于能源互联网，帮助监测、预测和调度能源的生产与消耗。现已涌现出大量创新的商业模式。

利用人工智能，法国 BeeBryte 公司[①]可以通过对空调、泵、电动汽车充电桩和电池的自动控制来最小化能源账单。如果存在太阳能发电，它将被用于最大化自产自消。收入来自能源节省。根据天气预报、入住率、使用量和能源价格信号，通过将流程和温度保持在客户设定的操作范围内，可以节省高达 40% 的建筑能源成本。

英国 Crowd Charge 公司旨在提供聚合智能电动汽车充电解决方案。其目标客户为电动汽车用户。该公司使用机器学习和人工智能提供优化的充电过程，确保电网系统平衡，并提供车联网实时报告服务。通过在用电高峰时期[②]为电网服务，提供电动汽车电池储能来获得收入。通过使用智能充电，成千上万的电动汽车用户连接到一起，可以对智能电网产生积极影响。在高峰时段使用更多的可再生能源充电，支持电动汽车加速扩散，并节省升级本地可再生能源电网的资金。

美国 Gridcure 公司[③]帮助电力公司利用智能电网数据，将数据转化为有价

---

① BeeBryte 公司于 2015 年由两位成功的企业家 Frédéric Crampé 和 Patrick Leguillette 创立，位于里昂的法国总部负责欧洲市场，新加坡办事处负责亚洲市场。该公司开发了一个基于云的建筑智慧能源系统解决方案，旨在优化能源消费。该公司技术经常获得国际认可，曾在 2017 年德国柏林举办的"能源技术创新大会"中荣获"城市化能源转型奖"，详情可参见 https：//www.sohu.com/a/130979021_314909，还获得了 Cleantech Group 颁发的"50 to Watch 2019"，Frost 和 Sullivan 颁发的"2020 智慧能源管理新产品创新奖"。

② 在用电高峰时期，电网可能处于电能紧缺状态。

③ 美国 Gridcure 公司网站：https：//www.gridcure.com。

值的分析报告和可行性的方案，从而做出更好的运营决策和财务决策。该公司提供电网运行状况监视等平台产品。基于大数据、机器学习与人工智能，该平台提供模块化的优化策略和运营方案，公用事业部门可以根据自己的需要自由选择。这些模块化方案通过更复杂的分析算法更快地诊断电网问题，通过优化日程查询和维护节省工程操作时间，并通过提升可靠性来提高客户满意度。也能通过更快的故障管理和更高的可靠性创造收益。价值获取来自电网运行状况监控平台及其可选模块的销售收入。该平台承诺节省成本，规避因电网故障等导致的收入损失，并通过为公用事业公司提供预测分析报告创建新的收入来源。

葡萄牙 Jungle AI 公司主要提供一个可再生能源发电管理平台，基于人工智能和机器学习，承诺减少计划外停机时间。通过早期检测故障快速做出反应，并确保客户资产以最大能力运行。仪表板监视器对设备的实时数据流进行监控，整合利用专业知识和机器学习，通过 Web 应用揭示数据的价值，提供采取实时行动的方案建议。其收入来源包括：通过更快的故障和故障检测获得收入；App 的销售收入。

二、区块链与能源互联网商业模式创新

区块链是一个按时间顺序的分布式分类账，它能够在一个节点网络中记录、验证和存储交易信息，而不是使用单一的中央权威机构。区块链是一个人人可参与、分布式、可审计、可追踪而不可篡改的开放式数据库，也被视为一种颠覆式创新技术平台。区块链变革了数据管理方式，从各组织维护自己的数据资产转变为每个参与者都可以访问、维护、共享的数据库；也最小化了交易风险，提供了信任机制以及准确可靠的审计跟踪，帮助简化业务处理流程、提高合同执行效率。区块链作为一种颠覆性信息技术，是一种共识系统，可以在交易各方之间建立信任，从而协同创建一个公平、可靠、透明和灵活的环境。

区块链技术是一种通过建立新的共识机制来消除单一中央权威的新技术，在能源交易中可能非常有用。区块链最著名的应用是众所周知的加密货币——

比特币。传统上，信用卡需要银行进行复杂而耗时的中央验证。理论上，区块链可以通过删除这个中央验证来大大缩短操作周期，并使交易几乎立即发生（Anuj，2017）。通过建立一个直接连接供需的平台，能源区块链解决了参与者间缺乏"信任"的问题，通过消除通常提供这种"信任"的中介环节，降低了交易成本。

区块链可以为能源互联网市场监管部门提供必要的支持，应该得到政府部门的支持和推动。例如，区块链可以有效地、安全地实现监控和报告功能。能源互联网可以通过区块链透明地记录非敏感信息，同时将敏感信息集中存储在各个市场参与者或集中场所。碳排放交易（可交易的许可证）或绿色证书是为可持续行为提供激励的方式。区块链技术可以代表一种统一形式的、透明的、可验证的协议和通信基础设施来支持这样的系统。例如，区块链技术可以加快碳排放目标相关文档的公开透明化，允许自动匹配证书分发，并作为（半）透明的交易基础设施，从而使报告和监控变得容易。

能源市场将始终受中央管制的生产者和消费者的支配，并受国家法规与国际法规的支配。因此，区块链所追求的完全去中心化可能并不可取（但部分实现去中心化是可行的）。与此同时，区块链不应该出现垄断结构，这就是为什么由单一公司管理的区块链在大多数情况下没有合适的解决方案。那么，一个适合能源市场的区块链解决方案应该是什么样的呢？

它可能是由同样负责监管、管理和维护能源市场的实体提供的公共技术基础设施——在某些方面可以与今天的互联网提供的方式相提并论。

区块链可以实现能源互联网交易生态系统从集中化向分散化的转变：①通过直接的 E2E 能源交易，消除对中介机构的依赖；②通过众筹获得初始投资，使个人和社区能够参与能源生产；③以较低的价格将一系列能源服务（如能源计费、转换供应商）打包为一个综合解决方案；④提供一个允许发起和响应能源倡议的平台，如以节省家庭日常能源消耗为目标的集成系统，包括洗衣机、空调等智能家电产品和汽车电池充放电。

区块链技术为网络中的价值交易提供了一个不可变的安全账本。这种基层技术有潜力提高能源部门各种流程的效率。能源市场是复杂的——能源的

第二章 能源互联网商业模式创新的历史背景

实际输送是跨多个电网级别传输的结果，也是多个实体通过多个连接的基础设施相互作用的结果。可再生能源所占份额的增加及其不稳定的电力供应只会加剧这种复杂性。与此同时，各种数字技术有望提高能源市场的效率。例如，智能电网能够利用数字通信识别能源需求的变化，并通过优化调整（调峰）减少峰值负荷或低谷负荷。尽管前景看好，但这类创新的实施速度相当缓慢，因为能源市场和电网构成了关键的社会经济基础设施，一旦失败，可能会产生毁灭性的影响。

而区块链技术则在分布式网络中实现了价值的安全传输，使去中心化的数字交易形式成为可能。未来，通过区块链技术可以提供更多的智能合约，也可以智能缴纳能源税，如可追溯的绿色能源税。

区块链的特性和优势与能源互联网相结合，有助于能源企业在安全的基础上创新性地满足能源用户的需求，产生丰富的能源互联网商业模式创新场景，例如能源批发市场上的能源批发智能合约、智能电表 E2E 支付交易、电动汽车与电网互动的交易结算、家庭互联和自助管理应用、安全储能、实时的分布式能源接入—转换—追踪等。①

能源互联网中区块链的广泛应用场景，将涌现出大量商业模式创新，包括但不限于：①支持分布式能源交换的"电网即服务"模式；②在电网服务中使用电动汽车充放电支持负荷平衡管理；③在安全媒介中作为一个开放的分类账目记录能源数据；④为基于区块链的 P2P 能源项目申请贷款；⑤提供能源计费、供应商转换、能量交换等服务。

以德国 Motion Werk 公司应用区块链技术进行的商业模式创新为例。Motion Werk 公司的价值主张是提供基于区块链的电子移动平台服务，支持开放、安全和去中心化的移动基础设施管理。该公司的目标客户是企业和终端用户（住宅用户）。价值创造和价值交付依托于 Share&Charge 和 Oslo2Rome 项目。Share&Charge 是一种用于电动汽车充电、交易与数据共享的去中心化协议，使企业能够为客户提供智能和安全的充电体验。Oslo2Rome 项目提供移动

---

① 埃森哲. 区块链与能源互联网的碰撞［R］. 埃森哲咨询有限公司，2019：7.

解决方案，用户可以通过连接平台中所包含的公共和私人充电基础设施，使用来自欧洲各地的充电基础设施。盈利模式主要取决于智能充电和更便宜的交易费用、更大的充电基础设施网络，通过扩大欧洲充电市场，增加电动汽车用户数量来获得收入。

总之，工业4.0时代数字技术的发展有望对能源行业产生重大影响。以P2P能源交易模式下能源互联网市场的生态系统（见图2-5）为例，可以了解人工智能、区块链、物联网、智能家居、储能等在能源互联网商业模式创新中的地位。本书后面的章节会对此展开深入分析。

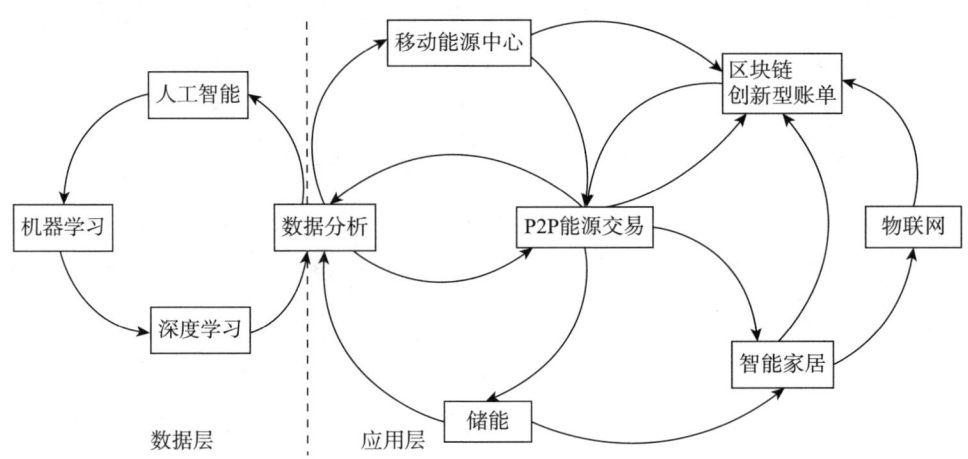

图2-5　P2P能源交易模式下能源互联网市场的生态系统

资料来源：陈启鑫，王克道，陈思捷，等. 面向分布式主体的可交易能源系统：体系架构、机制设计与关键技术[J]. 电力系统自动化，2018，42（3）：1-7+31。

三、智慧能源与能源互联网商业模式创新

物联网、人工智能等技术的快速发展，加上可再生能源生产的分散化、市场的自由化和不断变化的客户需求，使得企业很难跟上能源行业的不断变化。新兴的智慧能源商业模式对传统的能源公用事业公司构成了挑战。智慧能源商业模式的价值主张包括两种：一种是包含智能服务的产品以及智慧能源产品收集的数据，并以新的服务形式将这些数据货币化（Tesch et al.,

第二章 能源互联网商业模式创新的历史背景

2017);另一种是针对已经拥有智能产品或有机会使用智能产品的单个消费者提供智能服务。价值主张在很大程度上决定了价值的创造和获取。例如,价值获取包括典型的产品导向型收入来源,如含对基本智能服务免费、附加增值智能服务收费的智能产品销售收入;也包括通过服务费或订阅费获得的服务收入。以消费者需求为导向要求家庭节能、获得额外收入、拥有自主权等价值主张在商业模式中得以实现。

智慧能源商业模式的核心要素是智慧能源产品和服务。尽管智慧能源商业模式可以促进能源消耗的减少,但所提供的产品和服务却有可能导致个人家庭层面的能源消耗增加。对环境的最终影响取决于具体商业模式的设计,如企业是否激励个体消费者的节能行为。

使用人工智能来学习与适应人们的偏好和市场环境的联网设备,使个人与能源部门间产生了新的互动。智能电表、智能恒温器和智能电网正在改变人们的能源消费习惯,并为节能、降低成本、提高可靠性和增加灵活性创造机会,以便将可再生能源更好地整合到能源互联网中,使能源部门间能够相互联系,以提高未来能源系统的效率和可持续性。

智能家居革命不仅会影响直接能源消费者,还可能重塑整个电力行业,使电力系统整合更大份额的灵活可再生能源。此外,智能家居技术的四个关键组成部分——数字连接、增强控制、自动化和机器学习,有潜力更好地将电力供应与三大能源需求部门——运输、建筑和工业——跨界融合(欧盟委员会,2019)。

这些新技术重新定义了公民在能源系统中的角色。意识、承诺和参与是采用技术变革和重塑能源系统的根本。然而,只有当人们看到能源转型的利益得到更公平和公正的分配时,才会有这种态度。本书后文探讨的各种商业模式创新原型,如智慧能源管理系统提供商、智慧能源计划提供商、智能聚合以及智能微发电和存储提供商,承诺了不同的价值主张(例如节省电费、生产本地清洁可再生能源、为电网提供灵活性从而获得报酬)。

因此,通过这些商业模式的结合,能源公司可以为客户提供全面的能源管理。重要的是要将智慧能源产品很好地集成起来,并提供复杂的智能功能,

能源互联网商业模式创新

这可能包括使用人工智能来提高整个系统的效率。例如，可以使用外部天气数据来预测光伏系统未来的产量。同时，可以根据历史智能电表数据或其他智能家居设备预测能源消耗。基于这些预测，能源互联网系统可以决定是将能量储存在电池中还是在家庭中使用。此外，还可以告知和建议住户在未来几个小时内使用特定数量的能源或提高能效。这些情景可以从根本上提高个人或家庭智慧能源产品的效率。

通过提供智能电表信息反馈功能——例如，更详细的账单和能源消耗信息——能源行业正在响应客户因信息和经验水平不断变化而产生的需求。这些数字举措大多是智慧能源管理系统提供商的简易实践，能源公司并没有从根本上进行商业模式的颠覆式创新，而是通过添加数字组件来发展它们现有的商业模式。提供智能电表应用程序来监测能源消耗可能对客户关系有积极作用，积极支持客户成为能源生产者（例如 P2P 能源平台提供商）的举措则可以看到商业模式很大程度的创新。

未来，还可能涌现出更多的能源互联网"资产管理提供商"，它向消费者出售其微发电单元、储能设备，并提供电动汽车的数字监控服务和产能用能分析报告，以服务收费或订阅费获取收入。伴随着能源互联网产品的传播扩散，售后服务市场可能会变得越来越重要。此外，还会出现更专业化的"数据服务提供商"，它将是一个提供"分析即服务"的 B2B2C 模式。这些服务可以集成到智能家居设备或智能计费应用程序中，以提高客户价值。

我国的智慧能源和能源互联网的推进工作已列入国家重点发展战略，相关工作正在有序推进。以时间先后为序，2013 年 11 月，"智慧能源产业技术创新战略联盟"成立；2015 年 2 月，"全国智慧能源公共服务云平台"启用；2015 年 3 月，由中国主导的 IEEE 1888[①] 被国际标准化组织 ISO/IEC 纳为能源互联网产业首个国际标准；2015 年 4 月，国内首家能源互联网专业研究机构清华大学能源互联网创新研究院成立；2016 年 3 月，全球能源互联网发展合

---

① IEEE 1888，即 IEEE Standard for Ubiquitous Green Community Control Network Protocol（泛在绿色社区控制网络协议）可广泛应用于智慧能源系统，包括下一代电力管理系统、楼宇能源系统、设备设施管理系统等领域的通信。

第二章 能源互联网商业模式创新的历史背景

作组织在北京成立；2016年8月，国家能源互联网产业及技术创新联盟①成立；2017年8月，首批55个"互联网+"智慧能源（能源互联网）示范项目②陆续开工建设，中国能源互联网进入落地实践阶段；2020年10月，首批能源互联网示范项目近半完成验收。③

能源互联网公司发展迅猛。例如，北京清能互联科技有限公司是一家聚焦能源行业数字化和智能化的综合解决方案提供商，主要专注于能源互联网交易与运筹领域。其清能云端协同产品的典型应用案例涉及中国广核新能源市场交易决策工具，国家电投汇能售电交易服务云平台应用，甘肃、内蒙古等49家发电场站的省间交易端工具应用，以及三峡集团广东、浙江电价预测云应用等。截至2020年底，该产品在全国已有12个省10个集团的4000多位用户。

智慧能源产业正朝着建立可持续发展的能源体系这一远大目标迈进。目前，基于IEEE 1888标准的产业链已经形成。在能源互联网产业链上游，有Intel、Cisco、中国电信、中科软等企业加入，为产业链提供支持IEEE 1888标准的软件、硬件与解决方案，打破了过去一些企业利用私有协议和垂直产业链对市场垄断的格局。例如，远景能源已成长为全球领先的智慧能源技术服务提供商，其业务包括智能风机的研发与销售、智慧风场管理软件服务、智慧能源资产管理服务。在能源互联网产业链中下游，有哲达、积成电子、中能兴科、华源泰盟、澄光通讯等一大批企业组成的智慧能源创新产业群和新型节能技术服务产业群，为终端用户提供更高效低价、更公开透明的新型能

---

① 截至2020年底，国家能源互联网产业及技术创新联盟共有成员单位160余家。该联盟成员单位的主营业务涉及能源生产、能源信息互联、能源信息服务、综合能源服务、能源技术装备、能源金融与投资、能源研究、能源科技人才培养等多个领域。

② 首批55个"互联网+"智慧能源（能源互联网）示范项目中，城市能源互联网综合示范项目12个、园区能源互联网综合示范项目12个、其他跨地区多能协同示范项目5个、基于电动汽车的能源互联网示范项目6个、基于灵活性资源的能源互联网示范项目2个、基于绿色能源灵活交易的能源互联网示范项目3个、基于行业融合的能源互联网示范项目4个、能源大数据与第三方服务示范项目8个、智能化能源基础设施示范项目3个。

③ 余娜. 首批能源互联网示范项目近半完成验收［EB/OL］. 中国产业经济信息网，（2020-10-21）［2021-02-25］. http：//www.cinic.org.cn/zgzz/xw/947330.html?from=singlemessage.

源管理解决方案。

总之,能源互联网是以自动化、数字化驱动为核心的综合价值创造系统,工业4.0奠定了能源互联网发展的技术基础。能源互联网商业模式创新将创造性地利用数字化环境开发数字集成能力,建设数字基础设施,利用数据化平台、人工智能、区块链技术等延展与互联网相关的服务价值链,同时注重跨部门、跨企业和跨行业的协同效应,创造最大的组合价值。

四、智慧城市与能源互联网商业模式创新

城市是一个大型的人类聚居地。"智慧城市"是当前全球城市化议程中的一个前沿概念。智慧城市指配备智能服务和基础设施的城市,通过可持续的智能建筑环境解决方案,包括智慧政策、智慧治理、智慧人、智慧科技、智慧环境、智慧家居生活和智慧建筑,确保提高城市居民的生活质量。如今所谓的"智慧"城市,是通过在城市管理的不同方面实施数字技术创造出来的,被认为是工业4.0的支柱之一。但"智慧城市"不仅是智能城市,还包括人的智慧参与,兼具以人为本、可持续发展等内涵。

随着人口与城市设施的增加,城市人口、城市化和城市基础设施的需求越来越大。能源互联网基础设施是提高城市效率的关键,对城市的生产力、经济和安全有着不可否认的影响。智慧城市是一个节能与可持续的城市中心,为各类组织和居民提供高质量的生产生活基础。智慧城市需要对现有的和负担得起的资源进行最优化配置。更高的能源效率、更大比例的可再生能源以及更便利的本地交通等都是促进智慧城市发展的驱动因素。

发展智慧城市需要一种设计驱动的、综合的、以系统为基础的方法和一种对社会生活、政治背景、生态转型及空间思考的深刻理解。智慧公用事业是智慧城市为公众文明生活提供的基本保障。它们是公共事业的整体解决方案,整合了主要用于电力、水和天然气的智能系统的设计以及数十种不同的资产,如公共交通、健康环境、水、卫生设施等,并遵循"绿色经济"这一核心原则。

由于能源系统的复杂性及其重要地位,智慧城市的能源管理将是最棘手

第二章 能源互联网商业模式创新的历史背景

的问题之一。除了应对日益增长的能源需求外，新能源系统还必须越来越可靠和有弹性，灵活 DR 的能源互联网商业模式创新有望为智慧城市的能源管理带来新的解决方案。能源互联网改变传统的城市集中式能源供给模式，开放容纳大量分布式能源系统。分布式能源系统由单个或多个实体组成，它们产生电、热、能，并创建微电网自动运行或集成到电网中，如微电网和热电联产形式的本地化小型能源系统。

太阳能和风能是智慧城市主要能源的最佳选择，被视为未来能源系统的支柱。然而，向太阳能和风能混合能源系统的转型也有其自身的挑战与局限性，包括目前能源存储能力的低效率、电网灵活消纳能力不足带来的弃风弃光问题等。考虑到风能和太阳能的间歇性，有必要对传统集中发电和输配电模式进行创新。

智慧城市与能源互联网商业模式创新密不可分——创新造就智慧城市、智慧城市强化创新。制度突破和创新激励是智慧城市建设的关键步骤。

首先提出"智慧城市战略"的荷兰首都阿姆斯特丹，2016 年获得欧盟颁发的"欧洲创新之都"奖。作为欧洲智慧城市建设的典范，阿姆斯特丹注重城市各领域的环保节能途径，最先是从可持续生活、可持续工作、可持续交通、可持续城市空间这四大建设主题推进智慧城市计划。为了大幅度减少二氧化碳排放，阿姆斯特丹市政府采取了一系列措施：①为家庭安装智能电表、能源反馈显示装置以及一种新型能源管理系统；②构建智能大厦，将能源消耗减少到最低限度；③在港口的靠岸电站配备游船与货船充电的电源接入口，使交通用电更清洁；④利用各种环保节能手段打造舒适的城市空间。目前，阿姆斯特丹的智慧城市平台已纳入能源治理、循环经济、市民生活、数字城市、文化教育和城市交通六大智慧领域。通过各种创新项目的推广应用，智慧城市平台具备了"自下而上"蓬勃发展的态势，正加速推进城市低碳智慧转型。

日本为探索本国智慧城市的未来形态，在横滨市、丰田市、京都府和北九州市 4 个地区对智慧城市的相关技术、结构、商业模式等进行验证。具体包括能源使用的可视化、家用电器的控制、供应商根据能源需求状况促使消费者进行消费调整的需求响应、电动汽车与家庭用能的结合、蓄电系统的优化设计、电动汽车充电系统以及交通系统改造等。

中国智慧城市在经济转型发展和新型城镇化建设的背景下正加速推进。截至2020年4月初，住房和城乡建设部公布的智慧城市试点数量已经达到290个。加上相关部门所确定的智慧城市试点数量，我国智慧城市试点数量累计近800个。我国正成为全球最大的智慧城市建设实施国。[①]

[①] 王峰. 城市智慧魔方加持，为中国智慧城市建设带来启示［EB/OL］. 新华网，（2020-12-01）［2020-12-07］. http：//www.xinhuanet.com/info/2020/12/01/c_139555743.htm.

第三章 能源互联网商业模式创新的"景观"层次分析

社会技术系统转型理论是根据多层次视角分析中嵌套的"景观"层次（宏观背景），如全球趋势、宏观经济、政治发展、资源环境之间的相互作用来定义的。多重因素交织叠加正推动世界能源发展迈进新阶段。

新冠肺炎疫情引发了全球性冲击波，影响波及所有部门。这场危机突出了能源系统在人类发展中的根本作用，也凸显出当前能源市场的脆弱性。全球性疫情进一步促进了对人与自然关系的深刻反思，全球把推动绿色低碳发展作为经济复苏动力，推进能源转型成为国际共识和实践；疫情也促发各国对本地产业供应链安全的担忧，加快促进能源本地化转型；能源技术变革继续迅猛发展，以5G技术为基础的智能互联技术正推动工业、建筑、交通能源体系智能化互联。产业升级、能效提升、节约型社会、循环经济理念等发展能源互联网的技术条件、经济条件、社会条件等皆已具备。

商业模式并不存在于真空中，能源互联网商业模式创新要想取得成功，环境也是关键影响因素。这要求企业采用系统视角重新审视价值主张、价值创造、价值传递和价值获取。系统创新被视为企业在传递某种价值主张时如何贯彻可持续发展理念，以进入更广的社会技术系统的关键战略。通过能源互联网商业模式创新成功地传递价值，需要将政策、经济、技术和社会考虑为商业模式无缝网络的一部分。

第一节 能源互联网商业模式创新所处的宏观趋势

世界正面临两个紧迫的挑战：其一，将全球变暖控制在1.5°C以内；其二，促进包容和公平的社会经济发展。这两项挑战并不相互冲突，应同时解决。向可持续和可再生能源系统转型，发展能源互联网是解决方案之一。

能源互联网所面临的商业环境是动荡的，并在快速变化，因为在数字智能化时代，变化正在以前所未有的速度和规模发生。全球化、技术进步、环境问题、人口变化、城市化、全球流行病危机等大趋势的浪潮，与其他市场力量叠加，正使能源互联网市场环境更加复杂。能源互联网商业模式创新环境涉及社会文化趋势、经济趋势、技术趋势和政策法规趋势。

一、社会文化趋势

除了政府部门，已有越来越多的研究者、非政府组织（NGO）支持纳入社会指标衡量能源互联网对当地适宜性的影响，如创造就业机会、促进健康和安全、新基础设施发展所产生的影响、社会接受程度等。

文化理念的动态转换体现了市场上不同地位的组织间相互竞争的过程。像太阳能光伏这样的利基创新被在位企业与利基倡导者赋予完全不同的价值：在位企业强调高成本、经济发展所需的能源消费保障和系统集成问题，利基倡导者强调气候变化减缓、潜在的新业务增长和新能源范式。积极乐观的社会宣传可以增强利基创新的文化吸引力和社会接受度，并帮助其获得更强有力的政策支持。

（一）可持续发展

可持续发展理念已成为全球共识。气候变化、生态资源耗竭、中产阶级壮大等压力正对社会经济造成越来越大的可持续发展挑战。一方面，在各种可持续性挑战方面，能源可持续性可以说是现代最紧迫的社会环境问题。到2040年，全球85%的能源需求仍将依赖化石燃料。[①] 全球不断增长的能源需求普遍由化石燃料消费的增加来满足，导致了酸雨、全球变暖、空气污染和土壤退化等状况。另一方面，从社会经济可持续发展的角度来看，能源的可靠性、可负担性和可获得性，是社会经济平等的必要组成部分。世界银行等

---

① WOOD MACKENZIE. Exploration's future in a low-cost, low-carbon world [EB/OL]. (2020-07-01) [2021-10-24]. https://www.woodmac.com/news/feature/explorations-future-in-a-low-cost-low-carbon-world/.

第三章 能源互联网商业模式创新的"景观"层次分析

国际机构2020年发布的报告显示,全球仍有8.4亿无电人口,非洲人均能源消耗量仅为世界平均水平的1/3,能源发展体现出明显的不均衡性。拥有更高能源供应安全性和更高效、更广泛的能源输送网络的国家,在实现国家发展、改善人类福祉和减少贫困方面更成功。

那些无法获得清洁能源的人被迫为他们使用的能源支付更多资金,从而限制了他们负担得起的能源数量。能源获取和公平问题加剧了社会不平等,阻碍了社会进步。能源互联网对联合国《2030年可持续发展议程》的17项可持续发展目标都能起到正向协同作用,尤其是对贫困(目标1)、健康(目标3)、清洁能源(目标7)和气候行动(目标13)。例如,巴布亚新几内亚卫生中心的太阳能氧气系统(Duke et al.,2017)表明,能源互联网在健康改善与可再生能源间可建立直接联系,突出了能源互联网整体系统设计和社区参与间的密切关系。

具体来说,能源互联网促进可持续发展体现为:①促进社会发展,如加快脱离贫困;②消除化石能源对粮食减产的影响;③减少疾病和死亡率;④实现人人获得负担得起的、可靠的现代能源服务;⑤构建可持续发展城市;⑥改善生态环境,减少二氧化碳,促进植被恢复,实现《巴黎协定》温控目标。

能源互联网不仅确保能源的可靠性、可负担性和可获得性,还以利用可再生能源为基础,鼓励企业向基于经济、环境和社会效益的商业模式转型。为了让社会不再依赖化石燃料,各国政府赞成广泛使用更环保的能源,以减少污染、最小化原材料的使用和废物的产生。此外,通过将废物转化为能源(例如通过生物质生产能源),解决了有价值有机资源的低效处置问题,同时促进可再生能源的使用,确保能源网络难以到达的偏远地区也能获得能源(特别是在发展中国家)。

由此可见,能源互联网在实现可持续发展目标的努力中至关重要,因为它将创新技术与可持续商业模式创新联系起来,最终为实现可持续发展目标带来了机遇。能源互联网商业模式创新有可能解决与能源、健康、交通、教育、安全和减少贫困相关的重大社会挑战。目前,现有研究尚缺乏整合或承认能源互联网商业模式的正外部性，以评估其真正的社会及生态成本和收益。

从市场微观主体层面来看，可持续发展理念也逐渐为企业所接受并践行。波特（1991）提出面向可持续发展的环境管理事实上能够提升企业生产力和竞争力。许多经济学家对这个双赢理论持怀疑态度，然而波特和林德（1995）提供了几家为了应对基于市场的环境管制而发展或采用绿色技术的公司案例，这些公司显然从中受益。Rauter 等（2017）于 2014 年与澳大利亚 10 家公司合作进行了定性的实证调查研究，意在调查可持续商业模式，更好地理解它们是如何运作的，发展这些可持续商业模式的驱动力是什么。这是跨行业案例，覆盖的公司表现出显著地提升可持续能力的行为。事实上，他们发现半数以上的公司有意愿遵守可持续发展原则。①

不同行业、不同地理位置、不同年龄、不同规模的公司，正改变其商业逻辑，以反映对环境和社会可持续性以及经济可行性的承诺。这一变化意味着许多公司都需要创建新的商业模式。

（二）向低碳能源体系转型

当前的气候危机要求人类社会迅速转型到低碳能源体系。能源体系转型和系统创新由广泛的行为主体实现，比如企业、消费者、国家政策制定者、当地政府部门、研究人员、非政府组织、行业协会和公众。

国家能源文化在推动国家应对气候变化、促进能源转型行动以及塑造未来脱碳路径方面发挥着重要作用。国家的低碳目标在很大程度上取决于能源对任一特定国家的意义：该国如何看待能源的作用，以及由此产生的能源战略、政策、投资和行动。

能源互联网市场利基创新的扩散可能会导致现有能源体系和传统能源行业的衰落。由于对就业、地方税收或社区的负面影响往往会对能源互联网带来的转型造成阻力，决策者应通过提供补偿（如裁员补贴、提前退休福利）或协助重新定位（如技能升级、再培训、区域创新政策）来减轻负面影响。

---

① RAUTER R, et al. Going one's own way: Drivers in developing business models for sustainability [J]. Journal of Cleaner Production, 2017, 140 (4): 144-154.

第三章 能源互联网商业模式创新的"景观"层次分析

（三）城市化

19世纪，只有大约2%的世界人口在城市生活。现今，世界上超过一半的人口生活在城市，大约75%的能源消耗发生在城市，而城市又造成了全球70%的二氧化碳排放。到2050年，这些数字可能还会增加，预计城市人口将翻一番。事实上，超过1000万人口的超级城市在不断增加。这样的转变对能源市场、能效潜力、环境和健康的影响巨大。比如，能源需求中心现在更趋集中化，由于避免了长距离传输而可以使能源损失最小化。在这些条件下，城市化也可能加剧特定区域的空气污染和水污染。

城市化影响居民家庭用能模式的转变。目前，家庭能源消费占全球能源消费比重已达到35%。[①] 城市化将持续带来商业能源需求的扩张，生物质能消费的萎缩，居民收入、家庭成员受教育程度、用能意识等都将影响居民的用能模式。

随着能源生产者数量的增长，能源社区应运而生，包括本地化的微电网社区和虚拟社区，如P2P社群、使用风能或太阳能技术的虚拟电厂（VPP）。

中国秉持和谐可持续的绿色生态文明理念，能源发展动力转换提速，从依靠要素驱动向依靠科技、体制和发展模式创新驱动转换。能源系统形态深刻变化，从以煤炭为主向新能源[②]加速转变。社会文化规范和价值观、教育认知水平、相对富裕程度等都将作用于能源互联网商业模式创新。

二、经济趋势

中国经济增长模式从高速增长转向高质量增长，传统经济增长动能减弱，并遭遇到经济发展的能源瓶颈。根据《中华人民共和国国民经济和社会发展第十四个五年规划和2035年远景目标纲要》，未来5~15年，我国会越来越淡

[①] 曾毅. 重视家庭户小型化对能源消费和人口老化的影响［R/OL］. 北京大学国家发展研究院，(2017-08-02)［2021-07-02］. https://www.nsd.pku.edu.cn/cbw/jb/250984.htm.

[②] 新能源，即新可再生能源，指除常规化石能源、大中型水力发电和核裂变发电之外的能源，包括太阳能、风能、生物质能、地热能、海洋能等一次能源以及氢能燃料电池等二次能源。

化GDP等经济增长目标,而经济增长的质量,特别是绿色发展,会越来越成为政府工作的关注重点。

(一) 可再生能源迅猛发展

2020年,全球可再生能源装机容量达到2799吉瓦,较2019年增长10.3%;新增可再生能源装机容量超过260吉瓦,作为全球最大的可再生能源市场,中国新增了136吉瓦的清洁能源装机容量,超过全球新增容量的一半。① 2021年,可再生能源发电量将增长8%以上,达到8300太瓦时,这是自20世纪70年代以来最快的同比增长。太阳能、光伏和风能将贡献可再生能源增长的2/3。②

受经济增速进入中高速增长、产业结构调整导致高耗能第二产业比例下降以及用电效能提高等因素的综合影响,中国能源电力需求进入缓慢增长阶段。电力需求年均增速从2009—2014年的8.3%下降至2014—2016年的3.5%,再到2017—2018年的7.6%,2019年在5.0%左右,预计到2025年为4.0%~6.0%,电力供应略大于需求。③

中国可再生能源资源分布广泛。大规模开发和分布式利用是调整能源结构、保障能源安全的关键。受技术进步的影响,清洁可再生能源(尤其是风电和光伏)发电成本持续大幅度下降。同时,国家政策一直支持清洁能源的发展,吸引社会投资,使得国内风电和光伏发电一直保持高速增长态势。"十三五"规划期间,可再生能源新增装机在总新增装机中占比超过一半,能源消费增量的60%以上实现由清洁能源供应。从"十二五"末的15%弃风率、11%弃光率,到2019年的风、光利用率分别为96%、98%,④ 清洁可再生能源利用率在"十三五"时期出现了拐点。清洁可再生能源更靠近用户侧,未

---

① International Energy Agency. Global energy review:CO_2 emissions in 2020 [EB/OL]. (2021-03-02) [2021-10-24]. https:∥www.iea.org/articles/global-energy-review-co2-emissions-in-2020.

② International Energy Agency. Global energy review 2021:Assessing the effects of economic recoveries on global energy demand and CO2 emissions in 2021 [EB/OL]. (2021-04-26) [2021-10-24]. https:∥iea.blob.core.windows.net/assets/d0031107-401d-4a2f-a48b-9eed19457335/GlobalEnergyReview2021.pdf.

③ 数据来自国家统计局。

④ 水电水利规划设计总院. 中国可再生能源发展报告2019 [EB/OL]. 新华网,(2020-07-23) [2021-07-05]. http:∥www.xinhuanet.com/energy/2020-07/23/c_ 1126275186.htm.

第三章 能源互联网商业模式创新的"景观"层次分析

来能源互联网电力市场将迎来风电、太阳能等分布式能源系统运营和管理的重大发展机遇。

很多国家为刺激当地经济、改善民生福祉，将可再生能源视为成本效益更高的替代能源，而不仅仅是更环保的替代能源。风能和太阳能发电在全球范围内迅速增长，这种增长受到现有电网适应可再生能源波动、维持供需平衡能力的限制。随着储能技术日趋成熟，成本持续下降，储能技术从发电到用电的应用场景也陆续开始出现。其中，发电机组调频辅助服务、用电侧电费管理等领域开始出现商业化案例。电动汽车的发展带来了大量的充电桩建设、运营以及与电网融合的需求。售电市场在短期内降低电厂利润的同时，为电厂打开了通往工商业用户的大门，使上万电力用户参与市场交易，为电厂商业模式创新提供了巨大空间。

DER发展也进一步推动了数字化转型，人工智能、机器学习、深度学习和区块链在能源领域获得广泛应用。这些趋势使企业家和初创企业主动创新商业模式，积极参与能源互联网市场。

（二）城镇化与消费升级带来能源需求持续增长

在我国城镇化进程中，伴随着家庭户小型化趋势。家庭户小型化将降低家用能源利用率，增加人均能源消费量。城镇化将持续带来商业能源需求的扩张以及生物质能消费的萎缩，居民收入、家庭受教育程度、用能意识等都将影响居民的用能模式。现有的电力信息反馈机制尚不完善，无法为居民提供充足的消费信息反馈，也无法促成用户节能行为。在城镇化进程中要对居民新增的电力需求予以关注，可以通过节能电器补贴等方式激励居民实现低效电器的替换，从而降低用电设施锁定效应，在改善居民生活标准的同时节约能源。

伴随着我国居民消费升级，能源需求每年以3%~5%的速度增长。目前，火电占到我国全部电力的近80%。火电以煤为燃料，二氧化碳等污染物排放量很高。尽管我们提倡新能源汽车，但其实新能源汽车不是严格意义上的新能源，电动汽车需要充电，而电力最大来源还是化石燃料。要实现在2030年之前碳排放达峰的承诺，挑战巨大。

(三)"一带一路"等国际合作深入开展

中国秉持开放共赢的国际合作理念，已将"一带一路"等国际合作推进深入实施阶段，与周边国家建立起友好互信的国际能源合作关系。特别是与俄罗斯、东南亚国家等在油气、电力等领域的长期合作已经顺利建立。这有助于提高中国在国际能源互联网市场上的话语权，整合上下游资源形成产业链，打造全球能源互联网。

从经济发展趋势来看，能源互联网是中国把握创新机遇，提升国家战略竞争力的重要抓手。构建发展能源互联网是应对全球气候变化，转变粗放型经济发展方式，实现可持续发展的现实需要；是落实中国"一带一路"倡议，增强国家核心竞争力的重要举措；也是推动能源革命，保障能源安全的重要战略支点。能源互联网将通过能源供给基础设施建设拉动投资；带动工业化和技术创新；促进发达国家的能源相关援助行动，减少全球地区间的不平等；建立更可持续的生产和消费模式；促进与全球各国发展牢固的合作伙伴关系，从而促进全球经济增长。

三、技术趋势

自进入 21 世纪以来，高新技术大量涌现，全球主要国家都在加强与能源互联网相关的物联网、区块链、人工智能、云计算等新兴技术的战略投入。同时，具有减少全球碳排放潜力的技术体系正在中国迅速扩散，尤其是太阳能电池板、风能和电动汽车等领域发展迅猛。著名的全球能源情景，如国际能源署的《世界能源展望》，经常低估了过去 10 年太阳能光伏学习率和相关的年增长能力（Carrington and Stephenson，2018）。而新兴技术是基础知识的交叉整合，具有颠覆性、高成长潜力、深远影响力、不确定性与复杂性等特性（Rotolo et al.，2015），中国在能源互联网技术创新领域有望取得领先。

能源互联网技术将使能源供应和消费方式日益自动化、智能化，并有效满足大规模用户个性化需求。政策规划制定者和决策者面临着安全部署能源互联网技术的挑战。

第三章 能源互联网商业模式创新的"景观"层次分析

(一) 全球技术趋势

可再生能源技术、CCUS 技术、储能技术、制氢技术等低碳技术为实现温室气体净零排放提供了可行性。最近的技术发展正推动当前集中性能源范式向分布式能源范式转变,依托能源互联网形成互相协调进而融为一体的分布式清洁能源体系。

数字技术正高速发展,如基于云的泛在计算、5G、大数据分析、人工智能、机器学习、IoT、区块链、自主系统、智能机器人、智能家居技术、3D 打印以及虚拟现实和增强现实(VR 和 AR)。这些技术不仅改变了组织的运作方式和人们的生活方式,在能源互联网领域同样具有巨大价值。

以物联网为例,物联网将连接并整合用于能源节约和电网服务的智能设备,比如电动汽车的智能充电端可能成为 DR 的关键供应方。又如区块链,区块链涉及去中心化的交易验证,它将潜在地赋予个人客户以一种安全方式进行交易和支付的权利。再如智能家居技术,智能家居是指为居住者提供某种程度的数字连接或增强服务的设备,如带有语音助手的智能扬声器。智能家居技术是以数字连接、增强控制、自动化和机器学习为中心的应用。其应用领域包括家庭能源服务、家庭数据监控、生活辅助、安全保障、新营销渠道等。智能家居技术能够管理能源系统,改善用户舒适度,提供更廉价的能源服务,进行 E2E 交易。

总之,IoT、实时监控、E2E 能源和区块链智能合约以及能源资产的网络安全等新技术,形成更高效、安全、可靠、弹性和可持续的能源互联网系统。例如,能源互联网系统中的能源供应商依托新技术,可拥有实时动态平衡的能源供应能力、能源转换全流程的碳计算管理能力、非接触无感知的线上能源综合服务能力,并做到数字精细化管理。

能源互联网是能源技术与数字化技术的深度融合,其主要技术趋势体现在四个方面:能源技术去中心化、能源供应清洁化、能源消费电气化、能源利用智能化。①能源技术去中心化:分散的可再生能源生产。②能源供应清洁化:能源生产向清洁能源主导转变。通过对清洁能源大规模开发、大范围配置和高效率使用,推动世界摆脱对化石能源的依赖。2050 年,在全球气温

能源互联网商业模式创新

升高 2.0℃和 1.5℃情景下清洁能源占一次能源比重分别达到 50%和 74%。③ 能源消费电气化：能源消费转向以电力为主，电力成为终端能源消费的核心载体。在全球气温升高 2.0℃和 1.5℃情景下电能占终端能源消费比重分别达到 50%左右和 65%左右。①④能源利用智能化：用于分布式能源输配的区域型管网智能化（如微电网、冷热电三联供、新型储能技术等），集中式能源生产系统智能化（如智能油田、智能电厂、智能煤矿等），新能源汽车产业化进程加快，智能电网快速发展，"互联网+"智慧能源方兴未艾，分布式供能系统日趋普及。

智能系统帮助决策者在电网的设计、建设、运行和维护阶段做出更复杂的选择。例如，将人工智能应用于智能电网运营，首先进行早期故障检查，报警处理、诊断和故障后恢复；其次对可再生能源发电进行更好的预测和规划；最后对能源系统进行安全评估。

在去中心化、清洁化、电气化、智能化趋势下，能源互联网借鉴互联网的理念方法和技术，构建物理互联与数据互联的新型信息能源融合网络——"即插即用"、多能协同的系统，促进能源互联网朝着清洁低碳、安全高效、智能多元、便利经济的方向发展，实现能源架构的重大变革。

颠覆性的快速迭代创新是未来技术发展的主要模式，也是提升国家竞争力的战略选择。开展能源互联网关键技术和基础领域层面的研发，有利于取得原创性技术的重大突破。同时，能源互联网是跨学科领域的综合性系统建设工程，涉及众多行业研发的尖端科技变革。发展能源互联网可有效推动新能源技术革命，有力地带动智能电网、电动汽车、人工智能、新能源、云计算、区块链、储能、信息通信等产业技术、交叉领域技术的发展，推动科技进步、产业创新和商业模式创新。这些创新融合叠加，并同其他领域高新技术紧密结合，可以为能源互联网的核心技术创新增添更大的前进动力。

能源互联网企业要在高度竞争和不确定环境中取得竞争优势，必须发展基于敏捷性、灵活性、弹性和高速反应的动态能力，充分利用各种技术，积

---

① 全球能源互联网发展合作组织，国际应用系统分析研究所，世界气象组织．全球能源互联网应对气候研究报告［R］．2019：12.

第三章 能源互联网商业模式创新的"景观"层次分析

极探索商业模式创新。

（二）我国能源互联网技术趋势

我国智能电网采用的一些技术已达到国际领先水平。特高压电力发展日趋成熟，特高压电网在清洁能源大规模、远距离运输等方面取得了许多重大突破。在支撑能源互联网的信息架构方面，互联网信息技术发展迅猛。这些技术奠定了中国能源互联网以清洁低碳模式发展的基础（刘峰，2020）。

在能源互联网技术领域，应充分发挥我国健全齐备的工业体系和产业应用情境的互补性资产优势。通过需求驱动技术创新，倒逼由应用端向基础研究与应用研究领域的创新，创造从商业模式创新中获取价值与转化竞争优势的条件。如飞机和高铁等"大国重器"需求牵引的一系列国家重大基础与应用研究计划、以工业互联网为基础的组织平台化与生态化创新，以及航空航天空气动力学研究与技术平台对高铁动车组技术创新的跨界应用等。此外，不应该忽视我国庞大市场需求与场景多样性这一引导产业技术创新的互补性资产。正是本土市场庞大的用户基数与丰富的商业模式创新场景，才使中国在数字化办公、移动社交与支付等多个领域世界领先。大数据、云计算、以及数字化转型实践正在为能源互联网相关产业的升级与技术创新的价值获取提供可持续的支撑。

我国在可再生能源技术领域处于国际领先地位。中国已经主宰了清洁能源技术的专利申请，现在是五种可再生能源技术的世界领先制造商（风能、光伏发电、小水电、沼气、太阳能热水器）。可再生能源、分布式发电、智能电网、储能、电动汽车等新能源技术的发展与 IoT、大数据、移动互联网、信息物理系统（Cyber Physical Systems，CPS）等新兴信息技术的结合，为能源互联网蓬勃发展奠定了坚实基础。

传统电网与互联网 Web 1.0 具有相似的内在特征，见表 3-1。

表 3-1 传统电网与互联网 Web 1.0 的特征比较

特征	传统电网（电流）	互联网 Web 1.0（信息流）
网络架构	主网—配网—台区—用户内部线路	骨干层—核心层—汇聚层—边缘层
生产	集中式电厂	门户网站/搜索引擎
消费	被动式（用多少由供应方决定）	被动式（内容由门户决定）
盈利模式	用电量收费	流量免费/页面广告收费
互动特征	电网—用能设备	网站—使用者
风险	电厂事故/电网阻塞	网站崩溃/信道拥堵
核心关注点	电能的生产、汇聚与分发	内容的生产、汇聚与分发

传统电网的价值在于，谁掌握电网，谁就拥有最大价值；能源互联网的价值在于，谁掌握用户，谁就拥有最大价值。"互联网+能源"背景下的能源互联网，与互联网 Web 2.0 具有相似的内在特征，见表 3-2。

表 3-2 能源互联网与互联网 Web 2.0 的特征比较

特征	能源互联网（电流+信息流）	互联网 Web 2.0（信息流）
生产	接纳产消一体者，提供"分布式能源+储能"	人人可参与，如微博、微信、自媒体、微商
代表性商业模式	各种能源服务	流量变现（广告、O2O 等）
互动方式	能源—网络—用能设备	人—人/物—人
典型特征	对大机组、大电网依赖减小，扁平化	去中心化，扁平化
移动特性	新能源汽车	移动互联网
核心关注点	通过能源交互、信息交互产生价值	通过信息交互产生价值

能源互联网是一项技术革新，是各类型先进技术的整合，包括特高压交直流及海底电缆、高效率光能转换、大规模海洋能发电、大容量和高参数风机、可再生能源大规模开发和联合调控技术、新一代智能变电站、能源路由器、柔性输电技术、高温超导输电、高效储能技术、智能化控制技术、远程监测与诊断技术，以及 IPv6、"大数据"、"云计算"、"IoT" 技术在能源系统中的应用。能源互联网把互联网技术与可再生能源相结合，在能源开采、配送和利用上从传统的集中式变为智能化的分散式。智能配电网是构筑以电力为中心的能源互

第三章 能源互联网商业模式创新的"景观"层次分析

联枢纽,面对的是各种具有双向互动的新型负荷,如分布式电源、微电网、智能用电、电动汽车等,需要为各参与主体提供平等接入的入口和信息交互平台。

商业模式创新是帮助企业挖掘技术潜力、实现经济价值的探索(Chesbrough and Rosenbloom,2002)。能源互联网涉及许多行业,包括电力、热力、油气、交通、建筑、电器等行业,涵盖具有较高的技术门槛和产业附加值的清洁能源、电动汽车、储能技术、信息技术、区块链、新材料等战略性新兴产业部类。这些高新技术为能源互联网发展提供了商业化的支撑,而能源互联网商业模式创新又能有效促进相关技术的推广扩散。

由于能源行业现行的碳路径锁定效应,并没有发生能有效满足环境目标所需的迅速转变。图3-1显示出以互联网为代表的数字经济对能源供给侧和需求侧渗透率都处于众行业较低水平。然而,当能源和渗透率高的技术硬件与设备、通信媒体软件及金融有机融合,所形成的能源互联网必将改变传统能源在数字经济领域发展落后的局面,并催生前景广阔的商业模式创新。

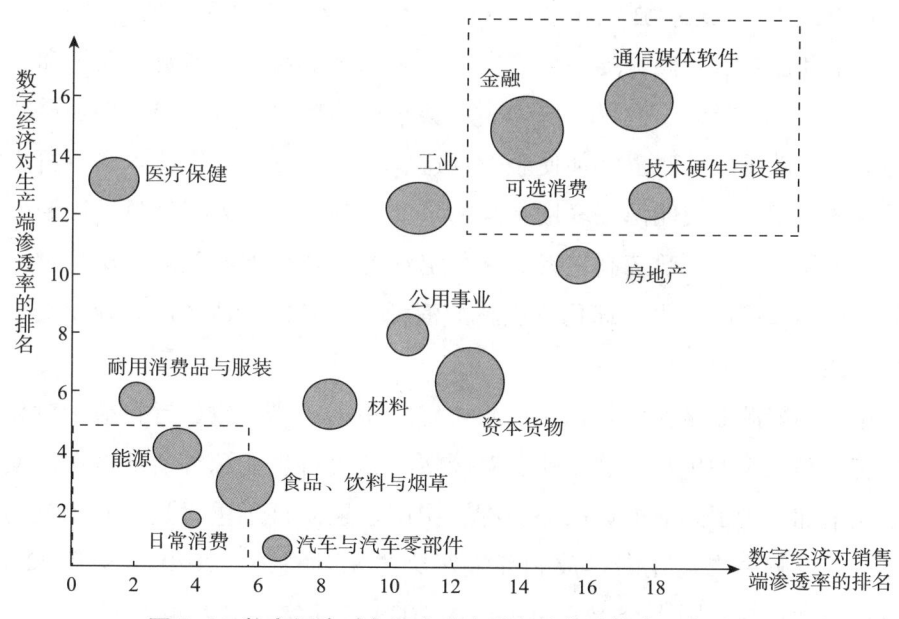

图 3-1 数字经济对各行业生产端和销售端的渗透率排名

资料来源:中国统计局,按2012年投入产出表计算所得。

四、政策法规趋势

政策制定者正在推动工业、交通与建筑的电气化,以减少碳排放和地方污染。IEA(2017)认为,低碳电力是减少化石燃料使用和减少二氧化碳排放的先决条件,不仅在发电领域,而且在所有最终用途部门(工业、运输、建筑等)都是如此。

(一)气候、环境监管持续强化

气候变化和气候灾害影响能源需求、能源供给和能源配置。气候变化将影响可再生能源的规模和地理分布,导致对能源基础设施的要求变高,对能源并网、分配、调度和运维等电力运行业务产生重大影响。2021年2月,美国得克萨斯州受暴风雪影响大面积停电,引发全球对能源系统安全性的关注。可再生能源高度依赖天气和气候变化,建立能源气候预报服务体系与相关产品,将为能源生产、供应和交易提供重要支撑。为此,政府监管将持续加强,以强化电力统筹规划,强化和提升能源安全高效运行与可靠性供应水平。

政策和监管需要确保能源供应安全、能源公平获取、消费者保护和整个社会经济系统的脱碳。世界各国为实现碳减排目标,纷纷制定了更加严格的环境立法。碳排放立法也将促使企业规避碳风险,促进节能技术和可再生能源技术的应用,重视能源互联网带来的节能空间,避免因碳排放被限制生产或课以重税。另外,政策制定者寻求制定针对可再生能源领域的法律和激励措施,这不仅可以减少全球化石燃料的消耗,还可以创造新的就业机会,加快向节能减排过渡。

中国的能源战略目标与在《巴黎协定》中的承诺一致,旨在减少对化石能源特别是煤炭的依赖,这意味着对天然气和可再生能源等清洁能源的使用将急剧增加。为了达成能源战略目标,中国已经制订了重大且雄心勃勃的行动计划,以解决二氧化碳排放和环境污染带来的挑战。2020年9月22日,习近平主席在联合国大会上宣布了中国2030年前实现碳达峰的目标与2060年实现碳中和的愿景。2020年12月在中央经济工作会上,习近平总书记强调:"要加快调整优化产业结构、能源结构,推动煤炭消费尽早达峰,大力发

第三章 能源互联网商业模式创新的"景观"层次分析

展新能源,加快建设全国用能权、碳排放权交易市场,完善能源消费双控制度。"虽然目前能源行业还广泛存在着行政性垄断和价格管制,环境管制相对缺失,但是随着能源体制改革的深入,这一情况有望改变。2021年1月11日,生态环境部印发《关于统筹和加强应对气候变化与生态环境保护相关工作的指导意见》(环综合〔2021〕4号),碳排放市场、环境监测等政策法规将更趋严格(见图3-2)。

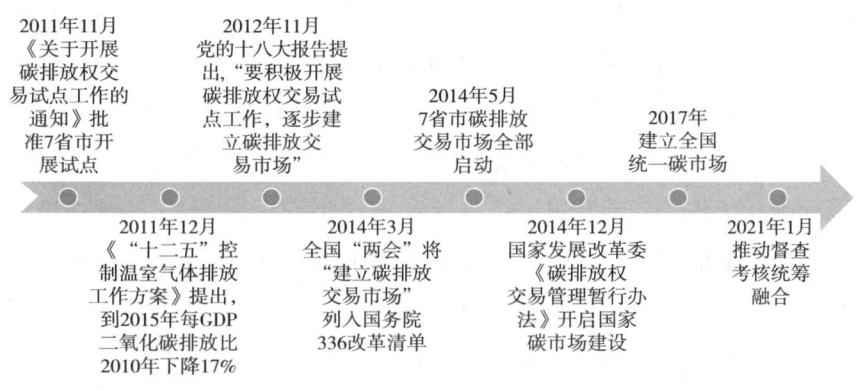

图 3-2 我国碳市场发展历程

资料来源:国家发展和改革委,国家能源局。

在能源互联网商业模式创新过程中,实现价值创造和价值获取的途径必须符合环境法规,以符合能效、减少温室气体排放和供应链可持续性的监管目标。需要注意的是,尽管环境政策和立法可能是能源互联网企业寻求结果导向解决方案(比如为提高能源效率服务)的创新驱动力,但它们在某些情景下也可能是能源互联网商业模式创新的障碍。例如,为了设置能源效率或别的环境目标,法律定义某种技术或流程是可以接受的,而某些则不能接受的时候,技术和流程的狭义定义就没有为发明或商业模式创新留下足够空间。

（二）能源互联网标准化

2015年3月《泛在绿色社区控制网络协议》IEEE 1888[①]被ISO/IEC纳为能源互联网产业国际标准。目前，基于IEEE 1888标准的产业链已经形成。据IEEE 1888发起人、天地互连董事长刘东介绍，[②] 在产业链上游，有Intel、Cisco、中国电信、中科软等企业加入，为产业链提供支持IEEE 1888标准的软件、硬件和解决方案，打破了过去一些企业利用私有协议和垂直产业链对市场的垄断；中下游，由哲达、积成电子、中能兴科、华源泰盟、澄光通讯等一大批企业组成的智慧能源创新产业群和新型节能技术服务产业群，为最终用户提供更高效低价、更公开透明的新型能源管理解决方案。

2019年5月15日，国家标准化管理委员会、国家能源局《关于加强能源互联网标准化工作的指导意见》（国标委联〔2019〕19号）明确"建立跨行业、跨领域、适应我国技术和产业发展需要的能源互联网标准体系，充分发挥标准的规范、引领和支撑作用，推动能源互联网技术和装备进步，促进能源、互联网等相关产业协调发展"。[③]

（三）中国能源政策法规

Polzin等（2019）研究了政策如何影响调动私人投融资，以促进可再生能源在全球扩散。其结论是，私人投资被专注于降低风险和为投资者创造确定性的政策工具吸引。

中国为促进能源互联网发展，制定了一系列政策法规。2018年，国家发展改革委、国家能源局印发《清洁能源消纳行动计划（2018—2020年）》，提出：①优化电源布局，加强规划统筹，建立消纳空间和建设规模联动管理机制；②发挥电网消纳平台作用，加强跨省区输电通道能力建设，持续提升跨省区输电通道利用率，扩大清洁能源输送规模；③发挥市场优化配置资源

---

① 泛在绿色社区控制网络协议即IEEE 1888-2011-IEEE Standard for Ubiquitous Green Community Control Network Protocol。
② 刘东. 力推中国标准走向世界［EB/OL］. 新浪财经，（2019-01-04）［2021-04-09］. https://finance.sina.com.cn/roll/2019-01-04/doc-ihqhqcis2902122.shtml。
③ 国家标准化管理委员会，国家能源局. 关于加强能源互联网标准化工作的指导意见［EB/OL］. http://www.gov.cn/zhengce/zhengceku/2019-12/09/content_5459699.htm.

的决定性作用，完善跨省区电力市场化交易机制，扩大清洁能源消纳空间；④全面提升电力系统调节灵活性，不断增加系统清洁能源接纳能力。

在国家政策激励下，风电、光伏发电等清洁能源在装机、发电量保持较高增速的同时，弃电量和弃电率均降低，实现"双升双降"。2020年1—9月，全国风电和光伏发电利用率分别达到96.6%、98.3%，较"十二五"末分别提升了12.0%和9.0%。

2020年4月，《中华人民共和国能源法（征求意见稿）》① 提出"优先发展可再生能源""推动化石能源的清洁高效利用和低碳化发展""健全能源普遍服务机制""在竞争性领域形成主要由市场决定能源价格的机制""鼓励单位和个人开发利用可再生能源"等国家能源发展战略，为能源互联网商业模式创新提供了立法支持。

第二节　经济影响因素

一、全球市场情况

全球主要国家都已经具备了发展可再生能源的条件，也有发展可再生能源的意愿，这为能源互联网的发展奠定了现实基础。当前，主要发达国家以替代化石能源为目标，加快能源互联网布局，抢占未来竞争的制高点。例如，德国能源部门要在2050年实现全国80%的电力来自可再生能源（BMWI and BMU，2010）。

国际形势特别是中美关系正在发生深刻且复杂的变化，国际竞争与合作变动格局加剧，2019年底在全球暴发的新冠肺炎疫情更带来全球经济发展的不确定性。中国是推动全球经济增长的重要引擎，且是唯一在短时间内控制新冠肺炎疫情的大国。由于外需减弱对出口增长形成压力，而国内经济运行面临更多风险与挑战，企业投资更加趋于谨慎，中国内生增长动力有待增强。

---

① 中华人民共和国能源法（征求意见稿）[EB/OL]. 电力工业网，(2020-04-11) [2021-04-09]. http://www.chinapower.org.cn/detail/172114.html.

中国经济增长压力给全社会用电量增速带来不确定影响,能源互联网企业尤其是电源、电网企业的盈利风险持续加大。

二、资本市场

2019年,全球央行就掀起了降息潮,先后有41个国家和地区的央行宣布了不同程度的降息或者货币放松。为应对2019年底暴发的新冠肺炎疫情对经济的影响,多国推出了货币宽松政策,尤以美国为代表,美联储推出零利率政策以及无限量化宽松政策。2019年全球经济已经有明显下滑迹象,摩根大通数据显示,全球综合PMI已经降到了50的分水岭,而新冠肺炎疫情导致PMI大幅度下降到50以下,其中美国制造业PMI已经降到历史新低,欧洲经济陷入衰退的风险也在逐步加大。由于对未来预期悲观,投资者避险情绪加剧。

为刺激经济,全球可再生能源投资稳步增长,即便在全球新冠肺炎疫情影响下,2020年仍增长2%,达到3035亿美元。[①] 若考虑可再生能源投资,加上电动汽车与充电基础设施、电热、电池、碳捕获和储存、氢能等方面的支出,2020年的投资总额达到5013亿美元,比上年增长9%。根据WilderHill新能源全球创新指数(NEX),清洁能源类股票在2020年大涨142%,与此同时,各国承诺投入总计超过8000亿美元施行"绿色刺激"计划。

在全球背景下,中国经济成为世界经济发展的新引擎。中国原先靠投资拉动、出口带动的经济发展模式,现已转向依靠内需、科技来拉动。在国内、国际经济"双循环"发展战略指导下,国家鼓励技术进步,大力发展高新技术产业、战略性新兴产业,以产业升级带动消费升级,并积极参与国际竞争。

相对海外市场,中国经济稳健并在新冠肺炎疫情中展示出大国治理能力,吸引了全球资本的普遍关注,成为全球最具潜力的资本市场。中国公共资本存量位列全球第一。2020年,国家财政政策推出25万亿元的"新基建"计划。新基建即新型基础设施建设,包括七个领域:5G、工业互联网、特高压、

---

① MCCRONE A. Energy,transport,sustainability-10 predictions for 2021 [EB/OL]. (2021-01-19) [2021-07-01]. https://about.bnef.com/blog/energy-transport-sustainability-10-predictions-for-2021/.

城际高铁和轨道交通、新能源汽车及充电桩、大数据中心、人工智能。这七个领域都与能源互联网密切相关。2020年1月3日银保监会发出通知，要求银行、保险公司，多渠道引导居民储蓄进入资本市场，做长期投资和价值投资。健康有序的资本市场，将为能源互联网创新创业提供充足的资金支持。

三、资源禀赋

全球能源资源的非均衡禀赋及富集地区与能源负荷中心区域不一致的普遍性，使全球能源资源的非对称性供需矛盾非常突出。各国能源生产条件、利用结构等具有差异性、多样性、互补性，通过能源互联网，可使各国或各地能源资源扬长避短，实现互补增值。

发展能源互联网，提高可持续发展的能源竞争力关键并不在于一国拥有多少能源，而在于该国如何利用能源。例如，沙特阿拉伯、俄罗斯均有丰富的石油资源，国家能源发展潜力在很大程度上受到原油可采储量制约。相反，国土狭小、资源贫瘠的丹麦，却能够从国情出发，积极发展清洁可再生能源产业，摆脱资源禀赋的限制。

中国能源发展面临一大现实矛盾和两大难题：能源需求的持续增长同能源产能结构性过剩的矛盾；作为能源生产消费中心所面临的环境污染难题，以及能源生产中心和消费中心的地理不匹配难题。建设能源互联网，可以有效解决中国的能源消费和生产的地理错配问题。

中国有14亿人口，是世界上最大的能源消费国，也是最大的二氧化碳排放国。同时，中国是第五大石油生产国、第七大天然气生产国，拥有全球最大的煤矿储量（几乎所有的煤炭都在国内使用）。从资源禀赋来看，中国"富煤贫油少气"，可再生能源丰富。2019年，中国一次能源消费结构中，煤炭占比57.7%，石油占比19.7%，天然气、水电、核电、光电、风电等清洁能源总占比仅为23.4%，① 典型的"富煤贫油少气"。从能源利用上来看，到2020

---

① 数据来源于国家统计局。

年，中国单位 GDP 能耗仍是世界平均水平的 1.5 倍，能源使用效率低。①

长久以来，中国在经济和结构上都严重依赖化石燃料。1990 年，中国化石燃料出口占出口收入的 8.3%，但到 2017 年，这一比例降至 1.6%。可喜的是，中国是世界上最大的太阳能技术制造商和出口国，发展可再生能源的潜力巨大。清洁可再生能源大规模开发是能源互联网商业模式创新的能源基础。

中国有 9.3% 的国土面积适合太阳能发电。从面积上看，全球最大。此外，中国还有全世界最丰富的风力资源。哈佛大学与清华大学联合进行的一项研究表明，如果中国提高风电补贴、改善输电网络，2030 年风力发电可以满足中国全部的电力需求。此外，中国地热能、沿海地区的潮汐能、农村的生物质能，以及小水电的能源潜力也是全世界无与伦比的。因此，中国具有发展能源互联网优越的自然条件。② 通过能源互联网，中国目前巨大的新能源潜力，如光伏、锂电的产能与丰富的风光水电资源，将得到极大的释放和充分的利用。

中国新能源发展机遇与挑战并存。一方面，中国政府非常重视新能源技术的发展，国家能源局提出从 2012 年 9 月起，中国将正式启动创建 100 座"新能源示范城市"，以推动当地的太阳能、风能、地热能、生物质能等可再生能源应用；另一方面，几乎所有的新能源企业均产能过剩，大部分企业都在亏损，并且欧美对中国新能源产品的反倾销诉讼极大地恶化了主要外部市场，加之内需不振，中国新能源产业面临着严峻的生存危机。

据中国石油经济研究院研究预测，在 2060 年前实现"碳中和"目标下，清洁能源比重不断快速提升，2025 年前天然气与非化石能源将满足新增一次能源需求，2025 年后对高碳能源形成规模替代；至 2050 年清洁能源占比将达到 80%，其中非化石能源占比约 65%。③

---

① BP 能源公司. BP 世界能源统计年鉴 [EB/OL]. (2017-07-23) [2021-04-25]. http://www.bp.com/zh_cn/china/reports-and-publications.html.
② 慈松. 抓住能源互联网发展机遇 加快中国经济和产业发展的战略转型 [J]. 经济与管理科学，2012 (1): 357.
③ 中国石油经济研究院. 2050 年世界能源展望（2020 版）[DB/OL]. (2020-12-29) [2021-09-15]. http://www.199it.com/archives/1180065.html.

第三章 能源互联网商业模式创新的"景观"层次分析

为应对能源转型加快推进带来的海量人才需求,能源互联网相关专业人才培养步伐提速,教育部在 2021 年批准新增能源服务工程、能源互联网工程、创业管理等本科专业。

四、能源互联网基础设施

特高压电网、新能源电动车、风机、智能电表、分布式能源、智能逆变器、储能、充电桩等成为构建起能源互联网的基础设施。中国在能源互联网基础设施领域,处于全球领先地位。以光伏为例,中国为全球提供了将近70%的光伏太阳能产品,在技术、效率、成本上都实现了全球领先。

中国以"创新、协调、绿色、开放、共享"的发展理念为引领,以技术创新为基础,面向高质量发展需要,助力企业数字转型智能升级的新基建将进一步完善能源互联网基础设施,为能源互联网商业模式创新提供支撑。以充电基础设施为例,随着电动汽车的爆发式增长,充电基础设施建设被中国纳入"新基建",并发布了产业支持政策——《电动汽车充电基础设施发展指南(2015—2020 年)》《提升新能源汽车充电保障能力行动计划》等,明确了国家层面充电行业的顶层设计,随后相继出台了金融保险、财政补贴、建设运营管理等各项配套政策,为充换电设施发展提供了政策保障。充换电技术进入国际领先行列,标准体系逐步完备,形成与美国、欧洲、日本并列具有自主知识产权的中国充换电标准体系。截至 2020 年 10 月,充电设施网络体系基本形成——公共充电桩保有量 66.65 万台,充电站 4.33 万座,换电站 528 座,配建私人充电桩数量 83.11 万台。累计在 42 条高速公路建成 2251 座充电站、9065 个充电桩,服务里程 5.4 万千米,建成全球最大的充换电网络。而且互联互通水平和技术水平进一步提高——现有充换电运营平台超过 100 个,互联互通公共桩约 62 万个,占全国公共充电桩总量的 93%。①

---

① 数据来源于"中国电动汽车充电基础设施促进联盟"官网,http://www.evcipa.org.cn。

第三节 市场影响因素

一、市场创新

面向能源互联网，信息通信技术、交通运输、化工、建筑等行业逐渐融合，能源领域涌现出新的参与者。能源互联网发展之初，当传统能源电力企业还沉浸在挖掘传统业务的剩余价值时，新进入者已经在攫取能源互联网中的新价值。这些新进入者发现了利基市场，正在革新能源行业的各个方面，从用户互动、资产管理、数字化运营到价格机制。新市场参与者的竞争将推动能源市场化改革。许多新公司正以分布式能源、能效服务和相关创新进入能源市场。能源市场正逐渐变得越来越不稳定。

能源互联网的市场类型包括能源设备市场、能源市场、能源辅助服务市场、能源增值服务市场、能源金融资本市场等。这些市场中有各类参与主体，包括产消者、设备商、零售商、监管部门、运营商、NGO、银行、地方政府部门、居民用户。能源互联网市场将造就三类新创企业：分布式能源智能化生产与接入、新型储能和能源交易平台。

能源消费者的角色也在发生变化，因为家庭现在可以获得负担得起的可再生能源技术，从而使他们能够自行生产与消费能源、储存能源、销售和分享能源，并积极参与本地化的能源产消过程。家庭和消费者开始越来越多地参与能源系统，如产消者（Prosumer）社群，形成能源系统内新的经济合作模式，如能源共享模式。

随着能源市场开放步伐加快，现有能源市场正发生巨大变化，涌现出各种商业模式创新实践，例如汽车共享、社区能源、城市农业、光伏养鱼。传统的能源生产者到能源消费者的模式（B2C）正在被能源互联网市场的创建所颠覆。Hyysalo 等（2013）在芬兰研究了与热泵和木屑颗粒燃烧系统相关的终端用户创新，并提出创新型用户在新技术的评估与市场创造方面具有重要作用。Hyysalo 等（2017）还探讨了可持续能源技术中消费者创新的扩散，阐

第三章 能源互联网商业模式创新的"景观"层次分析

释了"产消者"如何创造新的技术解决方案,与其他消费者合作,并在他们形成的在线社区中与同行分享他们的想法、知识和发明。

市场创新是各种利益相关者在创新系统中发挥不同功能的结果。当企业认识到或开发新的市场时,市场创新就发生了。市场驱动型企业以市场为导向服务潜在的或新兴的需求,建立竞争约束,并对非市场参与者(如政府、科研机构)施加积极影响。新型的能源互联网在线平台和应用程序也促进了同行间的交流。

MLP下,在一个已建立的市场体系的微观层面上的任何变化(例如新的参与主体、新的资源、新的活动)都可能产生波动,如新技术、新政策或新市场做法,引发新的微观层面的互动,这可能促使市场主体改变其行为。例如,20世纪90年代,美国创业农民生产草饲牛肉作为工厂化养殖牛肉的替代品(Heinze and DeSoucey,2008)。来自市场利益相关者网络的积极动态反馈,包括环境活动家、记者和健康专家,对新市场体系的形成发挥了重要作用。

中国从政策层面营造开放共享的能源互联网生态系统,培育新型市场主体并鼓励其融入市场竞争。中国"十四五"规划和2035年远景目标提出,"推进能源、铁路、电信、公用事业等行业竞争性环节市场化改革"。能源市场正日益开放,对低碳发电投资的强有力的政策激励措施越来越多。近年来,家庭、社区团体和其他群体的DER发电已经成长为一个细分市场。例如,考虑低碳排放车辆的情况,电动、混合动力和燃料电池汽车在汽车工业中创造了一个新的市场空间。电动汽车制造商必须做出重大的技术设计决策(例如是纯电动汽车还是结合电动马达和内燃机的混合动力汽车),挑战汽车行业中偏好保持技术现状的既得利益者。电动汽车制造商也需要考虑创新商业模式,例如:①在消费者中建立新的偏好;②通过复杂的利益相关者网络,包括汽车经销商、健康和安全机构、立法部门与政府部门,推动建立充足的充电基础设施;③通过应对对基础设施的要求和对环境影响的关注来实现市场合法性。

2019年12月,中共中央 国务院发布《关于营造更好发展环境支持民营企业改革发展的意见》,重申:①支持民营资本以各种形式开展发电、配电及售电服务；②深化能源体制改革、完善能源市场交易机制、推动用户需求释放；③售电、电力交易市场与发电主体更大的波动性，倒逼输配电市场的智能化和开放。除纲领性文件外，市场迫切期待实施细则的进一步落地。

"能源互联网"在不少国家形成了一个新的创业生态圈。比如美国的Opower、新西兰的Powershop和德国的Green Packet等，都是借助开放的售电端市场和节能增效的大背景出现新型互联网创业公司。世界上最早实践能源互联网的国家——德国，其"E-Energy"技术创新计划成功建立基于互联网的区域性能源市场，如智能电力交易平台实现覆盖区域的分布式能源交易。同时，德国的1100多家售电公司围绕光伏、储能、电动汽车领域衍生出各种创业型公司。

德国Parce公司开发了一款名叫Parce One的智能插头，可以追踪连接该设备的耗电量，并根据用户使用家电的习惯收集数据；用户也可通过智能手机远程控制，如主人出门一小时以后，空调、冰箱用电自动调低，储热装置加满热水，等主人回到家后，用电高峰来临时，就可以减少电力使用。

美国电气巨头GE将发电—输电—配电—用电等全过程IoT，撮合发用电交易，并开展维修、节能等增值服务，其能源管理收入规模已达440亿元。谷歌收购Nest介入智能家居能源管理领域。

美国新能源上市公司EnerNoc是一家电能管理公司，是美国智慧能源软件和服务的最大提供商之一，其软件和咨询服务包括DR、能效、能源供给管理及温室气体管理。通过控制商业用户的高用能设备，如在负荷高峰时短时间停运办公建筑物的空调系统，EnerNoc可以通过与电力公司谈判取得折扣电价来减少用户的用电支出，同时降低电力公司高成本的停电风险。此外，EnerNoc还在开发大农场、果园和葡萄园远程浇灌设备的节能新业务。通过智能传感器和对水泵的控制，减少人工劳动与故障检测。还对药店、便利店、加油站等小型商业建筑提供捆绑式能源服务，能够给每个店铺节省10%的能源支出。

二、能源互联网需求侧市场机会窗打开

能源互联网是由用户个性化需求驱动的能源系统。能源互联网为终端用

第三章 能源互联网商业模式创新的"景观"层次分析

户切实参与环保节能提供了渠道与网络支持。围绕用户多样化能源需求，在多方力量共同作用下，能源互联网需求侧市场机会窗已打开。

互联网的出现与广泛采用使企业、个人及在线社区的用户知识分布和协调达到了前所未有的水平。截至 2020 年 12 月，中国互联网用户已超过 9.89 亿。[①] 截至 2021 年 1 月，全球互联网用户已超过 46.6 亿。[②] 依托于用户等外部群体所拥有的知识资源，企业家能够创造新的商业模式，促进能源互联网市场创新发展。

技术进步突飞猛进，燃料电池、光伏系统、家庭电池存储和电动汽车价格大幅度下降，即便不再依赖政策补贴，也可能很快就会使大众市场对能源自给自足产生经济上的兴趣。2012 年，浙江省嘉兴、富阳等多个地方开始推行屋顶发电，每家每户屋顶装一套光伏发电设备，使杭州富阳的一些农户成为可再生能源产消者。这些农户家中装了两块电表，一块是记录家庭用电量的普通电表；另一块连着屋顶，太阳能发出的电经过这块电表流向国家电网。按照最便宜的光伏陶瓷瓦价格计算，每户平均 50 平方米的成本是 45000 元。而 50 平方米的光伏瓦每年可以发电 4500 千瓦时，每千瓦时电费近 0.6 元，每发 1 千瓦时电政府补贴 0.6 元，每年可收入 2700 元，16 年多时间就可以收回成本。按 25 年的发电寿命计算，每户可发电 112500 千瓦时，可节约煤炭 52 吨，少用 519 吨水，减少 129 吨二氧化碳和 35 吨粉尘排放。[③]

社会公众正积极参与能源互联网。公众不仅可以通过能源互联网受益，而且可以为系统建设和维护做出贡献，积极参与能源供应和共同管理小型 DER 分销网络，与整个能源互联网系统互动。其通过智能电表等技术进步，积极参与新能源政策磋商，并愿意分享或控制可再生能源项目。截至 2018 年底，德国有超过 12 万套住宅光伏电池系统，累计容量为 400 兆瓦，用于自给自足和消费套利。这种发展引发了对私人能源消费者而言真正"想要什么"

---

① 中国互联网络信息中心. 第 47 次中国互联网络发展状况统计报告［EB/OL］.（2021-02-03）［2021-05-04］. http://cnnic.cn/hlwfzyj/hlwxzbg/hlwtjbg/202102/t20210203_71361.htm.
② We are social & hootsuit：Digital 2021 global overview report［EB/OL］.（2021-02-09）［2021-05-04］. https://wenku.baidu.com/view/dd64fafcf311fl8583d049649b6648d7c0c708f8.html.
③ 丁民丞. 能源消费者更新换代了，能源企业呢？［J］. 中国电力企业管理，2014（23）：65-68.

和"看重什么"的思考。客户可能需要在以下方面得到相应帮助：①发现适合他们的可再生能源资产组合，使这些可再生投资项目获得融资，并对这些可再生能源系统进行运营管理；②使其资产能够被有效地访问并运营，以获得尽可能多的经济产出潜力；③利用能源互联网获得智能化解决方案的潜力，如智能电表。

能源互联网将对现有中国能源产业链产生冲击，产业链的变局首先来自需求侧。人均收入水平提升，叠加新冠肺炎疫情下生活消费习惯向线上转移以及"宅经济"的兴起，新一轮市场竞争将围绕能源消费和需求侧展开。经济数字化转型加快、中等收入人口规模不断扩大，以及共享经济新模式、新能源汽车新技术的广泛推广，将不断提升能源互联网需求侧的清洁低碳用能需求。能源互联网需求侧市场机会窗打开，最值得关注的高附加值市场领域包括分布式能源和储能解决方案，以及能源交易平台的互联网化和智能化。

能源消费体验的差异化需求以及新冠肺炎疫情防控期间数字化消费趋势都将倒逼企业数字化转型。能源互联网企业只有深入用户社群进行研究分析，才能提供价格公平、便捷易用、无处不在的数字化服务组合，进而塑造难以复制的核心竞争力。传统能源业务面临的主要冲击来自大数据变现困难、产品销售收入下降、现有客户流失。互联网企业具有高耗能的特点，长期以来是电力消费的主要一员。随着能源互联网的兴起，互联网企业与能源企业间的关系更为紧密，成为能源行业的一类新进参与者，并通过领先的互联网技术深入地与电力企业进行合作。例如，共同建立数据分析平台以实现系统间的互联互通，通过能源大数据分析为企业生产经营活动做出指引和建议等。通过"传统能源+互联网"的模式实现传统企业的互联网化、数字化转型。

总体来说，能源互联网需求侧市场涌现出很多新生力量，这些动力可能代表了当前碳锁定的基础已不再牢固，正加速打开能源互联网发展的机会窗。在现有市场中，可再生能源企业处于市场补充地位，能源互联网发展有助于改变市场力量对比。传统电网企业由于存在路径依赖，尚缺乏商业模式创新动力。处于市场自然垄断地位的传统电力企业并不愿让新增业务与其现有业务互搏，而且仍然对颠覆性创新的能源解决方案抱有轻视心理。广泛存在于智能家居、智能汽车、智能建筑、无线充电、储能和配电领域潜在的新增长机遇将形成开放的竞争性市场。

三、能源企业面临业务转型压力

能源企业面临着社会对企业责任的期待日益增强的压力。能源互联网商业模式应该考虑到利益相关者参与和满意度、环境承诺、劳动权利等方面。老牌企业往往很难创新其商业模式,特别是当这种模式仍然盈利的时候,但其未来的盈利潜力可能会被技术等外部环境的变化削弱。当能源互联网技术不能立即在市场上得到应用,并且不符合公司的现有商业模式时,这些老牌企业就会逐步失去其行业领导地位。公用事业部门需要找到更好的将包含可再生能源技术商业化的商业模式,否则,能源互联网推进的能源转型将导致其市场份额、收入和利润的巨大损失。

随着我国经济由高速增长转向高质量发展阶段,电力需求增速放缓,能源企业传统主业增长遭遇瓶颈。电力市场化导致竞争激烈,企业利润率进一步被压缩。在需求放缓、环保压力增加的背景下,大型发电项目特别是传统大规模火电项目,审批更加困难,投资风险升高。东北、华北、西北地区的集中式风电、太阳能项目又面临弃风、弃光、限电的挑战,而分布式能源体量小,对大型发电企业缺乏项目吸引力。

随着能源体制改革、市场化交易的扩大以及现货市场的建立,发电企业的收入和利润风险将进一步升高。在可再生能源、储能、分布式能源、智能电网、能源互联网等新型能源技术的发展、电力体制改革等政策机制演变等压力下,能源企业开始重新审视自身的商业模式,及时掌握、洞察相关动向和影响,寻求业务转型机会［例如能效倡议、绿色环保材料的使用、按用量(按使用而非拥有)付费模式等商业实践］,积极创新商业模式与新业务增长点,如综合能源服务、新能源汽车综合服务等。

四、行政权力配置资源向市场配置资源过渡

能源行业传统上是由行政权力配置资源最典型的行业。在全球气候共识

下，各国持续加强市场对资源配置的决定性作用。多数国家和地区持续将碳定价作为实现气候目标的关键政策。根据世界银行发布的《2019年碳定价现状与趋势》报告，截至2019年，全球共有57种不同的碳定价机制。2011年，中国在北京市、天津市等8地启动碳交易试点工作，在2017年正式启动了碳权排放交易体系，但从覆盖行业、市场规模来看仍处于初期阶段。完善碳定价机制，实现更高性价比的减排，也是能源互联网商业模式创新所要解决的关键问题。

可再生能源支持政策从政府直接补贴向以市场为导向的方式转变。2018年5月31日，国家发展和改革委、财政部、国家能源局联合发布了新的政策文件《关于2018年光伏发电有关事项的通知》（发改能源〔2018〕823号），俗称"光伏531新政"。"光伏531新政"加快光伏发电补贴退坡，减少政府资金激励，加大市场化配置项目力度，为促进我国光伏发展制定了多项新规则，例如，分布式光伏发电项目自用电量免收随电价征收的各类费用。

还有一些市场驱动的措施已经付诸实施，以解决可再生能源的激励缺口。2017年7月发布了《关于试行可再生能源绿色电力证书核发及自愿认购交易制度的通知》（发改能源〔2017〕132号）。根据该文件，可再生能源开发商的可再生能源项目产生的电力将获得独立的绿色证书。这些开发商可以将他们获得的证书出售给其他市场主体。国家能源局2017年10月启动了一项试点计划，允许分布式能源系统的所有者将其系统产生的剩余电力出售给邻居。

第四节 行业影响因素

一、能源互联网对相关行业的影响

能源互联网以开放的姿态融入更多行业，将革新整个能源产业模式，这也是整个能源互联网生态系统未来生机勃勃的根基。能源互联网对相关行业商业模式的变革，是保持其良好内生机制的必要条件。随着能源互联网的发展，能源生产、信息科技、建筑、交通运输、工业制造等相关行业的运营模

第三章 能源互联网商业模式创新的"景观"层次分析

式将发生巨大的变革。

（一）能源生产行业

能源系统由于长期垄断，比较内向保守，市场竞争弱，参与者不多，创新动力不足，电、热、冷、气等不同能源系统相对封闭孤立。传统能源生产商业模式为"建厂（站）—生产—销售"。但在能源互联网体系中，能源生产行业不仅要扮演传统能源生产商的角色，更要扮演能源互联网能源生产端的集成商角色，为各种中小型、微型能源网络提供集成服务，只有提高自身综合素质和竞争力，才能达到能源互联网系统的准入条件。由此，能源供应商间的共享合作也将代替自然垄断。

向低碳能源生产的快速转型是由政策支持和成本下降这两个因素共同推动的。随着可变可再生能源比例的增加，能源行业将面临进一步的破坏，需要更强有力的政策激励来提高系统的灵活性。另外，供暖部门的脱碳成本高，技术上存在重大不确定性。目前，燃气锅炉仍是大多数家庭首选的供暖方式，旨在鼓励其他技术的政策相对有限。还需要进一步采取强有力的政策行动来推广低碳供暖技术，例如热泵、氢，这两种选择都将给许多参与主体带来重大挑战。

为应对这些挑战，建议参与主体和政府部门：第一，通过技术试验减少不确定性；第二，通过提升能源效率取得进展；第三，接受不确定性，并在政策实施过程中采用更具适应性的方法。

（二）信息科技行业

能源互联网生态系统离不开信息科技的支撑，两者融合必将催生出新的理念和技术，传统的信息科技将得到革新。数据管控、应用终端、综合管理平台、信息安全服务和云计算平台、数据中心等是能量信息化的必要技术基础。信息和互联网行业已经塑造了庞大的、具有互联网思维的客户群体。目前从事消费互联网的企业，其丰富的商务经验为能源互联网提供了重要参考。同时，已有商业模式也需要向产业互联网转变。

（三）建筑行业

建筑领域的能源消耗已超过工业交通领域，占世界能源消耗总量的41%

（IEA，2019）。随着我国经济的快速发展，公民对房间舒适度的要求也越来越高，加之我国正处于城市化发展的关键时期，建筑需求量不断攀升。目前，房屋建筑面积约 400 亿平方米，其中 99% 为高能耗建筑。发展零能耗建筑是提高建筑能效、降低建筑总体能耗的有效途径。零能耗建筑仍然消耗能源，但可通过最大限度地利用可再生能源，来替代对不可再生能源（化石能源）的消耗。为实现零能耗建筑，需要以分布式能源为基本架构，利用可再生能源的建筑能源微网供给自身。

建筑节能及改造，绿色建筑，绿色建材，建筑工业化和城市、园区建设的综合规划等，都将根据能源互联网对基础设施的要求而做出相应的调整、改变。未来的房地产行业，从建筑设计之初就需要考虑能源微网的建设，高效地利用可再生能源保证自身能源供给，为应对突发的能源危机提供一层保障。

如果想要实现预期的减排目标，主流建筑行业需要做出重大改变。一些必要的变革将具有破坏性，例如提升该行业普通就业人员的技能水平。除了技能的显著提高外，还需要公司间更好地协调，更注重正式的培训和实践学习。

国家也相继密集出台了一系列建筑节能相关的政策法规，如《国家新型城镇化规划（2014—2020 年）》（2014 年 4 月由国务院发布）、《2014—2015 年节能减排低碳发展行动方案》（2014 年 5 月由国务院发布）、《关于推进建筑业发展和改革的若干意见》（2014 年 7 月由住房和城乡建设部发布）、《中共中央　国务院关于完整准确全面贯彻新发展理念做好碳达峰碳中和工作的意见》（2021 年 9 月 22 日发布）。在国家政策引导下，提高建筑能效、节能降耗成为利益各方的共同诉求。

政策有必要发挥更大作用，包括在公共采购中更多地使用标准，加强建筑法规的执行以及协调产业政策和能源政策使其联系更紧密。目前，建筑法规规定了新建筑所需达到的能源性能，以及公开现有重要建筑的能源效率信息。随着能源转型的提速，将有更强有力的政策来促进减少建筑的能源消耗，这可能需要建筑行业进行重大的、颠覆性的改变。

第三章 能源互联网商业模式创新的"景观"层次分析

（四）交通运输行业

全球一直处在快速的城市化进程中，2018年世界上55%的人口居住在城市。① 随着城市的发展，效率低下和环境不友好的交通对生活质量、城市生产力、能源消耗、交通拥堵、空气污染和人身安全产生了诸多负面影响。生产力和经济发展也因此受到负面影响。

城市迫切需要开发新的交通方式，在支持经济增长的同时扭转这些负面影响。一些鼓励电动汽车，并在2035年前逐步淘汰汽油和柴油汽车的政策已经出台，需要加强这些政策（例如将逐步淘汰的日期提前）。随着电动汽车市场份额的增长，其对能源互联网一些参与主体的影响程度将会增加（例如政府和石油公司的收入下降、对电网的影响增加）。

因为科技使生活变得紧密相连，并大大增强了生活便利度和舒适度，城市生活正在快速变化，如在全球新冠肺炎疫情期间飞速兴起的远程办公、远程会议、远程教育。用信息和通信技术取代去特定地点的交通出行，对交通运输行业带来深远影响。由于工作行程减少，个人和家庭有可能减少机动车行驶里程和取消一些行程，并在交通网络中断时保持生产力。

与此同时，年轻公民对拥有汽车的兴趣越来越小，许多工业化国家的公民正在采用数字解决方案来替代私家车，如Uber、滴滴出行。一场数字革命正在冲击交通运输业：智能手机、移动宽带、位置检测和社交媒体正在为新服务的发展奠定基础。智能城市交通解决方案，如智能基础设施、自动驾驶汽车和车辆共享，将改变交通景观，它们将减少拥堵和污染，提高生活质量，并确保城市交通在环境和经济发展中具有可持续性。

（五）工业制造行业

传统工业制造行业耗能高，其商业模式是简单的"制造—销售"模式，无法适应能源互联网的发展。能源互联网商业模式要求工业制造企业更多地参与能源互联网，全流程优化用能，实现节能增效。依托能源互联网，还可

---

① United Nations, Department of Economic and Social Affairs, Population Division. World urbanization prospects 2018 [EB/OL]. (2018-05-16) [2021-10-15]. https: //esa.un.org/unpd/wup/ Publications.

以将商业模式从"制造—销售"模式转变为"产品服务—解决方案"模式，实现循环经济。

总之，社会技术系统转型是复杂的，在跨越多个制度的过程中涉及许多技术及其相关产业和行业。考虑到能源互联网中明显存在的多体制和多部门交互作用（例如热、电、信息通信技术），传统行业的在位企业可能没有相同的权力或资源，或者仍被原有的认知框架和制度逻辑束缚，从而限制了其能源互联网商业模式创新能力。

二、能源互联网主要的参与主体

能源互联网相对传统能源行业而言，其参与主体得到极大丰富。

（一）传统油气企业和电力企业

由于固有认知或对沉没投资的保护，这些企业往往对日益增长的外部压力反应迟缓。随着外部压力的增加，不稳定的内生演化通常会分几个阶段进行：①盲目和否认；②对问题的渐进反应；③越来越多的怀疑和多样化试验；④放弃路径依赖并试图重新定位；⑤崛起或衰退。根据重新定位的新业务开展情况，收入中也会包括新能源开发和销售、能源服务等新型业务收入。

（二）新能源企业

新能源企业的主营业务是为能源用户提供能源及能源服务。其包括新能源开发、新能源发电、增量配网公司、电力零售公司等。

（三）能源服务企业

能源服务企业的主营业务为支持能源企业的产品和服务。其包括能源技术公司（包括新能源设备技术、软件技术，如远景能源有限公司）、互联网公司、其他技术公司、资产运维公司等。

（四）跨界企业

跨界企业的主营业务是其他产业，但副营业务是为最终能源用户提供服务。跨界企业是能源产品的跨界竞争者，包括电动汽车公司、建筑公司、电子商务公司、电子电器制造企业、信息通信技术公司（如华为技术有限公司）等。

（五）虚拟电厂（Virtual Power Plant，VPP）

虚拟电厂整合各类分布式能源，通过分布式电力管理系统将电网中分布式电源、可控负荷和储能装置聚合成一个虚拟的可控集合体，参与电网的运行和调度，协调电网与分布式电源间的矛盾。虚拟电厂主要由发电系统、储能设备、通信系统构成。

（六）微网运营企业

新能源微电网系统可以参与电力交易。产业园区、经济开发区、发电企业、独立售电公司都可利用微电网搭建发电、供电、用电体系，开展相关配售电业务，为网内用户提供清洁便宜的供电服务。微网运营企业的收益是通过整合分布式发电资源以实现微网内用户和发电主体的直接购售电交易，即以"就地生产、就地消纳"的购售电模式来实现的。

（七）需求侧响应及能效服务企业

需求侧响应及能效服务可分为终端用户侧需求及售电侧需求。用户侧需求包括提升能源生产及管理效率，获得设备运检托管服务、节能服务，实现用能安全及能源审计等，从而达到智能用电。售电侧需求来自依靠用电数据提供准确的能源需求预测，实现供需实时匹配。

（八）智能充电桩运营商

智能充电桩的核心价值将逐步从硬件制造向充电桩运营迁移，最终智能充电桩将扮演能源互联网架构中的客户端口和流量入口的角色。

（九）终端用户

通过能源互联网提供数字服务，终端用户能够轻松地分享他们的知识资源。例如，在社交媒体、在线市场、知识共享和社区活动中，用户通过帮助他人、发布视频、提出建议等方式参与并在社群中分享他们的知识。

三、不同行业的跨界融合

能源互联网促进能源和工业价值链的互联融合，能源和工业同终端消费

能源互联网商业模式创新

者的互联融合，由此将衍生出各种创新的商业模式。传统的发电企业、输电企业、制造企业不得不进行数字化转型，并且继续向系统解决方案型企业和平台型企业演化，跨领域的整合频繁出现。例如，协鑫这样传统的火电企业正在转型为综合性能源供应企业，有可能进一步转型为能源服务和管理企业。

随着互联网和新科技的发展，物理世界与虚拟世界开始融合，行业的边界变得模糊。零售、图书、金融、电信、娱乐、媒体等行业早已互联网化，而制造业、公用事业、环保、能源等传统行业也正在迅速被互联网融合。如百度、腾讯、阿里巴巴等互联网企业会成为售电公司，华为正在从事光伏电站运维，特斯拉作为电动汽车企业在发展经营微型电网业务，电信运营商有可能成为能源行业的重要服务商。互联网的跨界融合，本质是高效率整合低效率，效率包含结构效率和运营效率。

可再生能源与现代农业跨界融合，也涌现出一系列商业模式创新。例如，"电—水—林—汇"创新模式，通过清洁发电、海水淡化、植树造林、森林碳汇有机结合，促进减排和生态修复。能源电力企业如果不能主动参与这个大融合的过程，很有可能被其他行业的优势企业所整合。有理想的企业家应该勇于跳出能源行业看世界，基于客户或者基于产品做跨行业的商业模式创新，例如在农业温室中使用光伏发电的商业模式、光伏养鱼的渔光互补商业模式等（见图3-3、图3-4）。这类商业模式创新存在着巨大的市场发展空间，也极具价值潜力。例如，通威集团采用"渔光一体"模式，既能充分利用水上空间进行光伏发电，又可通过光伏电站调节养殖环境，提高单位鱼塘产量，实现增产增收。利用"渔光一体"模式，鱼塘每亩年综合收入可达6.5万元，与常规养殖相比，效益提高了20倍以上。[①]

[①] 《创新进行时》20200518 新能源渔场［EB/OL］.央视网，（2020-05-18）［2021-03-06］. http：//tv.cctv.com/2020/05/18/VIDEZ6FcbYx4sAMyDlH9nT8E200518.shtml.

第三章 能源互联网商业模式创新的"景观"层次分析

图 3-3 温室农业与光伏发电相结合的商业模式②

图 3-4 "上发电下养鱼"的渔光互补商业模式③

温室农业中使用光伏发电的商业模式、光伏养鱼的渔光互补商业模式仍存在无穷的创新可能。例如，光伏农业公司在光伏温室系统的传统商业模式中，添加光伏发电和农作物生产等关键业务，公司收入主要来自太阳能电力和农作物的销售收入。在能源互联网中，"光伏+温室农业"的商业模式仍可持续创新：在能源互联网商业模式下，光伏系统的功能保持不变；光伏农业公司将温室转化为农业商业平台，将温室空间出租给各种类型的有意在农业领域创业的企业家，将光伏农业公司从农作物生产商转变为咨询和管理服务提供商。其收入来源更多元，可包含温室租金、咨询管理服务费、投资于客

---

② 光伏农业园——华盛绿能即墨现代光伏农业创业创新基地，位于青岛市即墨区大信省级太阳能小镇。
③ 渔光一体光伏电站——通威江苏省级精品渔业园，位于江苏南京六合区龙袍街道。

户公司股权的收益、综合服务收费等,见表3-3。

表3-3 光伏农业公司的传统商业模式与能源互联网商业模式的比较

商业模式要素	子要素	传统商业模式	能源互联网商业模式
价值主张	价值主张	光伏:以固定价格销售光电 温棚:以市价或合同价出售优质农作物产品	光伏:以固定价格销售光电 温棚:综合商务服务
客户界面	客户关系	光伏:与公司签订购电协议的电网企业 温棚:他们的客户	光伏:与公司签订购电协议的电网企业 温棚:出租人—承租人,专业服务
客户界面	客户细分	光伏:电网企业 温棚:农作物产品的买家	光伏:电网企业,本地微网用户 温棚:农民、农校毕业生、农业工人、农业技术研究员等
客户界面	渠道通路	大棚、直接客户渠道	温棚:光伏温室推广活动;为潜在企业家、承租人和他们的客户组织培训活动 企业网站、在线社区
基础架构	核心资源	光伏系统、温棚、农业工人	经验丰富的专业人士(为温棚租赁提供专业服务)、在线社区
基础架构	关键业务	光伏发电和农作物生产	光伏发电和为承租人提供综合增值服务(光伏系统采购、咨询、系统设计、诊断等,经营管理,会计,法律服务,营销,金融,农业生产技术,招募和培训农场工人等)
基础架构	合作伙伴	光伏:光伏制造商、光伏安装公司、地方政府 温棚:农作物销售渠道商(批发商、零售商)	光伏制造商、光伏安装公司、当地政府、高水平的专业咨询人士或当地大学、研究机构和咨询公司
盈利模式	收入来源	光电销售收入和农作物销售收入	售电收入、温棚租金、咨询费、来自对客户公司股权的投资等
盈利模式	成本结构	光伏系统安装和维护成本 温棚建设及运营成本等	对客户的投资成本 光伏系统安装和温棚建设成本

光伏农业公司经过能源互联网商业模式创新,不仅可以避免传统商业模式中农作物产量和价格波动的风险,还可以通过将温室租给更有能力的生产者以及更多样化的业务来提高温室的生产率。而且,在新商业模式下,将温室租赁给各类企业,有助于形成一个分享有用信息和宝贵经验的社区,使受

第三章 能源互联网商业模式创新的"景观"层次分析

益群体大大扩展;还有助于逐步建立当地的创业生态系统,吸引更多的企业家聚集并最终促进能源互联网发展,凸显出能源互联网商业模式创新所具有的经济价值、社会价值和环境价值。

第四章 能源互联网商业模式创新有望突破中国能源转型困境

本章以社会技术系统转型理论的 MLP 对新中国成立以来能源发展转型历程进行梳理，全面分析我国能源转型演进轨迹、阶段特征及现实困境，并在此基础上提出现阶段及未来我国能源转型的战略路径，从而避免对某些要素的孤立分析，同时深化特定国家地区能源转型的研究。

能源转型作为一项动态的系统工程，要想形成可持续的能源供给与需求结构，离不开宏观形势变化、能源体制机制改革和市场创新利基多层次协同演化。社会技术转型的 MLP 提供了一个关于长期变革的战略思考框架。MLP 提供了一种"大局观"的综合方法，适应多主体和多维度，关注范围从当地项目到利基创新，再到部门体制和更广泛的社会背景。作为一种过程理论，MLP 既有由"全球模型"组成的描述社会技术系统转型的总体过程，也有由"局部模型"组成的描述多层次相互作用中的具体活动和因果机制。

现有的能源系统是在过去几十年中创建的，通过技术、政策、用户模式、基础设施和文化习俗的结合来稳定。系统元素由现有参与主体，包括企业、工程师、用户、政策制定者和监管者以及特殊利益集团进行推广、维护和逐步改进。这些社会群体的认知和行动是由根深蒂固的共同规则与制度所塑造的，这些规则和制度被称为"社会技术体制"。重大政策变化涉及集团间权力平衡的变化与"政策体制"（包括准入规则和制度程序）的变化。

由于各种锁定机制的存在，现有体制和制度的创新大多是渐进式创新，具有路径依赖。

技术经济锁定机制：①对技能、工厂、基础设施进行沉没投资，造成既得利益者反对转型变革；②由于规模经济和在几十年干中学的不断改进，现有技术具有了低成本和高性能的特点。

第四章 能源互联网商业模式创新有望突破中国能源转型困境

社会和认知锁定机制：①常规和共享的思维模式，使参与主体对其关注点以外的发展视而不见；②社会群体间的联盟产生了"社会资本"；③用户实践和生活方式，已经围绕特定的技术组织起来（例如依赖汽车的交通出行方式）。

制度和政治锁定机制：①现有法规、标准和政策网络有利于在位企业，创造了不公平的竞争环境；②既得利益者利用其进入政策网络的途径延缓并削弱监管变化，阻碍激进式创新。

激进式创新往往通过企业家、初创企业、活动人士或其他外部人士的开创性活动，出现在现有系统外围的小利基领域。利基创新的激进程度取决于它们在技术、社会、商业模式或基础设施方面偏离现有体系的程度。利基形成了"受保护的空间"，保护激进的创新不受主流市场选择的影响，给予创新必要的学习和发展过程。

中国能源转型的速度和规模自中华人民共和国成立以来特别是改革开放以来，在全球能源史上前所未有。从资源禀赋、社会经济及能源体制形成的历史演变来看，我国能源转型具有不同于其他任何国家或地区的特殊性。吴静（2017）认为中国能源转型的主要动力是能源技术改革，其次是能源结构调整及新能源环境效应。中国能源转型的关键障碍是能源供求矛盾突出、能源结构以煤为主、能源利用效率低以及能源管理体制机制不完善。[①]

中国能源转型的问题根源在于全球观、全局观、环境观及低碳观方面的理念缺失，对清洁能源发展抽象上肯定、具体操作中否定，政策目标明确但具体措施落实不到位。[②] 为此，曾鸣（2019）提出应将能源管理体制改革的研究重点从传统的国家指令性能源发展模式转向政府、市场和社会公众分工协作的新模式。邬亮等（2014）则认为能源供需过分依赖市场机制，应加强政府和社区治理，提出将控制能源需求总量列为国家战略，明确限制能源生产总量，大力调整能源供给结构。肖兴志和李少林（2016）指出能源供给侧结构性改革的重点是简政放权、处理好政府与市场的关系、国有企业改革和要素市场改革。王君安等（2017）着眼于能源互联网，立足于能源系统主导企业的商业

[①] 车亮亮．我国能源绿色转型对策研究［J］．大连理工大学学报，2015，36（2）：41-46．
[②] 李俊峰，柴麒敏．论我国能源转型的关键问题及政策建议［J］．环境保护，2016（5）：16-21．

模式创新，探讨了利基层面的创新如何推动能源转型，拓宽了能源转型的研究视野。

第一节 多层次视角下新中国能源发展转型历程

自中华人民共和国成立以来，特别是改革开放40多年来，以史无前例的速度、广度和深度实现了经济现代化，也使中国能源消费爆发式增长。其间，能源利用方式粗放，尽管能源利用效率不断提高，但2020年我国单位GDP的能耗仍是世界平均水平的1.5倍。[①] 探讨中国能源发展转型需考察能源生产与消费结构变迁（见图4-1），还需追溯到现有能源体制的建立源头，找到问题

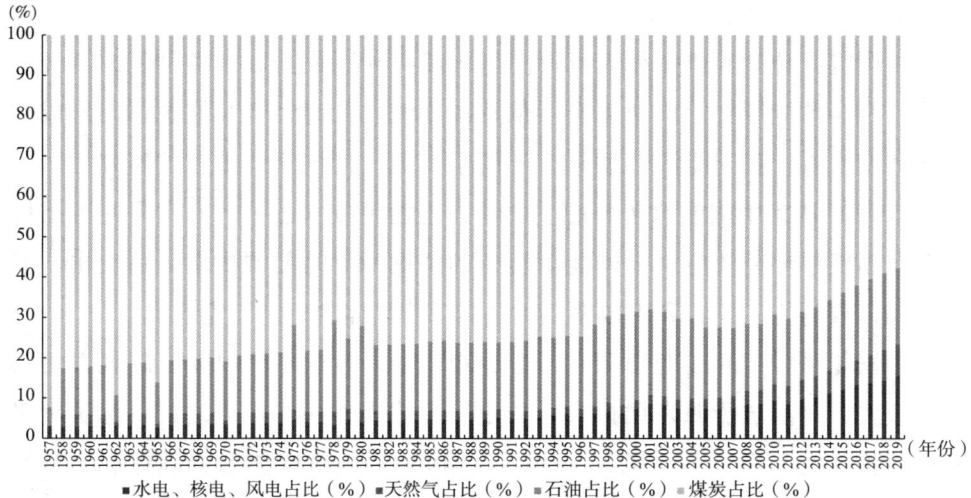

图4-1　1957—2019年中国一次能源[②]消费结构

注：1952—1956年对应数据缺失，且难以估算，因此数据从1957年开始。除1962年、1965年、1970年、1975年、1978年、1980年数据可查外，1958年至1984年存在数据缺失，相关数据是估算值。

资料来源：根据历年《中国统计年鉴》整理所得。

---

① BP能源公司. BP世界能源统计年鉴［EB/OL］.（2021-07-23）［2021-08-15］. http：//www.bp.com/zh_cn/china/reports-and-publications.html.

② 一次能源是指自然界中以天然形式存在的、未经加工转换的能量资源，如风能、光能、煤炭、天然气、石油、水能等。

第四章 能源互联网商业模式创新有望突破中国能源转型困境

根源，才能对症下药，避免"头痛医头，脚痛医脚"。

由于转型指社会技术体制转换，故将能源转型的重点放在能源体制层面以及能源体制与外界形势和创新利基的相互作用上。

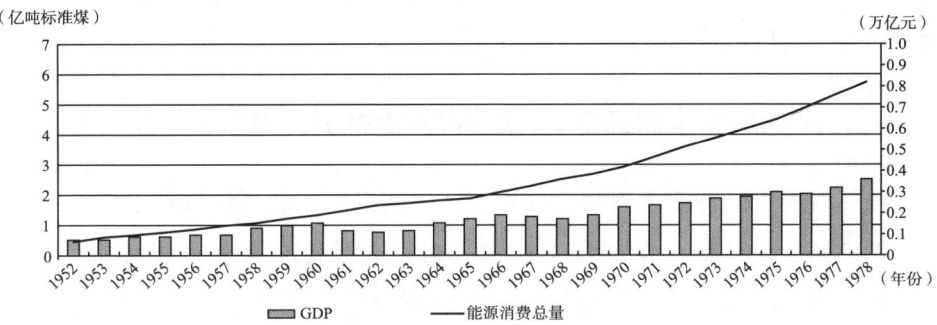

图 4-2　1952—1978 年能源消费总量与 GDP

注：能源消费总量除 1957 年、1962 年、1965 年、1970 年、1975 年、1978 年数据可查外，1952 年至 1977 年存在数据缺失，相关数据是估算值。

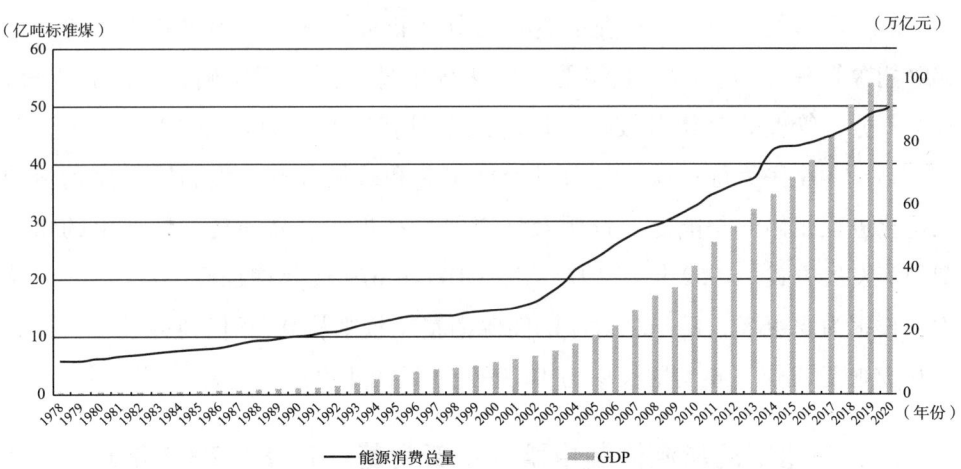

图 4-3　1978—2020 年能源消费总量与 GDP

注：能源消费总量 1978 年、1980 年及 1985 年以后数据可查，1979 年至 1984 年存在数据缺失，相关数据是估算值。

资料来源：根据历年《中国统计年鉴》、统计公报整理所得。

1949年新中国成立后经过3年努力，国民经济得到全面恢复和初步发展，因此以1952年数据为分析起点。由于1952—1977年数据相对较小，为了图表更直观明了，以改革开放开启之年1978年为分隔，将1952—2016年分为两个时间段（见图4-2、图4-3）。根据能源消费总量曲线的拐点和重大体制改革划分出五个阶段。

一、现行能源体制确立，创新利基受抑制（1952—1977年）

该阶段的主要特点表现为：计划经济体制确立，能源粗放利用。

新中国确立"优先发展重工业"战略，进行高度集中的计划经济管理。计划经济以实现指令性计划为目标，并以指令性计划为手段，全国成为一个大公司，从农村到城市的所有生产单位都按国家指令生产、调拨。片面强调重工业、追求经济发展速度，导致产业结构严重失调，工业发展畸形，而农业与工商业发展则严重滞后。计划经济的现实背景是具有强大资源控制力的政府。公有化程度过高导致个体激励机制失效。

对资本密集型的能源行业的管理与其他行业一样，由中央政府直接下设部级能源管理部门。部门职能的专门化程度低，分工不明确，职能有重叠，政企不分，管理效率相对较低。该时期最具代表性的事件是1958年"大跃进"运动中全民大炼钢铁。与通过价格扭曲和政策补贴、强制性全民动员的工业化进程相伴的是能源、资源及环境要素高投入、高消耗、低产出的粗放型经济发展方式。1952年到1977年，GDP从679亿元增加到3645亿元，年均增长率为6.48%，而与之对应的能源消费总量则从0.49亿吨标准煤增加到6.28亿吨标准煤，年均增长率为10.09%（见图4-2）。

二、在稳定的能源体制中培育创新利基（1978—2002年）

该阶段的主要特点表现为：供给侧结构性改革推动节能减排，能源市场化改革不畅。

以1978年党的十一届三中全会的召开为标志，中国开启经济改革，推动计划经济向市场经济体制转轨，企业的市场主体地位逐渐明确。20世纪70年

第四章　能源互联网商业模式创新有望突破中国能源转型困境

代和80年代低能源需求、不发达的电力部门和普遍落后的经济状况开始发生快速转变。中国政府为促进工业增长以带动经济发展，积极推动能源开发，优先保障工业能源供应。市场改革推动了化石燃料发电的大幅度增长。

这一阶段，能源转型的重点在于供给侧结构性改革推动"节能减排"。我国政府从20世纪80年代开始关注环境保护并努力调整重工业的服务方向和产品结构，制定了大量促进节能减排的政策，如1982年颁布的《国务院关于发展煤炭洗选加工合理利用能源的指令》。自1985年5月开始，政府连续几年推动"价格闯关"，1986年财税改革实行按行政层次层层承包，对信贷、税收、利润、外汇，甚至再贷款全面承包。这种承包有顺周期特征，随后发生结构性通货膨胀，价格闯关失败。经历1989—1991年的"治理整顿"期，1992年邓小平南方谈话推动改革。

20世纪90年代，一系列广泛的市场改革使中央计划经济体制向市场导向体制转变，这对国内能源部门产生了深远的影响。20世纪90年代中后期，国家提出转变经济增长方式并取得明显进展，伴随经济增长的是能源消费接近零增长，经济效益提高，主要污染物排放下降。

能源市场化改革方面，以电力行业为例。由于电力短缺，自1995年开始实行多家办电。1997年撤销电力部成立国家电力公司，服务全中国的整个电力系统，"政企分开、省为实体"。2002年《电力体制改革方案》提出"厂网分开、竞价上网"并纵横双向拆分国家电力公司，这一制度创新引发中国电力企业战略、组织、控制管理模式以及运营机制的创新，但由于经济持续高速增长，出现电力紧张局面，实际只是破除了国家电力公司独家办电，"厂网分开"完成，但"主辅分离、输配分开、竞价上网"仍举步维艰。政府分电定价决定发电企业利益，实际上是政府代企业决策，电力企业成不了市场主体，政企分开改革仍需深化。

在这一时期，政府虽有决心破除能源领域行政性垄断，但经济高速发展背景下及时有效地进行能源供应成为第一要务，相当长时间来不及对能源体制进行深入改革。该时期计划经济体制仍然保留，商品经济只是起补充作用，能源市场还没有形成。虽然进行了一些政企分开的努力，但是由于能源行业多为垄断性国有企业,由政府任命的企业高管同时扮演了"裁判员"和"运动员"的角色。

三、利基和能源体制同步扩展(2003—2014年)

该阶段的主要特点表现为:以需求侧改革推动能源市场化,可再生能源迅猛发展。

2002年《电力体制改革方案》推出后,可再生能源投资快速增长,到2007年以后,中国对可再生能源的年度投资超过了对化石能源和核能的投资总和。2009年出台了风电固定上网电价制度,2011年又出台了光伏发电固定上网电价制度。固定上网电价制度激发了市场投资热情,推动了风电和光伏发电的高速大规模发展,为加快能源绿色转型发挥了关键作用。但由于技术进步使风电、光伏发电成本持续快速降低,而高上网电价未得到及时调整,导致投资迅速上升,出现产能过剩问题,只能为电网公用事业部门和电力购买者制定配额。

这一阶段进一步明确了推进经济增长方式的转变需充分发挥市场机制的作用。通过市场手段(如以碳交易为代表的环境市场)解决能源及环境问题的方向得到认可,但政府一方面允许数家公司彼此竞争性经营;另一方面对定价机制实行行政性审批和管制,难以取得按经济原则合理配置资源的效果。尽管目前我国已经在武汉等多个城市建立了碳交易市场,但交易所内达成的自愿减排交易很少有高耗能行业的企业参与,多为环保意识强的买家的个别行为。由于交易机制缺失,交易所作用未能有效发挥。

从2005年开始,"提高能源利用效率"被列为国家重点发展战略。自2006年1月1日起实施《可再生能源法》,2006—2016年可再生能源由占全球总量的2.0%提升到20.5%,[①] 但消纳压力大,面临着高安装能力与低利用能力的冲突。这一现实冲突一方面是由于风电和光伏发电成本持续大幅度下

---

① BP能源公司.BP世界能源统计年鉴2016 [EB/OL]. (2017-06-23) [2021-07-23]. http://www.bp.com/zh_cn/china/reports-and-publications.html.

降,而固定上网电价调整缓慢且严重滞后,致使对可再生能源的价格补贴过高,催生了可再生能源市场"投资热",甚至发生了以 2000 万元为 5 万千瓦光伏项目指标寻租的现象。[1] 另一方面则是由于政策设计上,固定上网电价结合全额保障性收购的补贴成本由全国电价共同分担,在制度层面形成了"地方受益、中央付费"的资源配置逻辑,地方政府有热情有动力对可再生能源项目投资进行行政干预,使地方对可再生能源发电形成了"重建设、轻消纳"的发展思路。

四、利基层次对现行能源体制构成冲击(2015—2019 年)

该阶段的主要特点表现为:对供给侧进行结构性改革,节能增效,能源互联网商业模式创新初步涌现。

这一时期,中国各种政策目标的顶层设计越来越适应以市场为导向的能源体制转变进程,发挥市场在资源配置中的决定性作用。鉴于我国经济进入"新常态"时期和资源、环境的双重压力,政府出台了一系列政策,采取减税和国企改革相结合的手段去产能、去库存、增加清洁能源供给。中国正在从工业型经济向服务型经济转变,钢铁、水泥等高耗能行业去产能初见成效,且受全球经济复苏缓慢的影响,能源消费在 2015 年和 2016 年分别增长 0.9% 和 1.3%,远低于 2005—2014 年 7.2% 的平均增长率。[2]

中国仍有新建燃煤发电厂,但发展势头趋缓,且随着新煤电厂经济比较效益变差,投资燃煤的动力日渐不足并将很快停止。全球超过 3/4 的燃煤电厂都建在中国,发电量占中国发电量的 80%。经济增长和化石燃料发展的结合,使中国在全球总排放中的份额从 1980 年的 7.8% 上升到 2017 年的 27.2%。2018 年,中国在取消燃煤发电建设禁令后,新增燃煤发电装机容量 28 吉瓦,建设总煤电装机容量达到 2.35 吉瓦。在 2014 年至 2018 年明显持平

---

[1] 王敏,等. 关于我国风电和光伏发电补贴缺口和大比例弃电问题的研究 [J]. 国际经济评论,2018 (4).
[2] BP 能源公司. BP 世界能源统计年鉴 2016 [EB/OL]. (2017-06-23) [2021-07-23]. http://www.bp.com/zh_cn/china/reports-and-publications.html.

之后，中国的二氧化碳排放量在2018年增加了约2.3%。①

从20世纪90年代开始的政策举措试图使全国的可再生能源供应多样化。在2016—2020年的五年计划（"十三五"规划）中，中国为非化石能源（水电、风能、太阳能、核能）发电的增长设定了高目标，而可再生能源的进一步增长仍是主要政策目标。据IEA统计，截至2018年末，中国的可再生能源发电量占总供电量的26.73%。中国在可再生能源增长方面继续走在世界前列，占全球可再生能源发电增长的45%，超过整个经合组织的总和。②2019年，非化石能源消费比重达到15.3%。太阳能和风能继续增长，到2020年中，占到中国一次能源供应的8%左右。③到2020年10月底，中国已成为拥有太阳能发电站和风能发电站最多的国家，④也已成为全球上风能、太阳能和电池超级大国，而氢能已进入开发阶段。

2015年《关于进一步深化电力体制改革的若干意见》确立"管住中间，放开两边"的体制架构，支持DER发展的宗旨。2016年10月，更加细化的《售电公司准入与退出管理办法》和《有序放开配电网业务管理办法》出台。该轮电力改革主要体现为开展电力体制改革综合试点、输配电价改革试点和售电侧改革（见表4-1）。2019年12月，《关于营造更好发展环境支持民营企业改革发展的意见》再次重申支持民营资本以控股或参股等形式参与发电、配电、售电等业务。

---

①② BP能源公司. BP世界能源统计年鉴2019［EB/OL］.（2019-06-23）［2021-07-23］. https：//www.bp.com/content/dam/bp/country-sites/zh_cn/china/home/reports/statistical-review-of-world-energy/2019/2019srbook.pdf.

③ International Energy Agency. Country statistics 2020［EB/OL］.（2021-01-02）［2021-10-02］. https：//www.iea.org/countries/china.

④ IEA所发布的工作简报。

第四章　能源互联网商业模式创新有望突破中国能源转型困境

表 4-1　电力改革试点及改革重点

电力体制改革综合试点		形成电力市场化定价机制和健全的电力市场监管规则体系； 逐渐放开工商业领域电力直接交易，建立规范的跨省区市电力交易机制； 发电侧、售电侧主体多元、充分竞争，逐步放开增量配电投资业务； 市场化电力直接交易份额扩大	云南、贵州、山西、广西、北京、海南、甘肃、河南、新疆、山东、湖北、四川、辽宁、陕西、安徽
输配电价改革试点	先期输配电价试点	以有效资产为基础测算电网准许收入和分电压等级输配电价，建立平衡账户以实施总收入监管与价格水平监督； 分类推进交叉补贴改革，配套改革不同种类电价间的交叉补贴，逐步减少工商业内部交叉补贴，妥善处理居民、农业用户交叉补贴等	深圳； 内蒙古西部、安徽、湖北、宁夏、云南、贵州； 北京、天津、冀南、冀北、陕西、江西、湖南、四川、重庆、广东、广西； 电改综合试点省份； 华北区域电网； 2017 年全面推开
	输配电价试点	推进输配电价结构逐步达到分电压等级、分用户类别制定； 积极推进发电侧和销售侧电价市场化； 鼓励放开竞争性环节电力价格，把输配电价与发电、售电价在形成机制上分开； 逐步取消交叉补贴①	
	省级电网试点	制定科学合理的输配电价管理办法； 加强电网成本监管，引导合理有效投资，促进企业节约成本； 对企业不合理、无效的投资和成本，不予纳入输配电价等	
售电侧改革		向社会资本开放售电业务，培育售电侧市场主体； 提升售电服务质量和用户用能水平； 用电价格下降； 允许有分布式电源的用户或微网系统参与电力交易	重庆、广东、新疆（含建设兵团）、福建、黑龙江

　　售电侧改革和电力交易机制推动用户需求释放。售电、电力交易市场和发电主体更大的波动性，倒逼配电的智能化和开放化。分布式能源、储能、

---

① 交叉补贴：通常来说，电价的合理结构应该是各类用户（包括不同电压等级）的电价水平真实反映其供电的成本，如果某类用户的电价低于其供电成本而由其他用户承担，则形成了"电价交叉补贴"。目前，中国的电价交叉补贴形式主要包括：工商业用户对居民用户的补贴、城市用户对农村用户的补贴、不同电压不同电网间的交叉补贴。电价交叉补贴确实减轻了部分用户的用电负担，但其不利影响也非常明显：无法合理体现电力的资源价值，也无法引导各类用户的合理电力消费。

智能电表、新能源汽车、充电桩、智能逆变器的普及使智能电网基础设施逐步完善。

这一时期，低碳能源规模化进程走向终端能源优质化：城市能源燃气化、电气化、化石能源清洁化。中国开始成为全球先进能源技术的最大实验场，一批国内技术达到全球领先水平。水电、核电、风电、光伏发电的技术和装备能力进入世界前列，甚至形成垄断优势。例如，中国光伏组件的产能占世界的80%。[1]

《关于推进"互联网+"智慧能源发展的指导意见》（发改能源〔2016〕392号）做出能源互联网发展的顶层设计。可再生能源和分布式发电加快发展。2015年太阳能发电增长32.6%，其中中国增幅最大，达到69.7%，超越德国和美国成为世界最大的太阳能发电国。2016年可再生能源消费增长33.4%，能源结构正在向低碳燃料转型（见图4-4）。据《BP世界能源统计年鉴（2017年）》，2016年全球风电场年增长15.6%，发电量为959.5亿千瓦时，其中风力发电量最多的国家是中国。中国于2016年超过美国。中国年增长39.4%，发电量为241.0亿千瓦时，占全球总量的25.1%。2016年全球光伏发电仅占总发电量的1.5%。根据《BP世界能源统计年鉴（2017年）》的报告，全球光伏发电总量为333.1亿千瓦时，年增长29.6%，其中中国占全球总量的19.9%。2019年，我国发电装机容量突破了20亿千瓦时，风能、光能等清洁能源的总装机占40%以上，非化石能源消费的比重从2015年的12.0%提高到2019年的15.3%。中国连续多年成为全球可再生能源最大投资国，可再生能源装机和发电量连续多年稳居全球第一。而且，中国的清洁能源发电占比将从2019年的35.2%增至2050年的68.4%，将成为电力供应主体。[2]

---

[1] 周大地. 实现中国零碳能源系统的九点建议 [J]. 环境与生活，2021，155（1）：35-37.
[2] 中国石油经济技术研究院. 2050年世界能源展望（2020版）[EB/OL].（2020-12-29）[2021-09-15]. http://www.199it.com/archives/1180065.html.

第四章　能源互联网商业模式创新有望突破中国能源转型困境

图4-4　B2B能源商城

从市场需求侧来看，随着环境问题日益严重，电力用户对绿色能源的购买意愿明显增加。2016年8月31日，中国循环经济协会可再生能源专业委员会（CREIA）发布的《绿色电力消费者购买意愿调研报告》[①] 对中国10座主要城市的3000名消费者进行了访问，结果显示97.6%的受访者表示愿意购买绿色电力，其中90%可以接受一定程度上的费用增加。比起欧美的消费者，中国消费者的"绿色电力"消费意愿更强。

与此同时，新的电力需求来源正在出现，尤其是电动汽车的使用。

---

① 中国循环经济协会可再生能源专业委员会.绿色电力消费者购买意愿调研报告［EB/OL］.（2016-08-31）［2021-05-07］.http：// www.chinadialogue.net/article/show/single/ch/9246-Urban-Chinese-willing-to-pay-extra-for-green- electricity.

形势发展加剧现行能源体制压力，为能源互联网市场创新打开机会窗。"十四五"（2021—2025年）是国家经济激励政策驱动转向市场自愿行动落地的关键期。能源互联网以可再生能源为优先，以电力能源为基础，通过现代信息技术实现多种能源协同、供给与消费协同、集中式与分布式协同，是大众广泛参与的新型生态化能源系统。能源互联网将需求集聚到网络平台，需求集聚刺激分工，分工增加知识、降低各类成本，带来思想方式、管理方式、行为方式的转变，使传统的市场及市场力量发生根本性变化，创新利基与现行能源体制冲突加剧。

五、利基市场商业模式创新加速（2020年至今）

该阶段的主要特点表现为：全球新冠肺炎疫情加速能源服务线上融合发展，能源互联网商业模式创新大量涌现；大国能源新型基础建设投资加速。

全球新冠肺炎疫情下，一方面，能源缴费等便民服务的线上融合发展加速，各类能源服务应用小程序层出不穷；另一方面，能源行业企业供应链上下游间的线上融合发展进一步加速，能源互联网商业模式创新大量涌现（见图4-4、图4-5）。新冠肺炎疫情也导致全球能源转型领先国家与落后国家之间差距扩大。[①]

中国到2020年底终端能源的电气化水平仅占25%左右，之后将大幅度提高（周大地，2021）。信息化、自动化、数字化、数据互联将协同生成能源互联网的丰富内容和庞大市场。

2020年，中国拟投资新型基础设施建设40万亿元，所包含的七大领域——5G基站建设、特高压、城际高铁和城市轨道交通、新能源汽车充电桩、大数据中心、人工智能、工业互联网，均是与发展能源互联网密切相关的基础设施。2021年4月20日，接入新能源场站超过200万座（装机4.59亿千瓦）

[①] QUITZOW R. The COVID-19 crisis deepens the gulf between leaders and laggards in the global energy transition [J]. Energy Research & Social Science, 2021 (4).

第四章　能源互联网商业模式创新有望突破中国能源转型困境

图 4-5　购售电一体化云平台

的国家电网"新能源云"正式上线运行。① 美国总统拜登也在 2021 年上任之初推出 2 万亿美元投资计划，意在运用举国之力在 2050 年之前建成净零碳排放的可持续经济及其基础设施，同时创造提供中产阶级收入水平的几百万个工作岗位。伴随着全球能源互联网基础设施建设加大投入，所催生出的能源互联网利基市场的商业模式创新必将加速。

第二节　多层次视角下中国能源转型所面临的挑战

中国能源体制改革经历了漫长的市场化改革之路，如行业监管体制重塑、市场竞争主体丰富完善以及市场竞争环境营造等。由于沉没成本、行为模式、

---

① 国家电网新能源云发布会召开：助推碳达峰碳中和，构建新型电力系统［EB/OL］. 国家电网新能源云官网，（2021-04-20）［2021-08-08］. https://sgnec.esgcc.com.cn/home/newsenergydetail? newsId=21042303033300109041.

既得利益、基础设施、优惠补贴等产生锁定效应，能源转型并不容易发生。纵观中国能源发展转型历程，很多被用来解决问题的战略措施，正是要解决的问题本身。

一、能源体制层面：政府干预占主导，资源难以实现最优配置

当前，政府部门仍掌握重大能源建设项目和能源价格的审批权，并把能源建设和能源价格作为宏观调控的手段之一。行政权力成为配置能源资源的决定性力量，导致市场难有作为。

政府干预手段一般被分为技术推动和需求拉动策略以及"胡萝卜加大棒"策略。对于技术推动，若不顾制度条件和经济发展水平，以政府主导方式强推技术创新，会面临巨大风险。如新能源领域的光电技术企业在产业政策激励下呈爆发式增长，陷入无序竞争后大批企业破产。且技术推动可能引起其他创新延迟，存在负外部性。为了赢得"胡萝卜"的企业会为了获取短期利益而采取"机会主义"策略；对"棍棒"的响应则有推诿扯皮的特征，比如通过转嫁成本给他人来绕开管制的"棍棒"。

中国可再生能源仍将持续快速发展。如果仍按照当前补贴政策给予可再生能源财政补贴，政府将面临日益增长的巨额财政压力。产业导入阶段，补贴能带来盈利优势；产业成长阶段，政策扶持难以有效鼓励企业加大研发投入，造成同质化产能过剩。因此，从短期来看，产业补贴政策在可再生能源发展中发挥了重要作用。但从长期来看，补贴政策并不能加强企业竞争力或在一定程度上促进可再生能源行业健康持续发展（Zhao，Guo and Fu，2014），却一定会导致寻租行为，使得套利比创新更有利可图，而且会误导企业家投资决策，导致不公平竞争。

资源配置方面，中国政府对于能源供给和需求的调节缺乏全局性策略，过多地陷于应付眼前的能源平衡问题。例如，当需求大于供给时，为了尽快增加能源供给，便依赖可以迅速提高产能的煤炭。在煤炭的开采过程中，许多煤矿基本的安全设施不健全，污染物常常未能得到处理。采矿一旦造成劳工死伤、环境污染等事故，最后都由政府来处理。由于行政权力逐级下放到

第四章 能源互联网商业模式创新有望突破中国能源转型困境

地方，受政绩考核激励，各级地方政府的投资冲动急剧上涨。煤炭、石油等非再生性能源，在国内多地遭到掠夺性开采，使国家资源急剧减少乃至枯竭。表面上看这是一个地方与国家之间争利的问题，实质是体制滞后下的官与商的权力寻租、利益共享，缺乏约束的政府行为导致大量扭曲和资源误配。又如，国家针对高耗能行业制定统一的排放标准、排放限额、技术准入、碳排放强度减排目标，由国家分配到各省份，以淘汰过剩产能，结果造成民间资本被迫退出等现象。

二、能源体制与景观、利基层面：市场主体缺失，竞争协调机制不畅

在分布式能源运营企业被新的行业机制和可靠技术纳入现有能源供应体系之前，它依然显现为对能源集中供应模式的冲击。在埃森哲 2019 年开展的面向中国能源企业的调研中，59.5%的传统能源企业认为分布式能源比例的提升将导致集中式能源用户流失；能源用户对供应商的选择越多，能源产品及其服务就越需要差异化。[①] 但当下的能源市场尚缺乏有效应对。

我国能源行业中，政府横亘在市场中间，在市场准入和价格等方面进行较严格的管制，而对市场垄断、过度竞争与负外部性问题却相对缺乏监管。能源价格司定价，采取"成本[②]加成"下的管制价格，以能源低价来保障工业发展，造成市场价格竞争机制丧失，能源价格总体偏低。由于不考虑环境成本，形成可再生能源和化石能源的价格结构性失衡；在位国有企业效率偏低，创新研发受抑制；收入分配恶化，诱发腐败和寻租行为；能源生产消费产生的严重生态破坏、环境污染长期监管缺位。区域分权则阻碍了全国统一市场的形成，国有企业的支配地位更加稳固。

能源市场缺失真正的市场主体，政府难以推动形成包含环境外部性在内

---

① 埃森哲咨询有限公司. 新生态新起点：中国能源互联网企业高管调研 [EB/OL]. (2019-06-30) [2021-04-29]. https://www.accenture.com/cn-zh/insight-commercial-ecology-perspective-china-energy-internet.

② 这里的"成本"，严格来说是开发成本，未考虑资源本身的价值成本以及环境成本。

的价格体系，限制了可再生能源对化石能源的替代进程。尽管借鉴了德国可再生能源电价补贴等电价机制设计，但可再生能源企业常面临延迟支付和电费拖欠状况，不得不接受高于国际竞争者的融资成本，盈利能力偏弱。

政府管制价格，产生各种对抗行为。例如，火电投资持续高涨而清洁能源投资积极性不高；电网企业为减少投入而拒绝接纳新能源入网。仅 2016 年，累计约 1500 亿千瓦时、占全国总发电量 2.5% 的非化石能源电量无法有效利用而被白白浪费，[①] 即部分可再生能源发电获得了补贴却未被消费，浪费了国家财力，违背了补贴政策的初衷。价格管制不但影响能源的数量配置，还影响能源服务品质。

我国当前油气等行业高素质人才进入机制不完善等也限制了各种创新。

第三节 能源互联网多层次突破能源转型困境

鉴于能源转型受制于社会现实体制，而社会现实体制受制于历史演变，现实困境是历史演变中不同层次具有适应性的主体间相互作用的均衡结果。只有跳出现行能源体制的束缚，寻找新出路，汇聚新动力，才可能打破均衡，突破现实困境。

中国比其他国家更为重视"能源互联网"和其未来潜力，原因在于中国能源转型较其他国家更为迫切，而中国互联网发展水平、新能源技术、智能电网、特高压等基础设施在全球处于领先水平，其深度融合带来的颠覆性创新，可以大大解放和发展生产力。人口规模和领土面积大国的叠加，给宽带互联网、移动通信、大数据存储等技术，油气、供排水等一系列管网系统，提供了多元化的需求，也提供了足够多的信息、客户、资金、能源等流动要素。能源互联网有利于调动各方力量，实现上下联动，共同推进能源转型。

从可持续发展角度来看，实现能源转型最有效率的办法就是将社会力量动员起来，多元化的主体协同参与，寻求加速推进能源转型的合理路径。在

[①] BP 能源公司. BP 世界能源统计年鉴 [EB/OL]. [2017-07-23]. http://www.bp.com/zh_cn/china/reports-and-publications.html.

第四章　能源互联网商业模式创新有望突破中国能源转型困境

外界形势压力下兴起的能源互联网有望突破能源转型困境，成为实现能源转型的现实路径。

一、外界形势压力促成能源互联网兴起

驱动能源转型的不只是各国对气候变化的恐惧，更是人们对美好能源生活的向往。在960万平方千米的陆地国土面积上分布了14亿人口，使中国创新思想较为集中，交流较为频繁，技术创新发生率较高。由于市场需求规模较大，消费有传统和求新的差异，也存在不同支出水平等层次，新技术产品容易得到能源互联网市场的逐级接受，市场化和产业化较快。中国的互联网发展水平、新能源技术、智能电网基础设施等在全球处于领先水平，其深度融合将带来破坏式创新。

能源互联网发展趋势以及现实结构调整的需要决定政府的地位和改革路线。能源互联网大大扩展并重新界定能源行业的空间和边界，改变能源运行环境，增强市场主体的合作意识，使能源从生产端直接到消费端，彻底重构价值链上的利益分配格局，也有潜力从消费端反向影响生产端，使生产真正做到随需而动，建立新供给模式和交易关系，涌现出一系列商业模式创新。

二、能源互联网为能源体制创新开辟新空间

商业模式创新可能有助于克服一些关键障碍，以提高可持续技术（Wustenhagen and Boehnke，2008）。例如，太阳能等可持续能源技术往往带来新的所有权模式、价值链、客户关系和资金流动，因为它们不容易适应围绕大型、集中化能源系统发展起来的传统商业模式。又如，数字化共享经济平台带来了新的商业模式，使私有资产可以用于租赁服务。尽管这种潜在相关性的商业模式会伴随可持续技术的发展而扩散，商业模式创新本身不足以带来整个能源系统的变化，人们还是期望更深层次的政治、监管和市场改革。

能源互联网以其开放特征带来新的市场空间和服务渠道，提供无穷的创新创业机会，蕴含着颠覆式创新，而创新的关键应该是保护企业家精神，并建立充分竞争的市场体制。政府行为从直接对价格和市场进入的行政性控制

向新的权力的设立、启用市场机制转变。以市场为导向配置资源，政府在其中的职责是开放行政性垄断市场，消除不合理的市场禁入，创造一个公平竞争的环境。例如，通过能源互联网平台，公开更细化更精准的经济、能源和排放源数据。通过开放信息能真正地给公众赋权，而基于大数据和信息共享，才能得出对于企业家决策至关重要的市场洞察。举例来说，以往的发电领域产能过剩是政府失灵的结果，若利用能源互联网建成统一的电力批发和零售市场，电网无选择性开放，就可克服信息不对称，实现资源更大范围优化配置，化解过剩产能。

中国40多年来的改革开放历程有很多经验可供借鉴。如中国曾同样高度垄断的电信行业改革已取得成功。腾讯、百度等公司在已经联通的网络上为客户提供服务，带来新的信息通信体验。中国改革开放历程也使中国政府与民间社会更清楚地认识到创业不一定是制度变革的产物，创业可以先行。能源生产消费方式会向以用户为中心的个性化、数字化方式转变，推动市场从管制型、集中型向竞争型、开放型的市场加速过渡。利用能源互联网，虚拟的售电公司将会崛起，提高客户对价格的敏感度，从而为降低能源成本带来机遇，也赋予消费者更多体验和选择。

三、能源互联网带来利基创新的新动力

（一）开放式创新理念

中国的能源消费者对于数字化渠道的信任度、信息分享意愿、对具备能效管理功能的新产品和新服务的需求均远超全球平均水平。[①] 从规范性的传统能源市场转向以客户需求为中心的能源互联网市场，其关键是理念创新，即邀请有创新力的主体进入创新支持机制，再由粗放的供给满足增长过快的需求转到科学供给满足合理需求。

开放式创新理念强调联合企业内外资源，从不同维度，将创新力量凝聚

---

① 埃森哲咨询有限公司. Unleashing business value in a digital world [EB/OL]. (2017-07-24) [2021-07-05]. https://www.accenture.com/us-en/insight-unleashing-business-value-main.

第四章　能源互联网商业模式创新有望突破中国能源转型困境

于企业，使企业迸发出不凡的生命力。其最终目标是以更快的速度、更低的成本，获得更多的收益和更强的竞争力。在更广泛的社会和政治环境支持下，以开放式创新为理念，能源互联网市场利基创新可以快速赢得发展空间。

用户创新是开放式创新的关键。只有准确把握用户需求和用户创新的市场主体才能在市场竞争中占据主动地位。企业与社交网络的领先用户加强战略式伙伴关系，分析显示用户对能源产品在效率、便利性、可用性、持久性和价格方面都有创新或改良，用户能成功修改、完善和重新设计，进行选择性的设计并在流行的用户论坛上提供关于如何购买、使用和维护这些技术的高手级用户支持。[①] 有创新力的广大用户能加速能源互联网的推广扩散。

（二）多元化主体创新

转型是协同演化过程，要求社会技术系统的多重转变。因此，转型是多主体协同演化过程，需要企业、家庭、政策制定者、社会活动者、科学团体和特殊利益集团的共同参与。多元化主体创新包括各种非技术创新，以及消费者、公民与组织在购买和采用低碳技术之外的积极贡献。

能源互联网吸引更广泛的主体更为积极主动地思考和推动能源转型，激发越来越多的商业模式与服务模式创新，当发展达到一定的速度和规模之后，必将引起能源生产消费结构的跳跃式变革。

能源系统向 DER 技术转型，不仅要求技术革新，还要求组织创新以占有更广泛的私人客户细分市场。双向电能计量（智能电表）和分布式能源生产的到来已经改变了集中式能源供应中居民用户传统被动的角色。伴随着社会经济技术发展，家庭户小型化趋势使能源需求增长高于人口增长，并具有需要注意的新特征：能源互联网使家庭能源用户角色发生转变，从被动接受变为主动参与，从单纯消费变为产消一体，从分散孤立变为共享连接。

当前用户用电，按月缴纳电费，但其并不知道用电具体情况，有多少能耗被浪费。而能源互联网企业可通过每天的能耗服务反馈，在不影响用户舒

[①] HYYSALO, JUNTUNEN, FREEMAN. User innovation in sustainable home energy technologies [J]. Energy Policy, 2013（55）：490-500.

适度的情况下，按照如何节省能源、水源和减少浪费等进行简单提示，从而引导人们改变其消费方式。比如，美国 Opower 公司通过互联网交互平台分析家庭电费账单，让人们知道他们的能源消耗与邻居的对比情况，激起用户竞争意识并促成能源使用量的明显减少。

能源终端用户转为分布式能源运营企业合作提供者的角色，表明家庭能源管理不仅关心能源效率，还关心需求侧响应和电力的生产。在能源互联网中，每一个分布式发电项目和微网都是一个众包单元，这些单元通过协作与互补构成了一个智能强健且绿色经济的电力网络，数量庞大的企业和家庭参与其中，包括电站开发、电站运维、微网运营、管理平台、需求侧响应等。不同于传统电力网络，在能源互联网中每一个参与个体都是平等的角色，协作将替代传统的电网调度命令。能源互联网对分散化的产消者进行智能管控，电动汽车的蓄电池能够提供足够的灵活性。

利基市场上的创新企业则需构建数字化竞争力，搭建商业生态平台，为用户提供轻松体验，强化战略伙伴关系，加速创新。来自行业外的市场新进入者可能包括一些数字化企业，如谷歌、百度、腾讯、阿里巴巴，它们已经和消费者建立起了稳固的关系，并正设法利用这些关系为其提供新的创新类能源服务。这些新进入者正在革新能源行业的各个方面，包括用户互动、资产管理、数字化运营到灵活的价格机制。

更广泛的社会创新则以社区能源合作社、能源服务公司、能源项目众筹等推动能源互联网商业模式创新。

(三) 数字化商业模式创新

数字化变革对企业提出了挑战，要求它们改变商业模式的价值主张，数字化部分商业模式或引入全新的商业模式，这些商业模式的短期和长期成功取决于它们为利益相关者创造价值的大小。根据颠覆性研究（克里斯滕森，2001），这些数字化驱动的商业模式创新带来的改变最初可能很小，但当它们成为主流时，可能意味着对市场和整个行业的重大颠覆性后果。

能源互联网伴随着新数字技术的不断涌现和扩散，例如，IoT 和在线支付使企业、消费者和设备之间的新互动成为可能，从而推动了能源互联网商业

第四章　能源互联网商业模式创新有望突破中国能源转型困境

模式的创新发展。由于数字初创企业和信息丰富的公司（如谷歌、百度、阿里巴巴和京东）的进入、跨行业公司（如特斯拉）① 的创新引领，能源互联网市场的竞争格局正发生改变。

另外，能源共享平台将陌生人之间的相互信任问题转化为个人对抽象体系的信任，个人在评估该抽象体系时无须考虑特定场景下个人的品质，而仅需以特定信号作为连接方式。在平台中，对于特定品质的关注则被对平台品质的考量取代，平台利用大数据和 IoT 实时拟合机制，建立了特定的连接规则，使得市场变成一种 P2P（个人对个人、端到端）的模式。这种规则的有效性则保证了低沟通成本。例如，德国 Sonnen 电池公司建立了电池业主的虚拟社区，该社区内的用户可以在虚拟能源池内参与 E2E 的能源交换和能源交易。

能源互联网所带来的新技术、新市场或新商业模式改变了主导的商业模式以及行业逻辑与规则，使传统能源领域很难看到来自其他领域的新进入者，等意识到威胁时，就需要跳出"帆船效应"（正如轮船技术兴起，面对新技术带来的竞争，成熟的技术，如帆船，会加快自身的改善速率）。能源行业如同金融行业，是中国垄断程度很高、进入壁垒森严、管制严格的行业。但正如微信在 2014 年春节期间用"抢红包"的游戏调动用户参与热情，使腾讯在 7 天假期中轻松获得几千万用户的银行卡信息，顷刻间威胁到传统金融公司长期花大量人、财、物建立的客户基础、价格体系和销售渠道一样，能源互联网也将迫使传统企业积极转型。成功转型的关键在于选择面向未来的数字化商业模式，并改变组织的思维模式来打破传统的运营模式和方法。考虑到商业模式的多样性以及商业模式组成要素、利益相关者和多层次维度之间的相互关联，能源互联网商业模式创新面临着极大挑战，主动迎接艰巨挑战的企业将率先赢得市场机会。

---

① 特斯拉（Tesla）诞生于美国硅谷，是一家电动汽车及新能源公司，公司愿景是"加速全球向可持续能源的转变"，主要产销电动汽车、储能设备，并向客户提供包括太阳能板、能源墙、太阳能屋顶等端到端的清洁能源产品/服务。

四、能源互联网市场利基先行者和在位企业商业模式协同演化

具有减少碳排放潜力的面向消费者的数字创新往往存在于利基市场,以商业模式理论框架分析能源互联网市场中利基先行者和在位企业(传统大众市场参与者)的商业模式发展协同演化见表4-2。

表4-2 能源互联网市场商业模式协同演化过程

演化过程	解释
创新	通过可持续导向的商业模式创新,改变在位企业商业模式并导入全新的商业模式或要素
竞争	由市场竞争差异化消除不可持续的商业模式,做出可持续转型中的积极选择,使可持续企业的市场份额获得领先的、更高比例的相对增长
扩散	通过保留由先行者和在位企业进行的商业模式可持续创新,有更可持续商业模式的企业获得可持续的、绝对增长的市场份额

资料来源:SCHALTEGGER, LÜDEKE-FREUND, HANSEN. Business models for sustainability: A co-evolutionary analysis of sustainable entrepreneurship, innovation, and transformation [J]. Organization & Environment, 2016, 29 (3): 264-289。

在外界形势压力下,能源在位企业会依托既有优势地位,寻求现有大众市场的商业模式创新,表4-3归纳了能源在位企业在传统大众市场的商业模式创新和贡献。

表4-3 能源在位企业在传统大众市场的商业模式创新和贡献

商业要素	大众市场商业模式	对大众市场可持续转型的贡献
价值定位	强标准化	有效联合关键产品特征和现存客户购买动机中的一些可持续性方面
价值创造和传递(基础架构和客户界面)	①庞大的分销系统; ②规模经济	①减少耗能商品和能源消费的有效途径; ②通过扩大可持续产品系统创造经济规模; ③用能源互联网高容量分销渠道和大量客户直接联系以促进更多可持续的产品创新
价值获取(盈利模式)	通过大量销售和严格的成本控制产生利润	由于快速转换为大规模生产,降低可持续产品成本

与此同时,利基市场的新进入者会逐渐扩大目标市场,寻求快速发展。从小众的可持续利基市场商业模式转型进入大众市场,与能源在位企业形成

第四章 能源互联网商业模式创新有望突破中国能源转型困境

竞争合作关系,面向大众市场的商业模式创新将面临一系列挑战。表4-4归纳了可持续利基市场商业模式和进入大众市场的商业模式创新挑战。

表4-4 可持续利基市场商业模式和进入大众市场的商业模式创新挑战

商业要素	可持续利基市场商业模式	进入大众市场的商业模式创新挑战
价值主张	①高度差别化; ②可持续能力作为独特的关键要素	潜在客户的有效行动,他们原则上倾向于购买有很强可持续能力、可长期使用并具备高能效的产品或服务
价值创造和传递 (基础架构和客户界面)	①清晰的目标客户群体; ②专业化的分销渠道	①开放新的沟通渠道吸引潜在客户; ②扩大分销网络; ③当规模化时保持高可持续能力
价值获取(盈利模式)	由于产量低,高利润缓冲高成本	尽管沟通和分销成本增加,仍应尽可能降低价格和成本,确保充足收益

能源互联网将零散分布的市场主体汇聚到共同的平台,带来理念和商业模式的创新,为更广泛的主体进入可持续发展的能源领域提供了新市场,使市场力量发生根本性变化,打破现有均衡,破解能源转型困境。

在转型过程中,能源体制同时面临着不断增加的外部社会压力,来自细分市场的新兴竞争,以及导致大规模破坏和非线性变化的日益加剧的内部紧张与危机。制度通过优化和渐进式创新来发展路径依赖。然而,随着更广泛社会背景的变化,新的激进替代方案不断涌现和发展,这不可避免地会给现行能源体制带来更大的压力、危机、不稳定性。在不稳定的监管环境下,不同企业可能会对自身重新进行价值定位,并将其新的价值主张(价值定位)与新兴的创新联系起来,形成新的商业联盟、结构和实践,从而获取价值并实现转型(见图4-6)。

在中国能源互联网市场,政策开放、商业模式创新和技术演进的合力正在促使价值枢纽发生划时代的迁移。能源互联网是一条承载了实现绿色、智能、开放、生态、产消一体等美好设想的能源转型途径。在萌芽阶段的利基创新者不会对体制产生威胁,在某个时候,外部环境发展可能对体制产生压力并创造转型机会。但如果创新利基发展不够充分,他们可能把握不住这个机会,而机会窗也会随之关闭。当利基创新的目标在于取代现行体制时,利基

能源互联网商业模式创新

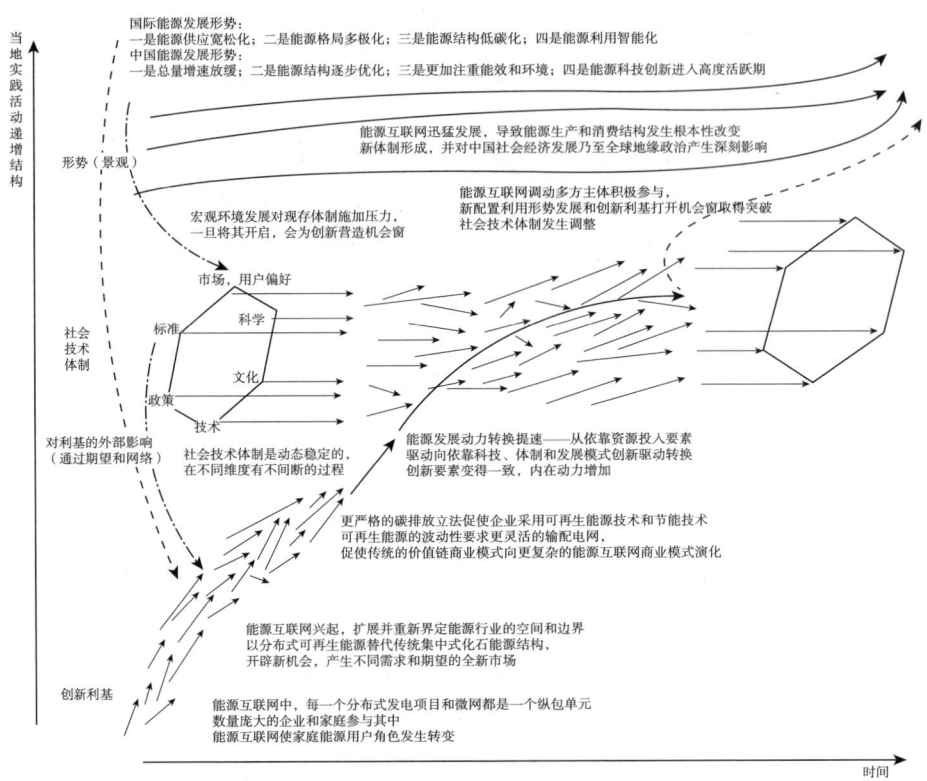

图4-6　能源互联网商业模式创新多层次突破中国能源转型困境

资料来源：王君安，高红贵，颜永才，等．能源互联网与中国电力部门商业模式创新［J］．科技管理研究，2017（8）：26-32。

创新与现行体制间具有竞争关系；当利基创新能被现行体制作为强化竞争的补充时，两者间具有共生关系。如果没有外部环境压力，那么体制将保持动态稳定。环境压力与外界舆论并不会立即导致体制主体去改变规则和行为，改变通常包含利益相关者间的冲突、争议、力量抗争。

通过多元化视角对新中国成立以来能源转型历程进行分析可以发现，中国能源体制改革在激励低碳创新的政策方针上取得了显著进展，而更深层次的制度逻辑仍然相对稳定。这意味着，迫切需要越来越多的、激进的能源互联网商业模式创新突破传统能源体制的路径依赖。

第五章　能源互联网商业模式的内在逻辑

20世纪90年代中期，互联网在商业领域普及应用，改变了基本的商业竞争环境和规则。正在兴起的能源互联网同互联网一样，由市场驱动，将引发更深层次的创造性破坏，提高能源生产、能源消费、能源交易等各个环节的效率，对企业的协调、商务、社团、业务和沟通活动产生多方面的深刻影响，使大量能源互联网商业模式创新实践成为可能。

能源互联网的基础是技术创新，关键是商业模式创新。一项新技术的经济价值仅仅是潜在的，直到它能被以某种形式商业化后才能具体表现出来。同样一项技术，采用不同的商业模式会带来不同的收入。公众参与、民间力量是推动能源互联网实现的不可或缺的要素。随着能源互联网市场的发展，主动设计商业模式，经过试验成形后，进行复制与升级，可以充分把握和利用可能的商业机会取得成功。

能源互联网需要"自上而下的设计，自下而上的实施"。能源市场潜力巨大，也蕴含着国际化的商业机会。在"能源互联网"背景下，千百年来形成的以生产顺应需求的能源供给模式与商业逻辑将被彻底颠覆，转换成整合需求以优化生产达到节省资源的新哲学体系。在新体系中，处于能源互联网中的各个参与者既是"生产者"，又是"消费者"。发展能源互联网要勇于打破垄断格局与自我设限的条条框框，破除束缚生产力发展的因素，建立可跨界、可协作、可融合的环境与条件。

能源互联网将改变目前被动的、弱信息化的、单向传输的、静态的、封闭式的能源系统，进化为市场导向的、服务化的、分布式和集中式相结合的、动态的、开放式系统。在全球化浪潮冲击、技术变革加快及商业环境变得更加不确定的时代，决定企业成败的最重要因素不是技术，而是它的商业模式。技术日新月异，企业很难长期领先，后起者和仿造者会很快赶上甚至超越，但一旦建立起适合企业发展的商业模式,就很难被复制,因为它要求全员的、全面的、全过程的参与,通过商业模式创新来拓展公司的业务边界及行业的边界,并让价值链上的有关各方都受益,而非只局限于在旧的模式中考虑利润水平。开放的商业模式会让企业保持领跑者的位置,并影响更多的合作伙伴。

商业模式清楚地表达企业价值创造的总体逻辑,并且在企业传递价值过程中,保障企业有一种可以接受的收入和成本结构。其实质正是确定企业价值创造的逻辑与方式:如何向用户创造和交付价值?如何吸引客户为价值付费?因此,商业模式反映了企业经营者的一系列假设:顾客需要什么?他们怎样需要?企业如何组织自己的活动去最好地满足这些需要、收取费用并获得盈利?(Teece,2010)简单来说,商业模式就是要弄清楚"如何通过为顾客创造价值从而为自己收获价值"。

Peter Drucker 经典问题求解方法回答了商业模式的主要内容。商业模式包括:①"为谁",即对顾客的界定;②"做什么",即对顾客的价值主张、提供的产品/服务;③"如何做",即创造并传递价值给顾客的体系,包括资源配置、合作网络、能力和渠道;④"如何盈利",即企业的收入模式。

表 5-1 基于商业模式基本要素的思考

如何做	做什么	为谁做
关键业务是什么? 拥有多少资源? 与谁合作?	我能提供什么价值? 它能够迎合某种需求吗? 它是独一无二的吗?	我的目标用户是谁? 我能对其进行推广吗? 我能得到这些用户吗?
盈利模式:谁会为什么价值付费?这些收入能够使企业存活吗?		
成本结构:我需要支付什么成本?成本与用户数量有关吗?		

资料来源:Drucker(2001)。

从表 5-1 中可以看出,价值创造或所创造的价值,与所提供的产品、战略和价值主张相联系;价值传递或者价值如何交付,与执行战略所需的关键业务和资源相联系;价值获取或为什么价值被捕获,与利益相关者的利润和利益的衡量相联系。商业模式不仅帮助研究人员更好地理解企业如何产生和获取收入,而且为职业经理提供了有价值的手段,以扩大他们对商务现象的理解,并帮助他们捕获、可视化、理解、沟通和分享商业逻辑。

例如,德国 Fresh Energy 公司①确定了以数据(智能电表数据)驱动为基础的商业模式(见表5-2),该模式将智能电表数据作为获取新收入来源的工具,并尝试让用户电力消费实现零成本。其关键创新在于,不将电力消费作为能源零售运营商的核心产品,而是仅仅作为数据的输入,与跨行业合作伙伴一起,开辟新的收入来源。

表5-2 德国 Fresh Energy 公司的商业模式

如何做? 价值创造与交付	做什么? 价值主张	为谁做? 目标客户
①使用复杂的算法、人工智能识别和机器学习分析来自客户智能电表数据,以确定客户的设备消耗了多少电力,以及每个月将花多少钱。 ②通过监测家用电器的能源消费来节约能源。 ③与跨行业合作伙伴一起,不断开发新功能	①分析智能电表收集的数据; ②基于智能电表数据,扩展增值服务,如提高用能效率、智能家居电商服务②	①公用事业公司; ②住宅终端用户
盈利模式:为其客户提供免费的智能电表,通过增值服务获取收入		
成本结构:平台和App开发、运营和维护成本、员工工资、客户关系管理成本等		

又如,智能电网领域瑞士 Adaptricity 公司服务于电网运营商等公用事业公司和企业用户,其商业模式逻辑如表5-3所示。

表5-3 瑞士 Adaptricity 公司的商业模式逻辑

公司/项目领域	瑞士 Adaptricity 公司/智能电网领域
价值主张 (What)	①让电网更智能,降低成本; ②使电网运营商能够自动执行诸如连接请求等重复任务,对所有电压水平的电网进行深入的、基于时间序列的分析,并评估需求响应的影响

---

① 德国 Fresh Energy 公司为能源零售运营商,为客户提供绿色能源。详情参见该公司网站:https://www.getfresh.energy/。

② 例如,Fresh Energy 算法可能会在用户的洗衣机运行20次之后提醒用户需要新的洗涤剂,并且可以帮助其在电商网站上下单购买。

续表

公司/项目领域	瑞士Adaptricity公司/智能电网领域
目标客户 （Who）	①电网运营商； ②企业用户
价值创造/价值交付 （How）	为客户提供软件——Adaptricity Mon，该软件用于电网规划、运营及资产管理，使所有不同层级的电网实时数据和模拟驱动网络透明化
价值获取 （盈利模式）	①更高效的电网运行； ②Adaptricity Mon软件的数据分析与销售收入

综上，商业模式给企业提供了可参考的思维方法与实践框架。商业模式的基本组成要素包括"为谁""做什么""如何做""如何盈利"四部分，即目标客户、核心资源能力、业务系统以及成本与收益模式是商业模式的核心构成要素。结合第一章里商业模式的相关研究，价值主张涉及目标顾客选择、市场定位、顾客需求等要素，最核心的是发掘目标顾客现有及潜在需求；价值创造主要是通过管理架构进行资源的优化配置，生产提供相应产品或服务，涉及核心资源和能力要素；价值传递主要在客户界面，解决价值载体（产品或服务）如何传递给目标顾客的问题，包括业务流程、销售渠道、客户关系等要素；价值获取主要回答盈利模式问题，即企业及合作伙伴如何通过商业模式获取利润，包括成本结构、收入来源、利益分配等要素（见图5-1）。

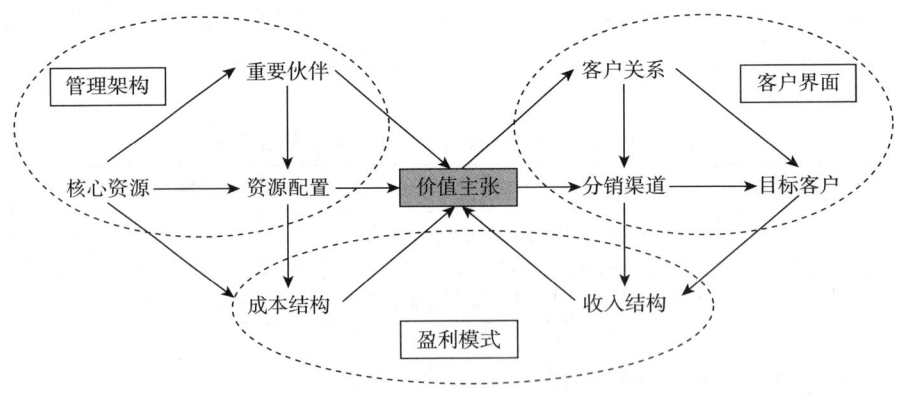

图5-1 商业模式业务系统的内在逻辑

商业模式是一个有机的系统，其中的元素相互影响，共同解释了企业如何经营业务并获得利润。商业模式研究不同于对产品、公司、产业的研究，

第五章 能源互联网商业模式的内在逻辑

尽管商业模式最终聚焦于某个企业，但是商业模式的研究边界却超越了传统的企业边界。企业及其关联方的行为活动，在商业模式形成过程中起到了重要的作用。商业模式创新的途径主要有重新定义顾客、提供特别的产品或服务、改变提供产品或服务的路径、改变收入模式、改变对顾客的支持体系和发展独特的价值网络。

能源互联网将拓展人类社会和商业边界，创造新的商业价值处女地。商业模式创新可以使企业更新其价值主张，增强其独特性，获得新的市场和客户，并获得长期可持续竞争优势。

第一节　能源互联网商业模式的价值主张

价值主张确立向目标客户提供什么样的价值，包括所提供的产品和服务，以及它们满足的客户需求。价值主张是商业模式的核心要素，因为客户不仅需要了解一家公司的产品，还需要了解它的价值主张，以及它与竞争产品的区别。消费者对企业价值主张的认可会转化为他们对企业的忠诚，增强他们的购买意愿。

能源互联网将带来行业重构、价值重构、资本重构，会实现多类型、高比例可再生能源友好接入，使多能互补等效电厂实现高效环保利用。能源互联网将具有消费者通常所看重的价值属性，包括易用性、节省时间、选择多样性、环保、健康等。能源互联网企业应随时准备做出新的战略决策和战略投资，明确自身的核心竞争力，不断满足能源新消费者的需求。

当企业着眼于价值创造并问这样一个问题："我们创造的价值是什么？"通常会转向企业战略和价值主张，明确向客户提供的产品、服务和创新。能源互联网商业模式的价值主张目前主要覆盖七个领域：①能源效率；②能源服务；③本地化分布式低碳发电；④大规模低碳发电；⑤灵活性 DR；⑥碳捕获；⑦储能。

在开拓新领域时，能源供应商需要发展以往所没有的能力（如面向产消者提供灵活 DR 服务的能力），从而应对能源互联网市场中各式各样的竞争。

171

要想在利润微薄、竞争激烈的时代中取得持续增长并不容易。虽然很多供应商已经开始探索新型产品和服务，但是在前进的道路中，成功取决于企业的市场速度。能源互联网将涌现出一批活跃的、依靠数据和商业模式制胜的新型公司。

企业可通过四种途径实现价值创新：①跨越产业边界实现价值创新；②通过调整产品定位创造价值创新；③跨越细分市场创造新价值；④利用新技术创造新价值。关于"跨越产业边界实现价值创新"，典型的例子是能源服务项目。能源服务强调全能源系统的整合，集成使用多种能源技术，把能源生产、输送、消耗和回收过程视为一体，统一考虑时间、品种、质量、能源效率、环境、安全、经济性，最大限度地引入新能源和可再生能源技术，建立智能化的区域能源网络，实现区域内能源系统能效最优。

技术和商业模式创新是迭代的，更智能的能源互联网生态系统为复杂价值商业模式的创新奠定了基础。具有复杂价值主张的商业模式跨越多个空间和时间，通过多个系统，由不同方产生金融、可持续发展、社会和环境方面的效益。主流商业模式在不损害其核心价值主张的情况下追求变革性的能源效率。能源系统之外的人围绕"减少能源需求"提出许多价值主张，包括缓解燃料短缺、保障能源安全、降低公共卫生支出、创造就业机会，以及减少对新增电厂和电网加固的投资（IEA，2014）。为了将这些价值货币化，跨行业的利益分享变得更有必要，这增加了商业模式创新的复杂性。

能源服务公司更有可能对提高能源效率的行为给予实质性的激励。Energy Service Companies（ESCos）提供能源服务（例如温暖的家庭、高效率的电器/照明），而不是按单位提供能源，收入来自为提供这些服务所减少的能源耗费，从而鼓励用能终端提高能源效率，促进社会节能和环境改善。

第二节　能源互联网商业模式的目标客户

在探讨能源互联网商业模式时，关键问题是"公司为谁提供商品或服务"。"只有知道顾客需要什么，我们才能找到创新的机会。然后，我们看看

第五章　能源互联网商业模式的内在逻辑

是否存在能够运用这些创新机会的技术。要想具有创新性并不困难，难的是确保你的创意在商业上是可行的。"（Murray，2003）许多企业之所以失败，是因为它们没有关注真正的消费者需求，浪费时间与金钱开发没人愿意购买的产品和服务。

商业模式创新逻辑思考的起点是客户的需求，这点明显不同于许多技术创新。技术创新的视角，通常是从技术特性与功能出发，看它能用来干什么，去找它潜在的市场用途。商业模式创新即使涉及技术，也多与技术所蕴含的经济价值及经济可行性有关，而不是纯粹的技术特性。例如，随着可再生能源技术日趋成熟而产生的可再生能源服务提供商，通过产品—服务系统综合解决方案，从拥有资产转换到交付功能，降低复杂性和前期投资，为客户增加巨大价值，从而获得更多的客户参与。

商业模式创新更注重从客户的角度，即从"客户价值最大化"出发思考设计企业战略，视角更为外向和开放，更多注重企业经济方面的因素。能源领域中传统商业模式长久以来忽略了客户端，将个人及家庭用户视为"接受者"而不是有价值的"客户"，不重视客户关系。在作为消费者被能源体系边缘化多年之后，消费者的角色正在发生变化，被置于能源互联网体系的核心，授权他们在能源转型中成为充分活跃的参与者。消费者自身正成为越来越强大的行动者，虽然不是直接推动创新，但会通过他们越来越强的组织能力（通常通过在线平台）表达个性化需求的声音。在能源互联网中，公民越来越多地参与能源的生产、储存、分配和使用，以及可能拥有分配网络，参与能源市场和能源服务供应。

如今，消费者对清洁能源有更强的参与和互动偏好，这种偏好可能会对能源互联网市场结构产生影响，因为它向供应商提供了丰富信息，使得供应商可以差异化满足用户需求。无论是个人、家庭或大型商业能源消费者对能源互联网及其需求都各有不同。消费者角色和客户关系的变化需要商业模式创新，新的商业模式必须认识到复杂的客户细分和相应的个性化定制服务需求。

能源互联网商业模式创新需要面向用户，从早期采用的细分领域向大众市场扩散。能源互联网商业模式的价值定位要能吸引一批独特但有限的早期采用者,他们重视环境效益,偏好新奇的事物。例如,电动车用户与传统燃料汽车用户相比,前者更关注于比较现有技术的核心属性(如成本和性能)与低碳替代品的环境效益(如低排放)。低碳替代品,如电动自行车,将长距离的个人移动性与改善健康的潜力结合在一起;全自动驾驶汽车,将个人运输与移动办公室的潜力结合在一起。

消费者会有意识地利用新技术,追求可持续的生活。这种生活的本质并不仅仅集中于个人的需要和愿望的满足,而是集中于共存、对他人需要的敏感和反应、对环境的关注以及在可持续发展的基础上实施一致性的行动。能源互联网商业模式创新的可能性和速度取决于消费者,包括消费者的能力、改变现有生活方式的意愿以及对消费主义、温室气体排放后果的认识。

消费者的消费需求可分为潜在需求和已知需求。潜在需求指受限于个体"视野"的局限性,未能被消费者主动意识或充分开发并加以满足的需求。消费文化经过了"理性"和"感觉"的阶段,正迈入"感情"时代。用已知需求引导企业生产,有针对性地给所生产的产品赋予文化内涵,使其达到在文化层面增值的目的,比如给清洁可再生能源产品赋予"保护环境,关爱地球"的文化。因承载着不同的文化内涵,能源互联网产品或服务脱离了单纯的使用价值意义,变成了一种通过价值交换获得的身份、地位、信仰等方面的标签,可以满足消费者某些社会属性方面的消费需求。

为了形成企业自身的竞争优势,企业必须主动预测、充分发掘消费者潜在需求,并加以推广,进而使消费者能够自我觉察并认可这些潜在需求。企业需要掌握个体的差异化需求,在价值体系中寻找某种未被意识到或未被完全开发的意义,将其通过商品或服务符号化,使消费者在消费过程中,能够通过价值交换获得这种意义,创造个性化的客户体验。

能源系统向分布式能源运营企业技术转型不仅要求技术革新,还要求为占有更广泛的个人客户细分市场而进行组织创新。能源互联网主要建立在可再生能源基础上,致力于推动传统能源产业的可持续转型,让可持续的消费模式成为消费新常态。今天单一的、"自上而下"的能源供给方式会向个性

第五章　能源互联网商业模式的内在逻辑

化、差异化和以用户为中心的方式转变。

能源互联网企业面临的最大挑战是消费者主权崛起。新人类主导消费话语权，强调个性化、场景化、实时化、互动化的消费体验，"90后"更乐于且善于表达消费主张，将有力推动能源市场从管制型、集中型向竞争型、开放型的市场加速过渡。因此，能源互联网商业模式确定的目标客户是"新能源消费者"。

新能源消费者对于能源的认知和需求、消费模式等与传统能源消费者有很大不同。

一、能源认知和需求差异大

能源作为现代生活中理所当然的背景，以一种不引人注目的消费形式存在。社会文化习俗，例如乐享舒适、清洁、方便、新鲜、社交和娱乐，塑造了消费者的期望与家庭行为，往往导致能源需求增加。这些文化习俗与家电制造商和零售商的主导信念及指导原则非常一致，他们致力于开发和销售更廉价、更多功能的产品，并以此为基础在市场上竞争。家电制造商最终接受了能效议程，并通过行业协会成为提升能效的主要倡导者。

随着能源市场变得日益复杂，新一代能源消费者对能源有不同的认知水平，基于不同的认知水平会产生不同的能源消费需求。

一类极端的消费者群体是精通能源知识的"能源达人"。他们博闻强识，对各种替代能源的来源、结构和环境影响独具见解。他们对能源管理、能源结构、能源产生方式、新技术和分布式发电表现出浓厚兴趣，并且会积极与供应商进行互动。这类消费群体的能源观念已经超越价格范畴。根据埃森哲的2015年调研报告，① 76%的受访者表示他们更愿意从已获得"绿色环保"认证的能源供应企业购买产品，其中一部分甚至愿意为环保产品和服务支付溢价。中国循环经济协会可再生能源专业委员会（CREIA）在2016年跟进了这一调研，对来自中国10个城市的3000名消费者进行访问，结果显示用户

---

① 埃森哲咨询有限公司. 重新认识能源消费者：在数字世界中开启商业价值 [R]. 2015.

对绿色能源的购买意愿明显增加。97.6%的受访者表示愿意购买绿色电力，其中90%可以接受一定程度上的费用增加。① 能源独立和环境影响是新一代消费者强调的两大关键因素。

许多消费者开始关注与价格属性毫不相关的价值理念，如降低个人对环境的影响等。近70%的受访消费者在选择用电管理计划时会考虑个人因素对环境的影响。② 这类消费者对于能源互联网的接受度比较高，而且乐于参与能源互联网的推广，也乐于进行用户反馈。"能源达人"虽然目前数量不多，却呈逐步增长态势。

另一类极端的消费者群体是对能源业知之甚少的"能源外行"。他们仅将能源视为一种司空见惯的普通商品，更注重价格，追求低成本、简单而基本的能源方案。这类消费者对数据隐私更为敏感，也不乐于尝试新的技术。在他们决定是否购买新产品和新服务时，价格和能效等因素一如既往地发挥着重要作用。这部分消费者始终将价格放在首位，希望能源价格满足相对稳定和透明。对这部分消费者而言，能源互联网的推广有一定的障碍。尽管目前这一群体的数量比较庞大，但正在逐渐减少。

实际上，大多数消费者均处于上述这两类人群的中间地带，即普通消费者。消费者对价格的敏感度日益提升，一旦消费者意识到还有其他选择的余地，并且可以不费吹灰之力就能上网更换能源供应商，那么能源零售市场的波动将进一步加剧。

不同行业类型的消费群体的核心需求并不相同，见表5-4。

表 5-4　不同行业类型消费群体的能源需求

	工业	建筑	交通
消费需求	产品	舒适度	出行

---

① 中国循环经济协会可再生能源专业委员会. 绿色电力消费者购买意愿调研报告［EB/OL］.（2016-08-31）［2020-10-19］. https://www.chinadialogue.net/article/show/single/ch/9246-Urban-Chinese-willing-to-pay-extra-for-green-electricity.

② 埃森哲咨询有限公司. 重新认识能源消费者：在数字世界中开启商业价值［R］. 2015.

续表

	工业	建筑	交通
关注点	消费总量、单位能耗、能源品种、污染	消费总量、需求变化、单位能耗	消费总量、能源种类和质量、污染
影响因素	设备的能效、产品的产量、工业布局和规划	设备能效、建筑本体维护结构、运行控制策略、舒适度、使用强度、建筑功能、室外环境	设备能效、设备利用率、出行方式、重大活动、城市和道路规划
发展趋势	能源总量和比重会逐步下降,效率逐步提高	能源总量、比重和单位能耗均会持续增长,成为第一大能耗来源(如北京、上海)	能源总量、比重仍会增长,综合效率会提升
能源控制和预测	相对简单	困难。供给侧的影响不超过3倍,而需求侧的影响可达5~10倍	交通能耗与用户流量直接相关,可调节和进行政策干预
能源种类	消费一次、二次能源,会产生二次能源(包括低品质二次能源)	主要消费二次能源,可使用低品质能源	以二次能源为主,会产生污染

资料来源:埃森哲咨询有限公司. 重新认识能源消费者:在数字世界中开启商业价值[R]. 2015。

总体来看,各行各业的消费者都能意识到绿色低碳发展的必要性,有望在推动能源互联网、实现电网平衡方面发挥积极作用。例如,利用智能电表等先进的通信和计量技术,调整用电需求,包括在关键时段减少或转移用电。

二、青睐一体化能源服务

由于适合个人生活方式的捆绑套餐可以带来极大便利,且这样的套餐具有环保、省时和省钱的特性,新能源消费者青睐适合个人生活方式的捆绑套餐。在埃森哲2014年的调查中,多达70%的受访者青睐通过同一家供应商获取捆绑式监控产品和服务解决方案。相比全球消费者,中国消费者更愿意从能源供应商处购买捆绑式的解决方案。83%的中国消费者希望从能源供应商那里购买包含互联家居、电动汽车充电服务、储备能源、能效管理等在内的一揽子新兴产品及服务。①

在提供综合服务方面，能源供应商面对的市场竞争越来越激烈。比如，电信企业开始提供智能家居设备，安保公司提供能源管理解决方案。澳大利亚 Dodo 公司以低廉的价格提供电信和保险产品，其产品范围不断拓宽，最终包含固话、移动电话、互联网和警报监控，以及煤电产品，其捆绑销售产品折扣高达 70%~80%。但目前还没有一家供应商能够独家垄断家庭互联的整条价值链。因此，能源供应商在捆绑服务套餐领域面临着重大机遇。当前能源供应商可以提供的捆绑式套餐已超出传统范畴，囊括家庭互联服务、技术方案、理财、保险、住宅安保等，但电信及其他供应商也开始将能源与其核心产品和服务捆绑起来，一起投放市场。不过，许多消费者认为，能源供应商依然是他们获取能源服务套餐的首选。

三、变单纯消费者为"产消者"

由于住宅太阳能及其他分布式发电形式的不断普及，供应商正面临一种全新的发展态势：消费者在逐步成为所谓的"产消者"，也就是说，消费者生产自用能源，并在某些情况下，将部分能源回售给电网。

太阳能正成为一项首要的新兴技术，可为家庭和商户提供更具性价比的微发电解决方案。但消费者对太阳能产品和服务的总体认识水平还较低，只有约 1/3 的受访客户熟悉屋顶太阳能产品，而了解社区太阳能项目或太阳能服务的客户更是屈指可数。一方面，消费者希望逐渐减少对传统能源的依赖，减少环境污染，降低用电成本。另一方面，各种创新型企业开始纷纷进入该市场，太阳能家庭解决方案、社区太阳能计划和相关支持服务（比如智能化管理服务、融资服务）的种类也日益丰富。在获取太阳能产品和服务方面，能源供应商的受欢迎程度仅次于专业服务公司。电力企业在提供太阳能产品方面仍然具有优势。

---

① 埃森哲咨询有限公司. 重新认识能源消费者：在数字世界中开启商业价值 [R]. 2015.

四、重视参与感，喜欢数字互动

新一代青年群体具有高社会参与度、高学习能力，也是最有热情和能力接受新事物新思想的一代。面对后疫情时代，全球能够迎来绿色复苏的机遇，这和年轻人的选择与参与密不可分。如果个人积极参与到他们正在做的事情中，他们更有可能遇到新的做事方法，寻求新的知识，并花时间思考如何实现预期的结果。相互参与可以创造一种有利于人们合作分享知识、经验的环境，发现隐藏的可能性方案，促进能源互联网商业模式创新。

对新一代消费者而言，数字技术不仅是一种渠道，更是一种生活方式，他们希望随时随地获得轻松便捷的无缝消费体验。数字化技术为沟通提供了更加便捷的渠道。埃森哲研究发现，数字化通知已成为一项重要沟通手段，在所有受访的中国能源消费者中，94%的消费者愿意接收数字化通知，包括短信、社交媒体提醒信息、电子邮件和手机应用提醒。近1/3 的受访者表示，他们乐意通过社交媒体与能源供应商直接互动，其中一个重要原因是想获得"快速便捷的服务"。

价格是消费者考虑可持续的能源互联网相关消费的重要因素。调研发现，年青一代对"为保护环境支付更高的价格"的支持力度远高于其他社会群体。虽然青年群体还没有完全经济独立，实际购买力相对有限，但是作为未来的消费者，青年群体呈现出成为能源互联网天使用户的特征。为获得更个性化的服务，一半的受访消费者表示，不介意向供应商提供自身及家庭信息。3/4 的受访者表示，如能享受到某种激励机制，他们会积极说服亲朋好友申请与能源相关的产品和服务。67%的数字渠道消费者对能源供应商的服务表示满意。相比之下，只有58%的非数字渠道消费者满意其能源供应商的服务。

不过，消费者的数字化体验目前并不尽如人意，数字渠道存在各种亟须解决的不完善因素。与供应商互动较多的消费者更青睐直接与客服代表沟通，从而加快问题解决、获得更加个性化的服务以及更加详细的信息或建议，而这最终推高了交流成本。

消费者对数字渠道的兴趣和使用与日俱增，良好的人际互动也让可持续的能源互联网消费选择更容易,但仍有一半以上的受访者从未尝试过使用虚拟渠道来完成与能源供应商的互动,消费者间的社交互动在能源领域也非常少见,所以能源供应商在鼓励消费者使用这些渠道方面仍大有可为。

能源互联网企业要在更高层面上实现其商业模式的价值主张,不是简单地听消费者需求、解决消费者的问题,更重要的是让消费者参与到能源生产消费链条每个环节中,打造一个开放的生态体系,吸引更多参与者进入能源价值链。就像互联网行业一样,汇集全社会的智慧,与客户共同赢得未来。在这个链条上,通过收集大量客户信息,利用大数据分析技术刻画客户行为,深入了解客户需求,为客户提供个性化服务。

第三节　能源互联网商业模式的价值创造与价值传递

价值创造与价值传递,回答企业计划如何创造和交付他们提供的产品或服务,不仅涉及企业自身的角色定位、活动设计以及关键的资源与运作流程,而且要考量与价值创造过程中其他企业和机构的分工与协作关系。消费者在商业模式中占据中心地位(Hedman and Kalling,2003;Morries et al.,2005)。以消费者为中心的业务系统是公司发展的骨架。

随着互联网商业模式同能源行业的深入融合,电力生产、配送、消费的数据将成为核心资源。在竞争性市场中,能源互联网企业必须以消费者为中心,开发新增长平台,颠覆交流方式,建立跨界合作,从而在市场中获得核心竞争力。

一、满足消费者需求

随着消费者能源意识和认知水平的提升,他们对能源互联网企业的期望也会不断增加。能源互联网企业必须秉承"以消费者为中心"这一理念,针对特定消费人群提供适当的增值产品和服务。消费者的能源认知水平不同,因此能源互联网企业需要提供更加丰富的产品和服务,简化流程,并针对特定能源消费者的需求变化提供个性化服务。

第五章　能源互联网商业模式的内在逻辑

消费者的需求也是不断变化的，能源互联网企业需要不断关注其变化动向，并为此制订计划。"如果我们能从消费者动机入手，那么我们就能真正开始客户细分，就能找到市场路线。"① 比如，对智能互联家居产品和服务感兴趣的消费者数量持续增加。越来越多的消费者为家中添置了各种联网设备，厨房电器、电视、自动调温器、灯具、锁、电话和电脑都变得更加"智能"，而能源依然是将它们连在一起的纽带。所以能源互联网企业可充分利用一劳永逸式服务的便利性，吸引更多消费者采用家庭互联技术。事实上，由于能源互联网企业在客户互动、客户细分和智能电表使用数据等方面的良好能力，他们具备独特优势，可通过日益丰富的产品和服务为家庭提供支持，利用电力行业数据给用户提供更加丰富的增值服务。例如，通过移动设备提供分时明细用电的视图，让用户了解自身用电习惯，并能根据环保节能需求进行调整。

为满足消费者动态变化的需求，企业需要积极主动转型，以德国传统发电企业 Mainova 能源公司为例。

Mainova 能源公司在德国电力市场化之前是一家典型的由政府所有的火电企业。从 2003 年到 2014 年，为顺应德国市场化进程，Mainova 实行了八次重大变革，使企业焕发新的活力，现在是电力、燃气、可再生能源和服务供应商，成为德国大型区域性能源企业之一。

当德国政府要求垂直一体化电力企业进行业务分拆后，Mainova 的电网业务被分离出来，其发电业务首先面临挑战，需要安排独立发电业务。为此 Mainova 积极参与每 4 小时报价的交易系统，并根据市场需求制订发电计划。当德国在 2007 年引入负电价机制后，Mainova 为了降低煤电机组停机的损失，开始提供燃气发电业务。这不仅能获得调频辅助服务的收入，还能参与德国日前现货市场交易，降低了负电价机制的风险和损失。借助燃气发电和可再生能源发电的灵活性，Mainova 进一步与高科技企业合作开发了电力日内交易与发电计划排程协同优化系统，降低了企业运营成本和风险。

---

① HALLA S, ROELICHAB K. Business model innovation in electricity supply markets: The role of complex value in the United Kingdom [J]. Energy Policy, 2016, 92 (5): 286-298.

除传统的电力业务外，Mainova 也积极参与到可再生能源利用以及能源服务中。Mainova 敏锐发现用户需求的变化：①用户对能源独立的需求高涨；②用户的能效意识变得更加明确；③能源用户希望从一个供应商那里获得多种能源以实现能源互补和更实惠的价格；④用户希望从供应商那里获得更多的节能方法和免费咨询，例如，房地产企业希望电力企业能够提供大型建筑物制冷或能源管理的一体化解决方案。不仅如此，用户参与的"公民债券"也在投资于节能服务公司。这些变化导致传统的集中式发电和天然气销售收入萎缩，公司不得不重新思考盈利模式。现在，Mainova 不但为用户提供可再生能源发电系统的安装和租赁服务，还建设了电动汽车充电站，并与 Book-n-drive 公司合作推出电动汽车共享服务。由于有付款保障，公司在分布式能源运营和能源服务方面获得了丰厚利润。

总之，当前正是能源互联网企业与消费者关系的重要转折时期。能源互联网企业可通过积极推进一体化解决方案，满足新一代消费者的需求。电力企业应时刻基于消费者来进行能源创新，构建新一代竞争力。

二、开发新增长平台

随着智能电网基础设施的部署，能源生产有望进一步大众化。"产消一体"是许多能源供应商面临的一个重要市场变化，而成功的供应商应建立以"产消一体"为中心的工作方式，即挖掘新的增长平台。分布式发电和屋顶太阳能等市场需求开始爆发，迫切需要与之相关的商业模式创新。

能源互联网企业需要依托先进的数据分析方法和数据管理能力，基于深刻洞见进行决策。虽然能源供应商在此方面取得了一定进展，如掌握了智能电表使用数据，但是目前仍缺乏必要的系统和数据整合能力，尚未实现数据的真正价值。事实上，从企业视角分析数据，构建新的数据来源，建立散户数据收集能力，支持面向成果的决策和体验建模，是开发新增长平台的关键。

分布式光伏发电的电力购买协议（PPA）商业模式是其中最典型的案例。电力购买协议商业模式在美国市场自 2006 年兴起，2010 年以来，采用这一商业模式的新装机容量占光伏发电总新装机容量超过 60%。在电力购买协议商业模式下，太阳能服务商是连接用户、投资者、设备供应商及安装商的中间环节，通常起到平台性作用。

三、增加双向互动

要想取悦喜欢数字互动的消费者，能源互联网企业必须颠覆以往的单向交流方式。企业向消费者传达信息的方式正在发生改变。社交媒体已经从一个思想碰撞和信息交流的平台，转化成一个广泛延伸的商业生态系统，能够宣传、销售和支持各种以"社交"为设计理念的产品与服务，影响消费者行为，提升客户满意度。消费者也乐意与能源互联网企业建立亲密互信的关系。

要想吸引活跃在社交媒体中的新一代消费者，能源互联网企业应积极参与能源社交对话。但能源互联网企业仅掌握互动技巧还远远不够。面对社交性、移动性和互联性日益提高的消费者，能源互联网企业还应设法满足消费者不断变化的期望和偏好。为此，能源互联网企业可将数字与传统渠道有机融合起来，将更多的消费者聚集到"能源云"[①] 中，为客户提供无缝体验，及时回答各类消费咨询，并且在紧急情况下加大支持力度，从而形成一种完整的"全方位参与"战略，同时构建严格的管理流程和工具。

提供流畅的自助服务、打造更加先进的互动方式是发展和维系客户关系的重要因素。有些能源互联网企业已经开始利用新的互动平台使数字渠道与其他交互环节紧密结合，满足消费者对速度和便捷性的更高要求。例如，电力公司推出了带有服务功能的微信公众号，装有智能电表的用户可以随时通过手机查询实时用电数据、在线购电、获得停电通知、获取用电知识等。用户还可以随时反馈意见，实现双向交流。

四、建立合作伙伴关系网络

"一家公司商业模式的成功或失败很大程度上取决于它如何与利益相关者

---

① 2021 年 4 月 20 日中国国家电网"新能源云"正式上线运营，参见：https://sgnec.esgcc.com.cn。

互动。"① 能源互联网企业需要与利益相关者建立起合作伙伴关系网络。所谓利益相关者（Stakeholder）指组织内、外部环境中受组织决策和行动影响的所有相关者。内部利益相关者指股东、员工、企业家等，外部利益相关者指顾客、供应商、银行、政府机构、其他合作伙伴等，内外部利益相关者建立起合作伙伴关系网络。能源互联网商业模式创新是企业与其合作伙伴间相互依赖的活动系统。在该系统内，合作伙伴以长期可持续发展的合作思维，协同利用动态资源配置来适应不断变化的环境，发展把握新机会的能力。

未来的能源互联网企业可能横跨能源、法律、金融、交通、通信多个领域，形成包容、多样化的能源互联网商业模式。要实现商业模式创新就需要与银行、技术顾问、市场中介机构等进行合作，以吸引必要的资金、获得进入市场的机会和专门知识。投资商、银行等金融机构不仅在提供资金方面，而且在向创新者与企业家提供帮助和传授管理技能方面也发挥了显著作用。能源互联网企业与能源供应商合作进行创新可实现节能和可再生能源（工艺流程和技术方面）的商业化，与信息科技供应商合作（例如使用区块链技术）可以提高流程和操作等信息透明度、节约成本、提高可追溯性以及改善供应链的可持续性等。

能源互联网商业模式的构建既需要与供应商合作进行创新，又需要充分与各级各类政府部门合作。以热电联产的本地化供热项目为例，地方政府的参与是克服各种制度和经济障碍的关键。热电联产的本地化供热项目是涉及重要基础设施的大型项目计划，为了使前期资本有投资理由，需要高度的地方协调，保障在项目启动时企业拥有大量客户作为基础。地方政府通常拥有和经营着一些大型市政建筑（例如政府部门办公室、图书馆、体育中心），也管理着城市中心地区及其周边地区的商用房建筑计划。以此为基础，可以推进一个城市热电联产的本地化供热项目并使其具备必要的规模。因此，地方政府管理部门和潜在的热电联产本地化供热投资者间最初的供热合同是关键，

---

① CASADESUS-MASANELL R, RICART J E. How to design a winning business model [J]. Harvard Business Review, 2011 (1).

而供热供应商和客户间的这种长期关系确定了该服务的商业模式。从该案例可以看出，能源互联网企业与政府部门合作是减少监管障碍和获得更好财务支持的最佳方式。

对能源互联网初创企业来说，一个重要问题是：它们商业模式创新的成功是否依赖于现有的市场参与者，特别是，它们是否能够在没有与现有公用事业部门合作的情况下成功获取收入？对公用事业部门与传统能源企业来说，面临着 DER 对市场的蚕食和能源需求下降带来的巨大挑战。国家能源需求正在下降，部分原因是能源效率的提高。中国、欧盟等主要经济体都在《巴黎协定》框架下制定了雄心勃勃的能效目标。公用事业部门和初创企业之间合作可能是应对这一挑战的办法，可以通过商业模式创新创造新的服务并产生新的收入来源。

面向能源互联网，中国能源企业正探索跨领域跨行业的广泛合作。中石油、南方电网等能源企业与中国移动共同建设智能电网，中国移动成立专业化的运营公司重点发展这一领域。华为提出数字能源解决方案，并与中石油、中石化、中海油在能源项目上展开了合作。爱康科技牵手华为，就共同打造智能光伏电站开展全方位的合作。中石化借助阿里巴巴等企业在云计算、大数据方面的技术优势，对部分传统石油化工业务进行升级，打造多业态的商业服务新模式。阳光电源也携手阿里云进行战略布局，两者在智慧光伏电站、能源互联网、云计算、大数据、信息安全等领域开展合作。谷歌和阿里巴巴等大型企业都在试图进入智能楼宇、智能家居行业，并纷纷推出了基于大数据存储与分析的智能家居系统。智能家居系统已经部分实现了家庭能量管理、环境信息及用户用电行为采集等功能。电网公司尝试与智能家居企业合作，推动智能家居系统与电力信息系统的集成，从而降低实现非中断性负荷控制的难度，推动能源互联网的快速发展。电阳国际公司与中洋美伊公司签订的"中国零碳能源互联网国家级实验区（围场）合作协议"是能源互联网产业化的重要实践，蕴含丰富的能源互联网商业模式创新。

五、发展核心能力

先看一个能源互联网商业模式创新案例。Opower 公司是美国一家综合能源服务企业。Opower 提供的用户 App 是一个用于公用事业的客户参与平台。在该 App 里，用户可实时查看用电数据，获得个性化账单服务（见图 5-2）。

Opower 通过企业云平台和大数据整合能力，对所服务公用事业部门获取的海量家庭能耗数据、房龄信息、周边天气等进行集成处理，结合"行为科学理论"，运用计算机软件系统进行用能分析，建立家庭耗能档案，以柱状图展现当月电量与前期对比，并通过综合分析提出节能建议。更具创新性的是，为帮助客户分析能耗用途，还提供附近区域用户耗能的横向比较，对比最节能的 20% 用户耗能数据，进行"邻里能耗比较"。此外，Opower 在与用户沟通界面上给予相应节能评级——"笑脸"或"愁容"。内容丰富的节能报告给用户提供了非常直观的节能动力。Opower 公司为客户提供的这些服务形成了公司核心竞争力（见图 5-3），使得客户黏性增强，成为公司忠诚客户。

图 5-2 美国电力公司 Opower 的 App

资料来源：电气小混混. Opower：用大数据+行为科学理论做电力账单［EB/OL］. 知乎网智慧能源专栏，(2015-11-25)［2021-10-31］. https://zhuanlan.zhihu.com/p/20254072。

第五章　能源互联网商业模式的内在逻辑

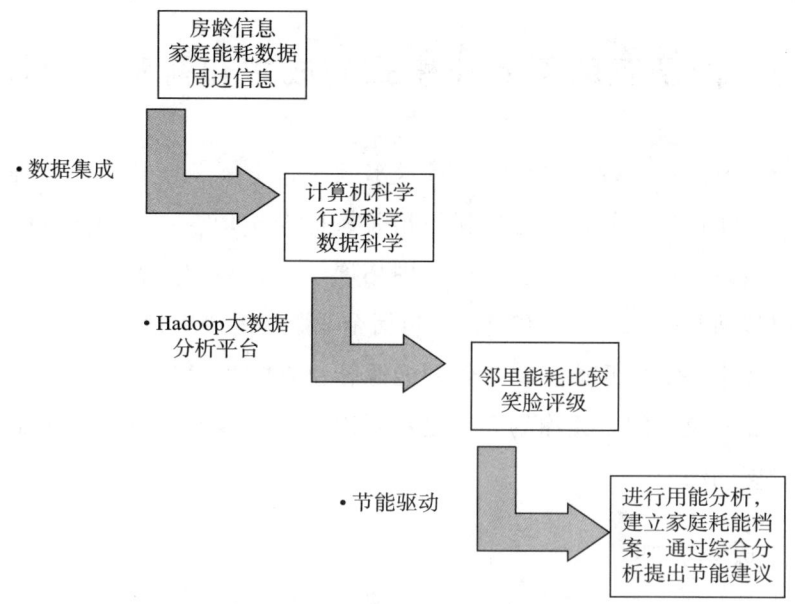

图 5-3　美国电力公司 Opower 的核心能力构建

资料来源：电气小混混 . Opower：用大数据+行为科学理论做电力账单［EB/OL］. 知乎网智慧能源专栏，（2015-11-25）［2021-10-31］. https：//zhuanlan.zhihu.com/p/20254072。

企业要构建并发展核心能力，首先，建立以客户为先的企业文化。快速识别不断变化的客户偏好并及时调整产品和业务流程的敏捷性。利用能源互联网赢得客户信任支持，持续发展新客户，并形成与现有客户的忠实稳固关系，从而获得规模经济和持续性能改进。其次，成为拥抱新工作方式的敏捷组织，高度重视并充分发挥员工的创新创造潜力。例如，打造能够快速设计和部署数字化解决方案的技术团队、服务团队。再次，出台针对消费者的具体政策，激励最终用户成为推动可持续创新的有价值的参与者，支持他们参与商业模式创新过程。最后，配套顺应能源互联网流程和需求变化的适应性技术基础设施。

第四节 能源互联网商业模式的成本和盈利：价值获取

关于价值捕获，讨论通常围绕着米尔顿·弗里德曼（1962）的理解——"商业的目的是增加利润，为其利益相关者捕获价值"。但Freeman（1984）在《战略管理——利益相关者方法》中拓展了对利益相关者的理解：利益相关者不仅包括股东、员工、客户，还包括企业影响的周围社会和自然环境。

在实践中，实行低碳能源替代的能源转型在技术上逐渐变得可行，但能源互联网商业模式创新关注的问题是：要以什么为成本代价？企业能否获得可持续发展的动力？

一、成本分析

能源部门的一个特征是高资本密集度。能源与其他基础设施资产（如管道、电线、热电联产厂等）的投资规模和长期性质表明，大部分投资风险都在前期，这意味着在很大程度上依赖来自外部（如银行）的债务资本。可再生和核能技术是资本密集型技术，边际成本接近零。与化石燃料电厂相比，可再生能源技术的资本成本通常更高一些，但没有燃料成本和环境成本，随着能源相关技术的不断进步，其资本成本遵循类似IT行业的摩尔定律，将持续快速降低，促使可再生能源成本竞争力不断增强。

在可再生能源领域，正在形成一条摩尔曲线，几乎每五六年，可再生能源硬件成本都会下降50%。传统的化石能源是大宗商品，有非常强的大宗商品的属性，有供需变化周期；而可再生能源核心本质不是能源，是技术，所以随着人类技术不断进化，摩尔定律会发挥非常重要的因素。可再生能源技术的规模化应用也将降低本地化分布式应用成本，成本的降低反过来又进一步推动规模扩大。IRENA（2018）估计了不同可再生能源技术的学习曲线，发现风能的学习曲线为7%~12%，太阳能光伏为18%~22%。

能源互联网商业模式创新往往面临来自成本结构及合作关系的现实制约。电力市场的短期供给曲线是两种不同技术的组合：边际成本为零的可再生能

第五章 能源互联网商业模式的内在逻辑

源发电和边际生产成本（主要为燃料成本）为正的化石燃料发电。由于收入受到电价监管的限制，利润的最大化主要集中在生产成本结构的最小化上。以电力均一化成本（Levelized Cost of Electricity, LCOE）[①] 来衡量，未来可再生能源将不再需要额外的财政支持与化石燃料技术相竞争。就 LCOE 而言，在世界许多地方太阳能和风能都比煤炭或天然气便宜。然而，这并不意味着新的可再生能源发电厂比现有的化石燃料发电厂更便宜。对于现有的发电厂，投资支出是一种沉没成本。为了取代现有的火力发电厂，可再生能源的 LCOE 必须低于这些火力发电厂的运营成本。

可再生能源普及率较低，当电力需求明显大于实时可再生能源的生产，电力价格由化石燃料技术的边际成本决定。随着可再生能源的渗透率增加，电力的价格会下降。在可再生能源逐步提高普及率的过程中，存在双重价格体系，取决于实时向市场供应的技术：当可再生能源产量低于需求时，化石燃料发电供应市场，并设定电价，价格波动很大；当可再生能源的产量与需求相比非常高时，可再生能源就会供应整个市场，价格就会非常低；当可再生能源发电量与需求相比非常大时，价格将趋近于零。除此之外，可再生能源发电的间歇性和不可预测性导致了电力价格的波动。可再生能源实时电价对可再生能源技术的市场渗透具有重要意义。

随着可再生能源普及率提高，低碳发电增加，储能可以通过提供发电—需求平衡来确保电网的灵活性。储能可以充当负荷并储存剩余的电力，或充当发电机放电来填补能源缺口。储能（如锂离子电池、抽水—水力储能）技术成熟度不断提高，成本也持续降低。例如，锂离子电池的成本从 2010 年的 1100 美元/千瓦时以上降低到 2019 年的 156 美元/千瓦时以下。[②] 2018 年，中国国家电网公司支持将储能用于网络运营，并引入调频服务市场。中国已成为储能市场的领先者。

[①] 电力均一化成本允许对不同寿命、项目规模、资本成本、风险、回报和能力的不同技术进行成本比较。

[②] BNEF. Battery pack prices fall as market ramps up with market average at $156/kWh in 2019 [Z/OL]. (2019-12-03) [2021-07-03]. https://about.bnef.com/blog/battery-pack-prices-fall-as-market-ramps-up-with-market-average-at-156-kwh-in-2019/.

随着分布式清洁能源发电的发展,如何降低能源交易的中间成本成为人们关注的焦点。中间成本包括与能源计量、计费、管理费用、IT服务、银行服务和经纪相关的费用。E2E能源交易被视为一种实用的解决方案,该模式可以帮助间歇式小规模发电以较低的中间成本集成到能源互联网系统中。

二、价格分析

二氧化碳排放具有全球范围的负外部性,负外部性的产生是由于那些产生碳排放的人并没有为此付费,而且那些受到伤害的人也没有得到补偿。减排要求全球参与和有效的行动,减排的全球性还要求协商一个国际碳价格,该价格使得能源互联网市场跨越国家地域的界线,实现世界各国和各个行业减排的边际成本与边际收益相等,从而达到低成本减排。

不受管制的市场不能高效解决负外部性,提高碳排放价格可以纠正对市场负外部性的低定价(零价格)。碳价格可以用两种方法确定:一种是碳税,即政府征收相当于二氧化碳排放的社会成本的税收;另一种为碳排放权交易,即政府确定一个允许排放总量,向碳排放者发放或拍卖许可证,允许碳排放者之间交易许可证。

考虑了负外部性的能源互联网市场价格可以引导消费者使用低碳商品和服务,引导企业使用低碳原材料与工艺流程,同时可以鼓励创新者、投资者开发低碳产品与工艺流程。高碳排放价格可以引导利润导向的企业致力于低碳的能源互联网商业模式创新。

能源行业的市场化将还原电力等能源的商品属性,能源互联网使纠正了负外部性的能源价格信号实时、公开传导,从而有效调节能源供需。由于电力是能源互联网中最主要的能源形式,因此以电力价格为例来进行说明。

(一)发电侧市场的电力价格

引入碳排放价格底线,通过市场机制和政策等手段,结合碳排放成本对发电报价进行修正,将碳排放外部成本内部化,形成价格最优与排放最低相一致的市场选择新机制,从而实现市场竞争调度模式优化目标与低碳发电调度优化目标的统一。引入两部制电价机制,对不同性质电源根据其社会平均成本，分别制定容量电价标准，实现电网购电成本最低目标与低碳发电调度优化目标的统一。

（二）电网侧市场的电力价格

明晰输电、配电、零售等价格标准，建立独立输配电价体系，改变现行电网企业依靠买电、卖电获取购销差价，单纯追求售电量增长的粗放式盈利模式，支持和奖励购买先进技术产品（节能、热电联产、可再生能源）。

（三）需求侧市场的电力价格

进一步完善节能减排导向的价格体系，逐步放松对零售电价的管制，允许和鼓励售电公司根据用户用电负荷特点提供多样化的电价套餐；引入需求侧响应信号，实现上网环节与售电环节的有机联动，通过阶梯电价、峰谷电价、分时电价、节点电价等手段引导用户自觉移峰填谷，科学、合理地消费能源。

通过充电和放电，储能可以参与电价方案，以增加储能企业的收入。两种最常见的电价是分时电价和阶梯电价。分时电价是指将一天分为若干时间段，每个时间段按系统运行的平均边际成本收取电费。分时电价在鼓励用户转移电网负荷、减轻电网负担方面尤为有效。阶梯电价是根据用电量而定的，通过最小化批发价格变化的风险，避免消费者在电价高时支付更高的成本，为发电商提供更高的收入稳定性和确定性。阶梯电价对鼓励节约能源有益。

三、计费和支付方案

可再生能源补贴（Feed-in Tariffs，FIT）是对纳入电网的可再生能源产生的电力支付特定费率的补贴。德国于20世纪90年代首次引入了可再生能源补贴政策，截至2018年，全球超过80个国家都采用了这一补贴政策（REN21，2018）。可再生能源补贴政策的主要目的是刺激对新能源领域的投资。

精打细算的消费者期待在付费模式上有更多选择，而支付方式的变革也将为消费者和能源互联网企业带来利好。能源互联网企业应能提供各种富有创新的计费和支付方案，为能源消费者创造最大价值。智能计量的技术创新通过社区层面的参与提供用能负荷转移，为聚集小需求的客户提供了新的方式。智能电表的推出使分时计费成为可能。这些电价鼓励消费者在可再生能源供应充足的时候使用电力，或者将需求转移到价格较低的非用电高峰期。根据市场供求实现差异化定价、个性化定价，使得用电免费、省电赚钱成为可能。不过，消费者拥有更多的选择权也意味着风险。按照分时电价支付电费可能对必须使用峰荷的消费者意味着电费增加。由于电费只是消费中很小的一部分，能源互联网公司需要提出能够打动消费者用于减少和转移负荷需求的激励措施。

在未来的售电侧市场，长尾效应、二八定律依然适用。用户数量非常少，占到比较大用电量的是特大用户、大用户、中用户和小用户，他们是初期售电商激烈争夺的空间。单个用户用电量少，但是用户数量非常多的居民用户，未来是留给提供普遍服务的供电公司和兜底型的售电公司的范围。大量的能源互联网企业都将争夺长尾的头端，也就是占20%用户数量却占80%售电量的市场，即行业用户市场，也就是B2B。面向行业用户的售电市场进入门槛比较高，需要专业的售电公司和能源公司来提供。由于行业用户需求差异大，未来会有面向行业细分的垂直市场。长尾端是居民用户市场，即2C（To Customer），用户非常多，用电量相对较少。中小企业用户和居民用户市场正涌现出大量可再生能源的产消一体者，其对灵活需求响应从而实现能源互联网系统平衡至关重要，商业模式创新潜力巨大。

能源供应商的价值主张及其经常性收入的主要来源包括为家庭用户、公共服务、商业和工业客户提供电力。能源供应商可为预付费方式创造条件，充分发挥预付费计划的潜在优势，促进消费者积极参与，将目标对准那些对控制能源支出最感兴趣的消费者群体。

非能源服务供应商正在合力推出创新的解决方案，支持电动汽车用户通过移动应用便捷地支付充电费用。所以，供应商应该重视消费者的各种付费模式需求，尤其是预付费模式。过去，公用事业企业通常会为发展中市场的低收入家庭和流动人口提供预付款服务，支持消费者在能源支出上享受更大的灵活性和掌控度。而在智能电表普及率较为成熟的市场中，也已出现很多与之相关的创新，包括费率创新、预付费捆绑服务、预付费电表等各种能源管理的技术和服务。

能源互联网企业可采取三种收费方式：第一种是基础服务免费，增值服务收费；第二种是短期服务免费，长期服务收费；第三种是用户免费，第三方付费。国内有些能源企业已经将这三种模式应用于能源互联网市场：一家国内光伏电站服务企业向市场免费提供较简单的光伏电站气象预报服务，但是精准的气象预报服务则需要收费；一家中国的智能风机企业通过免费的建站模拟服务吸引客户，再通过销售运维服务获得收入；还有一家国内光伏电站运维企业向电站客户提供免费的数据监测服务，并将数据报告出售给有电站融资和交易需求的银行、保险公司等金融机构，从而获得收入。

第六章 能源互联网商业模式创新动能分析

能源互联网带来的是颠覆式创新。能源互联网商业模式创新是需要跨多个系统要素（如政策法规、技术产物、金融系统、用户和组织实践）的系统创新。能源行业未来竞争力不再是谋求在现有市场的竞争力，而主要是能源互联网新市场的开创，并不断创新巩固新兴市场（Montalve et al., 2001）。

本章从培养能源互联网企业动态能力的角度出发，重点分析企业商业模式创新所遇阻力以及内外动力。动态能力被定义为一个组织"整合、构建和重新配置内部与外部能力以应对快速变化的环境"的能力（Teece, 1997），动态能力是商业模式创新不可或缺的一部分（Teece, 2018）。感知（识别和评估机会）、利用（调动资源以解决机会并从中获取价值）和转化（组织的持续更新）作为动态能力，使企业能够调整、重组和创建普通能力（Teece, 2018）。通过关注变化，动态能力对于公司设计、完善和转换它们的商业模式至关重要（Harreld et al., 2007; Teece, 2007）。

第一节 能源互联网商业模式创新的阻力

能源互联网在中国正持续推进。2016年3月"全球能源互联网发展合作组织"[①] 在北京成立。2017年8月，中国55个首批能源互联网示范项目陆续开工建设。2020年10月底，仅近半数完成项目验收工作。从社会影响来说，广大民众对"能源互联网"尚知之甚少。

能源互联网将对人类赖以生存的能源系统产生颠覆性和革命性的影响。能源互联网是系统性的创新，需要对个人、组织、政府和社会的做事方式进

[①] 该组织由中国国家电网发起，是全球能源互联网的第一个国际合作和协调组织。

第六章 能源互联网商业模式创新动能分析

行根本性的再思考与再创造。即使能源互联网具有重大经济、社会与环境前景,但其推广扩散尚面临众多挑战和障碍。发展能源互联网,关键的推动主体是微观组织和个人。

力场理论(Lewin,1946)描述了组织转型和变革的本质,其组织变革理论有三个步骤:解冻、改变和再冻结。技术创新和商业模式创新的出现使本组织从原有状态中解冻,创新推动组织发生改变,而这种改变是采用创新技术和实现商业模式创新的过程,改变后用新技术、新商业模式进入重新冻结的组织状态。然而,要实现这一系列变化,就必须克服各种障碍。障碍可能来自个人层面和更广泛的组织层面的各种内部与外部因素。找出制约能源互联网商业模式创新的因素是授权从业者、决策者和新加入者设计解决方案以克服这些障碍并加速能源互联网发展的重要步骤。

一、认知障碍和行为障碍

(一)不同主体对能源互联网的认知障碍和行为障碍

能源互联网走向大规模商业化面临着较大的认知障碍。一般来说,国家能源规划通常遵循"自上而下"的方法,决策是在政府机构内进行的,公众几乎不知道能源互联网项目的范围和影响。能源教育很少被列入义务教育阶段的正规教育课程,导致人们对与能源有关的问题不关心、缺乏认识和兴趣。比如,对能源效率的认识尚存在偏颇,且重视程度不够。应该意识到,提高能源效率,不仅是提高能源使用环节的效率,还要减少不必要的生产和消费。

在国际上,各国政府为了自己的利益,希望搭别国减排的"便车"。各国有强烈的"搭便车"动机,因为减排是地方性的、昂贵的,而收益在空间上是扩散的,在时间上是偏于长期的。通常情况下,政府的当前决策更重视减排的短期成本而非长期收益。这些只能通过大众认识的提高、国际协商与制度的推进来逐步解决。

不论客户还是创业者或投资者,都对新市场有敏锐感知和强烈的风险厌恶。这阻碍了他们贷款或投资更大的能源互联网项目。由于缺乏可再生能源的相关信息,潜在客户群体缺乏参与能源互联网的能力和途径。与个人价值和规范有关的行为障碍及担忧也强烈影响潜在投资者对能源互联网项目投资的态度。以可再生能源发电技术的大规模扩散为例，这种大规模扩散需要市场大多数人的参与，但消费者行为惯性、高前期成本、长回收期、设计规划安装过程的时间精力投入、信息不对称、对可再生能源可靠性的担忧等，都构成了大众市场的主要障碍（Strupeit and Palm，2016）。

能源互联网中的 IoT、大数据、云计算等表现为智慧能源技术，这些技术的进步，加上可再生能源生产的分散化、市场自由化和不断变化的客户需求，使得企业很难认知到能源行业不断变化的本质。对于很多企业而言，帮助用户提高能效意味着遭受经济损失，所以其很少有服务意识；对大多数机构而言，能源并非优先问题。很多机构在摆脱化石能源上缺乏知识、意愿或能力，只好主动或被动地抵抗。大部分机构的资产基础都是对化石能源进行利用的设施，对这一基础的任何偏离都会被视为高风险和高代价的行为。对部分用户而言，不管是清洁可再生能源还是化石能源，两者都是能源，所以企业向这部分用户销售可再生能源会有困难。

（二）能源互联网商业模式创新面临的认知障碍和行为障碍

尽管在吸引消费者方面，提供绿色价值主张的公司可能更成功（Nilesen and Pollitt，2016）。大部分的能源部门仍然坚持传统商业模式——销售尽可能多的能源，而不是试图从根本上转向更环保、更智能的能源解决方案，进行能源互联网商业模式创新。传统能源部门有一个庞大的员工群体，由于路径依赖，他们在创新方面相对保守，没有或很少将智慧能源和清洁能源技术整合到他们的商业模式中。以智能电表为例，一些能源公司只推出智能电表，而没有进一步分析数据，也没有向客户提供真正的新价值。

持认知阻力观点的学者 Chesbrough（2003）指出，企业已经建立的商业模式会对商业模式创新决策过程中所需要的信息产生巨大影响，企业原有商业模式中的要素会对新商业模式中要素的增加或者调整产生阻力。

在资源配置方面，Christensen（1997）认为，对于依托技术创新来实现商业模式创新的企业来说，有效资源的缺乏是主要动力，不创新可能就会因激烈的市场竞争而被吞并。Amit 和 Zott（2001）认为，商业模式创新与传统企

第六章 能源互联网商业模式创新动能分析

业部分资源配置相矛盾,企业管理层更倾向于阻止商业模式创新试验,因为这些试验会对他们在企业内一直贯彻的价值观产生重大影响。

在复杂的能源部门中,能源互联网商业模式创新存在着很大的不确定性和风险,特别是在价值获取机制方面。一旦确定了价值主张,企业通常会发现盈利、谈判、签订合同、商定收入来源非常困难。虽然软件和计量技术已经存在,但是政策部门或社会企业缺乏运营这些商业模式所需的能源互联网市场专业知识。

为克服以上认知障碍和行为障碍,能源互联网市场的积极参与者应该在信息传播和消费者教育方面发挥积极作用。广泛普及的能源互联网资讯可能能够提高公众对能源互联网的认知水平和接受度。

二、技术障碍和能力障碍

能源互联网的可靠性、稳定性、安全性和效率都是关键的技术问题。作为能源互联网的倡导者,中国的可再生能源潜力远未实现。由于多种因素,如发电和客户负荷的地理不匹配、可再生能源传输能力有限、低效的电网集成、发电灵活性不足等,中国面临的风能和太阳能的高弃用率进一步限制了可再生能源潜力。2017年,风能和太阳能的平均弃用率分别为12%和6%(国家能源局,2018),而德国2014年的可再生能源弃用率仅为1.2%(Weiss,2014)。

在工业化国家和发展中国家都存在企业能力不足的现象。近年来,能源等公用事业部门的商业模式发生了重大变化,特别是面向家庭、社区等住宅客户。竞争力不足是能源互联网进入住宅客户领域的一个关键障碍。能源部门工作人员为企业客户服务的几十年经验并不能真正转化为"产消者"等私人客户服务的经验。公用事业部门也必须发展他们的产品和服务组合,为住宅用户创造价值,并在B2C市场具有竞争力。

三、组织惯性

在组织惯性的作用下,原来成功的模式在新的时代已不再是新的成功的保障，甚至会变成障碍。比如，诺基亚最先发现智能手机的关键技术——触屏技术，但很快被苹果等智能手机打败。为什么诺基亚没有认识和利用技术领先优势，开辟和占领智能手机市场？因为当整个组织熟悉原有的商业模式，并可以继续获得利润时，很难做出改变。当市场被迅速占领，改变已然来不及了。由于商业模式创新涉及对原有商业模式的构成要素、内容以及架构的调整和更改，组织可能面临一系列组织惯性导致的能源互联网商业模式创新障碍，包括企业或行业的"主导逻辑"，以及与现有商业模式共同演化的更广泛的文化障碍和结构障碍，如供应链问题，包括供应链中合作伙伴间的协作、沟通和协调问题以及信息披露政策的变革挑战。

数字时代的组织必须保持敏捷，具有应对变化的动态能力。敏捷组织通常拥有一个扁平的组织结构，保持快速决策的开放性。敏捷组织能够更好地响应和适应能源互联网市场的需求，并适时把握能源互联网市场提供的创新机遇。然而，传统能源部门在"集中式"的化石能源的供给结构下，具有以下特征：资源分布高度集中；资本高度密集；产业高度垄断；企业高度集权；超大电网集中供电。组织惯性、组织文化与新的商业模式和投资的冲突、行业结构刚性、竞争缺乏、生产能力过剩都导致商业模式创新驱动力不足，形成商业模式创新障碍。

能源互联网仍处于初期探索阶段，在技术、市场、业内发展等方面都具有不确定性，相比成熟型的产业，其成长发展需要更长的时间。Sosna（2010）指出，当新的商业模式开始被引入市场时，管理层面对的是不可预测的、快速变化的市场，而市场的变化要求企业的资源配置等很多要素发生变化。这些对企业的管理层来说就是巨大的成本和风险压力，这对企业进行商业模式创新的决策产生了巨大阻力。企业管理者们惰于对现有商业模式进行调整、尝试新的技术。基于固守利益理论以及长期的思维定式，创新型的商业模式即使更适合于企业的发展，也会被湮没于萌芽中。况且能源互联网是高技术产业的代表，技术研发所需资金量大，研发的回报期长，对技术突破、技术革新要求都很高。

目前，传统能源部门仍可能从其本地客户关系优势和较低的客户流失率中获利。然而,一旦一些创新型初创企业或全球参与者(如阿里巴巴、亚马逊和谷歌)找到更有吸引力的解决方案,不再需要能源公用事业部门作为中介,公用事业部门的本地客户群优势就可能消失,从而增加客户流动率。传统能源部门需要主动进行能源互联网商业模式创新以打破长期以来形成的组织惯性。

四、财务障碍

能源行业是一个资本密集型行业,严重依赖基础设施。与企业其他投资相比,能源投资往往面临巨大的初始投入和相对较长的回报期,在整个价值链上,能源投资常将多个相关方联系起来。降低上网电价和政府设定的低电价导致能源互联网中绿色技术更长的回收期和增大的资金流动性风险,加上能源互联网项目通常具有高昂的初始投资,对能源互联网的商业应用构成了严重阻碍。

可再生能源上网电价持续降低、回购率持续变化导致能源互联网项目长期规划缺乏可靠性。在我国建设一家分布式光伏电站,投资金额一般不少于500万元,在某些地区甚至超过1000万元。① 由于项目的盈利能力主要取决于政府的扶持政策,加上回报期过长,资金风险巨大,项目投资商不免望而却步。

五、监管障碍

监管主要是控制准入、限定价格、制定质量和服务标准。低风险与高度监管环境导致能源电力行业比其他工业领域的盈利能力和资本收益率偏低。这种监管体制在需求稳步增长、规模经济效益不断扩大的时代是适用的。步入能源互联网时代,能源系统的可靠性和弹性变得愈加重要,监管限制了商业模式的多样性,使企业从复杂多维的价值主张中获取价值变得困难。如果要充分利用潜在价值主张推动能源互联网发展,从而推进能源体制改革,则自由化的能源市场上的政策和监管必须对挑战现行商业模式的创新给予包容

---

① 韩晓平. 风口之上:光伏+能源互联网 [N]. 文汇报, 2015-08-02(11).

支持，为供给侧与需求侧投资之间、非可再生能源和可再生能源投资之间、集中式和分布式投资之间的竞争提供公平的环境。

能源领域国有企业多，而这个领域的市场主体对市场及价格敏感程度不高，亟须相关能源互联网市场制度的创新。以可再生能源为例，根据中国目前的可再生能源推广政策，电网运营商必须将分布式能源运营企业接入电网，项目所有者无须承当任何费用，然后，项目所有者将从其可再生能源发电系统产生的电力中获得报酬。这笔报酬包括政府奖励和当地公用事业公司按照本地脱硫燃煤发电基准价格支付的发电款项。但现实中，可再生能源开发商与中国电网运营商的交易并不容易，及时与电网连接也一直是个挑战。由于缺乏足够的基础设施来处理可再生能源的间歇性发电，公用事业公司对可再生能源的消纳长期反应迟钝。目前的公用事业监管和规划几乎没有激励公用事业公司建设整合可再生能源的基础设施。此外，中国可再生能源奖励的发放出现了严重延误，阻碍了开发商投资更多的可再生能源项目。补贴应按季度预先拨给当地公用事业公司，以便它们每月分配，以确保补贴到位、及时、全额。但在实际操作中，可再生能源开发商的付款申请需要经过多个政府部门的审批。

能源互联网去中心化和扁平化的架构特征是对目前能源体系的颠覆性变革。能源市场的建设、能源信息的开放、准入门槛的降低等都需要对现有的能源政策和体制进行相应的调整。可再生能源发电，尤其是分布式能源运营企业发电，需要与当前集中式能源供给不同的监管结构。

此外，监管障碍并不局限于能源领域，发展能源互联网商业模式创新还有采购、规划和税收方面的障碍。

第二节　能源互联网商业模式创新的驱动力

一、需求驱动

面对日益严峻的气候变化和环境污染，人类迫切需要摆脱以化石能源为主导的能源利用方式。随着人们环保意识的提高，提高能效和充分利用可再生资源的绿色可持续的生产和消费方式成为关键诉求。这种新的、未得到满足的需求为新的商业模式开辟了可能性，并危及传统的商业模式。新的消费者需要关于如何发电的信息，显示出对可再生电力的强烈偏好。伴随消费者需求偏好的转变，企业产品的价值也在转变。所以，从有效创造价值的视角来看，市场需求是驱动能源互联网商业模式创新的关键动力。

满足消费者的自我认同和成就感需求是能源互联网商业模式创新的出发点。消费者的自我认同是家庭节能、可持续消费和生活方式的重要激励因素。消费者节约能源的动机强烈根植于多重自我认同，即认为自己是一个环保、节俭的人。例如，住宅节能就是由多重自我认同驱动的。具体地说，环保自我认同和节俭自我认同在人们对待节能的态度上有很大差异，而节能的态度在很大程度上是通过态度来调节的行为。这两种自我认同是正相关的，这意味着许多消费者认为自己既是环保又是节俭的人（或两者都不是）。在推广日常节能行为的运动中，对于大多数消费者来说，从每一项单独活动中节省下来的钱可能并不值得付出努力，因此，重要的是把金钱方面的理由放在消费背景中，并强调环保方面的理由是节能的主要理由。因此，似乎更谨慎的做法是确保家庭中节能的诉求，同时吸引环保和节俭的自我认同（De Dominicis et al.，2017）。与环保和节俭的自我认同相一致的动机是消费者节约能源的重要驱动力。

年青一代可能更倾向于改变消费习惯。消费者也希望了解自己的低碳行为究竟通过什么方式、在多大程度上遏制了气候变化。为了满足这种需求，能源互联网企业可以在流程设计上呈现减少的碳足迹，同时在信息开放共享方面更加透明、更加社群化。

社会规范和同伴影响也是能源互联网商业模式创新的驱动因素。这与之前关于社会对绿色消费者行为的影响研究相一致，如对太阳能设备的影响（Welsch and Kuhling，2009）。

二、技术进步驱动

5G、高铁、北斗卫星、航天器、高算力数据库、石墨烯等新材料、智能计量、远程精密控制、移动智能通信、区块链、太阳能光伏，这些现代科技高速进步并推动现代能源产业体系加快发展。

（一）"互联网+"

李克强总理在 2015 年《政府工作报告》中提出并明确了"互联网+"概念，即充分发挥互联网在生产要素配置中的优化和集成作用，将互联网的创新成果深度融合于经济社会各领域中，提升实体经济的创新力和生产力，形成更广泛的以互联网为基础设施与实现工具的经济发展新形态。

2019 年，我国互联网经济交易规模达到 10.63 万亿元，同比增长 16.5%，[①] 占 GDP 贡献率为 10.74%。截至 2020 年 6 月，中国互联网普及率达 67.0%，以 9.40 亿网民数量远超其他国家，城乡数字鸿沟显著缩小，城乡地区互联网普及率差异为 24.1%。[②] 从衣食住行到金融资本，互联网不仅改造了传统服务业，还不断渗透到工业的细分领域，激活了传统工业和大宗商品市场。新冠肺炎疫情在全球造成深远影响，无接触式电商技术重塑消费者的习惯，并获得长足发展。我国互联网经济规模不断扩大，成为中国经济高质量发展的新动力。

对能源产业进行互联网化，为能源赋予新的数据信息属性，应用 IPv6、大数据、云计算等互联网技术，动态调配能源生产、传输与消费，提高整个能源产业的效率和能源使用的效率。能源产业从上游的材料及设备到一次能源生产、二次能源生产，再到最终的能源消费，每个产业链条与互联网相结合，都可以产生各式各样的商业模式，包括能源产品交易、能源资产服务、能源增值服务、设备与解决方案的电子商务等。

（二）数字技术

从 2020 年全球 5G 网络的实际发展现状来看，全球共有 100 万个基站，

[①] 中国互联网络信息中心. 第 45 次《中国互联网络发展状况统计报告》[EB/OL]. （2020-04-28）[2021-03-21]. http：//www.cnnic.net.cn/hlwfzyj/hlwxzbg/hlwtjbg/202004/t20200428_70974.htm.

[②] 中国互联网络信息中心. 第 46 次《中国互联网络发展状况统计报告》[EB/OL]. （2020-09-29）[2021-03-21]. http：//www.cnnic.net.cn/hlwfzyj/hlwxzbg/hlwtjbg/202009/t20200929_71257.htm.

第六章　能源互联网商业模式创新动能分析

中国已超过 70 万个。① 这些新型基础设施的建设可以推动行业的智能化发展，激发全社会的数字化需求。5G 产业链推动人工智能与 IoT 结合发展为智联网。IPv6、5G、IoT、云计算、人工智能、大数据、移动技术等数字技术领域的快速发展与深度融合为能源互联网发展提供了技术动能。

数字技术是能源互联网创新服务的重要推动力，有助于管理和协调分散的活动，如能源供应、分布式供电、电网管理、供需预测和优化、企业运营、交易、物流、客户关系管理。例如，谷歌的 DeepMind 技术能够显著减少谷歌数据中心的用电量。它们的算法可以更准确地预测能源消耗，从而提高数据中心冷却系统的效率。过去几年，通过使用 DeepMind 技术，谷歌成功将数据中心的能源消耗降低了 40%，节省了大量资金（Jucikas，2017）。这也引发了能源互联网如何应用数字技术以提供更大规模的社会价值的讨论。谷歌的 DeepMind——国家电网项目是一个政企合作项目，DeepMind 使用人工智能技术预测并平衡英国国家电网的能源供应，可以减少全英国 10% 的电力消耗（Evans，2016）。

数字技术的出现和数据的广泛可用性导致了颠覆性的能源互联网商业模式的引入，这从根本上改变了竞争格局。虽然创新的商业模式通常与新进入者相关，但是并不局限于这些公司，在位企业也通过数字化改造自己的商业模式，以维持价值的创造和获取。在许多情况下，公司已经改变了它们传统的商业模式，利用数字技术提供的机会进行商业模式创新。

由于技术的快速发展，以及在组织形式、价值网络、分销渠道和客户界面方面所需的普遍变化，使用数字技术进行商业模式创新，在本质上其效果是不确定的。成功的商业模式产生自我强化的良性循环，如商业模式的构建块（核心战略、战略资源、客户界面和价值网络）相互协调和加强（Casadesus-Masanell and Ricart，2011；Teece，2018）。商业模式创新的实施涉及一系列相互关联的战略决策，例如新技术的使用、数字渠道以及与新合作

---

① 杨骅. 大变局时代 5G 新基建的挑战与前景［R/OL］. 北京大学国家发展研究院，（2021-01-11）［2021-04-09］. https：//www.nsd.pku.edu.cn/sylm/gd/511292.htm.

伙伴的合作。为了组织这样的决策，企业需要依靠市场营销、物流、研发与战略等多个功能领域的洞察力和支持，整体地做出商业模式创新决策，以优化整体结果。

为了成功地实施商业模式创新，企业需要了解并管理数字化转型的复杂性。能源互联网平台的数字化，一方面体现为能源供给和能源需求端的数字化；另一方面则体现为能源供需匹配流程或者技术的数字化。当然，能源互联网平台数字化也是有一定前提的，即平台的用户或者供给和需求端具备一定的规模，可以产生大量的数据。在此基础上，平台的数字化与平台的发展就会形成一个正向的反馈，数字化可以帮助能源互联网平台实现对供给与需求更全面系统的刻画、更精准的匹配，从而吸引更多的用户；而用户规模的扩张、数据量的积累，也有助于平台进一步发挥规模经济、网络效应及范围经济，不断优化和改良算法、迭代技术。

（三）微电站

全球约有10亿的低收入群体（占全球人口的13%），特别是农村居民，由于距离现有电网较远、交通不方便、能源消耗较低，以及支付能力偏低，无法获得集中电网供电。微电站让更多远离电网的人过上大都市的家电生活，还可以借助远程教育和医疗诊断系统，让在边远地区生活的人们不需远离居住地就可以上学和看病（见图6-1）。"微电站"主要利用的是清洁可再生能源，如太阳能和风能；也利用其他能源，如锂电池。

图6-1 使用"微电站"的内蒙古锡林郭勒盟东乌旗的牧民家庭

第六章　能源互联网商业模式创新动能分析

微电站能支持自身生产可再生能源并通过能源互联网实现共享，并获得收益。美国加利福尼亚州萨克拉门托市开发的"2500 R Street"项目是一个超高效率的经济适用房项目，使用商业智能微电网来实现对34间独栋房屋所产生与储存的太阳能电力的智能管理和分配。该项目旨在实现净零能耗水平，即每个家庭使用多少电能，便生产多少清洁电能。

通过微电站，人人都可成为"产消一体者"。微电站的大量推广使用不仅可抑制目前铅酸电池对无电地区生态和健康造成的破坏性影响，还能消除地区发展不平衡，减小贫富差距。全球无电人口达8.4亿，其中54%的无电人口生活在不发达地区。无电和贫困人群同时是应对气候变化最脆弱的人群。激励微电站商业应用的能源互联网商业模式创新能够从根本上解决无电、贫困问题，实现"人人享有可持续能源"目标。预计到2030年，全球无电人口将下降至5亿人以下，用电成本下降约1/4，人均电力消费水平提高40%以上；到2050年，全面解决无电和多维贫困人口问题。[1]

（四）储能技术

商业上可用的能源存储技术将电能转换成各种形式的可储存能量。在机械储能方面，有飞轮储能、抽水蓄能和压缩空气储能，其中，抽水蓄能（PHS）是最古老、最成熟的一种储能方式，利用自然或技术水库进行较大规模的电力储存。蓄热指的是熔盐技术。化学存储技术包括电容器、电池和氢气储能。在现有的各种电池技术中，锂离子电池显示出最快的成本降低和技术进步。

储能技术能够在发电、输电、配电以及最终用户活动中提供多种服务（见表6-1）。储能的功能在于双向转换过程：第一，电力以一定效率被转换成可存储的能量形式；第二，所存储的能量在需要时迅速恢复成电能，但这一过程伴随着一定的能量损失。因此，储能技术在严格意义上讲不是一种发电装置，而是宝贵的灵活性资源，可以辅助电力系统中的所有资源，储电技术可以实现更高的资产利用率，提高电力系统的可靠性，尤其是在大规模间

---

[1] 全球能源互联网发展合作组织，国际应用系统分析研究所，世界气象组织. 全球能源互联网应对气候变化研究报告［R］. 2019.

歇性可再生能源普及的情况下，这种作用更为显著。

表 6-1 储能的具体应用

储能应用	描述
提供频率抑制	储能可以稳定电源的频率和电压，提供频率抑制、短期和长期频率恢复、电压控制
提供短期和长期频率恢复	
提供电压控制	
提供启动能量支持	储能可以支持停电后电网重新启动，为停电路由器提供备份能量
提供后备能量	
满足销售或购买的实时预测	储能在需要时可增加电力供应或用能需求，例如，在需求或发电结构发生不可预见的变化时，满足销售或购买的实时预测
消除供需高峰	储能可以平滑供需曲线，消除峰值
高价销售低价买进	储能可以通过低买高卖来改善电力交易，包括利用现场可再生能源的剩余电力

资料来源：PROKA A, et al. When top-down meets bottom-up: Is there a collaborative business model for local energy storage?[J]. Energy Research & Social Science, 2020, 69(5): 1-13。

除了确保电网的顺利运行外，小型储能还可为当地社区提供额外的价值。例如，使居民能够参与电力交易，从而提高人们对社区活动的参与度，提高公众对能源和环境问题的认识。网络运营商通过参与储能业务，利用社区电池与当地可再生能源供应商合作，以及与生产电力并存储的居民进行交流，可能会加强其在能源转型中的作用。这表明，储能可能成为组织变革的工具，并在现有能源体制与新兴的可再生能源计划间部署基于协作的能源和互联网商业模式创新。储能不仅可以在能源转型的技术层面提供支持，也可以通过解决诸如民主、透明、所有权等问题来支持社会层面的能源转型，以满足公民和当地社区的需求与期望。

（五）氢能

氢能作为储能方式和汽车动力将经历爆发式增长。可再生能源电解水制氢可能是一项颠覆性技术，将成为有效供氢主体；光储氢与氢储能将有助于能源互联网平衡，推动能源加快转型。Jones等（2018）认为，氢可以很容易地移动和交易，这有助于增加可再生技术发电不足的地区的清洁能源供应，发挥与天然气类似的作用。同样，IEA（2019）认为，氢能可以帮助实现一个清洁和负担得起的能源未来。

（六）智能家居技术

智能家居技术是相互连接的设备，可以相互通信，并对内部或外部信号做出反应，以提升向消费者提供的能源服务。智能家居技术必须具备通过一种学习算法来解释可用数据的能力，该算法可以预测行为，并识别出那些不寻常的、能够引起用户注意的行为。这些设备可以自动地对自己进行编程，并按照预先确定的路线行动，以提供用户需要的服务。技术可以由用户控制，也可以委托给系统，还可以现场或远程控制，因此用户无论在哪里都可以访问由家居设备提供的服务。为提供智能服务，目前的智能家居技术包含四个关键组成部分：智能家居数字化连接模块、增强家庭控制模块、尝试达到更高水平的自动化模块、促进学习（无论是针对家庭还是针对技术而言）模块。

智能家居发展已经历了三个不同的阶段，从智能家电到能源管理，再到更多的自动化和可控性。第一阶段早在20世纪90年代，以专注于娱乐的更智能设备为代表，如立体声音响或DVD播放机。第二阶段出现在21世纪第一个十年，开始提供更好的家庭能源管理系统。企业向消费者推销的价值主张是，智能套件可以为他们省钱。第三阶段从2015年前后开始，聚焦于自动化、超级便利和可操控性，人们对连接语音控制产生了兴趣。这一阶段的智能家居是为了让生活更简单、更有趣。智能家居是技术上的颠覆性设备，有潜力将能源市场变成一个更有活力的能源互联网市场，吸引更多组织和个人参与其中。

三、企业家精神驱动

"企业家"是那些识别机会、承担风险、优化资源配置并在组织内创造新事物的个人。成功的企业家积极寻求商业模式创新，并表现出以下一些特质（Delbridge and Mariotti，2009）：①进行大量的创新探索与搜寻，视野不局限于他们自己的知识库和专业领域；②能够识别出将现有资源重新组合所带来的优势；③善于运用他人开发的新技术和新材料；④通常会以超越常规的合作方式与不寻常的企业进行合作；⑤与合作伙伴建立紧密的合作关系；⑥在

能源互联网商业模式创新

当前的合作伙伴网络中通常采用横向思维①寻求解决方案。

一个好的企业家是企业的灵魂。在创新方面，企业家思维模式以及性格特征的不同对一个企业能否进行真正意义上的创新有着很大的影响。一个创新型的企业家会根据企业所处外部环境的变化与需求，对企业内部价值资源进行改变和要素重组，更加有效地为消费者创造价值。从技术、管理、销售等层面上进行创新，在企业层面上进行有机整合，并以此为基点来促进整个企业商业模式的创新。企业家在企业中起着主导性与关键性的作用，他掌控全局，把握整体态势，对企业创新起着推动作用，是影响企业商业模式创新的最关键的内部因素。

能源互联网商业模式创新的核心是变化，而变化是由人的决策引起的。通过与其他有能力的企业建立联系和合作关系，企业就能进行开放式创新，达成以下创新目标：创造技术能力、创造技术职能、创造社会洞察并创造顾客价值。行为科学、工程学、自然科学和市场被整合到一个连贯的过程系统中，并在四个主要的节点交叉。这些变化的结合中蕴含着很多的商业机会。因此，企业家精神所具有的中心功能就是利用这些机会。企业家精神驱动的创新循环模型（见图6-2）表明，企业家精神和变化的结合是商业模式创新的基础。

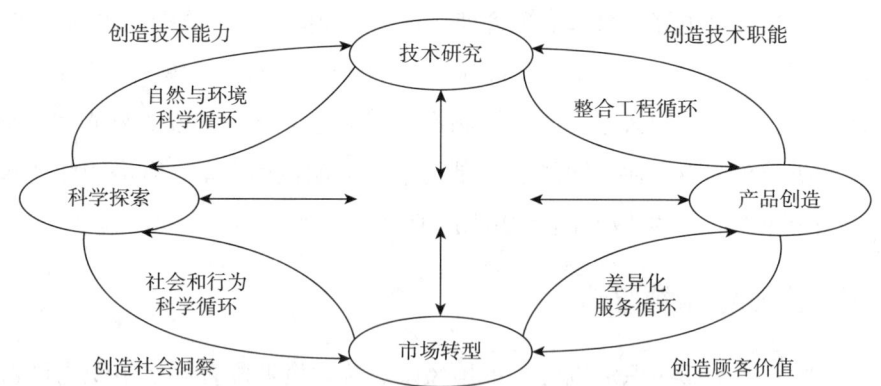

图 6-2　企业家精神驱动的创新循环模型

资料来源：Berkhout 等（2010）。

---

① 横向思维（Lateral Thinking）是爱德华·德·波诺（Edward de Bono）教授针对纵向思维（Vertical Thinking），即传统的逻辑思维所提出的一种突破问题的结构范围，从其他领域的事物、事实中得到启示而产生新设想的思维方式。横向思维改变了解决问题的一般思路，其思维广度大大增加。

第六章 能源互联网商业模式创新动能分析

创新循环模型最重要的特性就是它的结构不是一条链，而是一个圈：想法可以带来新的概念，创新成功会带来新的挑战，失败则会带来新的见解。新的想法可以在这个圈上的任何位置产生，从而沿着顺时针或者逆时针方向传播。在一个创新型社会中，商业是很透明的，在圈内传播的速度非常快，沿着创新路径传播的时间也很短。

企业家也很难识别到底哪种是最适合企业的商业模式，是否采取新的商业模式取决于企业对于试验新模式的态度以及是否具有长远眼光。采取积极的态度去尝试新的商业模式，去探索初期少有人涉猎的能源互联网市场，能够使企业领先于市场上的其他竞争者，并产生有利于促进其他企业进行改变或研究的数据，进而影响整个能源互联网市场、整个能源产业，使其朝着更好的方向发展。

IBM（2006）对世界范围内 765 个首度执行官（CEO）或公司高管进行了调查，结果发现，大约有 40% 的 CEO 或公司高管担心竞争对手的商业模式创新有可能从根本上改变行业前景，因此，他们希望自己的公司能够参与和掌控这种创新。需要注意的是，IBM 的这项调查还表明，接受调查的 CEO 或公司高管认识到他们的企业不可能完全依靠自己的力量去改变整个行业。因此，他们倾向于建立战略联盟，通过合作来掌握行业变化的方向。Venkatraman 和 Henderson（2008）深入研究了压力促进商业模式创新的作用方式，并且发现技术和经营方式的变化会给企业带来压力，当这种压力积累到一定程度（或达到临界点）时，企业就会产生商业模式创新的需要。

商业模式创新驱动模型（见图 6-3）指出，企业商业模式创新的外部驱动力主要包括市场机会即发现新需求带给企业的驱动力、技术进步、竞争压力和政策驱动四个方面；内部驱动力则来源于企业家。其中外部驱动力对于商业模式创新产生的影响，需要通过企业家才能发挥作用。只有企业家充分发挥其所具有的预见性、冒险精神、协调作用和影响力，才能克服来自企业内部与外部的各种阻力，实现商业模式的变革与创新。

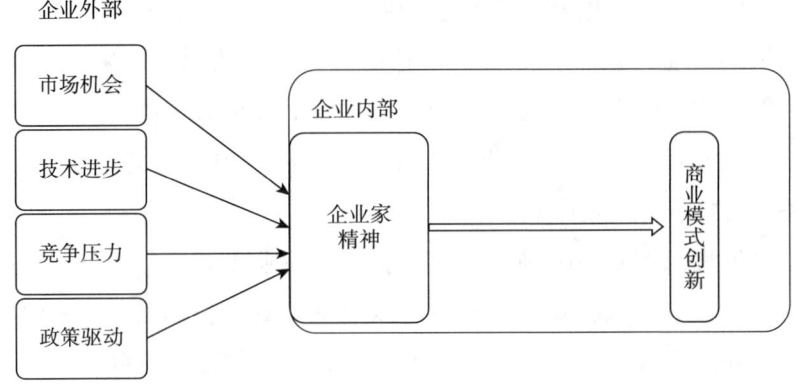

图 6-3　商业模式创新驱动模型

资料来源：齐严．商业模式创新研究［D］．北京：北京邮电大学，2010：78。

投身于能源互联网的企业家迫切需要进行战略性工作来改变现行的能源市场制度。对于如何捕捉能源互联网技术带来的协同效应和市场机遇，企业家们在战略层面并未做好充足准备。能源互联网企业大都看好数字化、智能化深度融合、多能协同综合网络建设与智慧用能模式相关的政策激励和市场机遇，但对实现创新增长的具体方式（如建设开放的生态合作系统、拓展大数据服务）缺少突破性的行动。大多数企业家认同能源互联网业务平台、区域型智能管网、现有生产系统智能化等领域具有商业模式创新潜力，但对于如何统筹管理、如何借助商业模式创新为客户提供优质服务体验等问题，多数企业仍在艰难摸索。

基于社会技术系统转型理论审视创新能源互联网商业模式的企业家所扮演的角色，企业家通过建立新的或者更广泛的合作伙伴关系，利用金融和技术专业知识等资源，构建一个由技术、政治、经济及社会要素组成的无缝网络，扮演能源互联网系统建造者的角色。企业家所面临的挑战是使能源互联网商业模式的内容（对要执行的业务活动的选择）、结构（业务活动以什么顺序、如何连接在一起）和治理（与执行这些业务活动的有关各方）与不断发展的社会技术环境保持一致，将能源体制结构（如能源市场和公用事业商业实践）的动态变化与决策所依据的政策框架结合起来。

第六章 能源互联网商业模式创新动能分析

能源互联网领域的企业家不仅需要具备制定合适的商业战略、匹配的企业文化、实现节省成本和获得盈利的能力，还需要做出环保承诺、应对和缓解气候变化、进行风险防范与管控的能力，也需要获取或增强"创造客户体验与互动""数字技术的管理平台""敏捷创新模式以把握市场先机""信息处理与基于数据的决策"等管理能力。[①] 问题是：谁是能源互联网领域的企业家？他（她）的动机是什么？能源互联网领域的企业家大多是本土化人士，还是拥有国际视野或经验的国际人士？这种背景如何影响他/她获得融资的能力？为了更好地了解能源互联网企业家本人在不同国家和文化背景下所面临的独特挑战，需要进一步深入研究。

四、竞争驱动

新兴技术不断涌现，持续影响能源消费者的行为，并持续改变竞争态势。能源企业可能会根据内部压力（比如企业的成熟、组织偏好的变化、以往的商业成功）和外部压力（新进入者的进入、越来越多的隐私关注、更严格的立法）调整其商业模式。好的商业模式能带来战略性的竞争优势，在提供产品和服务时，能比竞争对手有更多的销售、利润和现金流。一个企业在现有的核心盈利业务和有较高转换率的附加业务之外，一定要开发潜在的发展空间，不断储备符合现有商业模式的业务，抑或催生全新的商业模式。

能源互联网发展的一个关键驱动力来自电力生产日益分散的特性下更多积极参与市场竞争的主体。受益于技术进步和市场竞争，一些可再生能源技术的成本大幅度下降。例如，太阳能光伏组件的成本在2009—2018年下降了90%（International Renewable Energy Agency，2019）；与此同时，电力存储成本在2012—2018年降低了45%（IEA，2019）。分布式发电在全球得到普遍增长。过去15年，全球太阳能光伏发电以超过40%的年复合增长率增长（国际可再生能源署光伏状况报告，2018）。

---

① 埃森哲咨询有限公司. 新生态新起点：中国能源互联网企业高管调研［EB/OL］.（2017-06-28）［2021-05-04］. https：//www.accenture.com/cn-zh/insight-commercial-ecology-perspective-china-energy-internet.

随着新参与者的出现和新的商业模式涌现，公用事业公司不得不通过"快速转型"来实现对新能源情景的适应。开放的能源互联网市场使客户能够选择最优惠的供电企业。用户没有义务购买电网的电力，他们想买更少的电，更清洁高效地使用能源，因此，公用事业公司现有的特许垄断不能保证持续长久的收入。满足用户需求并提供优质服务的创新企业将迅速崛起。而且，自供能源成为更广泛客户的选择，大量可支配收入允许消费者成为"产消者"自主拥有可再生能源微电站。与此同时，技术进步带来的光伏系统、家庭储能、电动汽车等价格大幅度下降，即使不再补贴，可能也很快就会使大众市场对自己供应能源产生经济上的兴趣。比竞争者更有效率地满足市场需求是企业获取利润的关键，因此为了比竞争者更具效率，降低产品成本或价格的努力成为影响企业商业模式创新的另一种重要驱动力。

中国、德国、美国和一些新兴国家，已开始推动能源电力工业向着绿色、节能、低碳、智能的方向发展，以便培育新的国内经济增长点，进而抢占新能源、电动汽车、储能技术、IoT 等国际新兴产业发展的战略制高点。未来的能源互联网必将竞争激烈，特别是对大用户的竞争，电源的竞争，一、二、三次能源技术的竞争，个性化售电服务和能源服务领域的竞争。所有企业都希望在能源互联网竞争中获得竞争优势，而所有竞争优势共同的前提是：能够为顾客提供超越竞争对手的优异价值。通常企业竞争力主要源自三个方面的能力：一是市场能力，谁能够抓住用户，谁就有最大的话语权；二是成本管理能力，未来客户真正的需求在于降低能源的综合利用成本，企业需要进行负荷预测管理，做好交易和调度；三是客户服务和销售能力，这是最核心的竞争力。

五、政策驱动

能源互联网的发展革新依托于国家宏观政策的激励与扶持。政府的能源战略总是以公民或企业的利益为重。能源互联网的发展符合公众、企业、国家乃至全人类的利益，因此普遍得到了各国的政策支持。在政府能源战略文件中有这样一些表述，例如，"可再生能源已经成为最便宜和最清洁的新能源。增加我们的可再生能源发电能力将有助于降低电价"（VIC，2017），"能

第六章　能源互联网商业模式创新动能分析

源是我们社会的命脉","人民福祉、工业和经济依赖于安全、可靠、可持续的可再生能源"(EC，2011)。在英国能源规划(VIC，2017)中鼓励"发展以消费者为导向的新市场"。欧盟委员会(EC，2011)的重点是帮助"消费者参与市场……应采取措施提高市民对机会的认识，加强价格比较，为转网提供便利并改善投诉处理程序"。

为使能源转型超越技术维度，政府与公众间的互动至关重要。政府已经使用了各种政策工具。一方面，有些政策倾向于在清洁能源市场降低电价并增加发电量：一类是直接刺激可再生能源技术扩散的政策，包括上网电价、上网补贴、生产税收抵免、投资税收抵免、绿色证书、可再生能源组合标准；另一类是有利于可再生能源技术进步的政策，比如对研发的财政支持。这两类是积极的供应冲击。另一方面，旨在直接减少碳排放，控制化石能源消费的政策（汽车排放税和限额交易制度）会对供应造成负面冲击，因为它们往往会减少燃煤和天然气发电厂的发电量，并提高电价。世界各地的电力市场都受到这两种政策的影响。

由于能源互联网处于起步阶段，仅依靠市场的自发性很难进行实质上的革新，政策战略布局就显得尤为重要。美国、日本等国家均对能源互联网推行政策上的支持，力图调动广大公众参与的积极性，促进能源互联网市场的发展。我国相关负责部门紧跟全球发展形势，制定出一系列适用于能源互联网发展的相关政策，通过拓宽多样化经营模式、完善融资机制等方式，促进能源互联网的健康发展。

欧洲SI4S研究项目中发现，政府的一个重要作用是作为商业模式创新的触发器。政府的重要作用体现为可能通过资助直接促进某种创新，也可能导致新规则的产生。例如，严格的环境控制带来了对测试、诊断和控制服务的需求，同时刺激了开发合乎环境要求的服务产品和工艺的要求。2015年8月7日正式投产的国内首座数字化热电厂——国华北京燃气热电厂就首创了将互联网、大数据技术运用到传统电力行业，运用大数据进行生产管理的模式。

从中国政府对能源互联网的政策来看，"互联网+"行动计划上升为国家战略，新一轮电改方案积极倡导智能电网，能源互联网发展加速。2011年10

月 13 日,国家发展改革委、财政部、住房和城乡建设部、国家能源局联合发布了《关于发展天然气分布式能源的指导意见》。2015 年 7 月 5 日,国家能源局、国家发展改革委、工业和信息化部等发布《关于积极推进"互联网+"行动的指导意见》,确立了"互联网+"智慧能源发展路径。①

2015 年 3 月 21 日,中共中央、国务院发布《关于进一步深化电力体制改革的若干意见》,明确电力体制改革宗旨：放开两头,管住中间,大力支持分布式发展。新电改方案为能源互联网发展提供了条件。电力体制深化改革释放出能源互联网的市场机会。按照新电改方案,增量配电放开,增量售电放开,能源行业更市场化。

(1) 新增配电意味着微电网将得到大发展,微电网中接入分布式新能源,储能、新能源汽车充电,分布式新能源可以全微网内售电,不再局限于单个客户自供电余额上网。

(2) 未来电力系统的售电侧将强化竞争机制,形成市场化的售电新机制。售电侧放开将成为能源服务公司进一步发展的重要推动力：能源服务公司的业务范围将不再限于降低用户能源消耗,会进一步扩展业务,例如,提高用户能源利用效率、为产消者提供综合服务解决方案、帮助电网企业平滑用户负荷曲线等。

(3) 售电公司可利用用户用电习惯等大数据,做出更优的电力调配。

正在推进中的新一轮电改,首先选择的突破口即放开配电侧。新电改明确分布式电源主要采用"自发自用、余量上网、电网调节"的运营模式,积极发展融合先进储能技术、信息技术的微电网和智能电网技术,确保可再生能源发电量依法全额保障性收购,为分布式发电和新能源汽车在未来大规模接入电网创造条件。政府需要承担对市场的监管,维护市场公平公正公开。部分地方政府已开始积极推动售电侧市场化,一方面可以降低电价、招商引资,另一方面可以增加税收并提高国有资产的管理水平。

正确认识能源互联网商业模式创新的障碍和驱动力,有利于企业把握能源互联网发展带来的巨大市场机会,建立持久竞争力。

---

① 新华社. 关于积极推进"互联网+"行动的指导意见［EB/OL］.（2015-07-05）［2021-07-05］. http：//cpc.people.com.cn/n/2015/0705/c64387-27255409.html.

第七章 中国电力企业能源互联网商业模式创新

商业模式创新不能脱离微观层面的企业主体,也不能脱离企业所处的国家或地区发展背景。本章以中国电力部门为例,来探讨如何实现能源互联网商业模式创新。

当今世界,电力已成为随处可见、不可或缺的必要资源。从交通运输、商业网点到居民住户,电力供应着几乎所有国民生产部门。由于所有的一次能源都能转化为电,终端能源消费都可用电来代替,决定了能源互联网中的能源形式是电力。电力也是增长最快的终端用能品种,能源互联网允许每家每户都参与电力市场,在电力的传输、分配、交易中扮演更重要的角色,实现建立分布式能源运营企业体系的发展目标。从化石能源发电到可再生能源发电的转变将从根本上影响能源电力产业的结构,改变能源的生产、传递和销售方式。因此,电力企业①在能源互联网中将扮演关键角色,如何通过商业模式创新推动能源互联网发展是迫切需要解决的问题。

作为关系到国民经济命脉的现有能源系统主导部门,包含中国电力部门在内的传统商业模式亟须创新。本章基于商业模式理论框架,提出能源互联网企业可通过客户理念创新,提供可再生能源接纳服务、需求侧响应服务、电动汽车与智能电网双向服务和能源互联网市场交易服务等,并进行适当的组织结构调整,更关注外部合作,获得能源互联网市场服务的战略入口。相较于传统电力企业,分布式能源的终端用户、新能源电力企业和科技企业、互联网企业被视为未来最主要的竞争者。通过主动进行商业模式创新,各类企业将获得可持续竞争力并为后续一系列创新搭建平台,推动能源互联网从试点试验迈向市场实施。同时,中国电力体制改革步入深水区,政府"自上

---

① 电力企业是技术密集的特大型企业,包括发电企业和电网企业,属于国家公用事业部门。

而下"的行政手段难以有效解决可再生能源高安装能力与低利用能力的冲突，迫切需要各类市场主体发挥积极作用实现市场对资源的有效配置，寻求适合可再生能源市场推广的商业模式。

Richter（2013）发现，德国大多数公用电力部门的管理者在市场份额显著减少的情况下仍没有将可再生能源更大比例接入电网视作当前商业模式的威胁。2014年，德国最大的能源企业意昂集团（E.ON）在化石能源领域大规模亏损。因为全球能源市场发生巨变，技术创新、客户期望更加多样化，E.ON已经无法适应新的挑战，未来将把业务集中于新能源世界——可再生能源、微电网和定制节能服务。E.ON已不得不做出改变，调整商业模式以适应新业务。那么，中国电力部门呢？

当下中国电力部门正处于重大战略决策期，面临两种选择：一是被动应对能源互联网发展，传统的电力市场被大批新进入者从分布式能源运营市场蚕食，大量人才外流进入其他竞争性企业或独立创业，内外环境倒逼电力企业进行商业模式创新；二是借助能源互联网，充分发挥现有市场、人才、技术等优势，突破创新壁垒，主动进行商业模式创新。显然，电力部门需作为能源互联网中引领性主体，积极进行商业模式创新，在竞争中领先，并为后续一系列创新搭建平台，推动能源互联网健康快速发展。

第一节　中国电力企业传统商业模式亟须创新

19世纪末到20世纪初，电力工业的发展形成了今天电力系统的集中式结构体系。由于初始投资规模巨大以及度电成本不断降低，电力行业成为公共事业部门的组成部分，被认为是"天然垄断"行业。1995年，由于电力短缺，中国开始实行多家办电。1997年1月，国家电力公司成立，实行"政企分开、省为实体"。自2002年3月实施《电力体制改革》（国发〔2002〕5号）以来，电力行业破除国家电力公司独家办电，"厂网分开"完成，初步形成了以九大中央发电集团为主、30多家省级地方电力集团为辅的电力市场主体多元化竞争格局。但"主辅分离、输配分开、竞价上网"仍处于艰难的改革进程中。

一、电力部门传统商业模式演变

Osterwalder（2004）提出商业模式由四个支柱的九个构建模块组成：价值主张、目标客户、分销渠道、客户关系、价值配置、关键能力、伙伴关系、成本结构和收入模型。Osterwalder 和 Pigneur（2013）进一步丰富了这一想法，在商业模式中添加了基础架构组件，该组件由价值结构、核心资源和能力及伙伴网络组成。许多学者认为，商业模式主要包括四个基本要素：价值主张、顾客界面、基础架构和盈利模式（Johnson，2010；Vergragt，2010）。

（一）价值主张（产品/服务）

价值主张确立创造什么样的价值给目标客户以满足其需求。

基于电力供应的单一价值主张，电力部门以"不缺电为第一要务"，与用户形成了简单的电力供用关系，客户服务主要为检测及维修服务。

（二）顾客界面（目标顾客、分销渠道、客户关系）

由于用户不能自由选择电力供应商，电力部门不存在市场竞争，因此较少关注客户服务及发展客户关系。20世纪90年代兴起的互联网从根本上改变了企业同供应商和客户的交互方式。相对于积极与互联网融合的其他行业的企业来说，电力部门仍以单纯的电力生产供应为导向，对用户需求不敏感。对于电力企业而言，帮助用户提高能效意味着电力销售减少，会遭受经济损失，因此其缺乏服务意识。电力企业虽有利用互联网，但仅将其作为单向信息推送渠道。电力部门将电费信息告知客户，客户可进行网上支付，双方缺乏密切沟通。

（三）基础架构（价值结构、核心资源和能力、伙伴网络）

基础架构涉及企业价值结构、核心资源和能力以及伙伴网络。

1. 价值结构

发电企业通过以煤为主要能源的集中式发电来销售电力，获得规模经济和垄断利润；电网企业隔断了发电企业和电力用户，采用的是发电计划来调度发电厂，通过用电计划来管理用电的负荷。

2. 核心资源和能力

为保障电力安全稳定运行，电力调配以各省份为实体，集中平衡，整体优化。现行资源配置模式为"集中式"：产业高度垄断；企业高度集权；资源分布高度集中；资本高度密集；超大电网集中供电。几家国家电力公司占发电和供应的大部分，并努力使其发电情况与预测需求相匹配。

3. 伙伴网络

过去几十年来，中国电力部门主要关注电力生产方面的创新，尽管可再生能源发电发展迅猛，但输配电结构几乎没什么变化。在"扩张保供"思路指导下，电源规划采取"自下而上，层层批准"的模式。电源点项目仅以投资主体资格和建设可行性为依据，很少考虑电网消纳能力、单一电源与区域内其他电源负荷需求的协调问题，从而导致电源建设盲目、电源利用效率不高、环境污染严重等问题。尽管2006年中国就已颁布了《可再生能源法》，但仍面临可再生能源高安装能力与低利用能力的冲突。

（四）盈利模式（收益、成本）

电力部门传统的盈利模式主要是依靠集中大量发电，通过售电获取规模经济效益。但其存在诸多问题，如电力部门为应对极少时间的用电高峰而不得不扩大基础设施投资，提高产能和调配能力，导致成本增加和大多数时段的产能过剩；以政府统一定价为主的现行电价，调整往往滞后于成本变化，发电企业间缺乏竞争，供电企业没有压力，不能及时并合理反映市场供求状况、用电成本、资源稀缺程度和环境外部性。

二、传统商业模式面临挑战

商业模式总是诞生于特定宏观环境并随环境演化。基于企业所处宏观环境分析PEST模型（Political，Economic，Social，Technological），电力企业传统商业模式面临巨大挑战。

（一）能源体制改革

为应对化石能源消费带来的环境污染、气候变化等严峻挑战，各国在

第七章　中国电力企业能源互联网商业模式创新

《联合国气候变化框架公约》基础上提出能源转型目标，如德国力争在2050年使可再生能源发电占全国电力的80%。根据2014年11月12日于北京签署的《中美气候变化联合声明》，中国将2030年非化石能源占一次能源消费比重提高到20%；2015年巴黎气候大会通过的《巴黎协定》预示着未来"化石燃料时代的终结"。更趋严格的碳排放立法、环保政策的实施与碳税等压力也将促使电力企业促进节能技术和可再生能源技术的应用。

从传统能源系统转向能源互联网系统，意味着一个新体制摧毁旧体制，例如，改革电力市场和减少对使用化石燃料的补贴，涉及挑战强大的"既得利益集团"。

中国相关政策密集出台：国务院《关于进一步深化电力体制改革的若干意见》（中发〔2015〕9号）（2015年3月15日颁布）确立了"管住中间，放开两边"，大力支持分布式能源发展的宗旨。竞争机制会鼓励所有的电力产业参与方，包括供电公司、工业用户、私人投资者去提升可再生能源在电力市场中的参与度，这会有效减少碳排放量和降低对化石能源的依赖。明确分布式电源采用"自发自用、余量上网、电网调节"的运营模式，积极发展微电网和智能电网，确保依法全额保障性收购可再生能源发电量，创造了新能源汽车和分布式发电未来大规模接入电网的条件。2016年10月，更加细化的《售电公司准入与退出管理办法》和《有序放开配电网业务管理办法》出台。该轮电力改革主要体现为开展电力体制改革综合试点、输配电价改革和售电侧改革。2019年5月，国家发展改革委《关于公布2019年第一批风电、光伏发电平价上网项目的通知》公布了首批26个分布式发电市场化交易试点名单。2019年12月，中共中央、国务院《关于营造更好发展环境支持民营企业改革发展的意见》再次重申支持民营资本以控股、参股形式参与发电、配电、售电等业务。

2015年7月13日颁布的《关于推进新能源微电网示范项目建设的指导意见》（国能新能〔2015〕265号）将新能源微电网作为可再生能源和分布式能源发展机制创新的重要方向，拟进行示范项目建设。2016年2月29日颁布的《关于推进"互联网+"智慧能源发展的指导意见》（发改能源〔2016〕392

号)做出发展能源互联网的顶层设计。随着电力改革的持续稳步推进,竞争性售电企业加入市场竞争。

(二) 经济发展变革

自改革开放以来中国经济高速发展带来电力需求的强劲增长,为电力行业的壮大提供了外部动力。随着中国经济进入中高速增长的新常态,经济发展从重速度向重质量的发展方式转变。售电改革和电力交易机制推动用户需求得以释放;售电、电力交易市场和发电主体更大的波动性,倒逼配电的智能化与开放化;分布式能源、储能、智能电表、新能源汽车、充电桩、智能逆变器的普及使智能电网基础设施逐步完善。随着市场化改革推进以及新技术带来的产业调整,传统的规模扩张已不再能够满足未来发展需求,电力行业的商业模式创新需求与日俱增。

大批新市场参与者正促使能源市场化改革加速推进。各种分布式能源企业(如光伏企业)、智能传感器、智能仪表、储能电池、电动汽车企业发展迅猛。以屋顶太阳能为代表的分布式光伏、以特斯拉入华为代表的电动汽车、以谷歌收购智能家居制造商 NEST 为代表的智能家居,快速发展并进入规模化阶段。

新加入企业的竞争和来自用户的竞争也迫使电力部门积极创新商业模式。在售电端市场开放和节能增效大背景下,全球涌现出一批创业公司积极创新商业模式,如美国 Opower 能源管理公司。Opower 获得市场认可,关键在于其准确把握了用户环保需求、社交需求,并提供个性化邻里能耗比较、笑脸提示、节能建议等服务,实现了人类行为科学、数据分析和商业模式的有机组合,从而占有更广泛的私人客户细分市场。如果电力企业不能迅速调整其商业模式,那么敏锐把握用户需求并提供优质服务的创新企业将迅速崛起。

收入来源单一、总体收入减少,是传统能源电力企业面对市场格局演变的典型挑战。中国电力改革的核心是理顺价格机制,能源零售市场需要充分激活各类参与主体。无论是传统电力企业还是新兴售电公司,都不能让利润增长重心囿于电力销售业务,而应分配战略资源,着眼于电力用户关注的增值领域,例如智能家居、光伏入户和新能源车充电桩。

第七章　中国电力企业能源互联网商业模式创新

（三）社会文化变革

由以化石能源为主导的经济引发的全球环境问题使可持续发展理念深入人心，公众参与意愿加强。电力企业传统目标是简单地提供安全、高效、可靠的电力，但现在需要综合考虑诸如气候变化等全球问题、国家能源安全问题，以及满足消费者日益增长的以更低成本更好控制能源消费及减少碳足迹的需求。

能源转型在全球得到了强大的公众支持，需要大胆设计吸引广泛利益相关者积极参与的商业模式。更大范围的社会进程会影响商业模式创新，如2008年爆发的国际金融危机影响了美国消费者的购买力，培育出共享经济商业模式和充足经济商业模式并在全球推广开来。基于共享经济的P2P公司在其他社会技术系统中已经产生破坏，但在能源领域还没有取得显著的"病毒"扩散效应。对电力企业来说，这既是挑战又是机会。

（四）科学技术变革

当前能源市场正酝酿巨变，脱碳、数字化和去中心化带来颠覆式能源系统变革：以 IoT、大数据、云计算、区块链、人工智能、5G 移动网络等数字化技术逐步渗透和影响至电力企业的投资战略、发展模式、盈利渠道与管理方式；芯片技术逐步成熟，智能电器实现多终端智能控制，高效节能；新材料革命兴起，智能建筑从仅耗能向既耗能又产能转变；储能蓄电池采用直流电方式，储能效率和充放电速度加快，应对 DER 波动性能力增强；可再生能源、储能和能效技术的成本下降，发展迅猛[①]，促使能源系统从集中式向分布式转变。十几年以前，发电几乎是公共部门的领地。伴随可再生能源日益普及，能源互联网发展趋势，这种情况正急剧改变。截至 2012 年，德国公共电力部门已丧失 88.1% 的可再生能源市场，相当于德国总发电市场的 20%。[②]

目前，中国电网规模和发电能力均为世界第一，以煤为主要能源的能源

[①] 截至 2014 年底，中国可再生能源装机容量占全球总量的 24%，新增装机占全球增量的 42%。资料来源于《世界银行统计年鉴（2014）》。

[②] WAINSTEIN M E, BUMPUS A G. Business models as drivers of the low carbon power system transition: A multi-level perspective [J]. Journal of Cleaner Production, 2016 (126): 572-585.

结构亟待调整,可再生能源资源丰富,风力、光伏等可再生能源生产设备企业制造技术先进。2020年,中国可再生能源发电已占全社会用电总量的29.5%,非化石能源占一次能源消费比重达15.9%,[①] 如期实现我国在联合国做出的"2020年非化石能源消费占比达15%"的庄严承诺。可再生能源的波动性要求更灵活的输电网,从传统的价值链商业模式向更复杂的参与式网络——能源互联网商业模式演化。

第二节 能源互联网下电力企业商业模式创新

商业模式创新是企业系统的整体变革,是在一定的产业演化环境中发生、发展并服务于产业竞争的,已成为企业活动中极其艰难却最有经济潜力的一种创新形式。为应对一系列挑战,电力企业需进行商业模式的持续创新。商业模式创新可以通过商业模式构成要素的创新来实现。[②]

一、价值主张创新

商业模式创新的出发点,是如何从根本上为客户创造增加的价值。在能源互联网价值链各个环节中真正"以用户为中心"去考虑问题,从市场定位、产品研发、生产销售乃至售后服务整个价值链的各个环节,建立起以用户服务为导向的企业文化,深度理解用户。

能源电力企业的商业价值建立在用户价值之上。比如,光伏电站开发企业为客户提供高质量的交钥匙电站项目的商业模式已显不足,需要考虑大部分电站业主并非专业的电站管理者,如果能够考虑到不同业主的电站使用习惯,为客户提供高质量、个性化的电站托管和运维服务,真正让客户能够放心发电,省心管理,就实现了以用户为中心的商业模式创新。

---

① 2020年中国可再生能源发电量达到2.2万亿千瓦时 [EB/OL]. 中国新闻网,(2021-03-30)[2021-04-09]. https://www.chinanews.com/cj/2021/03-30/9443384.shtml.
② LINDGADT Z, et al. Business model innovation: When the game gets tough, change the game [J]. The Beston Consulting Group, 2009 (9): 1-8.

由于电力企业在客户互动、客户细分和智能电表使用数据等方面具备独特优势，可通过日益丰富的产品和服务为客户提供支持，利用电力行业数据提供更加丰富的增值服务，从单纯的电力供应转为以客户需求为导向的多样化服务，以更清洁、高效、可持续发展的方式满足用户需求。能源互联网下电力企业为客户提供的价值主张主要分为四类（见图7-1）：可再生能源接纳服务、需求侧响应服务、电动汽车与智能电网双向服务和能源互联网市场交易服务。其中每一类都有丰富的价值创新。

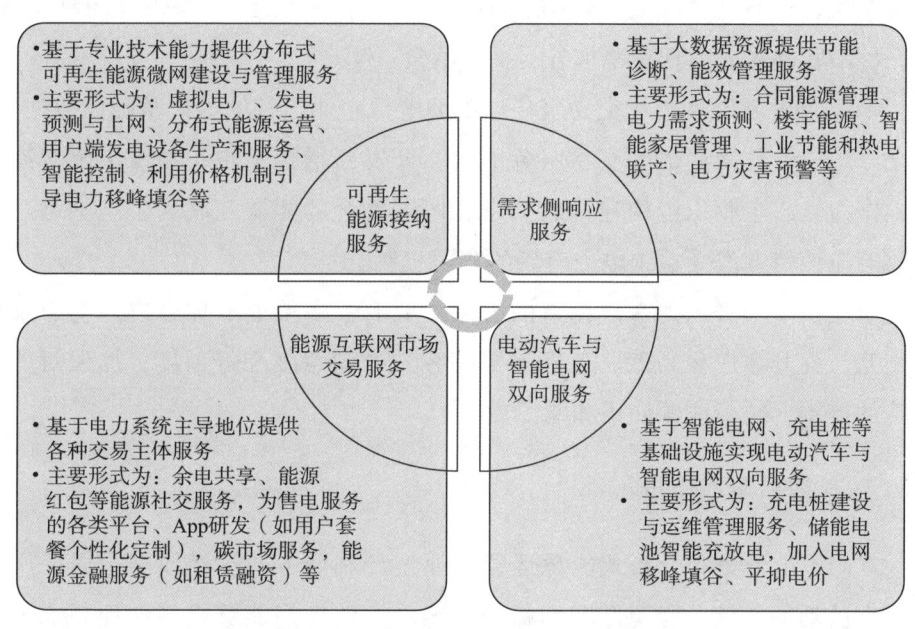

图 7-1　能源互联网下电力企业价值创新

资料来源：王君安等（2017）。

（1）在可再生能源接纳服务中，通过金融创新消除了光伏太阳能利用中的典型壁垒，加强了客户的价值定位。商业模式通过不同途径减少客户的交易成本与整体风险，如通过绩效和产品保证以及保险服务将客户面临的技术风险转移至电力服务企业。

（2）需求侧响应服务中智能家居管理可包括：智能监控家庭太阳能、电动车、储能电池、智能家电以及与微电网智能互动调整平衡等。通过提供智能家居管理服务，电力企业可实现家庭用电器的深度控制，并通过对云端数据的采集，深入分析用户用电习惯，采取适宜策略为客户提供个性化定制服务。

（3）电动汽车与智能电网双向服务中充电桩建设和运维管理：充电桩作为智能电网的终端，在充放电过程中，电动车储能电池与充电后台需要进行数据交换以控制电流，从而可获得电动车相关数据；电力企业可以帮助电动汽车车主实现手机App客户端查询实时定价、充电桩的建设分布、具体位置、数量、以及充电口空闲数等信息，推荐选择在最近的充电点进行缴费充电或者卖电赚钱，通过"线上App+充电网络+线下储能设备"的O2O闭环将人、车、桩串联起来，实现移峰填谷、平抑电价。

（4）能源互联网市场交易服务可借助电力企业已有的客户基础及数据库，建立以用户参与为特征的交易服务平台，开发新增长平台，颠覆传统交流方式，作为核心企业积极构建开放共享、协同融合的能源互联网生态网络。所有的电能消费方都受益于电力市场的竞争机制。

以上价值主张可为客户创造的价值主要有：多渠道增加客户与电力系统的交互，提升客户参与度；各环节提高客户的满意度和舒适度；加强对能源消费的控制，减少能源使用和能源支出。

二、客户界面创新

双向电能计量和分布式能源运营企业生产利用方式已经改变了居民用户传统中被动的角色。能源互联网将授权客户，使他们能够更好地控制电力消耗，也将激励公众参与能源的生产、利用分布式能源运营企业发电、用余电上网赚钱，成为积极主动的"产消一体者"。社区由于受到可再生能源部署的环境效益、通过以储能为基础的商业模式降低能源账单以及增强社会凝聚力的机会的强烈推动，也将成为能源互联网的积极参与者。

为实现价值主张，电力企业需进行客户理念创新，激发并利用客户的参与意愿，即邀请有创新力的用户进入创新支持机制。用户创新指出了市场中的缺失，高级用户能认识到技术的限制并试图通过创新去解决。这样，制造商、安装商、标准制定者和政策制定者才可能从需求者角度（特别是将产品

第七章 中国电力企业能源互联网商业模式创新

引进新区域市场时）调查需要做些什么。因此，电力企业要在更高层面上实现服务导向，应避免专注于现有细分客户，而应开发新的和未满足的客户细分群体，满足新客户需求，并让客户参与电力生产消费链条，激励用户创新。

图 7-2 和图 7-3 展现了中国电力企业用户端 App 在 2015 年仅有缴费和查询功能，而 2021 年这些功能已极大丰富，智能家居场景实现了能源管控实时便捷操作。

图 7-2　2015 年中国电力 App

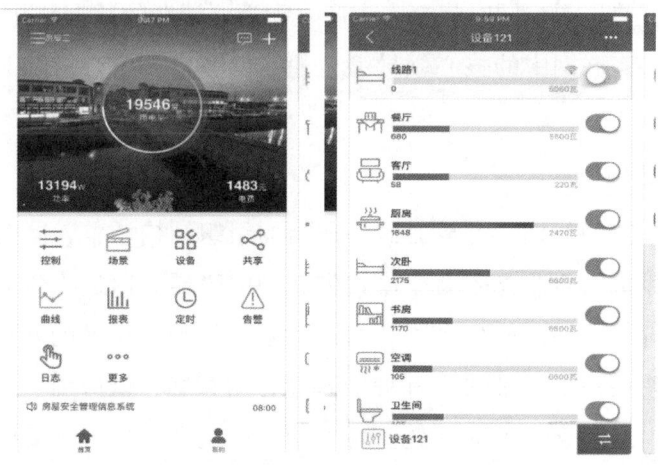

图 7-3　2021 年掌上用电 App

三、基础架构创新

（一）价值结构创新

电力企业需要根据以上价值主张和客户界面重新进行架构管理。能源互联网将改变电力企业传统价值传递的"发电—供电—用电"集中式的整体平衡模式，使之成为电力企业与利益相关主体间依赖度更高、交互更密切的价值网络，实现区域内 DER 自给自足，降低输配电成本，同时与集中大电网模式相结合，达到社会能效最优。例如，美国发展出分布式光伏电站第三方持有的商业模式，这种商业模式并不要求来自客户的预付成本，但要求电力企业与金融服务机构更紧密地合作。2019 年 5 月，国家发展改革委也公布了 2019 年第一批 26 个风电、光伏发电平价上网项目进行分布式发电市场化交易试点名单，探索采用自发自用、余电并网的分布式发电模式。

（二）核心资源和能力创新

电力企业接纳 DER 需要提高常规可调节电源的运行灵活性和调节能力，扩大电网覆盖范围与跨区电力交换能力，改变传统管制垄断的零售电力市场结构及系统的运行模式。庞大的客户群、会聚的专业人才、高端的技术能力、健全的电力网络基础设施是中国电力部门已有的核心资源能力。电力企业应把握好这些优势资源，同时将电力生产、配送、消费的数据转化为核心资源，从而成为能源互联网中的核心领导型企业，以客户为中心搭建互惠共赢的生态价值网络。

（三）伙伴网络

对商业模式创新拥有开放心态，适当的组织结构调整，同时更关注外部合作，可帮助电力企业克服商业模式创新中的障碍。通过构建面向客户侧发电的独立商业单元，比如分离子公司追踪新市场和新技术的发展，给高层管理者带去值得关注的商业机会和商业理念；与顾客、供应商、竞争者以及科研院所或公共组织合作可降低企业自身的不确定性，也可推动社会各方力量共同构建能广泛利用可再生能源的能源互联网制度框架。

四、盈利模式创新

电力生产是中国二氧化碳排放最大的贡献部门。虽然煤电发电量呈现下降趋势,但是因煤电具有稳定性及成本优势,其始终在电力生产中占据重要地位。同时,随着可再生能源发电技术的进步,发电成本逐渐下降,预计风电和太阳能发电可在"十四五"初期实现平价上网。

2016年10月,更加细化的《售电公司准入与退出管理办法》和《有序放开配电网业务管理办法》出台。该轮电力改革主要体现为开展电力体制改革综合试点、输配电价改革和售电侧改革,改革前后电网盈利模式变化如表7-1所示。

表7-1 改革前后电网盈利模式变化

时期	电网盈利模式
改革前	电网企业通过购销差价获得收益
	按政府制定的上网电价从发电企业购电
	按政府制定的销售电价(目录电价)向电力用户售电
	对各电压等级各类电力用户的销售电价与当地平均上网电价之差,被视为输配电价
改革后	电网企业按政府核定的输配电价获取固定收益
	政府按"准许成本加合理收益"原则核定准许收入和输配电价
	电网企业的成本主要与输配电资产的固定成本相关
	发电企业竞价上网或大用户及售电公司进行电力交易,成交价与电网企业的收益无关

资料来源:根据国家电力体制改革相关文件,如《关于进一步深化电力体制改革的若干意见》(中发〔2015〕9号)、《售电公司准入与退出管理办法》、《有序放开配电网业务管理办法》、《关于推进"互联网+"智慧能源发展的指导意见》(发改能源〔2016〕392号)整理所得。

新的盈利模式下,电网企业的输配电价和收入很可能有所减少。6个省区试点(内蒙古西部、宁夏、云南、贵州、安徽、湖北)的数据显示,通过开展核减一些不相关的输配电投资与成本费用,强化严格的成本约束和输配电价格监审,六省区输配电价平均核减比例达16.3%。①

---

① 栾昊,何琬. 输配电价改革未来重点几何[J]. 能源,2016(5):96-99.

能源互联网商业模式创新

随着电力改革的持续深入推进，政府角色由电价制定者转变为电网输配电收入、成本和价格的监管者。各级各类市场竞争主体将在市场价格机制的影响下自由竞争。电网企业收入与发电和售电价格的高低无关，电网企业与发电企业、售电企业间的利益分歧得到弱化，使得电网企业将在发电企业与电力用户中保持相对中立的位置。多元背景的主体进入售电市场也将带动售电领域盈利模式创新。电力消费管制放松，随着用户选择权放开，符合条件的电力用户可以依据自己的个性化需求选择价格更优惠、更清洁或服务更完善的售电企业或者参与电力市场。

能源互联网将能量流与信息流相融合，赋予用户更多选择权。用户可以选取更加灵活的用电方式，甚至能够从消费者转变为生产者。例如，满足用户的手机、电动汽车、智能家居即插即用，优化用户用电方式，也可以结合电价实时波动情况，对一些用电装置进行智能启闭，使用户降低高峰用电成本，或通过卖电获得经济回报。

电力企业在盈利模式方面，应避免用传统规模经济的观点看待DER。当前客户侧DER缺乏盈利能力可被视作电力企业应对市场风险的一种保护，而且，如果大量用户侧项目以标准化方式安装，经济规模有可能在一定程度上实现。对电力企业而言，客户侧发电的战略价值并不在于成为生产成本更便宜的新技术，而在于获得市场服务的战略入口，未来发展将超越单纯地利用可再生能源发电。基于客户需求的各种服务，将为电力企业带来可持续收入。如提供可再生能源接纳服务，在客户同意之下，电力公司可以融资、拥有和运营分布式可再生电源；根据市场供求提供各种富有创新的计费和支付方案，实现差异化定价、个性化定价，使得用电免费、省电赚钱成为可能——其中各环节都蕴含着丰富的盈利模式。例如，美国电气公司（GE）将电力发、输、配、用、电等全过程IoT，撮合发用电交易，并开展维修、节能等增值服务，其能源管理收入达440亿元。[①]

全球能源趋势是21世纪下半叶实现温室气体零排放，可预见在十几年后

[①] "互联网+"时代来了，电力产业能做什么？[EB/OL]. 中国电力网，(2016-05-12)[2021-04-12]. http://www.chinapower.com.cn/ciofocus/20160512/25233.html.

第七章　中国电力企业能源互联网商业模式创新

的能源消费中,碳税成本将不容忽视。与化石原料价格上升风险、环境规制风险因素导致传统电力成本不断增加相反,随着技术进步,可再生能源成本将不断下降,清洁可再生能源相对传统化石能源的成本拐点会出现。中国可再生能源发电技术的迅速发展可使成本日趋低廉,将带来电力供给格局的巨大变化。IEA 预测中国的太阳能发电平准化度电成本①在 2020 年前后将低于新建和现役天然气发电,到 2030 年将低于新建燃煤发电和陆上风电,到 2040 年将低于在运燃煤发电厂,从而成为中国最便宜的发电方式。同样地,到 2035 年,陆上风电平准化度电成本平均值也将低于新建燃煤电厂,到 2040 年将接近在运燃煤电厂。②

因此,在成本结构上,电力企业需要在利益前景驱动和能源环境政策调整的压力下寻求自我改变。具体来说,电力企业可通过实时电价机制有效引导用户用电决策,可实现移峰填谷,避免电力基础设施的过度投资,从重资产转向轻资产;可进行能源期货交易,根据可再生能源波动性特点,可预订预售未来电力,有效引导需求;也可利用储能电池充放电,调节供给和需求并使之相匹配;还可与利益相关者共同降低并分摊电力综合利用成本,将电力设备与电力服务绑定,如屋顶太阳能设备与客户用电服务,形成各种商业服务形态,使得每一笔成本与用电服务直接挂钩,从固定成本结构转为可变成本结构。

总之,电力企业应该主动利用能源互联网带来的转型机遇,最小化成本、风险和环境影响,使机会、选择和社会利益最大化。例如,电力企业可以发挥在政府关系管理、资产规模以及融资能力等方面的优势,改革机制,提高综合创新能力,根据自身禀赋和战略,进一步面向市场、聚焦用户,选择向有成本优势的发电商、注重服务一体化的综合能源供应商、以平台为主的能源运营管理和数字化服务提供商等方向转型,以获得更大的发展空间。而且,

---

① 平准化度电成本是对项目生命周期内的成本和发电量先进行平准化,再计算得到的发电成本,即生命周期内的成本现值/生命周期内发电量现值。计算方法:度电成本=(初期投资-生命周期内因折旧导致的税费减免的现值+生命周期内因项目运营导致的成本的现值-固定资产残值的现值)/生命周期内发电量的现值。

② IEA. 世界能源展望:2017 年中国特别报告[R]. 2017.

作为公共部门,电力企业在进行商业决策和设定财务目标时应将减缓气候变化和碳减排目标放在首位。

第三节 电力企业能源互联网商业模式创新演化

电力企业将通过以上商业模式要素创新,承担更多公共服务职能,从单纯的电力供应商向市场机制下的综合能源供给商转变,形成新的商业模式。对电力企业传统商业模式与能源互联网商业模式进行深入比较,可得表7-2。

表7-2 中国电力企业能源互联网商业模式创新

项目		传统商业模式	能源互联网商业模式
价值主张	产品/服务	基于稳定增长的电力销售,以发电—输电—配电—售电企业专项服务为核心	基于清洁高效的能源服务,以用户为核心到以价值(含社会价值、用户价值和企业价值等)最大化为核心。包括:可再生能源接纳服务、需求侧响应服务、电动汽车与智能电网双向服务及能源互联网市场交易服务
客户界面	目标顾客	粗略分为工业用户、商业用户和居民用户。缺乏细分	基于客户多样化需求,深度、精准地细分客户
	配送渠道	发电—输配电	分布式能源运营企业组成区域性微网+主干网
	顾客关系	以产品为导向,能源单向传输,与客户为简单的"供能—用能"关系,信息互动少。客户处于被动地位	以客户需求为导向,能源、信息双向互动,沟通渠道多样化,利用大数据提供个性化贴心服务,视客户为合作伙伴。客户更具主动性,有意愿采纳清洁能源技术管理能源消费和生产
基础架构	价值结构	传统输配架构。以煤等化石能源为主导,数量少、规模大的设备集中发电——伴随电力损耗的远距离高压输配——客户消费。客户按电表缴费	以清洁可再生能源为主导,数量多、规模小的可再生能源设备分布式发电——就地发电,就地使用,余电上网;储能电池动态调峰——用户成"产消一体者"。电力企业转型为电能服务提供者
	核心能力	通过集中式发电和输配电,以生产顺应需求的能力。具体包括:电力系统的安全调度能力、稳定的电力提供能力	通过实时大数据整合需求以优化生产,高效利用清洁可再生能源的能力。具体包括:客户服务能力、分布式微网接纳能力、调峰能力、能源大数据处理应用能力、价值网络生态共赢能力
	伙伴网络	集中式整体平衡。垄断,固化,缺少协调合作	分布式能源运营企业微网自平衡与智能主干网动态平衡。开放,强调外部合作和动态调整

第七章　中国电力企业能源互联网商业模式创新

续表

项目		传统商业模式	能源互联网商业模式
盈利模式	收益	能源销售收入，按"成本加成"管制下的价格统一销售。以传统化石能源为主实现规模效益	实时电价，引导用电需求，移峰填谷。分布式能源运营企业电价长期来看可能免费。充分发掘大数据价值，获取各种服务形式的可持续收益。具有社会和环境收益
	成本	固定资产投入成本、以煤为主的原料购买成本、发电成本、大规模远距离输配电力损耗成本等。未考虑环境成本	发电原料（风、光等）免费，重资产运营转为轻资产运营。分布式能源运营企业电站基础设施等租用、管理成本，系统、平台运营管理成本、服务成本等。考虑环境成本

资料来源：王君安，等（2017）。

能源转型的持续推进和中国能源电力体制改革的不断深化，促使能源、电力、用户三者间的关系变得越来越紧密。未来能源互联网使传统以生产顺应需求的能源供给模式和商业逻辑被彻底颠覆，转换成整合客户需求以优化生产达到高效利用可再生能源的新哲学体系。

在技术变革与电力市场化进程推动下，电力行业将经历从"以发电—输电—配电—售电企业专项服务为核心"到"以用户为核心"再到"以价值最大化为核心"的价值定位（价值主张）的转变。新的商业模式超越了将电作为必需的商品输送。这就要求国家电网等公共事业部门需要通过调整拥有适当的组织结构，例如，包容面向公共事业侧和客户侧发电的独立商业单元，同时更关注外部合作。这些结构调整和对商业模式创新拥有开放心态的员工可以帮助公共部门克服当前商业模式创新中的障碍。

电力行业的市场化运营是全球电力行业改革发展的主导方向。电力行业价值链正向零售以及家庭（或个人）客户端延伸；众多新的市场参与者将积极进行商业模式创新以满足多元化的需求；技术的应用将消除企业与客户间的屏障。在新旧电力企业商业模式转型的动力中包括现任企业和新进入企业间的冲突、集中式与分布式技术范式的冲突、在价值链中从被动到积极参与的用户角色的社会转换。由此形成的中国未来的能源体系，特别是电力行业的清洁可持续发展，对中国乃至全世界必将起到关键作用。显然，电力企业不可能自行形成能源互联网，然而有责任促使能源行业转型，引导公众参与、政府支持、新竞争者加入，以实现商业模式创新和多主体共赢。

第八章　在位企业能源互联网商业模式创新

能源互联网商业模式创新是一个跨领域团队通过发散和聚敛，创造出一个新商业模式的过程。新创建的企业需要创新商业模式，在位企业也需要商业模式创新。商业模式创新不是一次性的行为，而是多次迭代的过程。好的商业模式适应形势、顺应需求，整合资源从而创造属于品牌自身的竞争优势，构筑品牌的核心竞争力。每一次商业模式的创新都能给企业带来一定时间内的竞争优势。但随着时间推移，企业必须不断地重新思考它的商业模式。一个商业模式的成功不仅要有自洽的内在逻辑，而且要有潜在的提升余地和演进空间，从而使该模式能够尽可能多地包容与适配多种业务，尽可能持久地跨越和顺应多个发展时段。一个商业模式的应用，应该是一个动态发展的过程，由符合该模式的业务形成梯队，源源不断地去践行和补充。

在位企业，被定义为"某一特定技术体制内的企业，拥有既得利益，往往倾向于维持现状而非促成转型，并且通常会采取行动，从战略上保护自己的特权地位"（Johnstone and Kivimaa，2018）。事实上，在位企业通常被描述为不愿或拒绝"开发激进的解决方案"，并倾向于沿着现有创新轨迹进行渐进式变革。这是因为：①对现有技术、技能与人员的锁定和沉没投资；②颠覆现有的能力和与激进创新相关的风险；③由于集体利益问题和"搭便车"问题，解决社会问题的直接激励有限（Geels，2014）。不过，Berggren 等（2015）研究表明，在位企业会尝试激进的利基创新，同时继续依赖传统商业模式。

能源行业在位企业一般为公用事业部门，具有两个关键结构特征：①它们大多是上市公司，体量庞大，经营的是基础设施网络行业。②它们不仅是能源供应商和能源生产者，而且是能源网络运营商，例如中国国家电网公司、大唐电力、中国石油化工集团、国家能源投资集团。这些企业为国民经济运行提供基础保障。同时，这些企业不得不积极探索能源互联网商业模式创新，

第八章 在位企业能源互联网商业模式创新

以应对三种潜在的颠覆性变化：①减少温室气体以达到法定目标的要求；②向更分散化发电技术转变；③应对数字化对电力零售市场的影响。能源互联网离不开中央基础设施和在位企业继续发挥作用，并行开发与部分改造现有的基础设施和治理安排。

一个好的商业模式最终能够体现为获得资本和产品市场认同的独特企业价值。决定如何提供利益和获取价值是设计商业模式的关键（Teece, 2010; Boons and Ludeke-Freund, 2013）。Osterwalder 和 Pigneur（2013）描述了商业模式的九大要素：客户细分、价值主张、渠道通路、客户关系、收入来源、核心资源、关键业务、重要伙伴、成本结构。他们还在商业模式九大要素的基础上提出了实用型商业模式的设计方法——商业模式画布。商业模式画布可以把九大要素有机联系在一起从而阐明某个企业或某项活动的内在商业逻辑。

本章采用 Osterwalder 和 Pigneur（2013）的商业模式画布方法，分析在位企业商业模式创新过程。之所以选择商业模式画布方法进行分析，是因为它能够捕捉市场中多个利益相关者的需求，积极支持有关商业模式的创新过程，并允许对所开发的概念进行结构化的展示。能源公用事业公司正处于严重的动荡中，其现有的商业模式不适合面对基于分布式能源系统的新挑战。客户、电网运营商和政策制定者也面临着这种转变带来的多种问题，需要一些支持来克服这些障碍。商业模式画布作为思考商业模式创新的工具，可以适应企业家寻求发现与能源互联网市场相关的潜在创新的需求，也可满足现有能源互联网参与者（如能源零售商）改革其当前商业模式的迫切需要。

Amit 和 Zott（2012）提出商业模式中四类主要价值驱动因素：新颖、锁定、互补和效率。新颖，意味着活动系统中的创新程度。哪些活动是新颖的？创造了什么新的价值？锁定，意味着参与者获得足够的激励而愿意留在企业的活动系统内，这是商业模式得以持续的重要原因。互补，主要指的是不同参与者或者不同活动间的相互增值效应。对于小规模应用，以互补性为主题的商业模式创新会带来更多的合作伙伴、客户细分和渠道，通过向客户提供更完整和创新的产品价值主张来提高客户满意度。效率，意味着不同活动间的关联所带来的成本节省。对于大规模的应用，以效率设计为主题的商业模式创新可以带来更高的环境绩效，从而提升客户满意度。正是这四种要素的共同作用,决定了一个商业模式的生机活力与可持续性。

在这四类价值驱动要素下,主要的商业模式创新理念有:①突破行业既有假设,重新定义产品或行业;②不关注行业内部竞争,而关注商业模式价值的创造;③向创业公司转变;④从整体上创新——不是引入新特性或功能,而是全新的商业模式。

第一节　在位能源企业的现行商业模式画布

在位能源企业通常是能源公用事业部门,包括网络运营商、能源生产商和所有参与能源供应不同类别的能源供应商。全面整合的能源供应商涵盖了从生产到销售再到最终客户的整个能源价值链,如中国国家电网、德国E.ON、英国森特理克集团(Centrica)。由于法规迫使企业将传输网与产销分离,独立出来的网络运营商集中精力运营输配网,因此,有一些配电网供应商,为较小的客户提供低压电力;也有专注于价值链中零售部分,如能源零售商,购买能源并将其出售给终端客户。

这些能源公用事业部门通常以实物资产管理及服务为核心价值主张,注重物理网络和工程项目的建设,其中能源生产企业(如发电企业)以能源(电力)生产为主,负责能源(电力)的传输和配送;能源输送企业通过能源输送网络将能源送达终端用户(如电网企业通过输电和配电将电力发至最终用户);能源销售企业以市场价格或政府指导价格将能源(电力)提供给终端用户。客户关系主要是通过能源账单和智能电表读数来维持的。除了能源供应,其他如能源效率咨询,补充了传统能源公司的价值定位(价值主张)。

在位能源供应商的价值主张及其经常性收入来源包括为私人家庭、公共服务、商业和工业客户提供电力。由于监管,这些收入只能在很小的幅度上受到电价上涨的影响。因此,利润最大化主要依赖于生产成本结构的最小化。规模和性能改进成为关键成功因素。大型发电厂具有较高的规模效益,成为关键资源。资本密集型的大型电厂建设和具有挑战性的运营是核心业务。此外,用全面的、不断增长的专业知识进行管理以及与政府的密切联系既构成

第八章 在位企业能源互联网商业模式创新

新进入者的高竞争壁垒,也是能源供应商的核心业务。高度的垂直整合将实际竞争降至最低,并导致对其他主要合作伙伴的依赖性较低。

在市场自由化之前,每家电力公司都是其供应领域的唯一运营商,客户没有选择机会,存在本地化的供应垄断,这允许公用事业部门长期以来忽略客户端的活动。客户关系或多或少是敷衍的,家庭被视为"接受者"而不是有价值的"客户"。电力作为一种不可或缺的垄断商品也使得花费在分销渠道上的努力被最小化。目标客户群基本上包括所有需要电力的人,如家庭、工业企业、贸易和商业用户、公共机构。

由于政府对分布式能源运营企业安装的政策干预以及可再生能源技术带来的成本下降,全球可再生能源装机容量大幅度增加,可再生能源市场份额增加,且"产消者"等自消费发电模式崛起,导致能源市场格局日益不利于能源公用事业部门现行的商业模式(见表8-1)。

表8-1 能源公用事业部门的现行商业模式画布

主要合作伙伴	核心业务	价值主张	客户关系	目标客户
电网运营商	①建造和运用大型工厂;②发电和售电;③与政府保持密切联系	①可靠的能源供给(通常是电力);②根据监管要求确保安全稳定;③通常按每单位用能价格(如元/千瓦时)计费	①很少在获取、保留或提高销售方面努力;②本地锚定;③视客户为"被动接受者"而非"客户"	①大众市场;②私人用户;③各类大中小型企业;④贸易和商业
	关键资源①大型集中式发电厂;②精通复杂领域的技术,如煤矿开采或核能发电;③有足够的规模来处理巨型的、长期的项目;④特许权合同		**渠道通路**①将电力作为不可或缺的商品进行垄断;②由客户接洽	
成本结构 ①成本主要与生产挂钩,包括员工工资、资产折旧、燃料费、碳排放许可交易费用;②对燃料价格高度敏感;③通过规模经济和范围经济提高能效、节约成本				**收入来源** ①每单位电力销售的经常性收入;②由于监管,定价空间很小;③能源交易市场的电力销售

资料来源:SPECHT J M, MADLENER R. Energy Supplier 2.0:A conceptual business model for energy suppliers aggregating flexible distributed assets and policy issues raised [J]. Energy Policy,2019(135):1-14。

公用事业部门目前正经历从稳定、可靠和高度监管的环境向技术驱动、不稳定的环境转变。Bryant 等（2018）对欧洲和澳大利亚的能源市场上的 50 家能源供应事业部门进行分析后发现，许多传统能源公用事业部门（30/50 的企业比例）商业模式中，除了地理位置和所在的市场不同之外，其他几乎没有什么区别。传统能源企业的商业模式里，占主导地位的商业模式集中在能源的生产和分配上。作为能源供应的价值交换，能源公用事业部门得到一笔订购费和用于能源消费的交易费用。

能源公用事业部门的现行商业模式属于资源驱动型商业模式。这在大型集中式发电厂时代是明智的，但情况已经发生了变化：①能源互联网引进了开放兼容的小规模分布式资产和储能资产；②能源互联网带来的规模经济减少了生产成本；③在竞争激烈的自由市场中，顾客忠诚度不能再被视为既定的。

在位能源企业不得不面对可再生能源接入比例增加而带来的多重压力：①日益多变的能源市场价格；②由于可再生能源相关技术持续快速进步带来成本降低，面临利润率下降的可能性；③技术颠覆以及来自行业外竞争对手的冲击使得作为公用事业公司的运转能力受到考验；④住宅太阳能光伏的价格持续降低导致传统公用事业的客户群减少；⑤能源供应商目前所提供的服务与消费者对数字化渠道需求和个性化体验期望存在巨大差距；⑥目前的"商品销售"模式不得不随客户需求偏好发生改变。

第二节　从资源驱动转向客户驱动的商业模式创新

传统上，能源系统中的短期供需平衡主要是通过调整能源生产来满足波动的消费需求维持。然而，依赖天气状况的可再生能源发电比例越来越高，这种能源平衡方法变得不那么有效。

能源供应商、输配电网运营商的现有商业模式都面临着向可再生能源转型带来的巨大挑战。能源公用事业公司的盈利能力正面临巨大威胁。在传统能源商业模式中，赚钱的关键是卖出尽可能多的能源数量（如千瓦时电力）。灵活的需求响应将导致重大的行业重组，因为它：①允许能源需求侧与能源

第八章 在位企业能源互联网商业模式创新

供给侧竞争，如需求侧的产消者可以利用能源互联网销售满足自用后余下的电力；②允许大规模利用依赖天气的可再生能源生产，如风能和太阳能。这种重组可能会使在位能源企业的传统商业模式变得不盈利，从而动摇它们的稳定性。

为了弥补能源销售的下降，能源供应商可以成为应用程序或系统供应商，并通过许可证和使用费产生收入，从服务于整个价值链的大型综合能源公司向专注于单个价值链、为整个电网服务的各种新参与者转变。因此，公用事业公司可以接管协调私人家庭的整体能源管理任务，而不是独立地管理能源价值链中的所有过程。

能源部门商业模式创新的途径可以从尽可能多的销售能源转向支持客户节约能源，进而从节约能源中获利。例如，Inspire 公司初创时，其商业模式价值主张是向客户提供清洁能源计划。为此，它建立了一个统一费率的智慧能源订购，成为一家智慧能源计划提供商。如果他们能鼓励客户节约能源，公司就能创造更高的收入。又如，一家传统的能源设备生产销售企业，其竞争优势在于设备设计和生产。借助能源互联网，该企业设计生产出了非常省电的产品。由于省电是产品的隐性特征，很难通过广告准确顺利地传达给客户，按照传统的商业模式很难在市场上取胜，但该企业把电费承担了下来，整体打包后提供给客户优惠的服务，变隐性的省电为显性的费用节约，让客户看到实实在在的利益，从而得到客户真心支持。经过这一改变，该企业的角色从一个设备销售商转变成了客户用能整体服务提供商。

在能源企业的生产模式方面，能源企业从提供单一的能源产品转变为面向用户提供综合能源服务，已在大数据和 IoT 的支持下成为趋势。如协鑫电力正在利用能源站集成、智能化控制和云计算技术将天然气、太阳能、风能、地热能和储能等清洁能源集成构建为能源微网模式。这种模式比传统能源系统效率更高。

一些能源服务公司顺应市场需求发展出区域供热的热电联产系统。与电和热单独产生时相比，热电联产区域供热方式被认为可提供 28% 的一次能源节约（碳信托基金，2010）。这是因为通过在一个地区范围内运行，热量被捕获而不是通过冷却塔流失，由于它在如此接近消费的地点生产，输电和配电损失就减少了。能源服务公司的商业模式以提供高效能源服务为中心，而不是以交付的能源单位（能源产品）为中心。同样，分布式的区域供热与热电联产系统不同于集中式的全国性电力和天然气基础设施，小规模供热厂靠近终端用户，为满足用户需求，创造在热生成过程中捕获余热的机会，在本地通过传输管道网络向用户传递余热，提供居民供热服务。转向本地化的供热及热电联产系统代表了当前社会技术系统配置的转变，而能源服务公司商业模式创新已被纳入政府管理和政策支持范围。分布式能源运营企业为灵活性和需求响应服务带来了巨大潜力，正如 Kubli 等（2018）指出的："这个领域的商业模式是否具有经济可行性，最终取决于它们是否创造了客户价值。"能源供应商必须更多地与客户打交道，并提供新的服务和支持。

在位企业也可以利用分布式能源运营企业作为商业模式创新的机会。一些公用事业公司目前提供了使用分布式能源运营企业的可能性。通过可再生能源技术，这些公用事业公司将产生与客户消耗电量相同的电能。这种为可再生能源买单的意愿使公用事业公司能够区别对待客户需求，从而增加收入。能源供应商可以免费提供分布式能源运营企业资产组合，然后将当地产生的电力出售给家庭客户，还可以进一步提供附加增值服务，如不间断电力供应或智能家居能源服务。能源供应商可以通过能源互联网远程访问并积极控制其在客户场所的资产。

以风能和太阳能光伏为代表的分布式能源运营企业的特点是平均产量和潜在峰值产量间有很大的差异，而交通和能源行业的整合，使需求高峰可能存在叠加效应，这导致了截然不同的供应高峰和需求高峰。电力供应和需求高峰主要是通过电网扩建来解决的。将可再生电力从生产地区（比如多风的海岸）输送到负荷中心，也对输电网构成了压力。但是，传统的电网扩建并不是应对不断增加的高峰负荷和地区间电力输配的唯一选择。与电网扩建相比，一个潜在的更具成本效益的替代方案可能是尽量减少电网扩建，以有利于电网的方式提供辅助服务，处理光伏和风能生产的间歇性与产消地区的不平衡性。分散资产的灵活性潜力可以一种更有利于电网的方式聚集和引导或

第八章 在位企业能源互联网商业模式创新

提供均衡的电力。德国的监管①加大了配电系统运营商（DSOs）的压力，促使其寻找传统电网扩建措施的替代方案来削减成本并变得更具成本效益。以一种对资产所有者、能源供应商和电网运营商等利益相关者都有利的方式联系在一起的商业模式创新可以更好地利用可再生能源和分布式资源的灵活性潜力，适应能源互联网新世界（见表8-2）。

表8-2 在位能源企业从资源驱动转向客户驱动的商业模式创新

主要合作伙伴	核心业务	价值主张	客户关系	目标客户
能源供应商： ①电网运营商； ②拥有灵活资产的家庭； ③拥有绿色资产的本地安装商； ④与知名制造商合作； ⑤与其他聚合商合作，提供更全面的服务	能源供应商：在多种限制条件下找到最经济的调度的高效算法 **关键资源** 能源供应商：聚合分布式灵活性的平台/算法，并使这些可再生能源的潜力与电网运营商的需求相匹配	能源供应商： ①以服务为导向的商业模式创新赢得并绑定私人客户； ②通过投资获得分布式资产的附加价值； ③优化客户的采购策略，例如，将电力需求转移到低交易价格时段，避免电网忠诚度降低导致的损失。 私人客户： ①安心获得可再生能源资产的收益； ②额外的收入来源/用电费用节省； ③智能电网服务并接入绿色电力社区。 电网运营商： ①减少负荷峰值意味着更小的电网扩张成本； ②由本地灵活性可再生能源辅助服务替代大型集中式工厂	私人客户： ①在线平台提供信息和关于消费行为模式的统计； ②社交社区； ③安装可再生能源资产的可信赖的本地合作伙伴。 电网运营商： 重要客户私人经理 **渠道通路** 私人客户： ①绿色媒体/杂志，口碑营销； ②现有客户； ③企业门户网站。 电网运营商： ①集中采购； ②远程访问并积极控制其在客户场所的资产	私人客户： ①现有DER的私人客户； ②对DER感兴趣的私人客户； ③小区住宅用户； ④没有精力进行能源管理的小企业客户。 电网运营商： ①城市配电系统运营商； ②农村配电系统运营商

---

① 德国2016年出台了《激励条例》，该条例旨在促进电网运营商之间的竞争。详情请参见：ARegV. Anreizregulierungsverordnung vom 29. Oktober 2007（BGBl. I S. 2529），die zuletzt durch Artikel 1 der Verordnung vom 14. September 2016（BGBl. I S. 2147）geändert worden ist。

续表

成本结构	收入来源
电网运营商： 灵活应对日益波动的可再生能源供需失衡，避免失衡成本。 能源供应商： ①平台管理； ②资格预审过程成本； ③求解分布式系统优化的计算能力； ④与大量客户同时是电网运营商的合同管理	电网运营商： ①为平抑电网峰谷压力的定期付费； ②电网支持补偿。 能源供应商： ①采购优化； ②电网忠诚度提高带来的收入增长

资料来源：RICHTER M. Business model innovation for sustainable energy：German utilities and renewable energy［J］. Energy Policy，2013，62（7）：1226-1237。

CHASIN F，et al. Smart energy driven business model innovation：An analysis of existing business models and implications for business model change in the energy sector［J］. Journal of Cleaner Production，2020，269（5）：1-13。

BRYANT S T，et al. The typologies of power：Energy utility business models in an increasingly renewable sector［J］. Journal of Cleaner Production，2018，195（5）：1032-1046。

从资源驱动转向客户驱动的商业模式创新，原来的能源供应商既可以作为能源供应承包商（通过第三方所有权），也可以作为客户小规模分散能源资产的聚合者。通过这种方式，它可以利用资产的灵活性，为其他市场参与者解决问题，从而产生额外的收入流。未来，电网运营商可以通过一种增值方式提供辅助服务，而不需要大型火力发电厂，从而可能推迟或降低电网扩建成本。家庭无须承担任何风险，无须大量参与，也无须承受日常生活舒适度下降的痛苦，就能成为生产者，这一过程将极大地支持家庭用户。由客户驱动、面向服务的商业模式创新，对于能源供应商本身来说，既增加了与客户的亲密度，也提高了客户的忠诚度。

总之，从资源驱动转向客户驱动的商业模式创新，能源企业成长为以实物资产和信息化融合为核心的创新服务变革者。能源生产企业、能源输配企业和能源销售企业的角色发生转变，以能源电力部门为例，发电企业在国家政策的倡导下逐步向可再生能源发电转变，电网企业逐步转变为电力生态系统的整合者，而售电企业变成多渠道激励客户互动参与的市场培育者和大数据分析的集成建设者。同时在政策鼓励可再生能源、分布式能源、智能化产品、节能增效等发展的背景下,多种业态的企业共同加入生态圈,包括迅速发展的高新技术公司、可再生能源类公司、电动汽车及车联网公司,以及安防和房地产等公司。

从资源驱动转向客户驱动的商业模式创新,在位能源企业可从三个方面把握商业模式创新机会:①公用事业公司应该更加关注为所有客户提供"能源服务";②重新评估客户的需要,例如,"保持照明"和使用电子设备的功能,以及如何满足能源服务的需求;③通过使用规模经济和现有客户基础,直接与产消一体者公用事业公司和服务商竞争。在位能源企业未来的商业模式创新途径主要有:①评估现有商业模式的短期和长期变化需求是什么;②将需求建立在现有的价值主张上,整合"能源即服务"的价值主张,采用更可持续的能源来降低发电成本;③建立特定的商业模式成本结构和收入来源。

基于灵活可再生能源的能源公用事业商业模式创新,公用事业部门可以从大宗商品驱动的单位销售转向"能源即服务"。公用事业部门可以按月提供固定费用的服务合同,客户可以在一定预定范围内获得所需的全部电力,而且不用担心电费上涨。这种方法可以激励电力公司向客户推广能源效率提升方法和节能措施,避免依赖以日益波动的价格最大化电力销售,并允许电力公司直接向客户提供全部电量。

能源公用事业部门可以进一步转型为"综合能源解决方案提供商",为客户提供能源销售之外的额外服务,如咨询、安装、融资、运行、维护,以及发电、加热、冷却系统的保修服务,并收取费用。这可以为公用事业部门带来收入,抵消波动的电力销售价格,并允许公用事业部门受益于安装分布式可再生能源(如风能和太阳能光伏)。公用事业部门可以利用其庞大客户群体中的"大数据",提供电力以外的增值产品,如媒体内容和娱乐、智能家电管理、建筑节能、社交网络、多能源智能聚合等,同时促进客户的互动参与。

更激进的能源公用事业商业模式创新,是建立一个"平台化虚拟电厂商业模式",以连接分布式能源运营企业发电机与客户需求。公用事业部门可以通过开发平台将分布式发电机与客户连接起来,以确保它们不会通过增加自有分布式能源运营企业安装而完全脱离客户关系。

以上商业模式创新动态设计可应对和利用能源市场中分布式能源运营企业的持续增长。

第三节 代表性商业模式创新画布

如果每种商业模式创新类型都能适应不断提高的可再生能源水平,未来的能源互联网市场可能会变得越来越分散。分布式能源运营企业的持续增加会给各类在位企业带来深远影响。通过向客户提供非常具体的产品,而不是在纯粹的大宗能源商品市场竞争,能源公用事业公司可以开拓自己的利基防御市场,寻求商业模式创新机会,并改变能源市场的运作方式。以绿色能源公用事业部门、能源合作公用事业公司、面向产消者的公用事业公司和产消者服务商这四种代表性能源企业商业模式创新为例。

一、绿色能源公用事业部门的商业模式画布

增加分布式能源运营企业对绿色能源公用事业部门的影响体现在:面临日益波动的能源市场价格;由于可再生能源的间歇性,会出现更多的负价值订单响应价格周期;利润率下降的可能性;公用事业公司运转能力受到考验;目前的"商品销售"模式必须改变。

绿色企业商业模式创新机会有:通过改进的绿色产品直接与其他类型公用事业部门竞争;利用绿色能源专业知识帮助客户变得更加环保;以现有的绿色客户为基础,开发更多的绿色解决方案,造福更多的人,例如,成为B2B、B2C型企业,以有环保意识的现有客户为目标客户。

绿色企业未来的商业模式创新策略:①评估现有商业模式的短期和长期变化需求是什么;②将需求建立在现有的价值主张上,整合"将绿色能源作为一种服务"的价值主张,与之保持一致,重点是可持续的能源生产和供应,

关键是让消费者变得更环保；③从完全由商品驱动型的商业模式转变成为客户提供一系列绿色服务的服务导向型商业模式。见表 8-3。

表 8-3 绿色能源公用事业部门的商业模式画布

主要合作伙伴	核心业务	价值主张	客户关系	目标客户
①能源市场监管机构； ②电网运营商； ③能源供应商	①可再生能源发电； ②可再生新产能部署； ③能源交易； ④零售绿色天然气和绿色电力	①以以具有成本竞争力的价格提供主要的绿色/可再生电力和天然气； ②可靠	道义上优于传统能源部门，从传统能源部门转化而来	主要关注住宅和小型商业客户的能源供应
	关键资源		渠道通路	
	①可再生发电基础设施； ②客户基础； ③绿色形象		能源账单+客户参与迭代优化	

成本结构	收入来源
①可再生能源部署； ②资产运维； ③客户管理； ④员工工资； ⑤能源批发采购； ⑥网络收费	①绿色能源服务费； ②绿色能源（电、气、热）销售

二、能源合作公用事业公司的商业模式画布

保护合作会员企业免受投资风险是能源合作公用事业公司的主要职责之一。一些能源合作社管理者甚至察觉到管理合作企业与承担风险间存在着根本矛盾。在他们看来，风险不仅来自投资新的活动（如运营风力发电厂），还来自杠杆化会员的投资并承担债务。

增加分布式能源运营企业对能源合作公用事业公司的影响体现在：①面临日益波动的能源市场价格；②由于可再生能源的间歇性、波动性，为保持

电网平衡会有更多的负价格订单价值①响应周期;③会降低合作企业客户的成本,也会减少同一合作企业的利润份额;④由于缺乏利润空间,可能会削弱合作公用事业公司完成当地基础设施工程的能力;⑤由于持续的技术经验效应,可能会降低安装太阳能光伏和储能系统的成本。

能源合作公用事业公司商业模式创新可专注于从变动的和负的市场价格中寻求机会,从而为客户提供最大价值,如通过需求聚合、储能等。合作企业的利润空间还可以通过进一步参与电网支持服务(如需求和频率响应等)得到补充。

能源合作公用事业公司未来的商业模式创新策略:①可能需要转向"零碳供应商"模式,例如,分流到绿色家居改造、节能服务工作等领域,利用现有的绿色品牌开发电力销售以外的收入来源;②评估现有商业模式的短期和长期变化需求是什么;③价值主张很可能利用许多合作公用事业公司以地方为中心的特性,从商品驱动转向提供一系列本地化服务;④可能需要转型为本地化能源提供者或本地化公共事业的商业模式,例如,通过提供整体解决方案使社区"脱离电网"来拓展收入来源,或收购当地电网发展成虚拟电厂等。见表8-4。

表8-4 能源合作公用事业公司的商业模式画布

主要合作伙伴	核心业务	价值主张	客户关系	目标客户
①合作会员; ②能源市场监管机构; ③电网运营商; ④能源供应商	①绿色发电; ②可再生新产能部署; ③能源交易; ④绿色燃气、绿色电力零售	提供绿色/可再生电力和天然气为零或接近零利润的合作社成员,同时支持当地社区	被视为传统公用事业的替代品,提供更好的客户服务和更公平的价格	主要关注住宅和小型商业客户的能源供应商
	关键资源 ①参与合作的会员基础; ②(可再生)发电基础设施; ③熟悉本地情况		渠道通路 能源账单+客户参与迭代	

---

① 负价格订单价值,指为了消纳富余的可再生能源电力,企业为消费这些电力的客户付费。因此,对企业而言,该客户的订单价格是负的,客户不需要向企业支付电费,而是企业为客户支付余电消纳费用。

第八章 在位企业能源互联网商业模式创新

续表

成本结构	收入来源
①可再生能源部署； ②资产运维； ③客户管理； ④会员合作费用； ⑤员工工资； ⑥能源批发采购； ⑦网络平台费用	①绿色能源（电、气、热）销售； ②加入合作社的会员费

三、面向产消者的公用事业公司的商业模式画布

增加分布式能源运营企业对面向产消者的公用事业公司的影响体现在：①通过降低提供服务的成本，有可能增加潜在客户群；②可能会导致面向产消者的公用事业公司的 P2P 网络成员数量增加，从而带来收入增长；③一些现有的客户群会因为脱离电网而存在流失的风险；④由于无法安装自己的可再生能源资产，大部分租赁客户可能会将可再生能源资产以某种形式保留下来。

面向产消者的公共事业部门商业模式创新的机会主要有：①促进当前的 P2P 模式，扩展现有商业模式的机会；②选择直接与传统公用事业部门竞争，授权无法使用可再生能源或脱离电网的客户，如公寓业主、租户，允许他们连入本地的分布式能源运营企业电力系统并参与投资。

面向产消者的公用事业部门未来的商业模式创新策略有：①评估现有商业模式的短期和长期变化需求是什么；②进一步推动这种客户参与模式，并通过"产消者 + 公用事业部门"或"智慧能源用户公用事业部门"提供额外服务，例如，提供互联网、智能家居服务等；③进一步赋予公民权利，例如，通过 P2P 服务、游戏化等新的参与机制促进本地化能源市场发展繁荣，以减少或优化能源使用，增加收入来源。见表 8-5。

表 8-5 面向产消者的公用事业部门的商业模式画布

主要合作伙伴	核心业务	价值主张	客户关系	目标客户
①"社区成员"（平台客户）； ②产消一体者客户； ③电网运营商； ④能源市场监管机构	①P2P/VPP 平台开发与运营； ②产消一体者入网； ③太阳能光伏、储能等提供灵活性	①绿色可再生能源由当地人生产，当地人使用； ②绿色可再生能源资产，客户可以自有也可以租赁	被视为支持本地绿色能源的一种手段	通常集中于住宅客户
	关键资源 ①消费者资产（如住宅太阳能光伏）； ②P2P 交易平台软件； ③消费者形象授权		**渠道通路** 能源账单+能源社区App/平台+客户参与迭代	

成本结构	收入来源
①人员工资； ②P2P 平台运维； ③设备安装维护； ④研发； ⑤网络成本； ⑥客户管理	①太阳能光伏和电池销售与租赁； ②P2P 会员支付； ③能源套利； ④能源平衡服务

资料来源：PUMPHREY K, et al. Green hope or red herring? Examining consumer perceptions of peer-to-peer energy trading in the United Kingdom [J]. Energy Research & Social Science，2020，68（5）：1-15。

四、产消者服务商的商业模式画布

增加分布式能源运营企业对产消者服务商的影响体现在：①由于持续的技术经验效应，可能降低安装太阳能光伏和储能系统的成本；②增加潜在的产消者服务商客户的兴趣，以及希望完全脱离电网的现有客户的兴趣；③能否吸引消费者使用产消者公用事业服务还难下定论，因为那些在城市没有可再生能源利用空间的人可能无法完全脱离电网；④可能会降低能源市场价格，使潜在客户更便宜地从公用事业公司购买廉价电力，而不是自己生产自己消费。

产消者服务商商业模式创新机会在于：①通过提供更全面的"离网解决方案"，促进企业扩展商业模式，为消费者提供更多机会；②寻求与传统公用事业部门或产消者公用事业公司直接竞争的技术供应商之间的潜在合作途径。

第八章 在位企业能源互联网商业模式创新

产消者服务商未来的商业模式创新措施有：①评估现有商业模式的短期和长期变化需求是什么；②进一步发展现有的客户互动模式，成为一个"离网服务商"，比如，不仅提供太阳能光伏+储能，还为住宅或商业客户真正开发100%经济可行的微电网解决方案，甚至允许整个社区进一步打包销售或租赁获得租赁收入，避免由于可再生能源增加能源市场价格波动带来的收益风险。见表8-6。

表8-6 产消者服务商的商业模式画布

主要合作伙伴	核心业务	价值主张	客户关系	目标客户
①原设备制造商； ②网络设备安装商； ③第三方零售商	销售	①帮助客户变得不那么依赖甚至完全独立于能源网； ②销售或租赁太阳能光伏、储能电池	被视为能源"自给自足"的提供者或减少对电网的依赖	通常集中于住宅和商业客户
	关键资源 ①品牌； ②技术专长； ③设备制造商和安装网络		渠道通路 销售接触点+附加维修条款	
成本结构 ①员工工资； ②设备生产； ③安装； ④销售； ⑤技术研发成本			收入来源 ①太阳能光伏和电池的销售； ②维修和维护合同	

第九章 面向需求响应的能源互联网商业模式创新

风、光等可再生能源具有资源可以永续利用和近零排放两个基本特征，这决定了可再生能源必然成为能源互联网发展战略方向。根据 IPCC 的数据，到 2050 年，可再生能源必须供应全球 70%~85%的电力。中国"十四五"规划确定清洁能源是未来能源增量的主体，将优先推动以风能、光伏为代表的新能源高比例、高质量发展。随着可再生能源的份额越来越大，电动汽车和热泵等新增能源负荷的采用也越来越多，对电网稳定性和扩展性需求方面提出了新挑战。大多数可再生能源的特征是波动性和间歇性，这使得很难预测它们的输出功率（例如太阳能、风能，它们依赖于太阳辐射或风速）。这些特性使得电力系统的运行和管理更具挑战性，需要更多的灵活性来保障其正常运行和稳定。为应对这些挑战，需求响应（Demand Response，DR）允许电网运营商以较低的成本维护电网的资产，同时避免或延迟对昂贵的电网增援力量（例如诸多昂贵的备用设备）的投资需求。

需求响应是能源转型中基于灵活性和服务化的商业模式。需求响应具体指的是随着最终用户（工业、商业或家庭）的用能变化，客户应系统运营商或服务提供商（需求响应负荷集成商）发出的信号，承诺通过临时使用本地备用发电能源或储能，减少或转移低发电能力时段的电力消耗，来改变其正常的用电模式。需求响应负荷集成商是将某些具备需求响应能力的电力用户集中在一起，作为整体参与需求响应，并代理相关商务事宜的服务机构。其主要负责管理需求响应用户，建立自身可转移负荷资源能力，承担需求响应转移负荷量，协助用户实现控制、计量改造，制定需求响应策略并指导用户执行响应，记录改造前响应基准参数、过程参数和结果参数等工作。需求响应负荷集成商扮演电力公司和终端用户之间的桥梁角色，提供需求响应技术，

第九章　面向需求响应的能源互联网商业模式创新

提高资源可靠性，参与项目管理。基于场景的能源需求响应项目可以覆盖各地区、各种时间段的需求。

提供灵活性的主要方法是快速反应的供应侧管理、需求侧管理和能源存储服务的集成（Luo et al.，2015）。① 需求侧管理（Demand Side Management，DSM）是通过法律的、市场的、技术的和管理的手段帮助用电客户抑制不合理能源消费，从而提高用电效率的有效措施。需求侧管理有助于用户减少用电量或在更经济的时段用电，为用户提供所需服务。虽然需求响应项目最初针对的是少数大型工业和服务业消费者，但是目前有一股强大的动力将住宅和小型服务企业负荷纳入需求响应组合。

合理的商业模式与市场机制是需求侧参与需求响应的原动力。当前和未来的商业模式要求能源部门在日益增长的可再生能源市场为客户提供适当的服务。家庭电池存储、电动汽车、热电联产电站等资产具有丰富的灵活性潜力，这些潜力至今未被充分开发利用。传统的电网模式是通过单向的电流向终端用户输送电力，该电流由集中控制的高压发电机提供。与传统电网不同的是，需求响应模式需要双向通信机制和智能算法来处理生成的数据。因此，智能计量设备对需求响应模式非常重要，是能源互联网的关键部件之一。未来的能源互联网可以持续不断地监控每一户家庭，每一辆电动车，每一个工厂，甚至每一台用电器的能源消费数据和使用习惯，通过大数据分析来预测即期、短期、中期以及长期的能源消费。

需求响应能使可再生能源在能源生产中占有较高的份额，并在平衡的市场中为灵活的发电（如天然气）提供替代能源。在实践中，需求响应意味着将消费从一个时间段转移到另一个时间段（例如基于可再生能源的可用性或批发市场的价格），或者在高峰时段减少需求，但不会由于网络限制而转移需求。虽然需求响应不直接与传统能源模式竞争，但它是能源系统平衡中能源发电的替代方案。由于信息和通信技术（ICT）、可再生能源技术和新的商业模式日益融合，有助于在主流能源市场推广灵活性服务，优化和控制能源使

---

① LUO X, WANG J, DOONER M, et al. Overview of current development in electrical energy storage technologies and the application potential in power system operation [J]. Applied Energy, 2015 (137): 511-536.

用的需求响应服务正变得越来越普遍。

需求侧管理与实现低投入、高产出的智能化技术高度相关，如自动需求响应和先进的计量装置。例如，用户能源管家——用户智慧网关，以服务用户智慧用能为目标，基于分布式边缘计算技术，构建末端用能系统信息流——"数据全采集、状态全感知、用能全覆盖"，提供用户侧用电设备信息精准采集、能源精益化管理、用能指标分析等服务，支持用户侧能源精细化管理、智能交互与综合能效管理等业务。以用户智慧网关为核心的需求侧管理与云平台、平台区智能终端等构建起的电网侧能源管理协同互动，实现电网侧与需求侧能效管理的全局最优。又如，作为能源互联网用户终端的电力集能器，面向家庭用户需求，融合并网逆变器、光伏变流器、电动汽车充电器、储能和交直流混合用电等模块，可即插即用地接入户用光伏、家用电动汽车、家电直流负荷等，基于云平台和移动端 App，使用户能够方便地对自家供能、用能情况进行管控，改变用户用能方式并支持实现零成本的电能交易。

需求侧响应通过自动改变消费者的消费习惯以适应电价随着时间、激励措施或其他表示稀缺性、充裕性的信号变化，为用户和供电商节省费用。更多波动性电源——风电和太阳能光伏，使居民和企业的需求响应更有价值，用户终端可以通过能源互联网的双向通信功能，对价格信号做出自动响应。随着用户对能源消费信息了解的不断深入，能够更容易挖掘节能潜力，能够对价格信息进行回应，也能利用新技术获得更多的舒适性。能效的提高抑制了电力需求的增长，推动管理部门和电力企业借助监管改革与新的价值主张实现商业模式创新。

表 9-1　面向需求响应的能源互联网企业价值主张

用户需求点	能源互联网企业价值主张
能源获得成本	更便宜的能源获得：低峰时低价电、储能、需求侧响应、分布式能源接入
能源设备成本	更便宜的能源设备以及能源故障减少
能源储存成本	通过向发电商和消费者提供新型服务来创造新的收入来源
能源利用成本	更智能的能源过程控制，多种能源的协调调度。"源—网—荷—储"互动协调

续表

用户需求点	能源互联网企业价值主张
能源供应质量	可靠性提高，能源质量提高
能源服务质量	能源投资、运营、维护、节能诊断、能效服务、需求侧管理服务
能源安全	构建包含容灾功能的自动化服务响应方案

资料来源：RUGGIERO S, et al. Business model innovation in demand response firms: Beyond the niche-regime dichotomy [J]. Environmental Innovation and Societal Transitions, 2021, 39 (2): 1-17。

美国得克萨斯州电网运营商和得克萨斯州电力可靠性委员会（ERCOT）成功设计出一种主动需求响应程序，即"资源性负荷"（LaaRs）。2008年2月28日，ERCOT检测到系统中出现供需严重失衡事件（起因是由于负荷的突增而未被预测到，同时几个常规电厂出力降低，风电出力也降低。不平衡量达到5%）。该事件触发紧急响应系统，LaaRs程序开始工作，在10分钟内增加了约1100兆瓦的资源。除了LaaRs系统内的用户之外，没有其他用户损失功率，系统很快恢复了平衡。因此，能够提供满足用户个性化、多样化的需求侧资源的公司会赢得用户的青睐。

能够很好支撑可再生能源的最佳资源存在于需求侧，其灵活性可以促进系统经济运行。电动汽车接入电力系统充放电、高级能源效率技术、需求响应技术、支撑微电网的通信和控制系统等都是重要选择。同时，需求侧资源的整合增加了系统的灵活性，电网运营商因而可以接纳更多的可再生能源电力，更好地控制处于连续变化中的电网系统。

第一节　面向需求响应的能源互联网商业模式创新主体

需求响应是在能源、信息和通信技术领域交叉出现的一种能源互联网商业模式创新，可以增加能源系统的可靠性与灵活性，并加速向可再生能源的转型（Geels et al., 2016）。

一、能源互联网需求响应市场类型

（一）能源市场

能源市场是允许零售商从能源生产商购买能源的主要市场。在能源市场中，零售商或供应商通常被要求在每个市场时间间隔保持一个平衡的投资组合，以保持能源消耗和能源生产一样多。2020年由于全球暴发的新冠肺炎疫情冲击，工业、交通等主要能源需求市场的能源消费急剧减少，导致国际石油期货市场出现负油价，引发能源市场动荡。

需求响应是为了让供应商在每个时间间隔调整他们的需求并保持平衡而在能源市场上交换的一种特殊商品或服务。

（二）辅助服务市场

电力等能源可以看作能源互联网所携带的产品，必须满足合同的特性和要求。电网等能源运营商有责任确保这些要求得到满足，以换取报酬。电网调节可以概括为控制电网频率、控制电网每个节点的电压、控制电能质量（电压、频率等），以及控制每年每个用户的停机时间。为了确保这些控制得到很好的执行，系统操作者通过提供基于市场的激励，或通过设立强制性要求，确保一部分生产者和消费者对这些服务做出贡献。这部分生产者、消费者和电网等能源运营商构成了辅助服务市场。

二、能源互联网市场利益相关者

能源互联网市场的主要利益相关者有以下六类：

（一）能源管网运营商

能源管网运营商，如电网运营商（TSO），是能源互联网需求响应市场的推动者，其作用主要是确保每一笔交易都满足电网的限制。此外，能源管网运营商通常经营辅助服务市场。电网运营商（TSOs）和分销系统运营商（DSOs）可以在所有市场购买或销售产品。

第九章　面向需求响应的能源互联网商业模式创新

（二）能源零售商和供应商

能源零售商是为客户从市场购买能源的商业实体。零售商可以从需求响应中获益，并降低其购电成本。能源零售商和供应商同时参与能源零售及能源批发市场，并确保在批发市场上购买的能源数量将平衡其产品组合中终端用户的消耗。为了实现这种平衡，他们可以与平衡责任方（BRP）签订分包合同，或者自我管理他们的投资组合。他们可以向终端客户提出特定的合同，如统一上网电价或需求响应计划。在提出需求响应项目时，供应商面临的挑战是评估这些项目将如何影响其投资组合的消费。基于人工智能的预测和决策工具对于供应商提供解决方案以减少由于投资组合不平衡造成的损失非常重要。

（三）从供应商那里购买电力的终端客户

当终端客户订购需求响应计划时，他们可以手动响应请求或价格，或者通过家庭能源管理系统自动响应。

（四）平衡责任方

平衡责任方负责平衡客户——包括零售商或供应商的投资组合。他们在批发市场购买能源用于生产或消费。

（五）能源生产者

能源生产者生产能源，并在批发市场上以特定的价格制定生产方案。他们的产品可以仅作为频率响应的能源或电网服务。

（六）负荷集成商和服务提供商

负荷集成商通过技术、经验和后续参与为电力公司或系统操作者的需求与商业或工业终端用户的实际情况开展完美的匹配服务工作。需求响应负荷集成商聚合终端客户或小生产商，以达到允许的最小产能，在能源市场和辅助服务市场提供灵活的产品。因此，他们直接与终端客户签订合同，并向批发市场的供应商或平衡责任方提供他们的总体灵活性。至于零售商或供应商，他们必须确保最终客户会遵守在批发市场交易的灵活性承诺。集成商将项目组合集成作为风险管理工具，通过在项目组管理中实现多样性和专业性相结合，保证了需求响应调度的绩效，承担100%的风险。

三、能源互联网市场不同类型的企业

随着电网需求的变化，需求响应的价值也在不断变化。最初，需求响应企业获得的最简单的需求响应资产例子是大型企业的备用发电机和冷/热存储。因为在传统上，大的商业资产由于更容易安排、控制、委托而更受青睐。然而，随着新技术解决方案（如IoT、大数据解决方案）的出现，以及简单需求响应市场由于提供的服务数量持续增加导致收入减少，将需求响应需求转向了实时和快速响应服务。因此，某些监管政策正在变化，目的是将响应较慢的企业资产淘汰出市场。

为了应对这些变化，政府及监管部门推出了不同的政策来促进创新技术在需求响应中的应用，鼓励创新并激励需求响应市场的竞争。这些激励政策为初创企业、相邻行业的企业和其他新公司的出现创造了有利环境。科技初创企业和邻近行业的公司受到能源需求侧的创业机会驱动，而在位能源公司则受到失去现有客户的威胁。在位能源企业，如能源供应商、能源零售商，与新进入的需求响应企业竞争，提供聚合和其他负荷控制服务。

德国是世界上最早实践能源互联网的国家，德国政府提出"E-Energy"技术创新计划，并成功搭建基于能源互联网的区域性能源市场，如智能电力交易平台实现覆盖区域的分布式能源交易。同时，德国的1100多家售电公司围绕光伏、储能、电动汽车领域衍生出各种创业型公司。例如，德国Parce公司开发了一款名叫Parce One的智能插头，可以追踪连接该设备的耗电量，并根据用户使用家电的习惯收集数据，用户也可通过智能手机远程控制。如主人出门一小时以后，空调、冰箱用电自动调低，储热装置加满热水，等主人回到家，用电高峰来临时，就可以减少电力使用。

能源互联网在世界各地开始形成新的创业生态圈，即Energy's Web或Energy's App（能源圈的互联网应用）。比如美国Opower、新西兰Powershop和德国Green Packet等，都是借助开放的售电侧活跃市场和低碳节能增效的大背景出现的能源互联网创业公司。

第九章　面向需求响应的能源互联网商业模式创新

(一) 初创企业

为给用户提供需求侧能源需求响应管理，新兴的服务业正在兴起，吸引众多初创企业加入。例如，美国新能源上市公司 EnerNoc 是一家电能管理公司。作为美国智慧能源软件和服务的最大提供商之一，其软件和咨询服务包括需求响应、能效、能源供给管理和温室气体管理。通过控制商业用户的高用能设备，如在负荷高峰时短时间停运办公建筑物的空调系统，EnerNoc 可以与电力公司谈判取得折扣电价以减少用户的用电支出，同时降低电力公司高成本的停电风险。此外，EnerNoc 还在开发大农场、果园和葡萄园远程浇灌设备的节能新业务，通过智能传感器和对水泵的控制，减少人工劳动与故障检测。EnerNoc 为药店、便利店、加油站等小型商业建筑提供一揽子能源服务，能够给每个店铺节省 10% 的支出。此外，美国 Comverge 公司也致力于安装和管理智慧能源设备，使客户减少高峰用电需求以及他们的电费。这些公司将用电节约量和电费减少量捆绑为一体，将这一综合的大规模需求响应业务卖给电力公司或者某个电力市场。

这些初创企业与能源行业的传统参与者建立了合作关系。它们的商业模式依赖与在位能源企业的合作，如电网运营商、分销系统运营商和能源零售商。它们的客户基础往往与在位能源企业共享，因为能源公司与电力和区域供暖用户建立了客户关系。虽然初创企业没有直接从能源巨头那里吸引客户，但是其市场份额仍有所下降。此外，它们还与能源领域以外的公司建立了非传统的合作关系，如建筑装修公司和建筑公司。

随着需求响应市场的成熟，科技初创企业和在位能源企业将从共生共存转向竞争合作。例如，大量参与需求响应的新创人工智能企业要么作为独立的初创企业（超过总数的 40%），要么被更大的公司收购，要么与更大的公司（如全球咨询公司和大公司）合作。[1] 例如，瑞典电力公司 Vattenfall 收购了荷兰初创公司 Senfal 的全部股份，这样，Vattenfall 就能将其多样化的客户组合

---

[1] ANTONOPOULOS I, ROBU V, COURAUD B, et al. Artificial intelligence and machine learning approaches to energy demand-side response: A systematic review [J]. Renewable and Sustainable Energy Reviews, 2020 (130): 1-35.

与 Senfal 基于电网优化、人工智能、机器学习的创新和灵活技术相结合。[1]

（二）相邻行业的企业

也有来自相邻行业的企业通过渐进式商业模式创新进入服务于用户用能节能的需求响应市场，它们的核心商业模式和关键技术允许为现有客户添加需求响应服务，这些客户通常与能源公司共享。它们通过提供新的服务和环境效益，以及降低能源成本，为客户创造价值。

例如，一些科技创业公司以新的方式——如通过结合移动电话应用程序、传感器和优化软件来捆绑技术与服务。一家公司把它们的商业模式称为"能源领域的 Airbnb"[2]，意思是当它们的客户不在家时，公司会管理监控他们家庭的能源使用。这些科技初创企业专注于通过激进的商业模式创新和产品与服务的捆绑，从新颖中创造价值。此外，它们强调通过让客户减少碳足迹来创造环境价值。它们的主要收入来源是每年或每月向建筑业主提供能源服务的客户费用，以及向邻近市场的公司和能源公司出售软件。

（三）初创企业、相邻行业的企业与在位能源企业

与初创企业相比，在位能源企业更倾向于信任相邻行业的企业，这是因为一些在位能源企业与邻近行业的许多公司有着长期的合作历史，这些公司为它们提供其他重要的技术和服务。然而，在使用渐进式商业模式创新进行需求响应业务后，其中一些相邻行业的企业发现了将使用大量能源的建筑（如购物中心或体育设施）直接与能源市场连接起来的商机。因此，它们开始在没有在位能源企业参与的情况下，为新客户开发商业模式，这导致了它们之间的紧张和冲突。邻近行业的企业认为自己在未来的能源市场上会占据主导地位。这一点从它们收购初创企业，并开始在客户界面与在位企业竞争就

---

[1] Smart Energy International. Vattenfall acquires AI-based demand response startup [EB/OL]. (2019-10-21) [2021-06-05]. https://www.smart-energy.com/industry-sectors/business-finance-regulation/vattenfall-acquires-ai-based-demand-response-startup/.

[2] Airbnb 是 AirBed and Breakfast（Air-b-n-b）的缩写，中文名为爱彼迎，是一家联系出游者与有空房出租的房主的服务性平台，开创了从个人而不是酒店租住房间的商业模式。其商业模式创新逻辑是：有空闲的资源就可以出租，并从提高闲置资源利用率中获得最大收益。

第九章 面向需求响应的能源互联网商业模式创新

可以看得出来。

此外,邻近行业的公司积极寻求监管改革,以扩大其业务规模,并使其商业模式创新具有可预测性。与新兴企业和邻近行业的公司相比,在位能源企业拥有强大的游说力量,并且积极参与不同的政策领域。科技初创公司以一种非常具体的技术方式构建了能源系统重组、可再生能源和需求响应。这源于这些公司以工程和技术为中心的背景:它们注重发展技术,推动有利于其新技术的监管改革。

总之,科技初创企业和邻近行业的企业商业模式创新动力来自创业机会,而在位能源企业的动力主要来自失去现有客户的威胁和提高能源效率的需要。在能源互联网需求响应市场,市场参与者的角色将发生变化,未来最大的能源公司可能不是传统的能源实体企业,而是来自完全不同领域的公司。

表9-2搜集并整理了全球面向需求响应的能源互联网部分代表企业的商业模式创新。

表9-2 全球面向需求响应的能源互联网企业商业模式创新一览

企业名称	商业模式创新概要
Alpiq	能源服务提供商、电力生产商和国际能源交易商。水力发电,为客户开发可靠和可持续的个性化数字解决方案
Beegy	智能分布式能源管理系统、系统组件(如太阳能光伏、电池、充电站)和分布式能源服务供应商
Brooklyn Microgrid	与主电网、社区微电网、端到端能源市场并行的本地化社区供电的电网基于区块链的平台构建的能源生态系统、输配电网等
Buzzn	端到端能源社区共享平台,共享技术、能源社交、电力池
Caterva	储能、储能管理和信息提供商,与N-Energie合作
Change38	本地化可再生能源供应、节能服务、能源应用、端到端模式、支持消费者选择他们的电力来自哪里或可以出售自己的电力并控制电器
CPower	需求响应、需求管理、优化能源管理与控制
CutEnergy	平台提供商,聚合、项目管理、移峰填谷
Energie Pool	电网事务咨询服务、能源数据管理、网络管理
EnerNOC	能源采购、能源智能软件、需求响应、控制能源使用、降低运营成本

能源互联网商业模式创新

续表

企业名称	商业模式创新概要
Exergy Project	基于电网运算优化，帮助用户管理智能家居，借助收集的大数据和储能提高用户能源效率，建设太阳能公路，与 LO3 Energy 能源公司合作
Flexitricity	为用户提供需求响应、峰值需求管理、价值化能源灵活性，与 Alpiq 公司合作
Grid Singularity	区块链技术，分布式能源数据交换平台，智能电网管理，能源数据分析，能源交易，太阳能产消者服务
GridSense	能源消费控制，负荷平衡，能源效率，成本效率，与 Alpiq 公司合作，电流频率监控，机器学习
Kiwi Grid	智能电网和智能电表解决方案，能源管理，能源 IoT 平台，优化能源系统，可持续资源，各种各样的伙伴关系
Kiwi Power	为客户提供需求响应、频率响应、需求管理解决方案，主张可持续能源消耗，减少能耗
Letten Strom	本地化能源，水力发电，在城市生产和销售可再生能源获得价格补贴
Lichtblick	为产消一体者服务的虚拟电厂，利用电池储能优化当地发电站和储能
LO3 Energy	能源区块链创业公司，采用共享经济模式，联通分布式能源、微电网、可再生能源电力实现地方能源交易
Localpool	能源聚合商，提供聚合供电、社区能源共享服务
Mosaic	众筹平台、能源解决方案提供商，专注于太阳能和清洁能源
Next Kraftwerke	虚拟电厂，以本地化灵活能源提供电网平衡服务
Open Utility/Piclo	在线市场供应商，搭建 P2P 能源匹配平台管理能源供应链，实现本地发电、本地消费
Power Ledger	采用区块链技术，在自动化能源市场进行能源交易、P2P 能源交易，价值化能源盈余，为客户提供可再生发电技术、能源软件
REstore	提供自动需求响应服务，搭建软件平台提供基于云的需求侧管理
SolarCoin	光伏区块链服务商，协助用户参与光伏发电，利用数字虚拟货币进行太阳能发电用电激励
Sonnen	提供能源储存和能源社区平台，客户可通过储能电池在分布式能源社区优化利用自己产生的光伏电力
Strombank	分布式能源服务商，为用户提供基于社区的储能解决方案，类似银行的电力储能模式
Tiko	提供智能储能网络来优化供热系统，帮助客户进行能耗控制、供热系统能源管理，与微电网、公用事业部门、制造商合作

续表

企业名称	商业模式创新概要
Trans Active Grid	以区块链管理提供端到端能源交易，为用户提供分布式能源控制、实时计量、本地能源生产、分布式能源交易等服务，与LO3 Energy成为合作伙伴
Unser Landstrom	提供分布式能源生产、能源信用评价服务，实现本地化能源就地生产消纳
Vandebron	创建端到端共享平台，通过虚拟社区形成在线能源市场，用户可自主选择不同来源的本地清洁可再生能源消费，也可将自产电力销售给任一其他用户

资料来源：笔者通过访问全球众多能源互联网公司官网整理得出。

第二节　能源互联网灵活需求响应的商业模式创新

可再生能源发电比例不断提高和以增量配电网为代表的市场化改革带来了诸多问题与挑战：①可再生能源发电不参与系统动态控制，电力系统调频与动态调压能力不足问题愈加凸显；②分布式电源容量小、数量多，供需两侧均变动频繁，调度系统面临海量不可控资源，难以直接调控；③电力市场化改革，不同利益主体加入带来的信息安全和隐私等问题难以回避。面对这些挑战，传统电力系统的集中式调控方式不再适用，需要构建分布式优化调度与灵活性资源集群同步化控制的灵活需求响应解决方案。

能源互联网开放接纳分布式能源系统，带来商业模式创新机遇。由于分布式能源系统中，间歇性可再生能源比例高，因此创造灵活性的新市场是能源互联网商业模式创新的关键。家庭电池储能、电动汽车电池或热电联产电站等资产具有巨大灵活性潜力。提供灵活性的需求响应商业模式可在可再生能源过剩期间增加需求，在低生产时期减少需求，大幅度减少发电机由于用电高峰坡度增加、排放增加和磨损增加而造成的巨大成本。需求响应也被认为是电动汽车过载问题的解决方案之一。增加充电桩及加强充电站旁的配电网，促进电动汽车的发展，可加速交通部门的脱碳。

需求响应商业模式的重要性源于其对维持能源互联网供需平衡的贡献。需求响应最传统的形式是在关键时刻中断服务或在不同时段差别化收费。然而，随着更多系统的数字化和更多联网设备的部署，更复杂的形式将在能源互联网中实施。为了释放需求响应潜力，需要能源互联网商业模式创新设计，见图 9-1。

合作伙伴：需求响应资源 ①基于需求；②基于供给；③基于储能	核心业务：需求响应机制 ①聚合；②虚拟电厂；③大规模控制；④互补性资源；⑤负荷变化与平衡；⑥减负荷；⑦备用	价值主张：满足能源需求响应的柔性产品 ①提供能力；②系统可靠性；③拥堵管理；④采购改进；⑤负荷平抑（移峰填谷）；⑥客户灵活性增值过程	客户关系：服务特性 ①响应速度；②响应时长；③预先通知；④利用效率；⑤负荷指导	目标客户：柔性市场细分 ①市场容量；②电力批发市场；③储能市场；④市场价格响应
	关键资源：资源可用性 ①可持续的过程；②复杂过程；③供给/需求侧过程		渠道通路 ①沟通网络；②自动化；③优化	
成本结构 ①干预成本；②交易成本			收入来源 ①电费节约；②调用；③可用性	

图 9-1　灵活需求响应的商业模式画布

资料来源：HAMWI M, LIZARRALDE I, LEGARDEUR J. Demand response business model canvas：A tool for flexibility creation in the electricity markets［J］. Journal of Cleaner Production, 2021（282）：1-17。

需求响应商业模式的价值主张强调需求侧改变电力负荷或采用分布式发电生产消纳，消费者和生产者均能参与，并从他们提供的灵活性中获得价值。

企业的核心业务是提供需求响应方案以实现灵活性的创建。通过灵活性来适应大量可再生能源的价值创造，将服务（需求和供应的时间安排）与有价值的资产（如电力生产设备）或可操纵的消费者行为结合起来，以便为电网提供灵活性，缓解波动的太阳能和风能发电扩散带来的挑战。

此外，消费者可以在独立电池或电动汽车中提供储能能力。这有赖于基于技术的终端灵活性资源集成并通过需求响应服务中心进行能源转化和用户解释。例如，Kiwi Power 公司提供需求侧响应服务，并向客户宣传"需求侧响应（DSR）是企业通过调整电力短期消费来帮助用户获得收益和降低能源成本的机会"。① 响应"临界峰值定价"计划的客户会偶尔将其智能家电运作时间调整到深夜，从而获得奖励。"临界峰值定价"计划通过提供一个自动响应价格变化的系统来帮助客户调整用电时段。

在灵活需求响应的商业模式创新中，变革性的响应与现有的关键时刻中断服务或不同时段差别化收费有根本的不同，例如，积极参与能源生产的"产消一体者"将创造新的客户细分和渠道。产消者的自我消费和分享是革命性的，它们开创了新的能源市场。而管理和控制或聚合能源提供增量响应，可有效促进现有能源供给结构的改变。

第三节 能源服务商商业模式创新

由于分布式能源系统复杂、多技术集成、对系统和技术集成要求高、难度较大，因此分布式能源产业的发展，需要以专业化的能源服务公司为运作主体才有较大的成功概率。专业化能源服务公司通过对能源的统一规划和实施，集成多种能源技术，以集约式的运行管理，降低能源系统的投资，提高能源系统效率，在实现节能减排目标的同时创造较好的经济效益。

一、以分布式能源为核心的专业化能源服务公司商业模式

以分布式能源为核心的专业化能源服务公司具有如下优势：①规模化、集约化效益优势；②丰富运作经验和专业化人才；③能源技术研究和应用优势；④多融资渠道优势，降低企业投资风险；⑤简化业主工作，聚焦主业；⑥政府、企业、能源服务商三方共赢。

专业化能源服务公司将成为能源设施项目提供商和商业化运营商，使能源基础设施从传统意义上的配套设施发展成一个巨大的高端服务产业，每年可形成数千亿元的产值。通过发展以分布式能源为核心的能源服务产业，可

---

① 参见 https://www.next-kraftwerke.com/virtual-power-plant/energy-network/digital-technology。

能源互联网商业模式创新

以使能源资源得到最合理的配置，保证政府节能减排指标的落实和完成；开发商可以减少项目基础设施投资，为用户提供冷、热、电、蒸汽、生活热水多种能源的供应服务；用户可享受到低成本、专业化、高品质的能源服务；能源服务商也可以通过提供专业化的服务获得盈利发展，从而形成政府、开发商、用户、能源服务商共赢的局面，使能源"低碳、高效、低成本、可持续"发展进入良性循环。

能源服务商业模式是对区域或能源项目开展能源统一规划、设计、投资、建设、运营、专业化、市场化和一体化的服务模式。能源服务强调全能源系统的整合，集成使用多种能源技术，把能源生产、输送、消耗和回收各过程视为一体，统一考虑时间、品种、质量、能源效率、环境、安全、经济性，最大限度引入新能源和可再生能源技术，建立智能化的区域能源网络，实现区域内能源系统能效最优。

以分布式能源为核心的能源服务公司主要商业模式有：①一体化能源服务模式，分布式能源站设计、投资、建设、运营一体化（包括冷热电三联供CCHP、区域冷热站等）；②一站式能源管理或能源系统外包模式，包括冷热电、工业气体、水等；③能源咨询和节能改造（含能源设备维护与保养）模式。以专业化能源服务公司为主体，掌握终端用能市场，提供能源设施的规划、设计、投资、建设、运营一体化运作商业模式，是发展分布式能源的有效方法和核心业务。

能源服务公司在具体能源互联网项目中，还会根据不同商务和技术条件采用不同的商业模式，主要有建设—经营—转让（Build-Operate-Transfer，BOT）、工程总承包（Engineering Procurement Construction，EPC）、建设移交（Build Transfer，BT）、合同能源管理（Energy Management Contracting，EMC）、托管外包和咨询等模式。项目投资的资金模式也有全投资和增量投资模式。

二、分布式能源运营企业的电力购买协议或电力租赁商业模式

分布式可再生能源电力购买协议（PPA）和分布式能源运营企业电力租赁模式于 2006 年在）美国市场最先产生。

以太阳能光伏发电为例，在电力购买协议和租赁商业模式下，太阳能服务商是连接用户、投资者、设备供应商及安装商的中间环节。其中，在电力购买协议模式下，业主根据合同约定的电价计费，付费的基础是每月的发电量，实发实付；而在租赁模式下，用户每个月支付给开发商一笔固定的租金。只要系统的发电量在合同约定的最低水平之上，不管系统发多少电，每月的支出都是固定的。

设备供应商、安装商与太阳能服务商的运作关系相似，均通过提供产品和服务获得收入。通过第三方融资，众多中小规模的光伏电力用户通常不需要任何前期投资就可以获得比电网更便宜的电费水平。而对于银行等提供融资的金融机构而言，由开发商和用户签订的电力购买协议相当于一个固定收益产品，因此几乎不存在违约风险。

这种商业模式能够壮大发展的原因在于：①价值定位方面，能服务于电力需求集中的人口或工商业密集区，以及地域相对分散的家庭住宅，这是集中式商业模式所欠缺的。②价值网络方面，光伏电力购买协议和租赁商业模式下的太阳能服务商是连接用户、投资者和设备制造商及安装商的中间环节，通常起到平台的作用。③盈利模式方面，光伏电力购买协议和租赁商业模式开发商主要收入分别来自政府（税收优惠、政府津贴）、融资（股权融资、债务融资、基金投资）和电费收入（包括用户付款等），具有很大的盈利潜力。

第四节　分布式能源运营企业商业模式创新

典型的能源互联网需求响应商业模式创新在分布式能源运营企业领域，将分布式能源运营企业整合到现有市场是一个挑战，特别是当分布式能源运营企业还处于小规模的消费者水平的时候。需求响应是为电力系统提供需求灵活性

的一种有前景的方法，因此，增加需求响应项目的规模和范围对许多系统运营商来说至关重要。

分布式能源运营企业所提供的需求响应是一种向能源终端用户提出的解决方案，目的是为电网提供灵活性，同时为终端用户保持舒适度并带来收益。这些解决方案通常面临各种各样的挑战或障碍，见表9-3。消费者认知和行为惯性、高前期成本、长回收期、与规划和安装步骤相关的时间精力投入、各种不一致的信息，还有客户对光伏等分布式能源可靠性的担忧是瞄准能源互联网大众市场的企业所面临的主要障碍。①

表9-3 分布式能源运营企业商业模式创新面临的主要壁垒

价值定位面临的壁垒	价值创造和传递面临的壁垒	价值获取面临的壁垒
①对可再生能源，公众认识度低； ②对绿色认证和标准，公众缺乏熟识度； ③在战略和实践层面缺乏可再生能源稳定发展的计划； ④当地政府产业选择	①信息不充分（可再生能源市场，需求和潜力）； ②不同利益相关者间合作不够； ③缺乏现代有效的能源服务机制； ④可再生能源技术储存能力低； ⑤研究方案和市场需求间存在鸿沟； ⑥一些可再生能源技术和利用质量低； ⑦缺乏专门技术人才和商业管理人才； ⑧以碳为基础的低效能源技术占主导； ⑨既得利益团体设置社会和环境壁垒； ⑩缺乏竞争； ⑪相关法规不健全	①对终端用户而言的可再生能源利用成本； ②可再生能源资源的转换效率； ③运作和维护成本； ④相较化石能源而言，对可再生能源利用激励不够； ⑤促进可再生能源的相关政策缺位； ⑥资金匮乏； ⑦初始投资成本高； ⑧盈利能力不确定； ⑨各类额外的成本（运营和维护成本、与电网互联的交易成本、储能成本等）； ⑩缺乏可获得的贷款指导； ⑪电价过低

资料来源：ASLANI A, MOHAGHAR A. Business structure in renewable energy industry: Key areas [J]. Renewable and Sustainable Energy Reviews, 2013 (27): 569-575;

HORVÁTH D, SZABÓ RZ. Evolution of photovoltaic business models: Overcoming the main barriers of distributed energy deployment [J]. Renewable and Sustainable Energy Reviews, 2018, 90 (3): 623 - 635;

STRUPEIT L, PALM A. Overcoming barriers to renewable energy diffusion: Business models for customer-sited solar photovoltaics in Japan, Germany and the United States [J]. Journal of Cleaner Production, 2016 (123): 124-136.

---

① STRUPEIT L, PALM A. Overcoming barriers to renewable energy diffusion: Business models for customer-sited solar photovoltaics in Japan, Germany and the United States [J]. Journal of Cleaner Production, 2016 (123): 124-136.

第九章　面向需求响应的能源互联网商业模式创新

但今天的客户可以比过去发挥更积极的作用。开放的能源互联网市场使客户能够选择最优惠的能源方案。能源和信息通信系统的整合不仅进一步允许客户实现电力自给自足，而且允许其朝着能源自给自足的方向发展。

下文以太阳能光伏市场为例，寻求将用户、资产所有者、能源供应商和光伏电网运营商等市场参与主体以一种对利益相关者都有利的方式联系起来的需求响应商业模式创新。例如，就提供灵活性而言，虚拟电厂运营商协调分布式能源运营企业发电资产，以便提供灵活的供应；储能提供商提供灵活性，要么通过个人、家庭及储能系统为分散的消费者提供服务，要么通过分散的、基于社区的储能解决方案平衡电网供需。

一、业主托管模式

最普遍的光伏商业模式是业主托管。分布式能源技术单位成本的降低，使越来越多的组织（如家庭）有机会投资能够自主生产能源的系统。安装光伏系统的建筑物业主是产生能源的主要用户。

（一）价值主张

价值主张描述企业如何使用所提供的产品和服务为其目标细分市场创造价值。

首先，这些光伏企业既提供包含特定元器件（如逆变器、光伏电池板、电缆）的固定套件，也提供允许按客户个性化需求定制的光伏系统。安装通常由太阳能企业提供，也有些企业允许客户自行安装系统。其次，随着消费者自己生产能源，成为"产消者"，也部分出现了与公用事业部门独立开来的消费者，从而减少能源账单。

客户还可以从上网电价中受益，这可能是业主投资决策中的一个重要因素。上网电价提供了一种与其他投资机会相比更有竞争力的投资回报率。

上网电价可以大大降低投资风险，并显著促进可再生能源的推广，因此政策制定者需要仔细设计和实施上网电价政策。根据国家规定，居民客户可以享受税收优惠、初始投资资金支持或其他特殊财政支持项目。

（二）客户关系

消费者对可再生能源技术的接受程度和行动障碍，对分布式能源运营企业企业来说是一个重大挑战。因此，把客户关系建立在信任和长期关系中，将对商业模式创新发挥至关重要的作用。

（三）客户细分

客户细分是指通过托管模式服务的太阳能光伏企业的目标客户群。

业主托管模式中目标客户群的一个主要群体是拥有适合分布式能源运营企业发电的屋顶和足够资金投资的家庭。这一群体的成员可被描述为早期采用者，通常包括先驱客户，如太阳能光伏工程师和坚定的环保主义者，他们受到能源独立和环境利益的激励。客户细分的其他群体是大型企业和中小企业。

（四）渠道通路

渠道确立与客户关系密切相关。使用人员推销是建立客户信任和激励客户参与的关键。许多企业通过个人渠道与客户直接互动。例如，在创建销售报价前，销售代表要实地查看客户的房子，评估屋顶空间、阳光潜力并了解客户偏好。企业销售代表是最重要的渠道通路，因为他们是与客户接触的第一个人。这种最初的人与人之间的相互作用可以决定客户与企业间整体关系以及报价决策。

在分布式能源运营企业市场上运营的公司可以参考借鉴美国 SolarCity 公司的营销大使计划。这是一种效果卓越的多层次营销模式，消费者可以将 SolarCity 介绍给其他人。如果被推荐的人购买了一个光伏系统，那么推荐人就可以赚到一些钱。口碑传播对消费者的投资决策有重要影响。

此外，还有各种在线联系形式，如公司网站、App、企业公众号等。利用企业官网和专门的行业内杂志、网站、微信公众号等，可以让企业告知潜在客户它们的产品和服务组合。

第九章　面向需求响应的能源互联网商业模式创新

（五）收入来源

在业主托管模式下，企业主要收入来源是光伏系统的安装费。通过维修和保养等辅助性服务也可以获得少部分收入。企业还可以通过个性化定制的增值服务（如能源咨询）来利用其独特的技术诀窍，从而获得增值服务费。在极少数情况下，光伏电池板可以直接销售给终端客户，不需要任何增值服务和后续辅助服务。

（六）主要合作伙伴

太阳能光伏企业最重要的合作伙伴是逆变器和太阳能电池板等系统组件的生产商与批发商。这些合作伙伴通常以技术、市场和项目的专业知识、经验来支持太阳能光伏企业，为确保产品的持续供应，加强议价能力和市场地位，太阳能光伏企业与它们建立稳定合作关系至关重要。公用事业部门因提供连接到电网的许可，也在主要合作伙伴间发挥决定性作用。许多太阳能光伏企业还与银行合作，向客户提供贷款融资服务。

（七）关键业务

大多数太阳能光伏企业在分布式能源运营市场提供全面服务，即一体化产品综合解决方案。这意味着它们设计光伏系统，办理许可证，订购太阳能光伏组件，安装系统，监控其性能，并在必要时进行维修和维护。

一些企业还销售光伏电池板或提供系统性能监控和维修等独立的售后服务。这些企业通常还提供融资、获得政策支持和激励、纳税与可再生能源解决方案方面的指导建议。

客户支持服务也属于关键业务。部分市场参与者提供光伏保险服务，以降低投资风险，增强客户的安全感。

由于光伏企业需要从多个生产商和批发商那里采购太阳能系统组件，因此议价和供应商选择也属于关键业务。

此外，企业经常使用不同的营销活动来增加企业的声誉并加强与客户的联系。

(八)核心资源

对于分布式能源运营企业来说,企业所拥有的知识技术、专家团队和员工个人技能是不可或缺的核心资源。

资本在打造市场竞争力和能源互联网未来前景中依然有重要作用。

对消费者和当地市场的深刻了解同样是一种必要的资源。采用业主托管模式的分布式能源运营企业服务于当地用户,由于每天都与消费者接触,因此对他们的生活方式和偏好有更深入的了解。通过市场营销和社会活动获得的企业知名度,可能对激发消费者的购买兴趣有很大影响。

(九)成本结构

销售成本和工资是采用业主托管模式的企业一般费用的重要组成部分,因为销售代表在客户关系中扮演着重要角色,而专家团队对于高效的运营必不可少。

与合作伙伴的关系维护和品牌形象建设相关的营销支持也占很大比重。

采用业主托管模式的企业库存成本,如光伏系统组件(例如逆变器、面板和持有设备),以及仓储成本也会占有一定比重。

二、第三方所有(Third-Party-Owned,TPO)模式

在业主托管模式中,光伏系统为业主(用户)所有,其管理维护则交由光伏服务企业。而 TPO 商业模式中,用户并不直接拥有光伏太阳能系统,而是由第三方企业所有。第三方拥有的商业模式消除了用户的一些财务壁垒,如住宅客户的高额预付成本。

TPO 商业模式为用户提供了电力购买协议或租赁解决方案。

(一)价值主张

在业主托管模式里,光伏系统的高额初始投资会严重影响到用户安装需求。TPO 合同将运营和维护责任界定给太阳能服务企业,而不是客户。因此,TPO 模式最大的好处就是,客户无须支付预付款便可以使用绿色能源。

在 TPO 模式下,业主以远低于正常水平、极具竞争力的价格获得绿色能

源供应。电力成本在合同期限（最多25年）内可预测。电费从第一个月就可以节省下来，客户也不必为漫长的还款期而担心。太阳能服务企业有能力处理与复杂政策监管体系相关的高额交易成本，因而可为消费者带来额外好处。

（二）客户关系

在TPO商业模式中，太阳能服务公司通过电力购买协议和租赁合同与客户建立长期关系。因此，通过社交活动、销售代表、客户展会、客户服务等多种服务渠道建立个人联系并加强与客户的关系非常重要。

常见的还有通过能够在线智能处理的客户数据库来维持客户关系。

（三）客户细分

在TPO模式中，最重要的客户群体是无力支付高昂预付成本但希望减少电费并保护环境的家庭用户。

第三方拥有的建筑光伏系统对不太富裕的年轻人也具有吸引力。

其他客户群体包括农民、公共组织和企业用户。

太阳能服务企业还将目标瞄准到那些光伏系统技术专家，以及受益于可再生能源电力购买协议转移支付与政府补贴的公共和私人投资者。

（四）渠道通路

企业人员销售是TPO模式中最重要的渠道。太阳能服务企业利用销售代表告知目标客户第三方解决方案的好处，从而加强与客户间的联系。

太阳能服务企业经常参加各种能源行业会议、消费者展览会等会议和活动，通过这些活动来拓宽企业的关系网络。

太阳能服务企业还可以利用线上线下各种营销工具和活跃的媒体关系。太阳能服务企业网站被用来突出产品或服务的属性，并向用户展示TPO模式的融资方式。

（五）收入来源

在TPO模式中，大部分收入来自电力购买协议或太阳能光伏租赁解决方案。根据电力购买协议，光伏主机用户支付基于每千瓦时发电量计算的账单。电力购买协议期限因不同企业而异，一般为10~25年。期满后，客户可以从三种方案中选择：①购买光伏系统；②续签协议；③让供应商移除光伏系统。相较于电力购买协议，在太阳能租赁方案中，客户不用为生产的能源付费，而是租赁设备并使用光伏系统产生的能源。这意味着太阳能服务企业可获得每月的租金收入。

太阳能服务企业的其他收入来源可能还包括政府补贴、各相关部门提供的奖励资金。另外，根据业务范围，太阳能服务企业的开发费、监控和其他服务费也可能成为收入来源。

（六）主要合作伙伴

在第三方所有的电力购买协议和光伏租赁商业模式中，银行和其他大型企业可以通过补贴太阳能服务提供商而为项目融资做出贡献。

其与公用事业部门、光伏组件生产者、批发商的关系也很重要。

其他合作伙伴可能还包括咨询顾问、律师事务所、保险公司、安装商和维修公司。

（七）关键业务

最重要的关键业务是光伏系统租赁和可再生能源电力购买协议条款的约定与执行。提供太阳能租赁服务的企业往往通过将几个光伏项目集合成一个基金出售给投资者来进行融资。

许多企业提供TPO模式的一揽子解决方案。在全面服务的理念下，太阳能服务企业安装光伏系统，获得必要的许可，联系公用事业部门安排项目集成，并完成税收减免和补贴申请。企业日常提供如性能监控、维护和维修等附加服务。

许多太阳能服务企业使用各种线上和线下的媒体和其他互补的渠道进行积极的营销活动。

（八）核心资源

在TPO的商业模式中，现有的客户基础作为核心资源扮演着至关重要的角色，这些客户可以让企业变得更知名，从而扩大企业的客户群体。

对于太阳能服务企业来说，由于TPO模式与复杂的项目管理任务相关联，因此拥有用于销售、项目管理和系统监控的软件也至关重要。

为了运营这种复杂的商业模式,训练有素、拥有适当财务和专业技术的员工也是企业的核心资源。

（九）成本结构

大部分成本费用可能与电力购买协议和租赁建设管理有关,包括公共和私人投资者在员工工资支出与 IT 软件上所花费的成本。同时,还有销售、营销、库存成本（光伏面板、逆变器等光伏系统组件）和仓储成本。

三、社区共享（Community-Shared，CS）模式

CS 商业模式允许客户通过能源互联网订购一定数量的电池板或太阳能发电产生的部分能源。该商业模式可以由几个不同的组织进行运营和管理,包括公用事业公司、非营利组织和太阳能项目开发商。客户可以分期订购这些项目,也可以在太阳能农场或社区拥有光伏电池板。例如,美国 NRG 能源公司[1]建立了一个大型太阳能发电社区,用户签订 20 年期的固定支付合同,并可以获得电费积分。[2] Sonnen 电池公司通过"太阳能+储能项目"向那些希望获得更多供电独立性和安全性的客户提供服务,依托先进的电池储能系统,[3] 建立了电池业主的虚拟社区,该社区内的用户可以在虚拟能源池内参与端到端的能源交换和能源交易。[4]

在 CS 模式中,可再生能源项目由社区成员管理、运营、部分资助和维护。社区成员是（共同）所有者、管理者和受益者。为此,社区组成了一个由社区成员自愿承担管理和行政任务的代表团体。通过这种模式实现的信息和决策高度透明是社区参与共享得以成功并具有可持续性的基础。

---

[1] NRG 能源公司成立于 1992 年美国特拉华州,是一家建立在多元化竞争力的发电组合和领先的零售电力平台基础上的综合电力公司。

[2] 详情可参考该公司官网的介绍,https://www.bloomberg.com/news/articles/2015-01-28/nrg-energy-to-build-community-solar-projects-in-colorado。

[3] 中国储能网. Sonnen 公司日前推出新一代电池储能系统 [EB/OL]. (2020-07-06) [2021-03-05]. http：//www.escn.com.cn/news/show-1065359.html。

[4] 参见 https://www.pv-magazine.com/2015/11/25/sonnenbatterie-launches-solarstorage-community-platform_100022141/。

初始投资和再投资由社区成员提供资金。以每个家庭定期为社区做出的相应贡献来决定他们的收入水平。微电站的收益也同样得到了公平的分配，这促进了社区成员更高的承诺度和参与水平。

CS模式会创造一些新的工作岗位。为提高当地劳动力的技能水平和就业率，通常优先考虑当地的培训。社区成员使用新学到的技能创造额外的收入来源，这种溢出效应已经显现。最重要的是，个人之间的绿色能源消费可以提供环境公益，最大限度地减少传统能源过度使用造成的污染，促进更广泛的社区形成"绿色意识"，并自觉感到有责任保证社区可再生能源项目不会危及或破坏周围的生态系统。

社区共享商业模式为可再生能源的民主治理提供了机会，同时为投资群体提供了经济回报，并提高了公众对能源转型的接受度。社区共享商业模式目前还处于早期发展阶段，但作为新型参与者为长期稳定的能源市场结构带来了变化。例如，采用社区共享商业模式的可再生能源合作社（Renewable Energy Cooperatives，RECs）已成为许多欧洲国家能源市场日益重要的组成部分。[1] RECs所创造的广泛的公众参与实际上是支持能源转型的社会资本储备。致力于支持这一转变的政策制定者可以很好地利用RECs创造的公众参与能源互联网发展的势头，并进一步支持其发展。

对于社区成员来说，CS模式提供了一个向更可持续的能源基础设施转型的具有成本效益的替代方案，使他们能够通过能源互联网来使用可再生能源。运营商内部的知识机制能够大力支持其更新企业价值主张并提升与社区用户合作的能力。

对于公用事业部门来说，CS模式是一个具有吸引力的机会，能帮助它们通过更大的项目来实现规模经济。因此，这种类型的项目允许公用事业部门创新其商业模式，同时为其引入社区这一新的营销渠道，使公用事业部门可以通过该渠道销售具有附加值的服务，并提高客户的参与度和满意度。

---

[1] HERBES C, et al. Responding to policy change: New business models for renewable energy cooperatives-Barriers perceived by cooperatives' members [J]. Energy Policy, 2017 (109): 82-95.

第九章 面向需求响应的能源互联网商业模式创新

（一）价值主张

CS 模式通过网络智能计量，允许客户在不托管系统的情况下使用绿色能源，从而减少他们的电费账单。CS 模式的用户可以根据他们对光伏发电的关注获得相应的能源账单信用积分。由于投资采取的是团购形式，社区共享也降低了客户的财务壁垒，降低了光伏系统初始安装成本。合同服务期通常为 5~20 年。因此，这种模式提供了一个具有吸引力的低风险长期储蓄选择。

灵活性也是社区共享商业模式的重要组成部分。如果客户卖掉他们的房子，他们有三个备选方案：①他们可以将社区光伏系统认购权连同房产一起出售；②他们可以单独出售认购权；③如果他们不想出售或转移自己的认购权，那么在服务期限内，太阳能信贷可以一直跟随他们。这种商业模式也促进了客户承诺使用可再生能源。

（二）客户关系

与业主托管模式和 TPO 模式一样，建立和维护个人关系对于这种商业模式的成功运营至关重要。

太阳能服务提供商与客户签订长期合同（长达 20 年），因此需要通过多种方式联系，如客户展览会、社区活动和会议以及在线渠道来增强合作信心与承诺。企业还会通过雇用销售代表来扩大它们的客户关系网络。

（三）客户细分

主要的群体是住宅客户，包括租房者。

企业、租赁某建筑的商业公司以及非营利组织也是太阳能系统投资商和开发商的目标客户。

其他用户群体包括机构消费者，如地方政府、大学和军队。

（四）渠道通路

由于社区共享的商业模式还处于早期发展阶段，想要开展卓越的管理运营，共享信息、持续学习至关重要。项目经营者可以安排会议、研讨、教育项目、家庭聚会和社区活动，也可以通过网站在客户和潜在投资者间分享知识。

太阳能服务供应商的销售代表也可能为企业的成功打下基础。

(五) 收入来源

CS 模式提供了两种来自消费者的基本收入形式：①客户可以购买社区一部分太阳能系统或社区产生的部分电力，所以业主的大部分收入来自太阳能债券销售收入；②客户可以支付一笔预付款来支付项目的所有费用。有些项目混合采用了这两种方式。

太阳能项目运营商还可以从可再生能源税收优惠和地方绿色激励政策中受益。税收优惠政策适用于个人拥有的住宅系统安装或企业拥有的项目。然而，社区拥有的系统不属于这两类，若公用事业公司想要利用税收优惠，包括可再生能源投资税收抵免和加速折旧，它通常必须与有权获得税收优惠的第三方签订合同。为了充分利用税收减免政策，拥有和运营基础设施的企业需要拥有足够数量的社区用户。

(六) 主要合作伙伴

太阳能项目运营商需要与公用事业部门建立密切的关系。首先，用户必须是太阳能发电厂所在地公用事业部门的用户。其次，只有通过在社区共享项目中应用与公用事业的计费系统同步的虚拟智能计量，才能自动实时调整客户的账单。

如果服务提供商也安排基础设施的建设，那么它们必须与其他合作伙伴，如分包商、生产商和批发商合作。

(七) 关键业务

太阳能项目运营商向太阳能社区或太阳能社区业主提供不同的购买方案——可以购买或租赁电池板，可以投资光伏系统，也可以购买光能或电量，因此它们的关键业务是用户管理。用户管理包括与客户签约并与他们保持联系。

附加增值业务包括消费者权益保护、数据报告和相关政策法规服务。

基础设施通常由太阳能项目运营商安装，但在某些情况下，它们只是接管已完成的光伏系统。社区共享商业模式将运用和维护的责任交给了服务提供商。

第九章 面向需求响应的能源互联网商业模式创新

（八）核心资源

与 TPO 模式一样，现有的客户基础是社区共享商业模式中必不可少的核心资源，一方面它可以帮助企业获得更多的客户，另一方面也可能带来进一步的投资。

为了成功地管理社区项目，并与公用事业系统数据同步，服务提供商必须拥有足够的 IT 基础设施，包括能够实时监控能源生产并管理用户合同的软件解决方案。

另一个不可缺少的资源是企业员工，如销售代表，他们为网络扩展以及复杂管理做出贡献。

（九）成本结构

首先，安装光伏系统基础设施并将其作为固定资产投资成本，这种投资成本占总成本的比例较大。如果最初的安装没有得到社区资助，发展基础设施将会付出相当大的成本。不过，可以采取未来用户预付费用的方式降低企业投资成本，比如 Briston 太阳能公司（Briston Energy Solar，BES）向个人出售股份（在 250 英镑到 2 万英镑）来为社区太阳能光伏项目筹集资金。这项倡议非常成功，在三周内募集到了所需的款项，共有 103 名捐助者。

其次，很大一部分的成本可能与光伏系统的运行和维护任务有关。

再次，用户管理成本，如劳动力和 IT 成本，也可能是主要构成部分，因为这是服务提供者的一项基本活动。

最后，还有软件开发成本，需借助复杂的软件来协助服务提供商实现管理任务，使公用事业部门的计费系统与生产的能源数量相协调。

四、分布式能源运营企业商业模式创新设计

分布式能源运营企业的商业模式创新要以用户为中心，充分运用开放、包容的互联网思维。在具有活力的市场环境下，包括能源生产、传输、消费、存储、转换的整个能源链相关方均能广泛参与，这必然会有一大批具有创新模式的能源企业脱颖而出，如能源增值服务公司、能源资产服务公司、能源

交易公司、设备与解决方案的电子商务公司等,从而带动能源互联网发展。

以能源消费环节为例,传统的产业价值模式是能源供应商给能源消费者提供可靠性能源和通用服务,并从能源消费者那里获取收益。而在能源互联网环境下,除了可靠性能源和通用服务外,能源供应商还可以为能源消费者提供节能服务、环境影响削减以及个性化服务,而能源消费者也可以在需要时反向为能源供应商提供分布式能源运营企业、需求侧响应、本地化信息等,从而使能源流、信息流和资金流从单向变为双向。另外,还可以有第三方为分布式能源运营企业提供各种服务平台,使得价值、信息和资金在这些平台上流转和交换,如能量交易平台、能量聚合服务平台等。

从监管方的角度来看,能源运营企业商业模式创新需要监管者从基础设施构建、市场搭建、运营企业和终端用户服务多方面给予支持。监管者需要做到以下几点:①致力于构建以传统电网为骨干,充分、广泛和有效地利用分布式能源运营企业,满足用户多样化能源电力需求的一种新型能源体系结构与市场;②为运营商提供一个能够与能源终端用户充分互动且存在竞争的能源消费市场,使其提高能源产品的质量与服务,赢得市场竞争;③不仅为能源终端用户提供传统电网所具备的供电功能,还为其提供一个可以进行各种能源共享的公共平台。

从投资者的角度来看,分布式能源运营企业主要的商业模式有:业主拥有模式、TPO模式、屋顶租赁模式、CS模式。此外,考虑到增强可再生能源的可获得性与降低供应和消费成本这两个关键因素,CS模式是一种典型的商业模式。

共享本地分布式能源存储的企业,有多种商业模式创新方案,例如,服务终端用户,使其可以直接购买一个存储系统来连接它们的发电能力;或者作为一个聚集者购买一个存储系统来管理终端用户的发电能力。提供单一服务,如供能服务,并不足以使商业模式具有成本效益;但如能提供频率稳定和电压稳定的能源服务则拥有更高的商业价值。

终端用户是否有可能积极参与能源系统并直接在消费者一级进行销售,从而能够选择是否使用、储存、分享或交易当地产生的电力,这对部署本地化能源储存至关重要。数字化将帮助电力消费者和分布式能源运营企业社区更容易地参与能源互联网市场。

终端用户利用储能电池参与一次调频是具有颠覆式创新的商业模式。电力存储设备包括分布式社区储电设施、家庭储电设备和可移动的车载储电,这些设备都可以参与调节电网电力。例如,在峰值电价时,插电式电动汽车可以将其储存的电力回售给电网。电力企业能够利用停放汽车的"分布式储能系统",通知或控制其充电时间,以配合电网需求。标准充电插头具有双向通信功能,通过实时定价匹配电力稀缺水平,以确保充电不会在高峰期对电网造成过重的负担。电动汽车车主也可将储电回售到电网,用以支付电费和少量电池折旧成本。

(一)分布式能源运营企业商业模式创新设计策略

首先,评估哪些群体可能会被业主托管模式、TPO 模式以及 CS 模式吸引,为每个商业模式确定目标客户。在业主托管模式中,业主将属于自有的光伏系统托管给分布式光伏服务企业的解决方案的主要客户是"绿色大众市场",包括收入水平高的早期采用者。在 TPO 模式中,年轻人和不太富裕的人是主要目标群体。CS 模式也可能对早期采用者和不太富裕的人有吸引力,因为前者通常是新的创新解决方案的第一批用户,而后者负担不起高昂的初始投资成本。

其次,识别业主托管模式、TPO 模式以及 CS 模式的主要问题,并寻求适当的解决方案。例如,前期投资的高额成本和一定程度的技术风险是业主托管模式潜在消费者面临的主要障碍。消费者还需要拥有一栋有足够屋顶空间的房屋,以满足住户和第三方的需求。然而,许多太阳能提供商的客户并没有房产或合适的屋顶,因为他们是租户或住在多单元的小区里。

再次,提出独特价值主张吸引顾客的注意。例如,在 CS 模式中,最引人注目的价值主张是灵活性、订购机会和成本降低。由于消费者不需要支付高额的前期成本,而且协议很容易被终止或修改,因此其价值创造、传递和获取就围绕着这些方面来组织。

复次,对业主托管模式、TPO 模式以及 CS 模式所反映出的突出问题做出响应。例如，通过虚拟网络计量，CS 模式允许消费者订购指定数量的电池板或太阳能发电厂产生的一部分能源。客户可以从他们的水电费账单中获得信用积分。该解决方案大大减少了融资障碍，并向客户做出了一些让步。

最后，检查商业模式画布中指定的渠道通路。例如，"太阳能大使计划"也可以成功地用于社区共享的商业模式解决方案，以吸引更多的消费者。

（二）CS 模式与业主托管模式、TPO 模式的比较

积极地沟通和变革主体的活动可以极大地增加包括光伏系统在内的新技术的采用。信息化可以降低客户对风险的认知，并使客户能够识别不同商业模式和使用可再生能源的潜在好处。TPO 模式和 CS 模式往往在教育和传播可再生能源信息方面发挥积极作用，减少认知障碍问题，可能获得削减分布式能源运营企业扩散障碍的机会。社区成员，特别是在 CS 模式中的社区成员，在知识转移中扮演了关键角色，有助于减少大众接受可再生能源的障碍。

在太阳能租赁（TPO）模式中，运营公司并不总是承担维护责任。在电力购买协议（业主托管模式）和 CS 模式中，公司负责维护，降低了客户的技术壁垒。责任转移意味着客户不必担心系统性能低下的风险。

这三种商业模式都能降低能源费用，但节省的程度可能不同。决定在业主所有（业主托管）模式还是 TPO 模式下投资更好，很大程度上取决于融资解决方案和用户可获得的支持服务。

综上所述，可以看出 CS 模式能带来最大利益。CS 模式的最大优势是可能的规模经济。它还允许公司使用最新的技术解决方案，并考虑地域条件，以指定具有最高潜在效率和能源输出（开发位置效益）的最合适太阳能安装的区域。

CS 模式对公用事业部门来说是一个创新商业模式和提高竞争力的好机会。然而，在社区共享项目的开发过程中，公用事业部门将不得不考虑许多因素。社区共享商业模式的成功实施要求公用事业部门考察其战略资产和关键能力，它们为获得可持续的竞争优势不得不更多投资高生产率和高可再生能源接纳能力。为了利用税收优惠，它们需要与有权享受这些税收优惠的第三方建立稳固持久的伙伴关系。

总体而言，CS 模式可以在许多领域产生显著的效益，数字化程度的不断提高和共享经济的兴起等趋势也有望支持该商业模式的进一步发展。

五、基于需求响应的虚拟电厂商业模式创新案例

一大批小型分布式能源运营企业即将取代传统的发电厂，而且它们有一个强大的支持：虚拟电厂（the Virtual Power Plant，VPP）。一个 VPP 是一个分散的、中等规模的发电单元的网络，如风电场、太阳能公园、CHP 单元以及灵活的电力消费者和存储系统。互联单元通过虚拟发电厂的中央控制室进行调度，但仍然保持独立的运营权和所有权。互联单元可以采取业主托管模式，也可以采取 TPO 模式，还可以采取 CS 模式。VPP 作为一个将数千个发电和耗能单元联网的集合体，可以像控制一个电厂一样控制所有机组。

VPP 的目标是在高峰负荷期间巧妙地分配单个发电机组的发电量，以减轻电网的负荷。另外，网络单元在 VPP 内联合发电，电能在能源交易所进行交易。虚拟发电厂不仅允许聚集数以千计的电力生产者、消费者和存储单元，还通过智能系统控制它们的输入与消耗，以在不同的市场上实现功率调节及灵活的需求响应。

VPP 的参与者通过远程控制单元连接到 VPP 的中央控制系统。通过这种方式，所有资产都可以被中央控制系统有效地监控、协调和控制。控制命令和数据通过加密协议进行安全的数据连接与传输。

智能控制设备与 VPP 之间进行双向数据交换，不仅可以实现控制命令的传输，还提供了网络单元容量利用率等实时数据。例如，风能和太阳能电厂的接入数据，以及消费数据和电能储存价格水平，可以用来进行精确的电力交易预测，并对接入中央控制系统的可控电厂进行调度。例如，Next-Box[①]是 Next Kraftwerke（欧洲最大 VPP）的一种智能控制设备，该设备使公司能够根据来自能源现货市场或储备市场的不同市场信号，集中分散的产能并优化去中心化的发电计划。

---

① 参见 https：//www.next-kraftwerke.com/company/digital-technology。

通过充分利用数字化的潜力，虚拟发电厂中数千个能源生产单元和能源消耗单元被连接起来。每个独立单元和虚拟发电厂间的连接使用远程访问模块，它在移动电话使用的同一个网络上传输信号。通过虚拟发电厂的中央控制系统自动调节发电和耗电单元，各单位仍然独立拥有和经营。除了以创新的方式分析信息外，数字技术还开辟了连接和共享的新途径。其结果是预测改进和自动使用发电以及发电单元的能力，有效利用其在能源市场上的灵活性赚取利润。

为了成功地管理电力供应和需求，并随后以最高盈利能力交易电力，VPP 中央控制系统还创建了一个算法。该算法收集整合来自各种来源的数据，例如，来自虚拟发电厂的运营数据、当前天气和电网数据以及实时市场数据。该算法综合分析这些数据后得出实时电力价格。价格信号可以在 5 分钟内传达给客户。这提供了更准确、更实时的信息，用于对生产者和消费者的电力分派做出决策。这意味着客户可以在出现最适合他们的价格时消费或发电以充分利用他们的灵活性。作为虚拟发电厂的一部分，电力消费者利用其灵活性从可变的电力费率和在电网频率控制市场中获利。

第十章 能源互联网价值链中潜在商业模式创新

每个组织，无论其规模和目的如何，都有一个创造增值的活动链。企业的价值创造活动，总是在一定的价值链或价值网络中进行。创新的主要目的是为组织及其利益相关者寻找有效的方法来改善价值链（Harrison and Freeman，2017）。价值链方法在商业模式理论中得到越来越多的认可。由于不同企业在能源互联网中协作和竞争的关系，价值链正变得越来越复杂。和许多行业一样，能源电力公用事业部门不再以从发电、传输和分配到最终客户的线性价值链为特征。基于社会技术系统的复杂系统观，能源互联网所提供的产品和社会服务，如供暖、照明、电力等是通过复杂的价值链提供的，涉及相互依存的活动，如资源提取、能源转换、传输和分配到最终客户。能源互联网参与者的市场角色在价值链中有五个主要角色：金融贸易服务商、生产商、传输企业、分销商和消费者。

全球多国正在推进的产业结构调整和市场自由化背景下，分布式发电技术的稳步推进，先进的信息和通信系统的全面渗透与智能电网管理的复杂化、多元化，为能源互联网价值链创造了巨大的商业模式创新空间。在能源互联网孕育的市场中，有两类商业机会：一类在现有市场中存在，需要企业去"发现"；另一类在现有市场中还没有出现，但可以"创造"。能源互联网市场不会产生寡头垄断企业，而会产生大量细分市场和增量市场，既容纳传统能源企业也支持新兴企业。相对而言，能源互联网给可再生能源企业带来的机遇更大，而给传统电网企业的冲击更大。在能源互联网萌芽期，可再生能源企业相对传统电网企业更有积极性创建新的商业模式。能源互联网允许大量产消者的参与和多边对接，为能源的自由交易与金融众筹提供平台，可产生新的商业模式以及新业态。通过自治自愈、竞争互补的市场机制，实现能源互联网各要素的共生共赢。

能源互联网商业模式创新

新引入的商业模式，既可能在构成要素方面不同于已有的商业模式，也可能在要素间关系或者动力机制方面不同于已有的商业模式。分析描述企业商业模式，需要了解分析其在价值链或价值网络中的定位。处于价值链的不同环节，将决定企业商业模式的要素特点。价值链不同环节中能源互联网商业模式创新机会（非穷尽）见表10-1。

表10-1 价值链不同环节中能源互联网商业模式创新机会

价值链	生产环节	输配环节	交易环节	用能服务
商业模式创新机会	VPP	发电上网服务	为售能服务的软件公司，App研发	能源需求预测管理平台——电力交易分析及服务
	节能调峰服务	储能电池加入调频	供能售能企业管理客户的平台	楼宇能源管理系统
	分布式能源运营	能效管理（绿色指数、碳排放指数等）	提供用能套餐选择的平台	智能家居系统
	用户端发电设备的生产和服务	供应链管理——将个人、区域范围内所有发电单位组合在一起	电动汽车充电桩入口，移峰填谷、负荷平衡，结算平台	工业节能和热电联产系统，例如，节能诊断、能效服务
	合同能源管理	设备与解决方案的电子商务	能源产品交易平台，例如，清洁能源配额、碳资产交易	灾害预警中心——短路时能及时通知用户、消防队
	基于大数据的发电预测服务	能源"即插拔"	售电设备管理、资产运营、微网运营	智能控制系统——负荷优化，DR
	微网建设和运维管理	配电资产运营、电网设备健康管理系统	能源资产服务平台——融资租赁、设备代理维护	能源增值服务平台——网上收费、节能、售电服务
	区域综合能源解决方案，微网			
	储能投资和服务			

资料来源：笔者根据德勤（2016）研究报告《售电市场改革激发商业模式创新》整理而得。

能源互联网将促使传统的封闭产业链转向共享协作的价值链系统。在能源企业的生产模式方面，能源企业从提供单一的能源产品转变为提供综合能源服务，已在大数据和IoT的支持下成为趋势。如协鑫电力正在利用能源站集成、智能化控制和云计算技术将天然气、太阳能、风能、地热能和储能等清洁能源集成构建为能源微网模式。这种模式比传统能源系统效率更高。

从终端用户角度来看，可再生能源的模块化发展、智能电网技术的快速创新、电网灵活性的价值提升，这几个趋势都为用户电表两侧的供需创造了更多可能性。能源互联网在平抑大规模可再生资源并网影响的同时，也促进了用户侧电源的发展和需求侧管理。消费者将成为"产消者"，可以采用多种途径节约能源或生产能源，从而省钱或赚钱。

第一节 生产环节中潜在商业模式创新

能源互联网将使能源的生产和供给分散化、碎片化。随着产消者的大量参与，能源互联网上会有上亿个能源供应主体，新能源供应量增速将远大于传统化石能源。通过先进的信息和通信技术工具，支持区域定制和接近最优的生产网络生成，将有效促进能源互联网生产侧的商业模式创新。发电企业，特别是可再生能源生产企业，可以通过减少生产的不确定性来改善其能源互联网市场地位。使用储能设施可以改善对可再生能源波动的管理，还可以通过支持 DER 电场在储备市场上的地位来提供辅助服务。利用分布式和微网技术，采用就近消纳、余电上网方式，可大幅度提高可再生能源利用效率。基于能源路由器的高智能集成设备，家庭使用电路三线合一，与用户终端采用插口式解决方式，快捷高效、操作便捷。

能源互联网的商业应用可在三个方面对风电的消纳和太阳能的利用进行突破。一是精细化的处理预测。利用大数据技术，可从手机上采集信息，进行综合的分析，对太阳能以及风电进行精准度更高的预测，从而做出先进的调度策略。二是需求侧响应。新能源生产具有波动性特点，通过使每一个负荷灵敏感知新能源处理的波动，可使能源系统高效消纳新能源。三是多能源系统集成。依靠多能源系统，如电力系统、热力系统和燃气系统，不同的能源系统存在互补性。如燃气系统和热力系统的能量储存是经济的，但传输过程耗能大，不经济；而电力系统传输经济，但存储困难。电力系统和其他的能源系统存在非常多的耦合，包括热电联产机组、未来的高热电站，可以直接去供热和供冷，利用热的惯性去储存电力，达到电力系统更优运行的目的。

供电侧资源用于发电的有集中式大型发电机组，通常百万千瓦规模，与高压输电系统相连；也有分布式的更小的机组，或多个小型机组构成的组群，与低压配电系统相连。见表10-2。

表10-2 中国发电企业的规模层级

规模层级	2015年装机总量（吉瓦）	公司数量	代表性企业	特征
中央级大型集团	约800	9家	国家能源投资集团、华能、华电、大唐、中电投、华润、国投、中广核、中核	①装机规模在30~150吉瓦，以600兆瓦以上机组为主，资产分布全国，并且较多元化；②集团化、专业化、标准化管理
省级发电集团	450	约30家	浙能、京能、申能、津能、深能、晋能、皖能等	①省级电力能源投资公司，装机规模一般在5~30吉瓦，以300~600兆瓦机组为主；②大部分资产处于一个省份
地市级发电公司	229	约200家	地方小型电力企业或新能源公司	地方小型电力公司或民营电厂，一般以燃煤、水电、新能源为主，装机规模一般在0.5~3.0吉瓦，机组规模一般小于300兆瓦
自备电厂	46	约1300家	首钢电力厂、中石化热电部、克拉玛依电厂、宝钢集团自备电厂、天山水泥自备电厂等	超过85%的单机容量在30兆瓦以下，自备电厂主要分布在华北、华中及南方地区的化工、造纸、钢铁、冶金等行业

资料来源：笔者根据各大电力公司官网及2015年各公司年报整理得出。[①]

新中国成立70多年来，供电侧的电网运营商主要依靠可控的大型发电厂。可再生能源如风电和太阳能发电因其波动性与不确定性使得电力公司对其大规模应用持怀疑态度。事实上，电力公司可以融资、拥有和运营这些分布式电源，像一个互联网服务提供商一样运营，电力公司可以成为无数发电机和其他公司的开放源，允许这些提供商得到他们想要的电力和服务，如电

---

① 表中省级电力集团、地级市发电公司装机容量、电厂数量均为估算。

第十章 能源互联网价值链中潜在商业模式创新

网的需求侧响应。

可再生能源电力并网,众多电厂的多元化组合可保证更可靠、更可预测的电力供应。通过将不同地区以及不同类型的可再生能源电力进行互联,在更大的区域内输送和接收电力,与其他电力公司合作共享灵活备用电源,可以拓宽"调度范围",也可以将天气预报信息与电网运行相结合,为多云或无风时段做更充分的准备。供电侧可借助电源的多元化和灵活性,处理日常每时每刻都在变化的需求。此外,还可以借助储能的方式来解决需求的变动性和不确定性,插电式混合动力汽车与集中式压缩空气储能系统等具有电力灵活性的物理资源可以对其进行弥补,在电力富余时充电,不足时放电。综合运用上述措施可以满足负荷在每小时内的变化,最大限度减少可再生能源发电在低负荷时段的浪费。

判断可再生能源是否充分可靠和可预测,需要相关软件或服务商提供基于大数据的新能源产业互联网应用。如东润环能的"新能源门",是凭借多年历史气象数据积累及数据天气预报技术,经过系统整理与专业模型开发的一个发电功率预测平台。该平台将地理信息系统与气象数据相结合,实现对全国新能源资源禀赋数字化,对全国风能、太阳能实现专业资源评估并开展新能源气象预报。通过各种定位方式还可以查到电站项目、服务及供应商数据。该平台支持供应商自行上传数据,同时,还能提供多个关注点7天辐照度趋势对比数据图,从而支持投资者的前期决策。作为能源互联网应用的发电功率预测系统、新能源并网调度支持系统、智能运行维护系统都可以通过移动设备进行操作。

在固定上网电价的情形下,为超越传统的批发电力市场,为可再生能源发电所有者开发新的商业机会,可再生电力来源的商业模式有下列五种:

一、可再生能源发电厂到电力批发市场销售

可再生能源发电厂到电力批发市场销售的商业模式画布见图10-1,其价值主张完全基于可再生能源发电的电力销售。其渠道是通过国家电力交易所的直销人员。批发电力市场目前受到政策补贴优惠和扭曲电价的影响,与支

持服务层的结合可能为未来可行的商业模式创新提供基础支撑。基于市场的方法开发新的电力批发市场来解决间歇性可再生能源生产带来的生产供应结构性挑战，例如为市场供需融入灵活性。

主要合作伙伴	核心业务	价值主张	客户关系	目标客户
①直销人员； ②技术合作伙伴； ③电网运营商； ④投资者； ⑤监管者	①可再生能源发电； ②销售	①提供可再生能源发电； ②可再生能源建立的绿色环保形象	提供可再生能源发电，关系灵活，既可建立长期关系，也可为短期交易	直销人员
	关键资源 可再生能源发电基础设施		**渠道通路** ①批发电力市场； ②直接B2B互动	
成本结构 ①可再生能源运营和维护成本； ②人员工资； ③信息和通信基础设施成本			**收入来源** ①在电力批发市场，每出售一个单位的电力所获得的销售收入； ②政策补贴和优惠	

图10-1 可再生能源发电厂到电力批发市场销售的商业模式画布

二、与消费者签订实体购电协议

在实体购电协议中，可再生能源发电企业与消费者双方同意在特定的合同期内以特定的价格或重新制定方案对预订的可再生能源电量进行实体供应。如果发电和消费在地理位置上相当接近，一个私人的本地化微电网可以传输电力，那么实体购电协议可能特别有效。

对于合同双方来说，实体购电协议允许在使用公共基础设施方面降低成本。基于实体购电协议的商业模式画布（见图10-2）的价值主张主要有三个方面。首先，消费者可能会重视发电的区域和清洁可再生来源。其次，当电力以前通过公共电网传输时，根据监管环境，实体购电协议可能会允许降低电费（如电网费用或税收）。因此，实体购电协议可能有助于降低买家的总体电力采购成本。最后，实体购电协议是一种降低价格风险的工具，因为电价可由双方在较长时间内单独谈判。然而，对实际合同条款的有效规定可能对双方都具有挑战性，因为可再生能源发电的时间可获得性建立在预测的基础上，具有不确定性。

主要合作伙伴	核心业务	价值主张	客户关系	目标客户
①能源服务提供商； ②电力消费者； ③技术合作伙伴； ④电网运营商； ⑤投资者； ⑥监管者	可再生能源发电及销售	①切实提供可再生发电； ②长期降低电价风险； ③节省费用（如电网电价）； ④可再生能源和区域环保形象	①提供可再生能源发电； ②因额外的社会价值和环境价值使得与客户的关系从道义上优于传统公用事业，通常是长期关系	①电力消费者（例如本地智能网/微电网参与者、住宅/商业/工业用户）； ②P2P网络用户
	关键资源 ①可再生能源发电基础设施； ②地方电网整合； ③通信基础设施		渠道通路 ①直接B2B交互； ②终端消费者或P2P交互	

成本结构	收入来源
①可再生能源的运行和维护； ②人员工资； ③信息和通信基础设施； ④当地电网接入成本	①当地市场上的电力销售（如离散的、连续的、指数化的、有上限的、有下限的、每单位、每容量）； ②每发电单位的合同所确定的报酬

图 10-2　与消费者签订实体购电协议的商业模式画布

三、与消费者签订非实体购电协议

非实体购电协议是一种典型的双边长期电力供应合同。基于非实体购电协议的商业模式画布见图 10-3，其价值主张包括降低可能的电价风险，因此可以采用不同的报酬方案。与实体购电协议类似，供应可再生能源电力的绿色环保形象可能会增加最终消费者的电力价值。对于非实体购电协议，合同设计对于所有利益相关者来说都是一项具有挑战性的任务。在实践中，可以观察到不同形式的非实体购电协议，协议中能源服务提供商通常需要处理许多相关任务，如负荷平衡。

主要合作伙伴	核心业务	价值主张	客户关系	目标客户
①能源服务提供商； ②电力消费者； ③技术合作伙伴； ④电网运营商； ⑤投资者； ⑥监管者	可再生能源发电及销售	①提供可再生能源发电； ②长期降低电价风险； ③可再生能源建立的绿色环保形象	①提供可再生能源发电，因额外的社会价值和环境价值使得与客户的关系从道义上优于传统公用事业，通常是长期关系 **渠道通路** ①直接 B2B 交互； ②终端消费者交互	①电力消费者（例如住宅、商业、工业）； ②市政公用事业公司
	关键资源 可再生能源发电基础设施			

成本结构	收入来源
①可再生能源运营和维护； ②人员工资； ③信息和通信基础设施	按合约拟定出售电力的报酬（例如离散的、连续的、指数化的、有上限的、有下限的、每单位、每容量）

图 10-3　与消费者签订非实体购电协议的商业模式画布

批发电力市场以及实体和非实体购电协议都将可再生电力销售作为共同的关键价值驱动因素。

以上三种可再生电力生产相关的商业模式通常基于"绿色标签"需求，即低碳电力。加强绿色电力证书的地位可为这些创新的商业模式奠定市场基础。

四、自产自消型可再生能源发电

自产自消型可再生能源发电的商业模式指可再生能源发电所有者在不使用公共电网的情况下对所产生电能进行消费的模式。电力是由同一主体产生和消费的，以满足其自身的电力需求。

自产自消型可再生能源发电的商业模式价值主张依赖由于电力成本降低而节省的电费，例如更低的采购成本、避免或减少的电网费用，以及根据环境监管可能得以免税。另外，对电网进行灵活 DR（比如利用辅助性储能服务）还可以获得报酬。这种可再生能源商业模式的一个典型例子是安装在住宅、商业或工业建筑物屋顶的光伏板，这些建筑物的业主或居民直接使用所生产的电力。

第十章　能源互联网价值链中潜在商业模式创新

自产自消型商业模式依赖潜在电费节省，这主要是由于与外部购买电力相比，电网收费或税收更低。自产自消型商业模式还取决于采购成本、电网费用和可能使当地用电更具吸引力的免税政策。自产自消型可再生能源发电商业模式画布见图10-4。

主要合作伙伴	核心业务	价值主张	客户关系	目标客户
①直销商； ②电力消费者； ③技术合作伙伴； ④电网运营商； ⑤投资者； ⑥监管者	可再生能源发电和销售，最大限度地实现自我消费	①可再生能源发电的自我消费、税收减免（如电网电价）； ②资源利用的优越性（由于区域的发电和使用）； ③每千瓦时的电价节省（与购买电力相比）	无	无
	关键资源 ①可再生发电基础设施； ②灵活响应设备		渠道通路 无	
成本结构 ①可再生能源的运行和维护； ②人员工资； ③信息和通信基础设施； ④地方电网接入； ⑤智能电表			收入来源 ①节省电费； ②剩余电量的销售收入	

图10-4　自产自消型可再生能源发电的商业模式画布

五、现场电力转换为X（介质/能量/服务）

在现场电力转换为X（介质/能量/服务）的商业模式（见图10-5）中，可再生能源发电转化为另一种介质，它可以是另一种能量载体，也可以是一种服务。比如将产生的电力转化为当地使用的供暖，转化制氢、制氧,[①] 或提供计算能力（例如云计算）。

价值主张依赖可再生能源供应和本地化直接使用电力，而不需要批发购买电力来生产X介质。现场电力转换为X（介质/能量/服务）商业模式的收入来源是基于电力被转换为X介质的销售费。现场电力转换为X领域的许多

---

① 巴布亚新几内亚卫生中心建立了太阳能氧气系统，参见Duke等（2017）。

技术需要进一步提高效率，才能在经济上可行。因此，决策者需要支持技术发展，使其能够参与商业模式创新并加快对能源转型的贡献。

主要合作伙伴	核心业务	价值主张	客户关系	目标客户
取决于X的商业化情况	①可再生能源发电和X介质销售；②转化中的介质储能；③输入输出优化	①可再生能源载体或无所不在的服务；②更好的资源利用（由于本地发电和使用，减少输配损失）；③每千瓦时的电费节省（与购买电力相比）	取决于X的商业化情况	取决于X的商业化情况
	关键资源		渠道通路	
	①可再生能源发电和向X转换；②配电基础设施		取决于X的商业化情况	
成本结构			收入来源	
①可再生能源和电力向X转换所需的运营维护；②人员工资；③信息和通信基础设施			出售可再生能源发电转化的X资源（除X服务外，输入输出控制允许利用X批发价和平均价格波动）	

图10-5　现场电力转换为X（介质/能量/服务）的商业模式画布

第二节　输配环节中潜在商业模式创新

一、基于主动配电网的智慧能源管理系统提供商商业模式

主动配电网跟配电网的区别在于主动配电网带有分布式电源，客观上可测可控，适应未来新能源或者是大规模分布式电源的接入。电网设备健康管理系统通过设备的传感收集状态建立数据，结合数据管理，智能化提出什么时候进行设备的维修、什么时候进行设备的更换。主动配电网实行差别化服务，在电网公司分特级用户、一级用户和二级用户，即政府、医院与重要场所以及普通用户，根据重要程度在配电网的建设中实现智能化配置。

智慧能源管理系统提供商主要销售、出租或租赁用于能源管理的智慧能源产品，包括智能电表、智能恒温器、智能插头和能源管理器。智慧能源管理系统提供商的重点是在消费方面，但它也致力于提供网关，以整合来自家

庭需求和生产的能源流。智慧能源管理系统提供商也可以是设备的开发商和制造商。除了智慧能源产品外，他们还提供监控和优化能源设备使用的应用程序。例如，智能电表可以远程读取，数据可以自动处理和分析。另外，通过预测性维护服务，技术人员的停机维护成本可以降低——因为能源互联网的网络问题可以在故障发生前检测到。

智慧能源管理系统提供商在输配电侧通过广泛应用的传感器和建立在ICT技术基础上的控制系统，能够快速发现故障，并实现精确定位和自动修复，同时提供更详尽的用电信息，而最终实现集成与离散相结合的高集成程序化设计，为客户提供可扩展、具有自适应能力的智慧能源管理系统，以及面向对象和应用的解决方案。如面向能源互联网的电网免疫助手——分布式智能自愈终端，通过实时监测和分布协同分析控制，使电网具有自主智能分析决策能力，可对负荷及环境变化进行优化控制和自适应调整，实现运行状态调节、故障诊断与保护、风险识别与预防等功能，提升能源互联网运行状态管理控制和安全防御控制能力。

智慧能源管理系统提供商利用能源监控调度与分析中心，全面检测新能源的生产、输送、分配、转换、使用；提供能源集中调度平台；基于能源数据统计的客观、实时、高效呈现，提供能源管理决策支持；建立先进、高效的最适合的新能源管理模式；构建能源管理框架，扩充系统优化空间；实现历史数据挖掘，促进能源管理的持续改进。

二、基于智能微电网的分布式能源资源聚合商商业模式

智能微电网是汇集分布式能源发电站，对其进行监控和保护的小型发电配售系统，类似主动配电网，但其规模更小。每个智能微电网都连接着各种需求侧和供应侧的发电资源。它通常与主电网互联，但在必要时也可独立运行。小型的微电网可以嵌套在更大的微电网中，系统可以在不同层面处于孤岛运行时，发挥其大规模、多样性的优势。智能微电网与分布式能源系统集成、新能源开发咨询与数据挖掘服务、需求侧能效管理等产品，已经从新能源开发到运维管理、并网管理、用电能效管理，形成了一整套以云端大数据

为支撑的智能化新能源管理体系。

分布式能源资源聚合商指不向终端用户供应电力但利用其灵活性的缔约方。分布式能源资源聚合商业模式为能源互联网提供灵活需求响应服务。例如，它为私人家庭设计并提供需求响应或更一般的需求侧管理方案，并将其能源出售给能源交易所或电网运营商。分布式能源资源聚合商提供的灵活性服务有助于电网的稳定。应用广泛的可再生能源电源创造更多的灵活性需求匹配微电网中波动不定的供需关系。反过来，在建筑、工厂、家庭自动响应系统需要时，智能微电网和先进的控制系统将承担起更多的平衡任务。因此，电网运营商和能源市场愿意为这种灵活性提供资金支持。例如，美国加利福尼亚州萨克拉门托市开发的 2500 R Street 项目是一个超高效率的经济适用房项目，它将使用第一个全新的私人、商业智能微电网来实现对 34 间独栋房屋所产生和储存的太阳能电力的智能管理与分配。该项目旨在实现净零能耗水平，即每个家庭使用多少电能，便生产多少清洁电能。

这些灵活性服务不仅可以利用行为激励来影响消费者的能源使用，还可以调度信号并直接进行智能控制，处理负荷转移程序。分布式能源资源聚合还可以包含 VPP、微电网、电动汽车或智能存储系统。终端客户提供能源，并从中获得价值，比如赚取额外收入、节约能源等。然后，公司将消费者的能源资源和灵活性出售给其他业务方，从而将消费者的资源转化为金钱，而从收购和销售灵活性产生的利润中获取属于分布式能源资源聚合商的利润。

智能微电网与"智能家居"概念联系密切，两者都与优化能源使用和最大限度地提高能效有关。生活在一个智能微电网营造的智能家居环境——支持智能电表、智能设备、波段可变价格、家庭自动化等，有助于降低能源消耗和能源成本，得到了消费者的积极反应。智能电网技术、分布式柔性技术将替代原来"自上而下"的电力系统控制技术。比如，在一栋制定有电力消费预算的办公大楼里，智能设备被打开后，就与智能微电网管理系统进行通信。这一系统将比较新用电需求与大楼内其他电力负荷的优先级，同时考虑中央空调的温度和设定值。然后，该系统确定如何调节负荷，如何控制现场发电机和储能设备，以满足新的需要并将电费支出控制在预算内。若用电需求还无法满足，该系统就会请求公共电网额外供电。

三、基于储能和智能微电网的储能提供商商业模式

由于可再生能源的间歇性和波动性，使得电网很难保持稳定，因为电网是为反应缓慢、稳定且可预测的化石能源发电厂设计的。可再生能源持续加速扩散对电网造成压力，这个问题可以通过储能均衡负荷来解决，而且其反应时间也比常规电厂快得多。储能有助于平衡电网，也有助于能源互联网行业整合。随着可再生能源发电的持续增长，以及对电网稳定性和可靠性的需求，储能对工业和消费者都变得越来越重要。这将导致能源互联网市场进一步增长和涌现更多的新公司。

储能可能成为价值链额外的一部分，位于分销—零售—消费之间的模糊边界。储能可以提供从可靠性、频率和电压校正到从灵活 DR 中套利等一系列服务。大型储能电站将储能作为电力生产的辅助服务。当一个公司开发和向它的客户提供储能时，就带来商业模式的创新，因为它至少改变了商业模式的价值主张——从以电力生产消费为基础转变为储能服务。该价值主张的创新，即储能创建了通过新渠道销售给新客户的新产品，在消费者层面创造了灵活性价值。总体而言，这些变化意味着企业从专注于产品的商业模式向专注于服务的商业模式转变。

储能设备包括分布式社区储电设施、家庭储电设备和可移动的车载储电。储能设备可以调节电力，增加了能源互联网的用能灵活性。例如，电力企业能够利用停放汽车的"分布式储能系统"，通知或控制其充电时间，以配合电网需求。标准充电插头具有双向通信功能，通过实时电价匹配电力稀缺性，在峰值电价时，插电式电动汽车可以将其储存的电力回售给电网，以确保充电不会在高峰期对电网造成过重的负担。电动汽车车主将车载储电回售到电网可用于支付电费和少量电池折旧成本。

储能可以优化电网的运营状况并增强电网的抗压能力，使其更安全可靠，响应更灵敏。储能设施有望成为未来可持续能源互联网系统的支柱，因为它将消除"如果不起风会怎样"的争论。能源存储系统满足频率、容量或电压

的控制与支持等任务，对于具有快速响应和高灵活性的电池存储系统来说尤其如此。电池可以使电力向非高峰时段转移，减少电网拥堵和能源损耗，从而降低电网扩容升级的投资需求。从2020年开始，随着燃煤电厂的关闭，电网的产能过剩情况将会减少。伴随产能过剩情况的减少，电网运营商和负责电网管理的能源公司需要以更经济的方式来处理电力运输，这将激励它们扩大储能容量。

储能还可用于增加分布式发电的本地化自产自消。如住宅消费者使用锂离子电池可以增加屋顶太阳能电池板发电的利用率。通过增加本地生产的电力消耗，太阳能光伏所有者可以减少他们对电网的需求，从而减少他们的电费账单。以德国为例，新安装的住宅光伏系统都与当地储能系统相结合，赋予住户消费、存储和销售自产电力的权利，同时使他们能够进入所有的电力市场。

社区储能相较于家庭储能体现出更大的经济价值、环境价值和社会价值。由于家庭层面的储能涉及过少的容量和过多的管理，人们更中意社区储能。社区储能显示出比家庭储能更高的经济回报。对于终端用户来说，社区储能带来能源自主性，允许更多地使用"自己生产"的绿色电力，还扩大了居民从本地自产的电力中获益的机会。同时，社区储能带来更低的网络成本，降低了每个居民的能源费用。社区电池还能提高居民的绿色能源意识并增强社会凝聚力。将家庭储能设备集成到社区能源系统中，能够支持社区的能源安全、效率、弹性，并有助于发展邻居间的合作。

储能的商业模式包括三个方面：储能设施的应用、潜在投资者的市场角色和从储能设施运营中获得的收入来源（Massa et al.，2017）。储能设施的应用表示储能设施将执行的活动，以满足在能源互联网中随时间储存电力的特定需求；潜在投资者的市场角色是指他们在能源互联网价值链中的假定地位；收入来源描述了储能设施可以从其运营中产生的收入类型。

智能微电网与储能提供商销售、出租或租赁智能微发电单元，如光伏系统、热电联产或微型涡轮机和储能（如电池储能、热存储）。通过向消费者提供微发电单元，消费者就变成了生产者。智能微电网和储能提供商的服务还

第十章　能源互联网价值链中潜在商业模式创新

包括智慧能源服务，如监测和控制能源自产与能源存储。一些储能提供商，如 Powervault，可以根据不同使用时间的收费标准对电动汽车充电进行智能化决策。客户可以在不拥有储能设备的情况下节省和消耗能源。

能源存储可能会显著改变能源行业，借助储能可以更好地利用可再生资源，提高能源互联网系统效率，带来更低的二氧化碳排放、更高的可靠性和安全性。小规模（孤立的，如以家庭、社区为基础的）或大规模（系统的，如以网络、工业或电网为基础的）储能在能源互联网中体现出不同的价值。Hamelink 和 Opdenakker（2019）研究表明，在储能的大规模应用中，以效率设计为主题的商业模式创新可以带来更高的环境绩效，从而提高客户满意度；对于储能的小型应用，具有互补性主题的商业模式创新可以增加合作伙伴、客户细分和渠道的数量，可通过向客户提供更完整和创新的产品价值主张提高客户满意度。

小规模的储能，除了保证电网的平稳运行外，还可以为当地社区提供潜在的附加价值，例如使他们能够参与电力交易，从而增加人们对社区活动的参与以及公众对能源和环境问题的认识。通过解决民主、透明度、所有权等问题来进行商业模式创新。以消费者为导向的储能服务提供商存在丰富的商业模式创新机会。而大规模储能应用，例如电网级的储能附加业务，将表现出更为激进的商业模式创新。大规模储能应用的主要目的是提高现有组合的效率，降低成本。储能通过将发电厂与电网分离，可以节省大量资金。

在客户细分和渠道内存在一些隐性的变化。对于小规模的储能应用，更多是对消费需求的理性预测。这意味着客户细分和渠道对于他们的新价值定位更为重要，而对于成本结构或收入来源则远没有那么重要。大规模储能应用和小规模储能应用的核心资源都发生了相同的变化，因为储能需要新资源，如电池技术。

大规模储能应用的环境价值呈增长趋势，而小规模储能应用的环境价值并没有真正提升。增加能源存储为大规模储能公司创造了更多的可持续性，这些公司可利用储能来提高效率或通过可再生能源的增长来稳定电网。

通过商业模式创新，这些公司也寻求一种更具社会责任感的商业模式，从而提高社会绩效。表 10-3 对不同规模的储能商业模式创新进行了比较。

表 10-3　不同规模的储能商业模式创新比较

创新要素	小规模储能	大规模储能
价值主张	①保证电网的平稳运行；②增加分布式发电的本地自我消费；③增加人们对社区活动的参与；④提升公众对能源和环境问题的认识	①提高现有组合的效率，降低成本；②通过可再生资源的增长来稳定电网，节约电网扩建成本
目标客户	孤立的，如以家庭、社区为基础的	系统的，如以网络、工业或电网为基础的
渠道通路	①社区电力交易平台；②社区活动的参与	参与电网系统的资源配置
关键资源	电池技术等	电池技术等
收入来源	参与电力交易获得收入	将发电厂与电网分离，可以节省大量资金
环境价值	待有效提升	呈增长趋势

资料来源：HAMELINK M, OPDENAKKER R. How business model innovation affects firm performance in the energy storage market［J］. Renewable Energy，2019（131）：120-127。

四、配电系统平台（Distribution System Platform，DSP）模式

DSP 是为满足客户和社会不断变化的需求，通过整合多种资源，提供安全、可靠、高效电力服务的智能网络平台。DSP 可促进与批发市场和大电力系统相匹配的活跃客户及第三方参与。

DSP 将关键能力分配给传统电力公司，并为其提供的服务补充分布式能源和客户。传统电力公司要求 DSP 在配电层为分布式能源融入电力系统提供具体功能，如市场运营、电网运营、综合规划系统等。电力公司（投资者所有的公用事业公司）是运营 DSP 的最佳主体。

DSP 的逐步部署和能源互联网配电市场的发展有三个相互重叠的阶段：第一阶段，电网现代化；第二阶段，配电系统和能源互联网配电市场一体化；第三阶段，分布式能源市场。

第十章 能源互联网价值链中潜在商业模式创新

第一阶段电网现代化对应较低的可再生能源接纳水平，其特点是，需要投资来替换老化的基础设施和获取先进的电网技术。

第二阶段配电系统和能源互联网配电市场一体化过程中，有一个中等到高等的可再生能源接纳水平，为获取潜在的配电系统利益，需要更复杂的功能和更大的投资。此外，为了鼓励可再生能源参与批发市场，需要在公用事业、可再生能源供应商和系统运营商之间加强协调。

第三阶段分布式能源市场则是一个非常高的可再生能源接纳水平，具有多方（端到端，P2P）交易的可能性，并且需要一个规范的分销层级的市场结构。在这一阶段也可实现在本地化分销区域间进行分布式能源交易。

电力公司内部的 DSP 运营能力将帮助电力公司专注于配电系统做出最经济的决策，并将有助于促进互操作性和标准化，这对能源互联网市场的发展至关重要。例如，2015 年 7 月 15 日，南方电网子公司深圳供电局与蚂蚁金融服务集团和阿里云计算有限公司达成战略合作协议，三方携手打造"互联网+城市电网服务"，利用互联网、大数据应用技术，提供移动缴费、能效管理、节能等一系列便利安全的智能供电服务。

第三节 交易环节中潜在商业模式创新

之前的能源市场，无论是现货市场还是期货市场，定价策略和能源调度都是公用事业公司所关心的话题，而随着能源互联网市场的兴起，客户将理解并参与能源定价和能源调度。

能源互联网交易市场分为零售市场和批发市场。在零售市场中，能源零售商与最终用户签订能源供应合同。在批发市场中，零售商、供应商、生产商、能源网络运营商和第三方聚合商相互作用，允许零售商向客户供应能源，同时保持能源互联网的平衡。能源批发市场分为能源市场、储能市场和辅助服务市场，所有这些都是为了向不同的利益相关者提供经济激励，以促进能源供应和电网运行的完整性。

需求侧响应与能源市场、储能市场和辅助服务市场有关。市场利益相关者之间的合同可以通过双边交易（场外交易）或有组织的市场（交易所、带价格结算的集中拍卖）来达成。在这两种情况下，产品可以在现货市场交易，或在能源输配系统运营商管理的辅助服务现货市场交易。

一、能源互联网售电交易平台

能源互联网售电交易平台的下游是广泛的终端用户，电网企业提供输送电服务，用户向电网企业[①]支付电费。根据电价的差异，大致可以将用户分为大工业用户、一般工商业用户、居民用户以及农业生产用户四类，其中大工业用户与一般工商业用户对应的电价高于居民用户和农业生产用户的电价。中游是能源互联网建设及运营，传统模式下电网企业进行网架建设投资，通过购电售电价差收回投资并赚取收益。随着可再生能源市场份额的日益增长，高效、竞争、透明的能源互联网市场将向零售客户发布实时变动的价格信号，同时从终端用户装置到可再生能源微网、从VPP到高压电网和电力批发市场，在系统不同层面实现双向互动所需的安全可靠的通信信号。能源互联网的上游包括建设环节的设备企业和运营环节的发电企业。其中，电力设备企业不仅有硬件设备，也包括软件、系统集成等。

在能源领域的生产端和传输端拥有无数的机器、发电设备组、基础设施和系统网络，在能源的消费端有城市、工厂、各种商业和生活设施以及亿万个家庭的用能设备。能源互联网用先进的传感器、控制元器件和软件应用程序将这些设备与设施连接起来，然后利用能源互联网平台，整合生产端和消费端的运行数据以及天气数据、气象数据、电网数据、电力市场数据等进行大数据分析和预测分析，打通并优化能源生产和能源消费端的运作效率，在此基础上进行自由的能源交易，并由此衍生出VPP的商业模式。除此之外，人们还可以自由地在能源互联网售电交易平台上进行能源信息检索和能源交易的匹配，整个能源体系将更市场化、民主化、去中心化。

能源互联网市场里新兴售电公司与传统售电公司存在明显差异（见表10-4），

---

① 目前，电网企业仍然是最主要的售电主体。

有四种可能形态。①用户型售电公司：可依托某一类特定大用户（地域、行业），凭借所掌握的巨大用户负荷进行谈判，业务可延伸到用户产业链上下游关联企业，也可延伸到售电上下游的相关环节（发电、能效等）。②资产型售电公司：依托于特定的资产（配电网、水网、热网），具有明显地域特征，以高资产、低成本运营为核心竞争力，可能具有一定的政府行政色彩。③服务型售电公司：依托于专有、核心的服务，以客户需求为导向，面向数量较多的大中型电力用户，提供多种业务的组合服务，业务向下游延伸，具有一定地域、行业特性，数量较多，未来将向细分市场、细分服务扩展。④电源型售电公司：依托发电能力，以发电集团、新能源企业、本地热电企业为主，从售电产业链上游向下游延伸，可能提供电、热、气等多种能源。

表10-4 能源互联网市场新兴售电公司与传统售电公司的差异

比较	传统售电公司	新兴售电公司
商业模式	①模式单一，收入取决于销售电量的增长和电力购销差价大小； ②电力来自集中式发电	①模式复杂，与各类能源服务相结合； ②可以满足客户多种需求； ③基础设施信息处理能力要求高； ④在能源互联网售电交易平台上实现 DER 的交易
服务内容	无差别的商品化服务	种类繁多的、创新的个性化服务
适用的电力需求情况	电力需求稳定上升	电力需求增长平缓，甚至下降
售电目标	①可靠的电力供应； ②基本的客户服务； ③经济性（电价）	①重交互、重体验，更高的服务质量； ②减少对环境的影响； ③可靠的电力供应； ④经济性（电费）
客户角色	被动，没有选择权	主动，可以借助技术和优惠措施管理能源消耗，甚至成为电力生产者并获取收入

资料来源：德勤（2017）。

围绕着电力管理和使用，新兴能源服务业正在兴起，为用户提供需求侧资源管理与能源互联网使用策略。售电侧能源服务公司将以更多的创新服务模式，以客户为中心，寻求在为客户提供免费的大众服务的同时，采用个性化定制服务策略，适时为客户推送包括合同能源管理、综合节能和用电咨询等在内的系列增值服务。例如，美国的 EnerNOC 和 Comverge 致力于安装及管理设备，使客户减少高峰用电需求，从而降低他们的电费。这些公司将用电节约量和电费减少量捆绑，将这一综合的大规模 DR 卖给电力公司或者某个电力市场。

二、P2P 能源交易模式

P2P 能源交易形成一种能源交易机制，在 P2P 能源交易模式中，生产者也可以是消费者，即产消者，由一个产消者产生的能源可以与另一个产消者共享。这种交易机制与人们在线共享数据的方式非常相似，但共享内容一个是能源，另一个是信息。平台上的所有参与者都有能力利用实时能源信息并相互交易能源。

传统能源市场中普遍存在的中央集权与中间环节阻碍了信息交换和交易效率。P2P 能源交易平台可以：①消除或减少使现有交易变得复杂和昂贵的中介成本（如经纪人服务）；②建立数据采集标准，提高交易效率，保证交易流程的一致性并促进组织间协作；③降低欺诈和无效交易的风险。

此外，P2P 能源市场可采用区块链设计，所有交易都由能源互联网的每个网络节点进行验证，并永久存储，无须中央权威机构的参与。智慧能源合约可通过区块链与能源交易的整合获得。一旦实现协议被触发，区块链可以自动立即进行交易。在区块链框架下，如果一个消费者表达了购买电力的兴趣，并且其需求与另一个产消者的供应相匹配，那么他们可以直接签订合同。

P2P 能源平台运营商模式是一个面向服务的商业模式。因为它并不销售智慧能源产品，而只提供一种数字服务，即能源社区或能源市场的运营。P2P 能源平台对生产者与终端消费者进行匹配和分组，平衡同行间的能源需求和能源供应。通过每月支付订阅费，拥有微发电单元的消费者可以与其他消费者分享能源。有时，没有自己的微发电机组的消费者也可以参与该平台，接收当地的绿色能源。社区可以微电网形式绑定到本地，也可以 VPP 的形式联网。除了分享能源，一些平台还是可以买卖能源的能源社区。一种特殊的能源社区是基于本地化的微电网（例如 Lichtblick），平台运营商为业主提供了在家庭住宅建筑上安装和运行微型发电单元的可能性，并让住户购买或消费当地生产的能源。

基于 P2P 能源交易平台的商业模式，可以提出一个一体化的能源市场生态系统（见图 10-6）。为了实现能源市场的高度灵活性，P2P 能源交易可以通过多种市场机制来促进，例如：①区块链创新型电费账单，依托区块链技术，为适应能源市场 P2P 交易模式而设计的灵活和创新型电费账单；②智能家居设备，使用 IoT 连接在线灵活市场与灵活能源设备；③使用机器学习收集和预测消费者数据，应用数字技术分析消费者数据，更好地匹配现有供应和需求；④储能技术，节约电力以弥补需求高峰与低谷间的差距，并提高灵活性和流动性；⑤移动能源中心，通过电气化向农村社区提供能源。

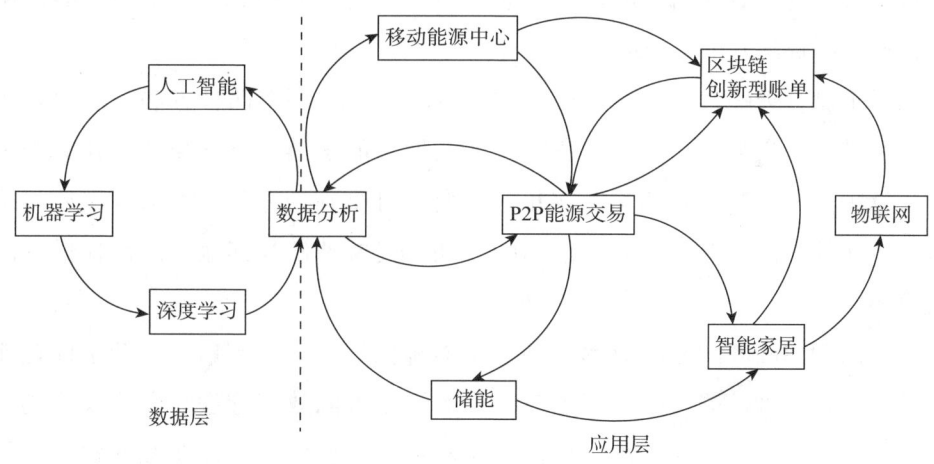

图 10-6　P2P 能源交易模式下灵活的能源市场生态系统

资料来源：陈启鑫、王克道、陈思捷等（2018）。

P2P 能源交易模式是能源领域一种颠覆性的商业模式创新，具体体现为：①P2P 能源交易模式通过引入更多的市场参与者，为客户提供更多的选择；②通过平台规则建立消费者之间的信任，简化交易流程，提高交易效率，减少不必要的财务负担；③通过优化资源利用，促进可再生资源的发展；④借助移动终端，推动能源互联网的民主化——分散的潜在客户连接在一起，从而作为聚合商或供应商的一部分，成为能源互联网市场的主要参与主体。

需要注意的是，P2P能源交易模式也有可能存在一系列挑战，诸如更多的能源耗费、区块链可能包含非法信息、现行政策监管限制、缺乏既有经验、P2P平台提供商与传统能源企业既定文化间存在利益冲突等，需要进一步研究并在实践中解决。

第四节　用户服务中潜在商业模式创新

能源互联网中的用户服务属于市场需求侧管理。需求侧管理包括能源系统中用户侧的所有措施，例如，通过储能设施将能源需求从高需求期转为能源过剩期，即"移峰填谷"。需求侧管理对平衡可再生能源系统不稳定的生产率特别有帮助。需求侧管理有助于建立一个更具成本效益和可持续的能源系统，而不必提高发电能力或加强电网。

需求侧管理的目标是优化用户端的灵活性，主要有两种方法：能源效率管理和需求响应管理。能源效率管理涉及消费的永久性或规律性变化。需求响应管理涉及消费模式的实时变化，该变化可精确到分秒。需求响应还与组织范围之外的因素有关，如与市场的互动、气象条件和其他灵活性提供者的关系等。

面向用户服务的能源效率管理也是能源消费模式的创新，有助于优化能源消费结构，推动能源消费行为改变。专注于能源效率管理的商业模式创新通过提升能源消费节能标准，连接和驱动能源消费链，促使能源消费行为的改变，从而带动能源使用效率的大幅度提升。

需求响应是一种基于消费者参与的机制，鼓励他们暂时减少能源需求，具有从更清洁、更高效和更经济的角度平衡能源供需的潜力。到目前为止，用户需求一直被认为是相对固定的，只在一定程度上可预测，没有响应性。尽管一天中电力公司供电成本相差十几倍，但用户却按照同样的电价付费。这种被动的电力消费模式正面临着根本性的变革。信息技术的发展使双向控制、分布式智能、双向通信、随时随地的实时价格信息以及需求侧响应成为可能，也提供了创造新价值的机会。

需求响应供应商为客户提供利用它们在市场上灵活性的机会。灵活性作为一种可提供的产品，是在特定时刻、特定时间内在能源互联网内的特定位置进行功率调节（Villar et al.，2018）。在全球范围内，2019年需求侧灵活性扩大了5%，但仍低于可持续发展所需水平的1/10。目前，只有不到2%的全球需求侧灵活性潜力得到了利用（IEA，2021）。

一、企业能源服务

在能源消费领域，中国大力提倡提高能源使用效率，推动节能减排工作，把节能减排等作为企业运营的约束性指标。大量为企业提供能源服务的节能企业应运而生，催生了多种创新的商业模式。以合同能源管理（Energy Performance Construction，EPC）为例。合同能源管理指由专业的节能服务公司通过能源服务合同，为客户企业提供节能、节能诊断、融资、改造等服务，并以节能效益分享方式回收投资和获得合理利润的一种市场化的节能服务商业模式。

在合同能源管理商业模式下，节能服务公司提供设计和投资节能系统，为客户提高能源效率、降低能源成本，建成后就节省的能源费用分成，实现长期的投资收益。地方部门支持、机构信任和市政建筑储备的能效等专业知识是吸引公民参与能效改造的核心资源。在关键能力方面，节能企业必须拥有融资能力，以及对用户合同存续期的保障能力等。

成本节省和收益增加是企业能源服务双方博弈的目标。面向能源管理服务的价格主要基于服务单位定价。客户公司更强调减少环境影响，更愿意提高能效、节省能源。客户为获取服务，相对于当前的固定价格体系（按量定价或基于小时计价），更喜欢共享节约的协议定价模式。在共享节约协议中，能源效率和成本节省目标被明确定义，客户与服务提供商之间的节约或盈利得到相应分配。

节能企业在与企业用户交易的过程中，可以直接销售节能系统解决方案。解决方案包含三种：①销售节能系统的硬件和软件设施，节能企业获得一次性销售收入,以及提供后续系统维护保养服务的收入。②将节能系统的初始投资和维护保养的总费用按年限分摊,以最低的固定年限租给企业用户。这样可以降低企业用户的初始投资,而节能企业能够获得长期的服务收入,并且可以提高总定价。③采用合同能源管理方式长期合作,为有节能意愿的客户提供四种类型的节能方案:节能量保证型、节能效益分享型、节能费用托管型和设备融资租赁型。

为提供节能企业商业模式创新思路,选取中国亿可能源①(Equota能源)有限公司的商业模式进行分析。

(1)价值主张:作为能源智能管理服务提供商,提供节能服务和碳管理服务。基于人工智能和大数据,提供能效优化、运维监控、碳排放管理、能源规划、售电服务、微网服务等产业链技术解决方案。

(2)目标客户:企业用户和住宅终端用户。

(3)价值创造和价值传递:软件解决方案是InsightTM和InsightLite。InsightTM是一个能源管理工具,通过人工智能和大数据,用于电力监控、能效优化、设备管理和预测性运维。InsightLite是用于能源报告、实时告警、提供用能分析和优化建议的工具。通过优化能源消耗、节能和碳排放管理获得收入。

(4)价值获取:InsightTM和InsightLite已经成功地应用于一些商业场景。例如,宝钢集团通过使用亿可能源服务在能源相关成本上节省了100万美元,并在6个月内实现了相当于减少5000吨煤炭的目标。②

二、家庭能源服务

家庭消费行为带来了占据全球72%的温室气体排放。③ 中国政府已把节能优先、提高能效放在了国家能源战略的核心地位上,强调以最小成本向终

---

① 详情可进一步了解亿可能源官网:http://equotaenergy.com/products-and-services/。
② 资料来源于亿可能源官网:http://equotaenergy.com/products-and-services/。
③ HERTWICH E G, PETERS P. Carbon footprint of nations: A global trade-linked analysis [J]. Environmental Science Technology, 2009, 43 (16): 14-20.

第十章 能源互联网价值链中潜在商业模式创新

端用户提供优质能源服务，以解决当前中国经济发展的能源约束问题。随着中国经济在正常周期下步入增速放缓的"新常态"，生产增长对能源需求增长的推动作用可能会有所减弱，取而代之的是居民家庭消费的增长。

随着传统能源企业向能源互联网企业转型，家庭也从能源终端用户转为生产合作者的角色，这表明家庭的能源管理不仅关心能源效率，而且关心需求侧响应和清洁电力的生产。因此，在分布式微网、智能电网中家庭能源管理需要适应以下四个方面：①用电效率；②当可再生能源在当地可利用时，或当系统中总需求较低时，可能按能源系统最优的时点进行电力消费，也包括避免在系统需求波峰时段进行电力消费；③当对本地电网有利时，通过光伏太阳能等微型发电装置发电；④当超过自家需要时，销售自家生产的电力。

这四个方面的结合使家庭能源管理比仅考虑能源有效利用时更复杂。如果终端用户成为能源互联网企业生产合作者，他们将不得不加强这四个方面的联系。过去关于激励能源相关行为改变的研究通常专注于能源有效利用并将家庭居民作为被动的消费者而不是积极的生产合作者。还很少有关于能源互联网中居民终端用户如何成为积极的参与者并如何支持他们实现生产合作者的角色的研究。此外，"净零能耗建筑"（Net Zero Energy Building）正在引起更广泛的关注，家庭能源管理需要面向更开放领域的跨界合作。

未来家庭能源管理会成为能源互联网的基本单元。家庭能源管理系统包括智能监控家庭太阳能、电动汽车、储氢电池或燃料电池、空调、冰箱等各类智能家电，以及与微电网智能互动调整平衡的软件等。家庭能源管理系统应用于智能电网对家庭用电器的深度控制，并通过对云端数据的采集来深入分析用户用电习惯，采取适宜策略为客户提供个性化定制服务。例如，英国的一家能源服务公司，针对商业建筑和家庭提供能源优化服务并形成数据云平台，云平台服务内容包括：建筑光伏一体化系统建设，系统工程总承包（Engineering Procurement Construction，EPC）建设，智能监控与运维系统，运维托管与运营服务。

在用户服务环节，开放创新的企业建立起邀请有创新力的用户进入创新的支持机制。Hyysalo 等（2013）分析显示，高级用户认识到 DER 技术的限制并试图通过创新去解决,用户能成功修改、改善和重新设计这些技术中的所有子系统。用户对家庭能源产品在效率、便利性、可用性、持久性和价格方面都有创新或改良。通过选择性的设计以及在流行的用户论坛上提供关于如何购买、使用与维护这些技术的高手级用户支持,有创新力的广大用户能加速 DER 技术的发展和扩散。

在家庭能源服务市场中,智慧能源方案提供商的商业模式可提供创新借鉴。

智慧能源方案提供商基于智能电表等智慧设备所收集的数据,创新性地提供能源供应计划,比如基于计量消费数据的统一费率灵活电价。灵活电价是以消费者为导向的电价,消费者调整他们的电力消费决策来降低用电成本,并重点关注如何降低短期峰值负荷时[1]的电力消费。智慧能源方案提供商也可以与其他产品和服务捆绑。例如,Fresh Energy 提供了一种与数据相关的能源价格服务,使客户能够更准确地记账。

智慧能源方案提供商通过重新定义它们与能源使用和供应系统的相互作用来重塑用户体验。改变的范围可以从支持捆绑和整合服务到由社区团体提供的当地能源项目,例如,由同一供应商提供的电力销售、DR 服务和车辆到电网(Vehicle-to-Grid,V2G)充电服务,端到端能源交易市场。此外,智能家居技术可以促进 DER 的增长,从而提供大规模能源使用和供应服务的替代方案。

三、综合能源服务

综合能源服务指通过对能源的统一规划和实施,为用户提供最低成本的能源服务,以提高综合能效和获得经济效益的能源整合服务。

随着互联网信息技术和可再生能源技术的发展,综合能源服务成为提高能效、降低能源成本、促进能源互联网市场竞争和多方合作的重要发展方向。能源企业面临着从单一能源服务商向综合能源服务商转型的要求。

---

[1] 采用灵活电价,峰值负荷时电价高,峰谷负荷时电价低。

第十章　能源互联网价值链中潜在商业模式创新

中国的综合能源服务在 2015 年后大量涌现。综合能源服务在能源的全生命周期中，在"源—网—荷—储"不同阶段可以开展不同类型的实际业务。中国典型的综合能源服务项目有：唐山分布式供暖项目、青岛绿色数据中心项目、北京海淀北综合能源项目、东莞松山湖项目、大庆市综合能源项目、粤港澳大湾区项目。综合能源服务在分布式供暖、绿色数据中心用能、商业集聚区节能减排、高新园区能源安全、城市可再生能源消纳以及区域多能协同等方面都有具体应用。

综合考虑政策环境和市场需求等因素，将综合能源服务类型分为两个层次。

一个层次是需求量大、发展迅速的服务板块。它包括六种服务类型：①能源综合输配服务。能源综合输配服务包括各种能源网络的建设，如电网、石油和天然气管道网络与供暖供热管网，为其他能源服务提供基础设施。②电力市场交易服务。中国的电力市场交易服务目前由政策推动，政府放宽了用户市场准入条件，进一步扩大了电力交易规模。③分布式能源开发和供应服务。中国传统能源公司正在产业链上游扩张，并积极投资于分布式能源的开发与利用。④节能服务。⑤环境能源服务。鉴于中国环境承载能力达到上限的压力和清洁能源替代政策支持，环境能源服务具有良好的发展机遇。⑥能源金融。金融行业提供信贷融资服务与租赁服务，推动能源互联网项目建设和能源互联网商业模式创新。

另一个层次是强调能源一体化，代表了新的发展方向，具有广阔的市场前景。它包括两类服务：①能源一体化系统建设运营服务。能源一体化系统实现多种能源的横向互补、系统协同运行和能源优化管理。目前，中国正通过试点示范项目，积极探索综合能源系统的建设和运行。②能源一体化存储服务。储能技术的发展是中国能源转型的关键。

结合用户用能需求、能源再产出（生产中可利用余热和排放的可燃气体）、集中能源供应条件（电网、天然气管网等），通过局域冷网、热网和微电网，结合分布式能源、热电热力厂和变配电设施等，建立统一的区域能源供应网络系统，并应用智慧能源管理平台（如港华能源综合能源管理平台），实现区域内能源、信息和优化调度。我国智慧能源网络的建设和发展，尤其是区域智慧能源网络的建设，将为分布式能源的发展提供并网技术条件与发展动力。

综合能源服务业在国外已有较成熟的经验和案例可供借鉴。日本大阪燃气公司的全资子公司 OGCTS 是整合大阪燃气集团及所属公司的资源成立的综合能源服务公司，承担节能服务公司（Energy Service Company，ESCO）全套服务，促进企业及中小城镇的环境改善和节能。Japan Facility Solutions Inc.（JFS）成立于 2000 年，业务为 ESCO、设备修整、能源中心、能源诊断、技术咨询等，ESCO 范围包括商务设施、工厂、行政设施、宾馆、学校、办公楼等，提供一站式（EMC）节能服务。法国苏伊士能源服务公司项目遍及全球 30 余个国家，2007 年能源服务业务收入达 140 亿欧元。其主要业务基于与客户的长期合同，包括区域集中冷热供应和冷热电联产项目的设计、建造与运营，以及工业用户的能源采购、外包。

综合能源服务公司通过对能源的统一规划和实施，集成多种能源技术，以集约式的运行管理降低能源系统的投资、提高能源系统效率，在实现节能减排目标的同时创造较好的经济效益和环境效益。

第十一章　能源互联网商业模式创新类型

DER 生产、市场自由化和变化的客户需求正共同重塑能源行业。能源互联网的意义在于构造一个任何人都可以自由介入和分享的能源体系。能源互联网将开辟新的领域，技术、市场、投资模式、商业模式都充满不确定性。以往的商业模式一般考虑三种流，即信息流、物流和资金流的交互，而能源互联网商业模式将添加一种流，即能源流。与互联网相比，能源互联网的独特之处在于其存在能源流的双向流动，信息流服务于能源流，实现能源的按需动态流动，能源流丰富信息流，信息流优化能源流。与能源流相伴的不仅有技术因素，还有社会因素（如环保意识、环境政策），因此，商业模式将更加复杂多变。基于能源流、信息流、资金流存在多种商业模式创新形式。

第一节　基于能源流的能源互联网商业模式创新

能源互联网建立在能源物理层的基础设施上。2021 年，中国提出"新基建"发展战略，为面向碳中和目标的可持续能源商业模式创新创造了巨大市场空间。基于可再生能源的智能电站、电动汽车、充电桩、储能等能源设施设备涌现出大量能源互联网商业模式创新。

一、基于可再生能源的智能电站商业模式创新

基于风电、光伏等可再生能源的智能电站商业模式价值主张包括：独立于能源市场和公用事业公司，更环保以及更高的能源安全水平，且在面对能源价格波动时保持稳定收支。

针对客户界面，智能电站适合多种规模，从单一的、小规模的家庭、社区，到大规模的工业园区。

基础架构方面，智能电站运用智能监控，将风电或光伏电站监控、安全防控、生产运营、天气与产能预测、在线专家分析系统等融合到智能监控系统。利用5G技术、蓝牙通信、电力载波通信等技术，使智能手持终端、App软件、智能巡检无人机与风电系统或光伏发电系统无缝衔接。通过实时视频和语音通信，为电站提供准确、及时的解决方案。智能监控系统还提供大数据分析、远程诊断、无人机巡检、移动运维等全流程专业、安全的技术支持，使电站可自动体检，实现智能微电站自动化高效运维并给出最优化的清洗、部件更换和维护等建议。通过信息传输、大数据挖掘与分析，实现无人值班、少人值守的智能化管理模式，进一步降低人工成本。

盈利模式方面，基于风电光伏等可再生能源的智能电站提高了能源的整体转换效率，降低了电站建设、运行、维护等成本，与电网的结合也更加友好。

二、基于电动汽车的商业模式创新

能源发展历程塑造了汽车发展史。伴随着能源危机，电动汽车应运而生并得到快速发展。新能源电动汽车正处于高速增长阶段。[①] 截至2020年，全球有超过1000万辆电动汽车，同比增长41%（IEA，2021）。政府补贴、更严格的碳排放规定、集团采购以及更多有竞争力的车型提供了新能源电动汽车高速发展的持续动力。

从内燃机汽车向创新技术驱动的电动汽车转型，是减少化石燃料汽车产生的温室气体排放和其他负外部性的关键途径。然而，电动汽车要想成功地渗透获得更大的市场份额，不仅要依靠现有技术，还要依靠商业模式创新。根据电动汽车自身特性，开展有别于传统汽车的商业模式创新，走出一条适合电动汽车的可持续发展道路：减少社会发展对石油的依赖度；减少汽车尾

---

① 据IEA《2021年全球电动汽车发展报告》，尽管受到新冠肺炎疫情的剧烈冲击，2020年全球电池电动汽车（BEV）和插电式混合动力汽车（PHEV）的销量仍达到324万辆，比2019年（226万辆）增长43%。以疫情最严重的欧洲为例，欧洲（包括签署欧洲自由贸易协定的非欧盟国家及英国）的电动汽车销量增长了137%，而整体汽车市场汽车销量下降了20%。

气排放，改善地球环境。

电动汽车既是能源互联网的智能终端之一，也可提供灵活 DR 的能源互联网储能。通过电动车人车交互界面，用户可知晓车辆实时位置，实时根据路况调整的最优路线规划，并随时检查车辆运行状况，查看电动车电池的剩余电量，了解天气信息和附近维修点的地理位置信息。此外，电动车还支持充电提醒、电池警报等功能。在能源互联网中，电动车电池可作为波动的可再生能源电力的储能调节器，在用电高峰或电力紧张时放电，在电力富余时充电。

基于电动汽车的商业模式对电网基础设施带来与总电力和峰值需求增加相关的挑战（Sbordone et al.，2015），如果不进行创新，延续当前的趋势，大多数人将在下班回家、电网已经达到或接近最大容量时给电动汽车充电（Hardy and Morris，2019）。这种电力输配模式可能对当地电力网络产生重大影响，也将影响其他商业模式，如"产消者"、E2E 交易、能源即服务、DR等。但是，如果在商业模式设计中，电网企业与产消者建立适当的合作关系，将使他们成为智能电网中最重要的价值创造者。

电动汽车的商业模式创新包括汽车租赁、汽车共享、汽车到电网、电池二次使用等。

三、基于充电桩的商业模式创新

充电桩是一种分布式电源即插即用装置。充电桩是清洁可再生能源的纽带，能够实现硬件异构互联和软件自适应配置，是一种智能型高效率并网设备，具备主动参与电网调整、电能质量控制、多机自动协同、支持故障穿越、阻抗和电压自适应等交互功能。充电桩可提高能源互联网对分布式电源的接纳能力，满足对波动的可再生能源灵活响应需求，提高运行效率，减少系统集成工作量。

充电桩作为能源互联网的重要组成部分，不仅是能源转化的渠道，还是能源数据流量的导入端口。在充电过程中，电动汽车与充电后台需要进行数据交换以控制电流，从而可获得电动车相关数据。电动汽车充电缴费一般会采用手机等移动设备，比如 App 客户端。电动汽车车主可以使用手机 App 客

能源互联网商业模式创新

户端查询充电桩的建设分布、具体位置、数量,以及充电口空闲数等信息,然后选择在最近的充电点进行充电。App 客户端打通支付环节,使得此类充电服务公司的 App 成为电动汽车用户的刚性需求,通过"线上 App+充电网络+线下充电设备"的 O2O 闭环将人、车、桩连接起来。

随着电力市场的发展、能源互联网的建设,电力企业将电动汽车充换电服务作为商业模式关键业务已成必然趋势。针对电动汽车充换电服务,其首要意义在于它较之燃油汽车有显著的节能减排效果。按照适度超前的原则,电力企业需配套建设大量充换电站、充电桩等基础设施,并作为企业主营业务提供电动汽车充换电服务。

(一)充电桩设备运营模式

美国 ChargePoint 公司①可以为充电桩设备运营模式提供创新启发。

ChargePoint 公司是一家销售充电桩、提供电动汽车充电相关网络服务和维护服务的技术公司,并不拥有任何充电桩等实体资产,主要通过销售充电桩产品,并通过联网充电桩获得网络费、交易费、维护服务费等收入。

ChargePoint 现已成长为全球最大、开设最多的充电桩设备运营商。在美国公共充电站网络系统中,截至 2021 年 3 月,ChargePoint 已拥有 70% 的市场占有率,成为行业领军公司。电动汽车充电市场虽然涌现出很多充电桩公司,但是很少有把充电数据联网共享的公司。而 ChargePoint 将公司业务做成一个开放的互联网平台,不仅布点线下的充电桩,更重要的是还进行线上数据的收集和应用。据其官网介绍,ChargePoint 公司减少了 36.8 万吨温室气体排放,是首家获得能源之星©能效认证的电动汽车充电供应商,获得了联合国、全球清洁技术、气候变化商业杂志、Acterra 等颁发的环境成就奖。② ChargePoint 充电桩设备运营公司的商业模式画布如图 11-1 所示。

---

① Richard Lowenthal 在 2007 年美国几乎还没有电动汽车时,就确信电动汽车是汽车未来发展趋势,创立了 Coulomb Technologies,抢先进入充电桩市场,并于 2012 年 12 月更名为如今的 ChargePoint。由此可见企业家精神在推进技术商业化进程中的作用。

② 详情见 ChargePoint 公司网站的企业介绍:We're the Best at EV Charging, And We Can Back It Up. https://www.chargepoint.com/about/。

第十一章　能源互联网商业模式创新类型

ChargePoint 公司的价值主张是为用户提供优质、可靠、安全的电动汽车充电服务。ChargePoint 公司基础架构是以手机 App 为基础,基于全美范围内电动汽车充电桩（充电站）位置共享信息平台,为用户提供充电桩查找服务,并为用户提供充电时间预测、实时充电电量、实际减排效果,以及充电完成提醒、充电意外中断提醒、充电预约提醒、故障报警等信息。

ChargePoint 公司与地图运营商、电动汽车公司和互联网公司进行合作,通过线下充电桩、线上 App 这种产品与服务相结合的 O2O 模式,以充电服务为核心竞争力,建立起能源互联网生态链。

主要合作伙伴	核心业务	价值主张	客户关系	目标客户
①地图运营商; ②电动汽车公司; ③互联网公司; ④银行	①建立完整的硬件、云服务和支持组合; ②由电动汽车司机（员工）设计和测试解决方案; ③质量、可靠性等测试	①提供云服务,包括充电站定位、便捷的支付手段和充电状态远程监控等; ②提供最好的电动汽车（EV）充电体验; ③提供移动应用程序和家用充电器	①充电桩; ②在亚马逊等电商平台销售家用充电器; ③App 应用平台推广	①乘用车、运输车辆、公共汽车等电动汽车司机或车主; ②电动车经销商及制造商; ③大型商场、超市、酒店等; ④有电动车的家庭、社区
	关键资源		渠道通路	
	①所有硬件都通过了 UL 和 CE 安全认证; ②移动应用程序和家用充电器有最高的评级; ③拥有的专利等技术; ④员工		①充电桩; ②云服务平台; ③App	
成本结构			收入（价值）来源	
①云服务平台的建设、运营和维护; ②充电桩建设安装; ③硬件成本; ④研发、设计、测试、认证等成本; ⑤员工工资			①充电收费; ②家用充电器销售收入; ③充电桩网络运营维护服务费; ④减少了 36.8 万吨温室气体排放[①]		

图 11-1　ChargePoint 充电桩设备运营公司的商业模式画布

资料来源:笔者根据 ChargePoint 公司网站整理得出。

[①] ChargePoint 公司网站:We're the Best at EV Charging, And We Can Back It Up. https://www.chargepoint.com/about/.

ChargePoint 公司还于 2013 年 10 月推出 "Net+" 购买计划，尝试进行交易结构的创新。"Net+" 购买计划允许大型商场、超市、酒店等作为购买者，首次支付很少一部分钱拥有充电桩，此后再用后期盈利来进行分期付款。这些购买者所提供的为电动汽车免费充电的服务吸引了顾客，带来商场（超市、酒店等）营收的增加，比如顾客可能会因为免费充电而花更多时间来购物或消费。ChargePoint 公司提供网络运营服务而每月向这些购买者收取一定的服务费，形成利润共享。

（二）电动车充换电服务模式

基于充电桩的商业模式创新，除充电站设备运营模式外，还有电动汽车智能充电服务提供商模式。

电动汽车智能充电服务提供商的价值主张是出售、出租或租赁智能电动汽车充电器给拥有电动汽车的家庭。电动汽车智能充电服务提供商可以是充电器的开发者和生产者。通过应用程序，他们提供智能服务，如监测与控制充电过程和充电量。当与能源管理系统集成时，电动汽车智能充电器可以提供进一步的服务，以优化整体的能源消耗。

另外，电动汽车智能充电服务提供商还可以给用户提供付费使用的公共充电站。例如，中国电力企业现已开发的电动汽车充换电服务商业模式可分为以下三种：

1. 一体化模式：电力企业独家运营充电站

在一体化模式下，通常是电力企业独家运营充电站并提供充换电服务。因为电力企业在配电网和电力来源方面具有显著优势，而且电力企业还具有领先的充电站相关技术标准。对于石油石化等行业，相对缺乏充电站所需的运营经验。而单一企业若要在全国范围内建设充电站，则面临高昂的土地占用费等建站成本。

2. 交易模式：运营商向电力企业购买电力

在交易模式下，充电桩运营商直接面向电动汽车客户提供充换电服务。运营商对于下游市场的相关渠道、服务等方面更加专业、成熟。而电力企业可以省去充电桩选址布局成本，直接对现有加油站、加气站进行改造。运营充电站的利润受到电价波动的影响。

3. 合作联盟模式：能源企业与电力企业共同建设充电站

在这种模式下，上游能源企业可以充分利用电网优势，下游电力企业也可以充分利用传统能源企业和新能源企业的优势，实现"光—储—充"一体化。不过，这同时带来了各方利益冲突和标准不统一的挑战。

王抒祥等（2013）将平衡计分卡与企业生态学理论相结合，建立了针对电力企业电动汽车充换电服务商业模式的评价指标体系。对现行三种充换电服务商业模式进行实证研究，结果显示，合作联盟模式能取得较优效果。合作联盟模式能利用合作企业的已有优势迅速扩大充换电站的覆盖面，节约基础设施建设成本，利用已累积的服务营销经验，充分发挥电力企业、传统能源企业和新能源企业的共同优势。

2014 年国家发展改革委《关于电动汽车用电价格政策有关问题的通知》（以下简称《通知》）出台，明确了电动汽车用电的各类电价优惠措施。《通知》指出，对于经营性集中式充换电设施用电实行价格优惠，执行大工业电价，并且 2020 年前免收基本电费。依此规定，预计将会减少用户 18% 左右的购电成本，充电站的盈利模式也有望形成良性循环。而充电设施盈利模式的显现，调动了民营资本进入充电设施建设的积极性。

四、基于储能的商业模式创新

储能具有能源互联网系统灵活调节能力，商业应用场景丰富，主要有供给侧、能源互联网输配侧、需求侧三大主场景。此外，还包括微电网、分布式本地化独立电网等。如表 11-1 所示，储能市场细分应用如下：①供给侧：火储联合调频，稳定输出功率；新能源发电配储，平抑出力波动，提高消纳等。②输配侧：调峰、二次调频、冷备用、黑启动等。③需求侧：利用电力峰谷放电套利、灵活 DR 管理、动态扩容等。需求侧用户主要包括家庭、工业企业、商业企业、市政单位或组织等。

表11-1 基于储能的商业模式创新空间

供给侧储能	输配侧储能	需求侧分布式储能
①负荷调节； ②平滑间歇性能源； ③提高新能源消纳； ④提高电网备用容量； ⑤参与调频	①提高电能质量； ②降低线路损耗； ③提高电网的备用容量； ④提高输配电设备利用效率； ⑤延缓增容需求	①提高分布式能源消纳； ②移峰填谷，负荷转移； ③平抑负荷，抑制需量； ④降低用电费用； ⑤提高供电可靠性和电能质量

资料来源：PROKA A, et al. When top-down meets bottom-up: Is there a collaborative business model for local energy storage? [J]. Energy Research & Social Science, 2020, 69（6）：1-13.

目前，储能行业处于从0~1商业化起步阶段迈向1~N新能源汽车商业化应用的快速成长阶段（见图11-2）。

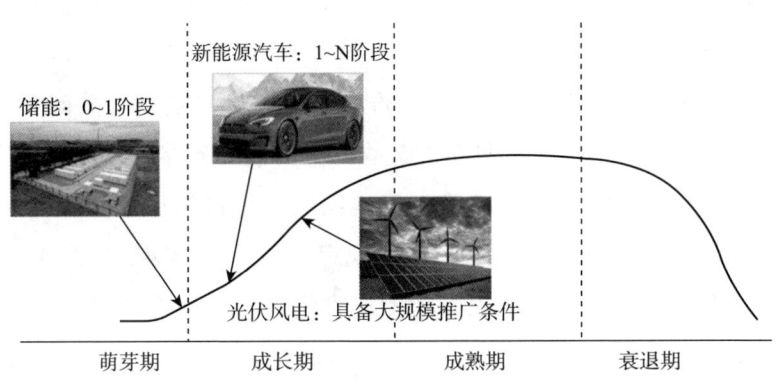

图11-2 储能行业生命周期

资料来源：Tesla官网、北极星储能网、中信证券研究部。

电动汽车的快速普及迫切需要大幅度降低电动汽车的电池组成本，使其具有能与传统汽油车竞争的成本优势。对电池进行二次使用，即重新利用已退役电动汽车电池的商业模式已经出现。随着电动汽车市场份额持续增加，将有数百万个电池组从它们的第一次汽车寿命返回。与此同时，可再生能源生产的趋势凸显了建立合适的电力储存能力的必要性。

电动汽车电池二次使用（B2U）市场也在向可持续商业模式演化。电动汽车公司、储能与电池二次使用服务及系统供应商在经济、环境和社会三个层面进行可持续商业模式创新。在能源市场上，低成本的、将退化的电动汽车电池应用于要求较低的固定存储系统中。随着廉价电池在能源市场的普及,电动汽车公司可以产生额外的收入,进而降低汽车的总价格,提升电动汽车整体的可持续性。

通过电池二次使用来重新利用锂电池是一个极具成本效益的电力存储解决方案。新兴的电池二次使用市场的利益相关者已经开始从事可持续价值创造活动。新兴的电池二次使用行业有可能颠覆并彻底改变当前汽车和能源行业的格局。

第二节 基于信息流的能源互联网商业模式创新

随着能源需求侧管理、节能减排等政策的颁布实施,能源市场化改革进程的不断深入,以及分布式能源的广泛建设,构建统一的能源互联网信息服务平台,对用户庞大的能源数据进行有效管理和分析,为用户提供更便捷的信息化用能服务,实现多元能源互联互通,已成为进一步优化能源结构、提高能源利用效率、提升服务质量的重要之举。

随着通信技术的快速发展,信息系统与能源物理系统在能源互联网中深度耦合,构成CPS。通过优化调度信息流来提升能源整体CPS的韧性,凸显出能源互联网信息平台的重要性及商业模式创新潜力。随着智能数字技术的使用,公司授权客户共同创造价值时,这些客户在数字化平台中进行自己的业务活动并分享他们的个人数据。此外,企业通过引入高度成功的基于平台的商业模式创新,促进了多个用户群体间的交流,从而彻底改变诸多行业(Langley et al.,2020)。

这些基于平台的商业模式创新能否成功,很大程度上取决于价值网络合作伙伴共同创造价值的意愿。因此,为了成功地设计和实施商业模式创新,企业需要一种整合利益相关者动机、相互依赖和权衡的群体决策方法(Broekhuizen et al.,2020)。例如,允许更多的供应商加入一个公司平台的商业模式创新,① 可以为最终消费者带来更高的产品或服务质量以及更广泛多样的选择,但同时加强了供应商之间的竞争,限制他们仍然忠于平台的动力。为了做出明智的战略决策,公司需要考虑利益相关者复杂矛盾的动机,以理解他们的承诺和忠诚,以及他们将给公司带来的结果。

一、开放的能源互联网平台思维

能源互联网平台提供了新颖的能源供需交互方式,为当地 DER 和微网电力市场的发展提供了合作支持。能源互联网平台的开放性源于一系列关于能源互联网平台开放程度的决定,包括供应商、客户、互补服务提供商,以及产品类别和渠道。开放性对于能源互联网平台的成功非常重要,它决定了平台如何有效地利用外部用户的资源来匹配其内部能力。数字平台提供了一套通用的设计规则和数字基础设施,以促进多个用户间的交流,否则这些用户可能永远不会有机会相互交流。平台的精细设计和可变收费与固定收费的结构决定了用户加入平台的意愿,以及用户从潜在的互动中获得的消费者剩余。

开放式平台型商业模式创新属于服务驱动的创新。双边或多边平台向外部用户——如供应商和客户开放业务,使他们之间的交易互惠互利。能源互联网平台提供促进这些交互的基础设施,目的是为不同的用户创造价值,同时为自己创造价值。数字通信技术的出现使得能源互联网平台能够促进顺畅无碍的用户参与和交易,并通过强化网络效应利用不断增长的用户基础。

能源互联网的商业模式创新是参与者相互作用的结果。除了所涉及的各类有形和无形资源之外,它还取决于参与者的能力、互动的实践过程以及参与者间的信息交换。参与者通过互动和实践活动,扩大能源互联网的资源并发展能源互联网的商业规则。

(一)供应商开放

为了增加创新,能源互联网平台需要吸引大量异质的供应商来创造集体多样性。在平台接入方面,鼓励平台吸引大量供应商生产有吸引力的品种,

---

① 该处商业模式创新体现在"合作伙伴"要素的创新上。

以增加客户效用并提高平台增长能力。不断增加的品种规模允许平台交叉销售能源互联网产品或服务，提高盈利能力。而且，建立平台的开发和推广成本可以共享。但是，管理更多的供应商通常也会增加协调成本，因为供应商越多，故障处理、监控和沟通的成本就会增加。若没有适当的质量检查，更高水平的公开性会降低对供应商的控制水平，这最终会增加客户遇到劣质供应商的可能性。

（二）客户开放

在平台接入方面，平台选择增加对客户的开放程度以促进网络效应的发生。在平台权利方面，平台选择给予客户更多的控制权来利用客户资源，如知识、创造力和其他有价值的资产。利用客户的知识和创意资源有助于激励平台创新。给予客户更大的权利——比如，通过以供应商的角色出售或共享财产（例如 Airbnb，共享民宿），或通过互补服务提供商的角色为其他客户写产品评论——可能会因共同创造价值的过程而收到额外的价值回报。客户重视共同创造价值的机会，因为它帮助客户找到或定制更贴近他们需求的产品，还因为用户感受到从过程本身获得的价值，该价值被称为"我自己设计的"效应（Franke，Schreier and Kaiser，2010）。

当消费者的需求比较同质化而不需要特殊性时，开放的大众市场策略有助于获得网络效应，赢得网络支配地位。在能源互联网新兴市场，当动荡程度高、客户需求相对未知时，平台可以很好地瞄准一个相对较小的同质利基市场。在新市场运营的平台应该专注于服务好一个利基，之后进一步扩张到相关领域和市场。

（三）互补性服务提供商开放

虽然核心产品和互补性服务产品是不同类型，但是平台可以增加对互补性服务提供者的开放度，从而进一步完善能源互联网平台的核心服务。当客户的品位和风险态度不同时，平台可能会对互补服务提供商更加开放，因为它可以通过将众多个性化的客户与特定的互补服务提供商进行匹配来增加价值。更多的供应商可以通过围绕标准化的核心产品提供可定制的产品来满足不同客户的需求。客户的风险也可以通过提供附加的支付服务或安全服务来有效降低。

例如，自 2013 年以来，信息技术和业务解决方案公司 IBM 与美国能源署合作，利用机器学习进行太阳能预测。IBM 有超过 200 个合作伙伴和客户使用它们的太阳能与风能预测技术（Fehrenbacher, 2016）。该技术的目的是将一系列预测模型的优点结合起来，将海量的数据整合在一起，以提高校准效率和可靠性。

（四）产品或服务类别开放

能源互联网平台对所提供产品的广度（产品类别数量）和深度（产品项目数量）的选择是其商业模式价值主张的重要组成部分。

平台增加类别数量的趋势是由客户的异质性和对多样性的强烈渴望驱动的。顾客对产品或服务品种的搜索可以导致市场扩张效应，反过来鼓励能源互联网平台扩大提供种类的数量。除了顾客对多样性的渴望外，顾客的评估导向，以及他们对一站式购物的喜爱，也驱动更高数量的产品或服务类别开放。

技术驱动因素，特别是在搜索技术领域，可以降低客户搜索成本，促进产品或服务比较，减少客户选择集和决策任务的复杂性，从而减少选择过载的风险。这些技术使得能源互联网平台能够扩大利基产品的种类，从而导致更肥更长的长尾。

能源互联网产品的复杂性通过增加拓宽产品种类的成本来推动产品类别的开放，因为能源互联网平台需要维持最低控制水平的成本，承担员工培训、消费者引导和供应商监控工作，来确保产品质量。更低的成本、更高的预期产品质量，要求能源互联网平台更加专业化。

（五）渠道开放

渠道开放带来平台绩效优化。增加渠道会减少客户搜索成本，并促进销售增加。通过增加与在线平台的联系来扩大分销范围，可以获得新客户和更大的客户留存率，因而可以增加交易总量。拥有更多知识和丰富经验的在线客户通常需要更低的渠道开放水平（Cao and Yang, 2013）；相比之下，更创新的客户和更多经验的客户喜欢用多个渠道，这要求更高的渠道开放水平。

（六）能源互联网平台开放

能源互联网平台开放是数字平台利用数字技术无缝连接供应商、客户和互补服务提供商，并为他们提供通过不同渠道访问一系列类型产品或服务的战略决策（Broekhuizen et al.，2020）。考虑到不同平台参与者和不同业务（例如安全、研发、供应链、营销、客户服务等）维度，以及所有价值网络合作伙伴的潜在绩效，可以调整平台开放水平，从而应对企业内部和外部的变化。

数字平台提供了广泛的新机会，并促进了多方市场的发展。设计与能源互联网数字平台开放性相适应的商业模式至关重要。平台失败往往是因为它们没有优化"开放性"。如果平台太封闭，将潜在的可取参与者排除在外，麦特卡夫网络效应就会停滞；而如果它们过于开放，可能会产生其他破坏价值的影响，比如一些参与者糟糕的负面质量贡献或不当行为导致其他人的价值损失。平台用户包括供应商、客户和互补服务提供商。供应商开放程度的提高可能会给客户带来更广泛的选择，但对供应商来说，这同时增加了竞争，从而降低了利润率。平台用户间也存在相互依赖，例如，改善一个用户的结果将影响另一个用户的结果（收益或成本）。由于平台需要为参与各方创造价值，参与者间的相互依赖关系要求平台制定公平合理的合作机制。

对于参与主体间的依赖关系，重要的是理解决策如何影响参与主体间的利益分配，从而找出能源互联网平台如何在可能存在利益冲突的贡献者间维持高水平的合作。当用户认为能源互联网平台占用了不公平的利益份额时，供应商和客户可能会绕过平台，在平台之外进行交易。能源互联网平台型企业需要知道在何种情况下开放决策可能会为多个用户同时带来利益。商业模式创新也需要获取如何解决用户间的冲突以及如何维护他们对平台的承诺等知识。

能源互联网平台型企业可能会在演化过程中调整其组织目标。新创平台通常专注于通过提供相对较小且定义明确的产品类别和渠道来建立用户基础，然后在成长阶段有意地开放它们的渠道和产品类别为用户增加价值。但一旦用户双方都出现了关键群体，能源互联网平台的战略重心就会从开放（价值创造）模式转向封闭（价值占有）模式。随着平台间竞争的加剧，平台对差异化的需求也越来越强，这使它们更有可能获得独家供应并开发独特的基于平台的产品。尽管能源互联网平台可能比用户更强大，但在限制平台开放以获取更多租金时，需要谨慎决策。这些限制可能会对能源互联网平台性能产生长期影响，因为现有客户往往会在找不到首选供应商、互补服务提供商、服务渠道和产品类别时离开。平台需要知道限制开放在多大程度上损害了它们的影响力，并制约了它们的短期和长期发展。

中国人口众多、地域广阔，市场空间大，且人均收入已达到中等收入国家水平，需求层次存在多元化差异，为能源互联网发挥其网络效应、规模效应及范围经济提供了绝佳的土壤。中国人均收入水平仍在相对较快增长，市场空间仍在扩大，能源互联网平台型公司在中国具备快速扩张的空间。

依托能源互联网平台，能源产业链正在发生变革，一些企业（例如中国绿能在线、美国 Opower 公司）已开始利用平台的开放性，寻找稳定的、最优的合作伙伴，鼓励开放式创新，搭建与合作伙伴、终端用户共享资源的能源互联网创新平台。这些平台企业会发展为能源互联网的产业整合者、平台建立者、平台整合者等不同角色主体。例如，成功实现新能源商业模式闭环的能源互联网平台服务型企业，既是智能化和能量转化专家，又是能源交易的在线撮合者。

二、平台思维下能源互联网商业模式创新

随着我国能源结构调整和能源价格市场化的推进，市场价值转移将导致能源市场结构变化。

在能源互联网中，既有智慧能源技术服务提供商，如远景能源、金风科技等企业；也有华为这样的通信科技企业；还有国家电网、特斯拉、比亚迪、阳光电源和阿里云等各类企业。这些企业在发电—输电—配电—售电、能源管理服务、能源交易方面进行多元布局，形成复合型的能源互联网平台企业。

能源互联网平台可以帮助企业建立一个去中心化、智能、可靠和绿色的能源系统。以新能源电站开发平台为例，新能源电站开发平台可以包含能源

资产服务子平台、电站交易子平台和能源运维服务子平台。能源资产服务子平台需要记录电站前期测风、测光数据,以及采购、施工和运营维护等数据;电站交易子平台将为光伏电站提供前期融资、后期交易和资产证券化大数据支撑,从而降低电站在各个环节的风险,减少融资和交易成本。在该平台的基础上还可以嵌入能源运维服务子平台,该运维平台的建设不仅仅包括在线监控系统对电站的运营进行实时监控,还可以根据实时情况,提供线上与线下的运维解决方案和零部件管理。

三、基于信息平台的能源互联网商业模式创新案例:Opower

美国 Opower 公司是一家家庭能源数据分析公司,为用户提供节能服务平台。Opower 公司开发出家庭能源数据分析云平台,通过自己的云平台和大数据整合能力,为它所服务的公用事业公司分析大量家庭的能耗数据,并进行邻里间能耗比较——基于相近区域内最节能的 20% 的用户耗能数据,据此向用户提供定制化的用能管理以及节能建议。结合行为科学理论、房龄信息、周边天气等,运用自己的软件系统进行用能分析,建立家庭耗能档案,并通过综合分析给出节能建议报告。在 Opower 提供的报告里,除了用户本身的用电数据外,"邻里能耗比较"提供给用户非常直观的节能动力(见图 11-3)。

2007 年成立的 Opower 已为家庭用户节省了 2.5% 的能源,Opower 公司创始人 Daniel Yates 将其视为"针对电力行业的客户交互平台"。有了它,用户可以轻松看到每月的用电账单,还能与其他家庭用电情况做个比较。如果用户电费超支了,Opower 也是会不高兴的,账单上的"笑脸"或"哭脸"表情会告诉用户 Opower 的态度。公用事业公司等供电商可以通过客户端或邮件向用户发送一些用能服务信息及节能小技巧。在用电高峰期,用户在接收到供电商的信息反馈后,可以及时选择减少能源使用,来换取信用额度。这样,用户不仅可用它省电费,还能用它赚电费。

麻省理工学院研究员阿科特曾做过关于 Opower 对家庭用电量影响的研究,证实 Opower 的用电报告让用户的用电量减少了 2%。根据其他第三方研究机构田野调查的结果,Opower 平均可以帮助用户节能 1.5%~3.5%。

Opower 公司的商业模式创新表明，售电公司需要互联网伙伴形成与终端用户良性互动的能源互联网生态。

图 11-3　Opower 帮助用户分析能耗用途并提供各种节能提示

资料来源：Opower：用大数据+行为科学理论做电力账单［EB/OL］.知乎网，(2015-11-20)［2021-10-24］.https：//zhuanlan.zhihu.com/p/20254072。

第三节　基于资金流的能源互联网商业模式创新

发展能源互联网，实现能源转型目标的关键是改变供给，以新能源替代传统化石能源，投资在这个过程中至关重要。基于能源互联网项目自身具备的营利性条件及投融资条件，项目的实施首先考虑资金来源。由于能源互联网项目大多具有投资规模大、项目周期长的特点，需要结合政府、企业、社会的力量来解决资金问题。

中国已建立起相对完善的绿色金融体系，包含绿色信贷、绿色投资、绿色保险、绿色基金以及支持绿色金融的交易市场（见图 11-4）。截至 2020 年末，我国绿色贷款总余额达11.95万亿元，年增长20.3%；绿色债券累计发

第十一章 能源互联网商业模式创新类型

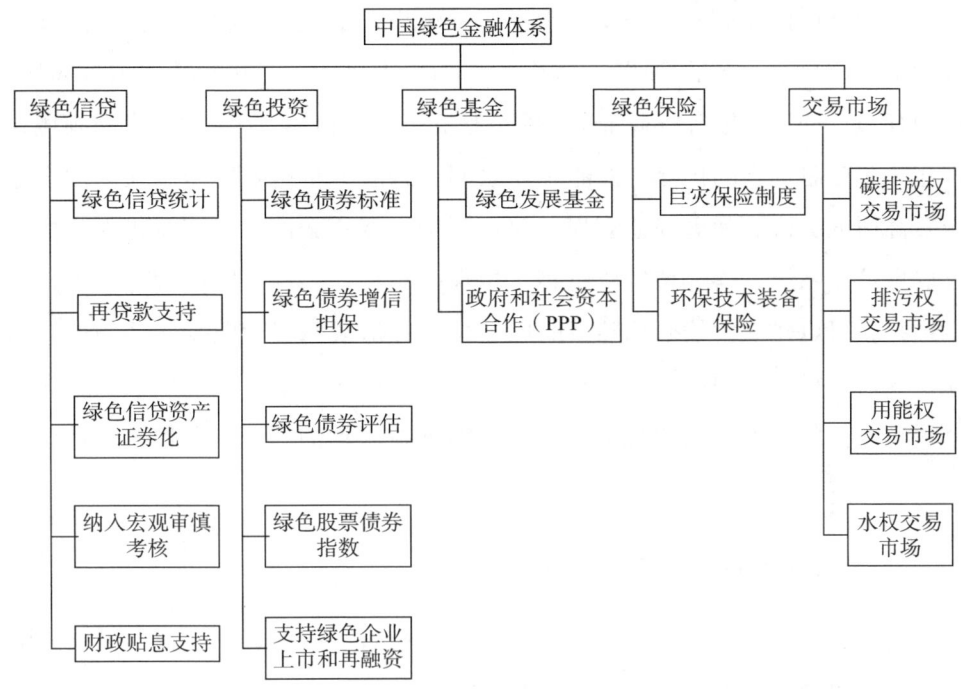

图 11-4 中国绿色金融体系

资料来源：中国人民银行，中华人民共和国财政部，中华人民共和国生态环境部．关于构建绿色金融体系的指导意见（银发〔2016〕228号）［EB/OL］．（2016-08-31）［2021-05-05］．http：//www.mee.gov.cn/gkml/hbb/gwy/201611/t20161124_368163.htm。

行规模超过1.4万亿元。① 国内有近1/3的公募基金管理人，关注并参与权益类环境、社会和治理（ESG）公募基金投资。2020年7月国家绿色发展基金正式成立，首期募资规模达885亿元，② 将重点投资能源资源节约利用、绿色交通和清洁能源、污染治理、生态修复和国土空间绿化等领域。中国建立适应能源互联网时代的创新金融体系，结合大数据、区块链技术以及5G网络优势，向世界输出能源互联网标准，将引领全球能源互联网发展。

---

① 中国人民银行．2020年金融机构贷款投向统计报告［EB/OL］．（2021-01-29）［2021-03-25］．http：//www.pbc.gov.cn/goutongjiaoliu/113456/113469/4180902/2021012916035124207.pdf．
② 殷红．完善绿色金融体系 推动绿色低碳发展［N/OL］．金融时报，（2021-03-24）［2021-05-03］．http：//bank.hexun.com/2021-03-24/203265296.html．

能源互联网商业模式创新

能源互联网商业开发需要大量投资。清华大学气候变化与可持续发展研究院的研究显示，今后30年，碳中和将为中国风能、光伏、零碳示范园区、绿色建筑、交通运输等行业带来138万亿元的投资机遇。① 能源互联网领域将产生大量金融创新的机会，而能源互联网金融服务将是解决能源互联网企业融资障碍的关键。为更好地实现能源互联网市场资金配置，需要建立起能源互联网信用系统，摒弃传统的抵押、担保等思想。能源互联网拥有极为丰富的数据，可以建立大数据基础下的风控技术并形成基于大数据体系的信用体系。这对于投融资领域是一个新的挑战，在这样的环境下也产生了很多充分利用市场投资、平滑企业现金流、以金融创新驱动的新型商业模式，常见的有资产证券化、光伏租赁、众筹等模式。

一、光伏租赁与资产证券化模式

近年来，全球太阳能光伏产业商业模式发生了相当大的变化，强劲的需求和不断涌现的新市场带来了太阳能产业显著增长。

以家用光伏发电为主业的SolarCity公司，为普通居民、学校、非营利性组织及政府机构等提供低价的光伏电力。2010年，其推出了一款名为"太阳能租赁协议"的金融产品。值得一提的是，SolarCity的创始人正是特斯拉电动车创始人埃隆·马斯克。②

SolarCity公司通过将屋顶光伏发电系统租赁给用户（一般为物业所有人）收取租金或者与用户签订售电协议收取电费。光伏系统租赁协议主要面向居民，它为居民用户建设、安装以及维护屋顶光伏系统，并就发电量做出保证，太阳能设备的所有权归原投资企业所有，客户获得设备的使用权并按年缴纳

---

① 碳中和将为中国带来138万亿元投资新机遇［N/OL］.新京报，（2021-03-30）［2021-08-04］. http：//epaper.bjnews.com.cn/html/2021-03/30/content_800177.htm？div=1.
② 2016年11月，埃隆·马斯克将两家都由他本人控制的公司——家用光伏发电公司SolarCity和电动汽车制造公司特斯拉合并。特斯拉的价值主张是解决和提供人们环保出行所需要的使用清洁能源的新型交通运输工具，并持续维护更新服务。纯电动车只是作为引导消费者习惯于使用可持续太阳能的一个最大入口，改变目前人类社会高度依赖化石燃料的状况。

第十一章 能源互联网商业模式创新类型

租金。电表采用净电量电表，用户只需支付净额用电量①的电费即可。通过使用 SolarCity 安装的光伏系统，用户的电费得到大幅度节省。这些用户只需要从每月节省下来的电费里拿出一部分支付给 SolarCity 作为光伏租赁费。

SolarCity 需要具备金融创新能力保障商业模式的顺畅运行。以不同交易方式对相关利益主体拥有的资源能力进行重新配置，可产生各不相同的价值增值。② SolarCity 设计了合伙制、转租和售后返租三种交易方式。

第一种，合伙制。SolarCity 与基金共同出资成立合资公司，购买 SolarCity 建造的电站，以租赁或电力购买协议的方式提供给客户，政府的补贴则进入合资公司。如此可产生四类经济效益：客户租赁费、税收抵扣、折旧避税和补贴。合资收益由两家公司通过谈判确立分配方式。

第二种，转租。SolarCity 和基金签订一个主租赁合同，基金再转租给客户。基金会拿走大部分收益，SolarCity 可以拿到补贴和一笔租赁费。如果基金和客户的租期结束后电站仍继续运转、客户续租，租赁费会付给 SolarCity。在转租方式下，基金退出比较方便，而 SolarCity 要自己出资建设光伏微电站，资金压力较大。但如果电站表现超过预期，SolarCity 可以收回电站租赁权，取得更多的剩余收益。

第三种，售后返租。基金全额出资，然后租赁给 SolarCity，SolarCity 再租给客户。政府优惠归基金所有，SolarCity 赚取客户租赁费与基金租赁费之间的差价，并在与基金的租赁合约结束后附带一个期权，可以选择重新买下电站。在售后返租方式下，基金一次性全额出资，但也可以拿到全部的政策优惠，将电站返租给 SolarCity 之后不需要继续参与管理；SolarCity 不用出资，但通常在租赁结束后买回电站的价格较高。

三种方式 SolarCity 需要承担的资金压力、风险及相应的收益各不相同，供 SolarCity 在不同条件下灵活采用。而且，以上三种方式还开拓出基于资产证券化的能源互联网商业模式创新：SolarCity 公司将来自中国质优价廉的组

---

① 净额用电量 = 实际耗电量 − 光伏设备发电量。
② 魏炜，李飞，朱武祥. 商业模式学原理［M］. 北京：北京大学出版社，2020：246.

件、美国联邦和地方政府提供的优惠政策、税务投资人的投资等各种资源转变为具有吸引力的优惠电价提供给用户；用户与 SolarCity 签订的长期协议进一步为公司带来长期稳定的未来现金流；通过基金公司提供各种金融工具再将这些未来收益变现，回收的资本进入能源互联网可再生能源项目再投资，从而开创了能源互联网资产证券化的新模式。这种模式使参与能源互联网项目（如分布式光伏）的开发商、基金公司、投资人和用户都得到了期望收益，因而能有效地引导社会资金投资能源互联网项目。

融资租赁模式可有效化解能源互联网项目融资困境，政府在其中可以发挥重要作用。例如，政府可以通过出售、租赁、合同承包等形式激励广大民营企业参与竞争合作。民营企业可以直接向能源互联网用户收费，也可以通过政府向能源互联网用户收费。通过充分调动不同主体参与能源互联网项目的积极性，项目建设资金困难就可以得到有效化解。

二、众筹模式

众筹是一种新兴的融资模式，是通过 Web 2.0 不断发展而产生的，是"一种金融中介的颠覆性技术"（De Buysere et al., 2012）。所有的传播都是通过互联网平台进行的，以扩大其范围，降低交易成本。众筹体现了开放创新理念，涉及三个主要角色：公众、筹集者和网络平台。在众筹模式里，由公众组成的投资者组成了一个网络，为项目或企业融资；众筹平台通过为项目提供专门的网站将投资者和筹集者聚集在一起，担任资金的受托人，并在项目启动失败的情况下保证退款。

在能源互联网领域，众筹已经被视为一种潜在的工具，可以通过在金融、社会和政治层面支持能源项目来推动应对气候变化措施的实施（Vasileiadou et al., 2015）。众筹不仅是一种融资来源，还可以进行广告宣传，允许直接进入市场并测试市场潜力。2014 年初，深圳前海新区建设 1 兆瓦光伏电站，该项目的发起方和运营商是联合光伏集团。联合光伏集团通过互联网以众筹方式获得 1000 万元融资，2 年的项目投资锁定期后，投资者得到年化 6% 的投资回报。这个项目的成功，不仅仅是引入了一个新型的众筹投资模式，更对能源互联网项目开发建设产生重大影响。

光伏电站建设项目众筹模式的具体运作流程是：以一家介入光伏业务的上市公司作为电站的发起方和运营商，同时提供部分资金支持。项目承建通过招标确定，与如余额宝之类的金融公司合作，推出针对某个电站的专项融资项目。锁定期限为2年，广大民众通过网络认购，融资规模根据电站规模从1000万元到20000万元。将电站按股份分割，投资人根据投资金额得到电站对应的股份，2年锁定期结束后，开放为自由申购项目，其间引入保险，对电站质量、运营以及发电量进行投保，进一步降低风险，增大对普通投资者的吸引力。这个方案是根据光伏电站建设投资大、运营成本低、项目收益期长的特点设计的，2年的锁定期能保证建设资金的充足。光伏电站建成后，以补贴及电费收益为核心资产推出接力项目。

众筹模式可缓解目前遇到的电站建设资金瓶颈。例如，阿里巴巴通过定期宝并结合某运营商庞大的央企联盟及电网资源，将互联网金融带入光伏电站领域，实现众筹模式与资产证券化模式的融合。光伏电站项目收益稳定、回报较高，对如余额宝等吸收普通大众投资的网络金融具有相当大的吸引力。

无论是光伏租赁模式还是光伏众筹模式，其核心是解决可再生能源电站资金问题，关键点是光伏电站资产证券化。众筹模式因其规模限制只能缓解部分资金压力，但具有借鉴意义。我国目前采取的是直接补贴机制，无论是金太阳工程还是分布式电站，只能保障电站运营后的项目收益，无法改变投建阶段融资难的局面。如何有效地利用现有模式，结合方兴未艾的互联网金融，创造出新的有中国特色的金融模式就成为有意义的探索。

利用互联网金融，一是其受众面广，可以集腋成裘；二是可以规避非法集资的法律风险，光伏电站的回报率是10%~18%，虽然对传统基金公司等缺乏吸引力，但对普通投资者来说，进出自由的零散资金有6%~8%的收益已是不错的投资回报率，具有相当大的吸引力。当然，在此过程中能源互联网项目发起方和运营商还面临着诸多挑战，例如，如何判断与之合作的互联网金融公司的资质，以避免触碰非法集资的红线；如何建立资金监控和项目建设运营监管，以增加项目透明度，增强投资者信心；如何根据行业特点和互联网金融的特点，设计出期限更加灵活的投资项目等。

第十二章　促进能源互联网商业模式创新的政策建议

能源互联网是融合互联网、IoT、智能电网的开放创新平台,带来业务流程再造的商业模式创新离不开制度创新的支持。目前,能源互联网发展相关的政策法律远未健全、尚缺乏良性的市场竞争机制。要让能源互联网商业模式创新涌现,能源政策需要做出哪些改变?当涉及公平成本或福利分配、碳排放等外部成本的定价或者推广新技术等这些问题时,以市场为基础的政策方法通常更能产生最有效的结果,能源供求压力不应再与竞争性市场价格和相关风险隔绝。

能源互联网商业模式创新需要有效的市场与有为的政府,以适应能源互联网发展的方式部署能源互联网现有技术、新的消费者产品,以及至关重要的新政策、新法规和新的市场设计。集中式能源体系向更分散的能源体系的转变,也需要当前制度和政策的转变,重视社会公众在决策和政策制定过程中应发挥的积极作用。

第一节　创建促进能源互联网商业模式创新的市场机制

技术融合、商业试点实践、政策扶持及三者的有机结合是能源互联网市场健康发展的关键(Hyysalo, Juntunen and Freeman, 2013)。中国培育充分竞争、开放的能源互联网市场的条件已经具备:①技术发展使可再生能源发电成本降至社会可接受水平;②国家改革进入深水区,能源市场改革向纵深推进,能源互联网试点示范项目取得进展;③企业、公众对绿色发展理念高度认同;④全球经济下行压力下国内国际双循环相互促进的新发展格局,迫切需要降低上游能源成本,提升企业国际竞争力。培育和发展健全的能源互联

第十二章　促进能源互联网商业模式创新的政策建议

网市场最需要的是多层次协同创建促进能源互联网商业模式创新的市场机制。

能源互联网将推动能源消费、能源供给、能源技术、能源体制创新。能源互联网商业模式创新在于打破一切既有的壁垒：国界、产业、想象力和制度。在分散的市场决策里做创新是目前为止人类探索出来的最有效方式。[①] 能源互联网商业模式创新首先需要市场规则和市场机制来确保能源互联网众多参与主体间的高度合作。

能源互联网市场机制是形成能源互联网发展动力的制度基础之一。市场机制主要在于建立能源互联网市场经济赖以存在的三个核心价值：自由与开放、创新与多元、诚信与互利。能源互联网市场机制运转循环的原动力是市场活动参与者的经济利益。从长期来看，由过去主要依赖行政手段的方式转变为以社会成本较低的经济政策、市场政策等为主。例如，碳税等环境税、碳交易市场，都可以在能源互联网市场有效推行。

能源互联网和能源市场化相辅相成，经济发展、能源战略调整以及用户需求的多样化促使能源互联网寻求新的市场机制。为了有效整合价格低廉但不可调度、在较小程度上不可预测的可再生能源技术，需要重新审视能源市场机制。市场机制是一个有机的整体，它的构成要素主要有交易机制、供求机制、价格机制、竞合机制、创新机制和风险机制。

一、交易机制

能源互联网在电力传输和系统互联共享方面有着巨大效益，充分发挥这些效益，并能够使市场价值体现在能源互联网的投资收益中，需要建立公平、开放、竞争的电力市场机制，引导电力企业、用户的充分参与。未来能源互联网的形成和有效运营也需要建立在有效的电力市场机制的基础上。

能源互联网市场较之传统能源市场具有以下特点：

1. 交易主体多元化

交易门槛降低，交易主体不再是相对固定的少数经济主体；基于能源互

[①] 姚洋．在北大国发院第五届国家发展论坛"双循环：国家发展新格局"上的讲话［D/OL］．北京大学官网，（2020-12-20）［2021-04-19］．https：//www.nsd.pku.edu.cn/jzky/gjfzlt/511361.htm.

联网的能源交易，使用户熟练度大大增加；能源供应者和消费者作为交易主体，角色与权责可相互转换；交易主体可自由选择交易的参与或退出，市场结构动态变化。

2. 交易商品多样化

能源互联网市场上能源多元化供应，电力商品可转变为多种能源的协调交易；灵活性资源成为重要商品；电能单一同质化产品变为用户自主定制的差异化需求。

3. 交易决策分散化

利用互联网技术与DER发电技术、储能技术，变地区区域的整体平衡为不受地理约束的自平衡；交易决策优化目标由以购售价差为代表的经济目标变为清洁、环保、多样化等兼顾环境、社会价值的可持续发展目标；集中式的整体优化决策变为分散自平衡优化，通过自我调节实现帕累托最优。

4. 交易信息透明化

信息源由单一交易中心发布变为互联网信息服务提供商为供需双方提供信息服务；交易信息实时、充分、透明，确保市场交易高效顺畅。

5. 交易时间即时化

由固定周期交易变为用户自行发起的即时交易；交易将在短时间内完成，供需双方的反应速度在交易中发挥重要作用。商品和服务的提供速度成为市场主体参与能源交易的关键竞争力。

6. 交易管理市场化

准入核准变为自由选择进入退出；具有滞后性、被动性的交易量限额管制变为激励相容的倍率引导下的自主交易；打通发电侧辅助服务和需求侧激励。

7. 交易约束层次化

互联网交易的灵活多变性与能源传输网络的物理约束的矛盾将不断增加。

政府部门需要建立健全能源互联网市场交易机制。为保证能源互联网市场安全、稳定、可持续发展，市场交易机制设计需要重点解决以下四个问题：

第一，需要建立促进跨省输电的灵活交易机制。一方面，为使跨省、跨

第十二章 促进能源互联网商业模式创新的政策建议

地区资源开发和投资形成较为稳定的电量及收益预期,市场交易电量需要以中长期交易合同为主;另一方面,要充分发挥能源互联网的资源调配功能,需要建立月度、日前、日内等灵活的短期交易调整机制,适应可再生能源波动、需求变化带来的资源配置需求。

第二,建立促进跨省电网建设的投资机制。从投资激励来看,电网投资巨大,稳定的收入回报机制是吸引投资的关键。在我国能源互联网发展进程中,远距离、大容量的跨省输电项目,承担着促进偏远地区可再生能源开发、满足负荷中心可持续能源供应的重任,同时发挥着重要的联网效益,需要统筹设计基于长期输电的合同收入、基于电网安全性的政府管制收入、基于短期调配的交易收入等多种方式,促进我国能源互联网的发展和高效运行。

第三,促进跨省电网运行效率提升的容量分配机制。需要考虑电网的作用和功能,合理设计跨省输电容量分配和成本分摊机制,促进输电设施的充分利用,吸引网络基础设施投资。

第四,形成能源共享机制和开放共赢的商业模式。能源互联网为人类构建了开放互联的能源基础网络平台,未来能源领域将形成以能源互联网为核心,市场主体间开放、协同、共享、共赢的商业模式。能源互联网的构建将由各利益相关方共同完成。除了电网公司外,电力合作社也将成为未来能源互联网投资及发展的重要力量。电力合作社将具有共同需求和愿望的用户联合起来,采用众筹等模式建立网络投资资金,参与能源互联网的投资,并行使使用能源互联网的权利。众多专业分包公司将成为中坚力量,在规定的标准和合约下负责能源互联网建设与运行维护。所有发电商或用户均通过专用线路连接到能源互联网上,根据连接点所在的位置和电压等级支付一定的网络接入费即可共享网络资源,并通过开放的电力市场网络平台自由买卖电力。电力交易的信息流及时传递到各级电力调度、市场机构,并按照规则进行结算,能源互联网运营商、发电商、服务商从交易结算中分享收益。

二、供求机制

DER 的开发利用可以因地制宜,充分利用当地资源禀赋。本地化发电和消费模式的日益多样化表明，本地化平衡可以更有效地优化区域内的供需，并可以作为电网补充或与电网并行，实现国家电力平衡。然而，许多现代电力系统都是基于"自顶向下"的控制，将能源从集中发电导向在任何时刻均能满足终端用户用能需求。监管和交易系统普遍遵循这种集中模式。

政府大力发展能源互联网市场，需重视能源系统的需求和供应方面的灵活性，从结构上应对和解决可再生能源间歇性供应的挑战。弃风弃光现象为什么严重？因为在新能源产业政策激励下，大型可再生能源电站建站速度太快，超过了规划。如果仅建了大型风电场，由于不能本地消纳，需要远距离实现"输电—供电—用电"，没有输电网配套就不能利用。我国弃风弃光现象主要发生在西部，供给和需求不匹配，远距离输送电力成本高昂，使之不能和其他能源的电力竞争。

能源互联网政策设计应还原可再生能源的商品和环境属性，让市场和环境成为配置可再生能源的决定性力量。随着电力市场机制的建立健全，发电侧会形成明确的价格信号，更好地引导民营资本在发电侧进行投资；电网企业功能定位明确后，其盈利模式更加透明、收益更加稳定，有利于拓宽电网企业融资渠道，从而吸引民营资本投资电网建设；售电侧改革后，民营资本可投资或直接成立售电公司，为民营资本进入电力行业拓展新的领域。

能源互联网政策设计还需要开发新的市场，让用户遵守一般社会契约从灵活性中受益。目前，能源市场上尚未建立起能源供求信息反馈机制，没有为居民等用户提供做出灵活 DR 决策的信息和响应渠道，难以激励用户参与调节供需，也难以促成用户的节能行为。同时，政策设计者还需重视居民新增电力需求，支持面向本地化可再生能源社区的商业模式创新发展。

碳交易作为市场供需调节机制，发挥作用的潜力巨大。中国碳交易市场已经成立。对于供给侧，采用基准线法分配碳排放配额，将促进高耗能的落后产业出清。对于需求侧，市场将提供更多共享电力的方式，这将为消费者提供更多选择来管理他们的用能和成本。

三、价格机制

能源互联网商业模式创新，目前仍然缺失的最重要的市场机制是如何针

第十二章　促进能源互联网商业模式创新的政策建议

对二氧化碳排放确定合适的价格,也就是所谓的"碳价格"。碳价格的经济理论基础在于:人们必须有经济动机,通过降低二氧化碳和其他温室气体排放的方式来改变他们的活动。实现这一点的方法就是给二氧化碳排放制定一个价格。这反过来又会提高碳密集型商品的相对价格,并降低无碳商品的相对价格,从而约束二氧化碳排放的趋势。

碳排放具有负的经济外部性——人们消费产品或服务,但并不支付全部社会成本的活动。政府应该确保人们支付了碳排放的全部成本。每一个人在每一个地方以及无限的未来,都应该面对反映其活动的社会成本价格。碳排放的价格标签将传达一个信号:碳排放是有害的,并应该减少。政府如何为二氧化碳排放确定一个有效价格呢?最简单的方法是对二氧化碳排放征税:第一种是"碳税",要求企业和个人为其排放支付税金;第二种方法更为间接,要求企业有排放二氧化碳的许可证,并允许转让(拍卖许可),也被称为"总量管制与交易",因为排放量受管制了,但排放的权利可以在企业间根据碳价格进行交易。

在全球范围确立能源互联网碳排放价格的有效政策需要四个重要措施:第一,全球各国要致力于提高碳排放的市场价格;第二,由于自由市场并不能做到这一点,这就要求各国要么采用总量管制与交易制度,要么采用碳税制度来提高碳排放的价格;第三,如果前两个措施获得了大多数国家同意,就需要这些国家在全球层面上协调它们的政策;第四,必须包括反对"搭便车"的有效机制,包含贸易制裁协调的碳价格可以防止一些国家搭其他国家投资的"便车"。

欧盟的碳交易市场为构建全球性碳交易市场提供了经验借鉴。欧盟的碳交易市场目前是全球交易规模最大的碳市场,年交易额近1700亿欧元,占全球碳市场份额的80%以上;① 交易产品丰富,包括碳减排指标、项目减排量等现货产品以及碳期权、碳期货、碳互换等衍生交易产品;交易主体广泛,涵盖国际多边援助机构设立的碳基金、政府双边合作碳基金、金融机构及个

---

① 夏文斌,蓝庆新.建立健全碳交易市场体系[N/OL].光明日报,(2021-08-03)[2021-10-12]. https://news.gmw.cn/2021-08/03/content_ 35047966.htm.

人等。开放包容各类碳交易产品和交易主体的能源互联网有助于在统一的框架协议下推动形成全球性的碳交易市场,即能源互联网碳交易市场,见图12-1。

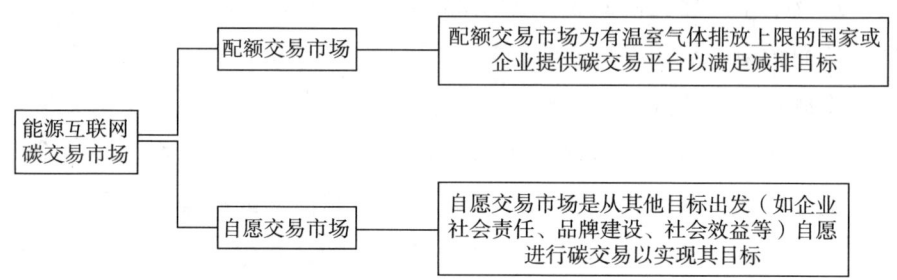

图12-1 能源互联网碳交易市场总体架构

资料来源:DALES J H. Pollution, property, and prices: An essay in policy-making and economics [M]. Toronto: University of Toronto Press, 1968: 111.

全球市场必须建立价格激励机制,鼓励向清洁能源经济转型。征收排放税是对这一转型的一种"价格"激励方法,但经济学家认为,这种方法不是最优的。相反,从经济角度来看,总量管制与交易市场提供的"数量"工具更为优越。① 实施总量管制与交易(也被称为"碳排放权交易")或者对碳排放征税(碳税),均可以提高碳排放价格。提高碳排放价格将有助于达成四个目标:第一,提醒公众何种商品和服务属于碳排放量高的,从而更节约地使用能源;第二,提醒生产者何种投入属于碳排放量高的(例如煤与石油),以及何种属于低的或不用碳的(例如天然气或风电),从而引导企业发展利用低碳技术;第三,它将为创新者、发明者和投资银行等的商业模式创新提供市场激励,开发及引进低碳产品和流程以取代现有技术;第四,碳排放价格将简化完成所有这些任务所需要的信息,简化与碳有关的复杂决策。

价格机制如何在纳入环境外部性与资源外部性的基础上对能源供给和需求调节起作用?如何激励可再生能源的消纳利用?当前,以电力为代表的能

---

① LIU Y, FENG S, CAI S, et al, Carbon emission trading system of China: A linked market vs. separated markets [J]. Frontiers of Earth Science, 2013 (10): 465-479.

第十二章 促进能源互联网商业模式创新的政策建议

源虽有价格,却不是市场调节形成的价格。当前能源市场最主要的特征是用户对价格不敏感。政府横亘在市场中间,由能源价格司定价,价格不能反映供求关系,仅能反映成本,价格机制没有形成。在电力体制改革推进过程中,要求恢复电力的商品属性,那么该如何建立适应能源互联网发展的价格机制?

只要电力价格不发生变化,消费者就很难关注到是什么能源转换发电的。如果不考虑外部性,那么价格相同的煤或风力发电为消费者提供的公用事业和服务是一样的。然而,目前,消费者特别偏好由可再生能源产生的电力,并且,一般来说,人们愿意为绿色电力付费。消费者为可再生能源买单的意愿可以被解释为碳外部性的内部化。可再生能源固定上网电价会导致扭曲的批发电力市场价格。有必要寻找以市场为基础的方法来推广可再生能源,竞争性投标可以减少社会整体的财政负担。

能源互联网开放纳入新的可再生能源和分布式技术,允许用户自行发电并与其他家庭进行小规模的电力交易。这些新技术将把电力系统从一个只有少数非常大的资产系统转变为一个将有大量小资产的能源互联网系统。这可能会在其价值链和服务交易中分割行业,并增加交易成本。在能源互联网市场中,当有数千万个决策者时,监管干预和中央集权最终将受到严重限制。在提供实时和长期有效的价格信号方面,市场将变得越来越重要(见图12-2)。

能源互联网市场的定价需要遵循市场规律,建立清晰透明的价格竞争机制,由市场决定能源产品和相关服务的均衡价格,把垄断性环节从市场主体中独立出来,培养售电公司(包括虚拟售电企业),提高消费者对价格的敏感度。消费者必须了解真实的能源成本(包括批发价格波峰和波谷间的成本波动定价),围绕灵活性的商业模式创新才有市场。

价格机制把个人利益与社会利益结合在一起。用价格来激励个人与企业自觉地参与能源互联网,从而推动能源转型是社会总成本最低的一种方式。市场需要更清晰的价格信号,以支持消费者做出选择;市场营销需要真实的价格,这样消费者才能了解他们所签署协议的实际成本;能源市场的公开报告需要价格来确定消费者是否从竞争中获益。能源互联网的发展一方面要使能源供给价格由市场决定,另一方面要考虑能源生产、传输、消费过程中的环境外部性，只有这样才能不断提高清洁能源在生产、生活中的消费比例，并促进整个社会节约能源、提高能效。

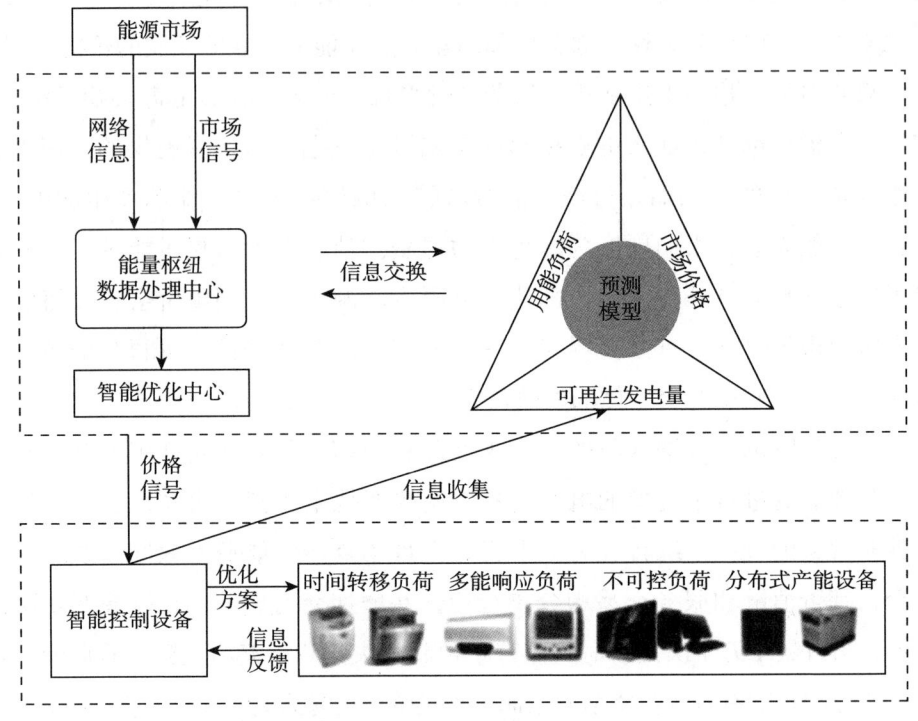

图 12-2　价格信号交互的综合 DR 协调优化模型

资料来源：徐筝，孙宏斌，郭庆来．综合 DR 研究综述及展望［J］．中国电机工程学报，2018，38（24）：7194-7205。

从纯经济的角度来看，公用事业部门生产的电力将使成本最小化，同时满足所需的安全供应和可靠性标准。原则上，这种方法使可再生能源技术的整合更容易。公用事业部门可以简单地根据发电厂的总发电成本单独补偿它们。为了适应可再生能源比重提升，能源在自由化市场上的交易方式必须改变。如果现有的市场设计不做重大改变，可再生能源很可能会以长期固定价格进行交易，可能还会有更侧重于成本补偿而不是有效定价的各种形式的政府干预。在能源互联网市场中，政府需减少价格干预，有为而治，做到"三放开一独立"，即放开新增配售电市场，放开输配电以外的经营性电价，放开

第十二章 促进能源互联网商业模式创新的政策建议

公益性、调节性以外的发电计划,交易机构独立。另外,需审慎采用产业扶持政策。

自《中华人民共和国可再生能源法修正案》实施以来,中国可再生能源行业实现了快速发展。可再生能源需要去补贴化,而不是被动地响应。可再生能源价格更便宜是可持续创新的一个重要目标。毫无疑问,补贴有正向激励作用。例如,德国的电价补贴极大地激励了可再生能源技术企业大范围地出现和增长。如果没有补贴政策,中国的可再生能源——如风能和光伏,也不会有如此迅速的发展。然而,要审慎评估补贴的负面影响:由于较少考虑电网输送能力,存在发电侧和电网侧的不匹配问题,导致可再生能源部分发电能力不能被输送,不能被当地电力用户消费,结果是放弃过剩的可再生能源发电。因此,一些可再生能源发电获取了补贴但未被消费,浪费了国家财力,违背了补贴政策的初衷。中国可再生能源在未来仍将快速发展,如果仍按照当前补贴政策给予可再生能源财政补贴,政府将面临日益增长的财政压力。从短期来看,补贴政策在可再生能源发展中发挥了重要作用。但从长期来看,补贴政策并不能加强电力企业的竞争力或在一定程度上促进可再生能源行业健康持续发展。虽然政府可以在一段时间内给予新能源价格补贴,或支持发展某项能源技术,但是政府长期补贴多个产业,会面临降低产业整体竞争力甚至拖垮整个行业经济的风险,需要规避光伏、风电等清洁能源的过度补贴带来的过度投资、产能无法消纳等问题。

开展基于能源互联网的多边交易,就要求电网必须公平开放,清晰合理的输配电价是电网公平开放的关键之一。我国电价改革进行了多年,可是由于电网企业输配成本始终无法清晰核定,财务制度改革不配套,目前出台的输配电价尚不能支持建立大规模的电力双边交易机制。

经济的快速增长需要大量可持续的能源作为支撑,为了促进我国经济健康、快速发展,确保足够的能源供应,能源价格市场化改革迫在眉睫。应该抓住能源互联网构建的有利时机,顺利推进能源资源改革,制定配套的财政补贴政策,保证能源改革不断深化。随着能源体制改革的全面深化,市场在资源配置中的决定性作用将得到提升,同时能更有效地发挥政府作用,共同支持能源互联网商业模式创新，促进能源互联网健康快速发展。

四、竞合机制

能源互联网市场有序竞争有助于提高劳动生产率和资本利用率，还能提高生产能力和服务水平。目前，很多企业还在沿用压低成本及牺牲其他企业利益攫取更大市场份额的传统方式经营管理。良性竞争需要不断拓展企业的经营领域和整个价值链的范围，使市场中的每家企业都能获益。

能源互联网将带来新的商业机会、新的市场和新的收益来源。在全球日趋加剧的可持续发展压力下，企业间以及其他关键利益相关者的合作变得更加重要。价值不再被企业活动自发地创造，而是由正式和非正式联合在一起的企业与外部团体共同创造。给定系统中的各种因素越丰富，它们的组合形式就越多，越能创造出更复杂、更高级的创新。能源互联网正是这样富含各种因素的庞杂系统，开放式合作共享必将孕育前所未有的商业形态。

在能源互联网时代，企业未来的竞争优势不仅取决于自身优势，更主要的是所在生态系统的总体优势以及企业在生态系统中的价值。因此，能源企业选择新合作伙伴并建立紧密的合作关系将加速传统能源企业和合作伙伴的整体竞争力及价值提升。企业合作可能有多种方式，如平台服务、战略伙伴、创新联盟、投资合资等，这些合作的目标都是使企业更灵活并能快速响应市场需求。例如，ENGIE公司借助多样化合作加速成为提供零碳转型综合服务的企业。[1]

能源互联网允许大量"产消者"的参与和多边对接，为能源的自由交易和众筹金融提供开放对等的平台，可产生新的商业模式和新业态。在政策支持下，可再生能源设施的所有权和控制权可能为公民或本地化社区所有，通过"自洽自愈、竞争互补"的市场机制，实现能源互联网各要素的共生共赢。

从培育能源互联网情景下的核心竞争力出发，企业应认识到：首先，能源互联网是一个多能协同的系统，因此能源供应商间的共享合作也将代替自

---

[1] 埃森哲. 能源互联网价值重塑及海外应用解析[R]. 埃森哲咨询有限公司，2018.

第十二章 促进能源互联网商业模式创新的政策建议

然垄断；其次，颠覆性的快速迭代创新是未来技术发展的主要模式，因此企业的创新文化既要勇于从某一领域快速突破，也要勇于包容创新失败；最后，能源互联网是由用户个性化需求驱动的能源系统，能源企业应深入用户社群进行研究分析，才能提供价格公平、便捷易用、无处不在的数字化服务组合，进而塑造难以复制的核心竞争力。

五、创新机制

能源创新战略重要的不是挑选赢家，而是专注于面向客户进行新思想、新技术和新产品终端用户的商业模式创新，避免具体的干预是降低政府治理成本的关键举措。激励广大的公民和社区（社群）参与将是促使能源互联网商业模式创新焕发生机活力的关键。中国网约车①的经验说明，"先试验，再规范"是启动能源互联网商业模式创新并使创新落地的一条现实路径。

能源互联网的技术发展需要遵循适当的步骤和实践规律，以促进企业根据终端用户的反馈推进能源互联网商业模式的创新。能源互联网中资源的整合以及生产者和用户间的合作关系建立在能源与信息彼此间双向流动的基础上。在此过程中，智能电表收集到的数据是产品创新和商业模式创新反馈闭环的外生输入。能源互联网中监测系统和反馈装置增加了网络的复杂性，并使信息能够向多个方向流动。

信息交流渠道将有利于企业整合所有信息资源，即从企业自身能力到外部的消费模式数据、消费者人口统计数据和行为信息。因此，信息交换渠道本身就是企业价值链中可运营的资源。例如，基于大量消费者行为分析的消费模式数据可以用于商业模式创新，并形式新的定价模式。这些数据也可以卖给其他公司，让公用事业部门充当数据聚合者。新的价值主张需要大数据管理、客户行为管理和市场营销方面的技能与知识，这是传统公用事业部门无法胜任的。

---

① 网约车是通过移动互联网预约出租汽车服务的简称，是指以互联网技术为依托构建服务平台，一边接入符合条件的社会车辆和驾驶员，另一边通过 App 接入有出行需求的乘客，通过整合供需信息，提供非巡游的预约出租汽车服务的经营活动。

面向能源互联网的市场创新必将伴随着对落后产品的淘汰。逐步淘汰政策可能会通过为能源互联网利基创新的扩散创造市场"空间"来加速能源转型。逐步淘汰政策已在白炽灯泡、火力发电站（芬兰、荷兰、魁北克、英国）和汽油与柴油汽车等方面获得了突出成效。逐步淘汰政策可以采取多种形式，包括禁止或规定、取消隐性或显性补贴，或者取消有针对性的财政激励。

六、风险机制

从能源互联网的价值创造潜力来看，通过互联网智能终端采集用户用电行为及用电数据，测算其用电情况，再通过联网的分布式能源采集系统及间歇式储能技术，统一调度能源互联网系统内的能源供需，彻底重构现有能源交易体系，大幅度提升能源的生产及使用效率，有望从根本上解决能源安全问题。

商业模式、投资者对风险的感知和政策框架间的协同关系是开发一个成功的能源互联网项目的关键组成部分。对一项能源互联网项目投资规划而言，在风险和政策监管间的权衡很大程度上受到政府部门承诺意愿的影响，其承诺意愿主要基于财政预算状况以及该项目商业模式创新在何种程度上可达成所追求的环境或经济目标等考虑。跨界合作、能源体制创新和能源市场改革的确定性仍需增强，否则易使能源互联网相关投资决策者陷入观望。

当前面临的风险因素有：①能源互联网战略推进不及预期；②电网数字化建设不及预期；③数字基础设施与电网融合进展不及预期；④能源互联网规划落地节奏不及预期。受 2020 年全球暴发的新冠肺炎疫情影响，由于面临更大的不确定性，能源互联网投资出现波动。美国得克萨斯州 2021 年 2 月的大规模停电还暴露出如何在未来的发展中平衡新老能源以及如何应对气候变化带来的更加频繁的极端天气问题。

能源互联网通过发展本地化基础设施和本地市场等商业模式，使地方参与者能够越来越独立于现有能源体制，但需要大量的企业商业模式创新和地方政府承担风险。风险和不确定性可以增强消费者对建立自主拥有的、自给自足的 DER 系统的兴趣，带来能源互联网市场更大的灵活性，以及能源决策的分散化。与之相对应，现有社会技术体制需要进行重大的结构性改革，对当前集中化市场的能源体系和监管体制进行彻底改革。

第二节　创新包容的能源互联网商业模式治理方式

　　决策者可以作为社会技术变革的催化剂，促进与聚集来自能源互联网生态位水平的创新，反过来挑战和发展社会技术制度本身。促进能源互联网商业模式创新有必要制定相应的政策和激励措施，并保证监管公开透明，以加快能源转型。能源转型是全球共同努力的方向，促进能源互联网及其商业模式创新的政策必须是全球维度的。自20世纪90年代中期以来实施的全球性政策，如《京都议定书》《巴黎协定》，对加速全球能源结构转变发挥了一定作用并将继续发挥作用。气候变化的挑战进一步凸显出制定促进全球能源互联网发展的新政策以实现经济脱碳的必要性。

　　能源互联网依赖于全球化的标准和协议。一种有效的全球协议需要有一种鼓励参与并限制"搭便车"的有效机制。各国政府的能源战略目标都强调了向公民提供安全、可靠、可持续和负担得起的能源。多国战略也认识到采用和适应不断增加的DER所带来的经济机会，但对其潜在影响认识尚不充分。

　　现有的能源政策法规一般并没有讨论商业模式的作用。具体而言，它们主要关注国际气候变化协议和利用可再生能源缓解气候变化。例如，制定具体的减排目标或可再生能力水平；或者鼓励可再生能源的市场发展，如制定和实施上网电价、碳排放限额与碳交易制度以及对可再生能源发电的补贴。这些政策解决了可再生能源的扩散需求和新技术潜在投资的不确定性，但没有触及促进可再生能源安装和运营的企业商业模式创新方法。如果监管机构和政策制定者希望确保他们所监管的企业的长期可持续性，那么监管和政策法规中可能出现的商业模式创新应该是这些政策中的一个关键考虑因素。

　　为提高可再生能源水平，能源公用事业部门的能源互联网商业模式创新都将政府作为主要合作伙伴以适应市场。能源公用事业部门的能源互联网商业模式创新也依赖政府政策法规对能源市场运作和方向的影响。为了建立保障能源互联网商业模式创新的市场机制，政府需要重新思考自己的角色定位，从能源监管者和能源市场修复者的角色转变为协调者和塑造者的角色，在促进持续采用可再生能源解决方案和商业模式创新方面发挥关键作用。

可再生能源的普及可能会受市场监管和制度问题的限制，而现有商业模式只能对这些问题做出有限的回应。因此，决策者需要制订全面的监管和激励计划，为促进可再生能源的推广提供多种选择。能源互联网商业模式创新需要以一种经济上可行的方式来推动可再生能源扩散，政府需要在能源部门推动和引导这种扩散。适合当地或区域情况的融资机制和创新商业模式可以显著增加可再生能源的使用。

一、营造有利于能源互联网商业模式创新的市场监管环境

政府进行能源互联网市场监管的目标在于：减少可实现的福利损失、实现生产者和消费者剩余的公平分配。监管部门有法定责任来保护能源消费者免受垄断定价的影响，促进能源互联网市场竞争，同时确保能源供应安全并持续推进能源转型进程。

政府如何帮助公民和能源市场利用经济、社会及环境效益来接纳与适应DER的增加？政府在行业发展与能源效率方面的作用是提供激励和信息，并帮助消除阻碍能源互联网市场有效运作的障碍，确保能源互联网市场是有效和高效率的。中国、德国等许多国家战略都明确提到需要新的商业模式来应对不断变化的能源格局。政府的作用是直接帮助它们的国家或地区采用并适应可再生能源，而且尽可能地从中受益，并建议可行的商业模式来实现这一目标。政府的优先事项是专注于企业为最终用户带来新想法、新技术和新产品的商业模式创新。有效的政策将指导政府帮助其公民和能源市场采用并适应日益增长的可再生能源，同时利用从这一过程中产生的预期经济、社会和环境效益。

DER和越来越多的生产者给能源部门带来了新挑战与新商业机会。传统的集中化市场在让个人用户和小微企业或组织（例如家庭、社区）参与方面

第十二章 促进能源互联网商业模式创新的政策建议

存在缺陷。P2P 能源交易聚合商可能是将产消者整合到电力市场的一种方式。然而，聚合商可能需要通过与现有零售供应商达成协议才能获得市场准入权（Ofgem，2016），这意味着限制产消者的自由和灵活性。能源互联网由此将产生更多不确定性并增加可再生能源发电所有者的成本，例如，可能需要为微电网所有者服务的法律咨询付费。提供微电网所有者服务的法律咨询公司有可能成为进入能源互联网市场的新公司。

进入能源互联网市场的新公司及其相关的能源监管机构需要对其商业模式提出的一个重要问题是：它们如何依赖当前的监管框架？这可能取决于现有的监管政策是否仍然有效，或者当前的监管政策是否被改变以更有利于可持续商业模式创新。监管机构可能需要改变那些武断地排除新参与者的市场规则，例如关于市场参与者的最小规模的规则或关于排除同时提供多种服务的参与者的规则，允许广泛的新参与者加入可以促进能源互联网发展。

能源互联网市场监管框架需简化现有能源市场监管框架，建立基于可持续原则的更简易可行的能源互联网价值链监管。具体来说：①监管框架需要大幅度调整，放宽市场管制，允许新进入者参与能源市场，以便出现新的产品和服务，给能源互联网商业模式创新提供必要的空间；②需要减少监管障碍，以推动能源互联网市场创新和市场效率提升；③需要设计和运营一个公平的、以消费者为导向的能源互联网市场，以确保消费者参与和公平获取能源；④需要建立激励机制来激活可再生能源市场，以确保灵活性、弹性和可靠的可再生能源产能；⑤明确能源互联网中的碳定价机制；⑥建立新能源市场，使新能源服务的交易更具灵活性。要做到以上六点，一方面，监管政策要注重消费者权益和保护；另一方面，要将消费者行为激励约束纳入碳减排政策框架。

目前，大多数能源监管政策关注提高能源系统效率、改变在位企业的行为，较少关注改变个人的行为。能源互联网商业模式创新迫切需要构建更加开放包容的能源治理方式。政策制定者不应该仅仅将可持续发展转型作为一种技术经济挑战（包括技术专家、政治精英和现有企业），而应该让公民、非政府组织和更广泛的公众参与进来，这可能会释放"自下而上"的基层和社区解决方案，缓解对能源互联网的社会认知和接受问题。中国有约14亿人口，促进消费者行为和生活方式的低碳化转变是能源互联网的使命，需要一系列激励和约束政策从需求侧发力，提高消费者对能源转型目标的理解，以低碳产品消费拉动低碳产品生产。

能源互联网商业模式创新尽管将众多利益相关者纳入考虑，但普遍仍集中在公司级的结果（利润）上，往往忽视了对社会（人）和环境（地球）价值的影响，因此从长远来看，符合所有利益相关者（包括社会和环境）的可持续商业模式还需要政府及政策介入。在将社会和环境价值嵌入能源互联网商业模式创新方面，监管能够而且应该发挥巨大作用。

作为商业模式创新的一部分，监管框架在发展社会和环境价值方面需要更灵活响应。一个响应更灵敏的监管框架，将认识到商业模式创新之间的复杂性，以及这些商业模式创新的不同需求，以扩大创新规模并确保更平等的价值分配。例如，政府和监管者需要找到一种方式来奖励地方能源平衡以获得地方财税支持，并促进环境和社会价值的创造与获取。

二、完善激励能源互联网商业模式创新的能源政策

围绕能源互联网及能源转型的能源政策决策是一个经济利益、政策规划和社会环境影响相互交织的复杂网络。许多能源互联网新技术和商业模式创新需要资金支持、立法支持，在它们实现盈利之前需要一定的时间才能在能源互联网市场上生存和发展。市场导向型经济体的政策制定者不需要费心挑选赢家，但没有哪项能源政策在本质上不触及现任或挑战者的利益。市场战略、环境压力、社会运动和技术变革的动态互动，意味着很难将加速能源转型与保护公民权利和既得利益区分开。

"传统"政策工具包括信息活动、环保法规、性能标准、环境税、总量管制与排放交易政策、上网电价补贴（Feed-in-tariffs）、购买补贴、低息贷款、资金资助、投资补贴等。

目前，全球范围内的能源互联网政策包括碳税政策、碳信用或排放信用政策、能源互联网项目拨款补助政策、能源互联网项目政府或国企出资政策、

第十二章 促进能源互联网商业模式创新的政策建议

监管政策、碳捕获和碳封存政策、垂直整合政策等。通过碳税、税收抵免、碳排放交易、碳捕获与碳封存义务①、排放绩效标准、政府采购标准，引入二氧化碳减排定价机制，从而激励能源互联网项目投资，推动能源互联网企业商业模式创新。

中国的能源互联网政策设计需全面考虑全球政策、国家政策，还需要结合当地资源禀赋的地方政策。风力涡轮机、太阳能电池板、电动汽车充电站、热泵，其中包含大量本地发电和更多不同种类的能源。天然气网络、电网和集中供热网络可能在地方一级有所不同，因此也需要从地方的角度来设计。

政策支持对能源互联网新商业模式的蓬勃发展至关重要。欧盟清洁能源方案对初创企业，特别是为能源贸易提供数字平台的初创企业非常有利（欧盟，2019）。例如，欧盟清洁能源方案第 16 条明确，本地能源社区"①有权拥有、建立或租用社区网络，并自行管理这些网络；②能够以非歧视的方式直接或通过聚合商②或供应商进入所有有组织的市场"。

中国在 2014 年到 2020 年出台了六百余项能源互联网相关政策法律，构建了"政策组合—相关产业—发展方向"多维度的能源互联网政策法律体系。2020 年版《中华人民共和国能源法》是能源革命重要里程碑。"十四五"是国家经济激励由政策驱动转向市场自发行为拉动的关键期，新能源等补贴政策正逐步退出。通过实施精细化管理避免能源政策"一刀切"，"自顶向下"在国家、省级、城乡、园区、企业及基础设施六个层级，通过技术经济分析（TEA）、综合效益评估及市场机制，促进能源互联网商业模式创新案例在市场推广扩散。

能源政策应该为能源互联网商业模式创新奠定基础，包括制定灵活的选择或能源交易产品，以通过有效利用资源确保实现全球碳中和的能源转型目

---

① 全球碳捕集与封存研究院. 全球碳捕集与封存现状 2021 [EB/OL]. (2021-10-13) [2021-11-20]. https://cn.globalccsinstitute.com/resources/publications-reports-research/the-global-status-of-ccs-2021/.

② 聚合商是一种代理商，它管理着多个小规模分散资源，像一个更大规模的集中式发电资产一样运行。澳大利亚、比利时、法国、德国、荷兰、英国、美国已经为聚合商建立了监管框架（IRENA，2019）。

标。能源互联网商业模式创新的政府政策和激励措施有各种形式：目标、财政激励、免税或降税、公用事业法规、可再生能源拍卖和能源互联网项目招标等。可再生能源目标和针对电力部门的税收激励是支持能源转型的两项最常见的政策。中国还制定了供暖、制冷和交通运输部门的可再生能源政策或目标。事实证明，支持和扶持政策以及激励措施有利于可再生能源在电力部门的推广，也有利于促进其他部门的部署。

政策制定者需采取有效措施，调整未来能源战略，更好地应对可再生能源的持续扩散。毕竟，如果没有可行的商业模式支持，最好的可再生能源技术和政策也无法实现能源部门所需的可持续转型。设计能源互联网商业模式涉及对能源部门当前和未来商业模式创新的讨论，以应对和利用能源市场中不断增加的可再生能源。制定激励能源互联网商业模式创新的能源战略，要考虑以下三点：

1. 大力发展能源互联网中介机构

政策制定者可以通过创建和支持创新型中介机构来促进制度创新，如能源服务公司、能源聚合商、经纪商、数据处理公司，以及旨在帮助消费者达成更好能源交易的组织。

2. 继续深化推进能源互联网市场体系建设

包括逐渐放开用户选择权、参与权，培育多元化售电主体；进一步提高可再生能源并网比重以及消纳利用水平；发展 DER 发电、智能电网、跨省跨区交易等；最终实现能源互联网用户自主选择在何地以何价使用何种电源。

3. 由政府主导或推动建立相关能源互联网平台和数据库

尽管终端用户（消费者）在推动社会技术转型方面具有重大潜力，但他们在能源互联网商业模式创新中的作用很大程度上仍然被决策者忽视，因为传统观念认为终端用户是创新的被动接受者。这往往也使公众认为政策在促进可持续创新方面的作用是促进终端用户采纳，而不是促进终端用户积极参与创造。为更好地激励能源互联网终端用户的创新，国家和地方一级机构，有必要建立能源互联网知识分享网络和最佳做法案例数据库。例如，可以建立能源互联网"创客空间"项目和 App，帮助终端用户制作任务原型并传播

第十二章 促进能源互联网商业模式创新的政策建议

他们的创新。

政府政策对于引导社会经济发展走向低碳能源、最小化资源消耗的途径至关重要。尽管智能家居技术可以促进零碳转型,但数据处理问题、能源和材料的大量使用可能会导致不可持续的能源消费模式,产生碳排放和回弹效应,最终抵消部分或全部智能设备带来的节能效果。可采用的政策激励措施包括:①强制监管提高能效标准;②减少备用网络设备的损失;③鼓励建立更高效的数据传输网络和运行数据中心。

跨境贸易合作使得当今的能源系统越来越联系紧密(例如欧洲一体化),国家气候和能源政策的决定应该是国与国间的协调,以避免不必要的管理复杂性。能源政策应该为能源互联网商业模式创新奠定基础,包括制定灵活的选择或能源交易产品,以通过有效利用资源确保实现全球能源转型目标。

为了给能源互联网商业模式创新腾出空间,并释放能源互联网市场潜力,能源政策制定者和监管当局应该采取一种复杂的价值识别过程,分析能源互联网系统中具体的价值机会,挖掘其潜在的商业模式,为商业模式在能源互联网市场上的创新创造空间,激励参与能源供应的利益相关者。要认识到价值可以以不同的形式存在,而新能源政策可能需要使复杂价值的获取和货币化成为可能。

决策者应密切注意能源互联网市场中潜在的和正在出现的商业模式创新,因为这些商业模式创新在能源系统效率和社会经济收益方面都有巨大潜力,并可能带来实质性利益。价值主张、价值获取和商业模式创新的识别与分类可以指导能源市场政策。

创新包容能源互联网商业模式创新的治理体系,还需要系统地分析分配制度、治理机制和经济制度的政策改革,例如推进横向的政策协调。因为能源互联网商业模式创新的扩散传播往往涉及部门政策(运输、能源、农产食品)和跨部门政策(财政、教育、工业)的调整。

参考文献

[1] ACCENTURE CONSULTING LTD. Unleashing business value in a digital world [EB/OL]. (2017-07-24) [2021-04-09]. https://www.accenture.com/us-en/insight-unleashing-business-value-main.

[2] AL-SALEH Y, MAHROUM S. A critical review of the interplay between policy instruments and business models: Greening the built environment a case in point [J]. Journal of Cleaner Production, 2014, 42 (8): 1-11.

[3] AMIT R, ZOTT C. Crafting business architecture: The antecedents of business model design [J]. Strategic Entrepreneurship Journal, 2015, 9 (4): 331-350.

[4] AMIT R, ZOTT C. Creating value through business model innovation [J]. MIT Sloan Management Review, 2012, 53 (4): 41-49.

[5] ANDERSEN A D, MARKARD J. Multi-technology interaction in socio-technical transitions: How recent dynamics in HVDC technology can inform transition theories [J]. Technological Forecasting and Social Change, 2020, 151 (2): 1-17.

[6] ARAÚJO K. The emerging field of energy transitions: Progress, challenges, and opportunities [J]. Energy Research & Social Science, 2014 (1): 112-121.

[7] ASLANI A, MOHAGHAR A. Business structure in renewable energy industry: Key areas [J]. Renewable and Sustainable Energy Reviews, 2013 (27): 569-575.

[8] BASHIR M, VERMA R. Why business model innovation is the new competitive advantage [J]. The IUP Journal of Business Strategy, 2017 (14): 7-17.

[9] BERGGREN C, MAGNUSSON T, SUSHANDOYO D. Transition pathways revisited: Established firms as multi-level actors in the heavy vehicle industry [J].

Reserch Policy, 2015, 44 (5): 1017-1028.

[10] BMWI (Federal Ministry of Economics and Technology), BMU (Federal Ministry for the Environment, Nature Conservation, and Nuclear Safety), Energiekonzept [Z]. 2010.

[11] BOCKEN N M P, SCHUIT C S C, KRAAIJENHAGEN C. Experimenting with a circular business model: Lessons from eight cases [J]. Environmental Innovation and Societal Transitions, 2018 (28): 79-95.

[12] BOCKEN N M P, SHORT S W, EVANS S. A literature and practice review to develop sustainable business model archetypes [J]. Journal of Cleaner Production, 2014 (65): 42-56.

[13] BOCKEN N M P, SHORT S W. Towards a sufficiency-driven business model: Experiences and opportunities [J]. Environmental Innovation and Societal Transitions, 2016, 18 (3): 41-61.

[14] BOLTON R, HANNON M. Governing sustainability transitions through business model innovation: Towards a system understanding [J]. Research Policy, 2016, 45 (9): 1731-1742.

[15] BREUER H, LÜDEKE-FREUD F. Value-based network and business model innovation [J]. International Journal of Innovation Management, 2017, 21 (3): 1-35.

[16] BRYANT S T, STRAKER K, WRIGLEY C. The typologies of power: Energy utility business models in an increasingly renewable sector [J]. Journal of Cleaner Production, 2018 (195): 1032-1046.

[17] CAMERON R, FRANK W G. Conditions for politically accelerated transitions: Historical institutionalism, the multi-level perspective, and two historical case studies in transport and agriculture [J]. Technological Forecasting & Social Change, 2019 (140): 221-240.

[18] CAO J, YANG M. Energy Internet-towards Smart Grid 2.0 [C]. Proceedings of the 4th International Conference on Networking and Distributed Compu-

ting, 2013: 105-110.

[19] CARRINGTON G, STEPHENSON J. The politics of energy scenarios: Are international energy agency and other conservative projections hampering the renewable energy transition? [J]. Energy Research & Social Science, 2018 (46): 103-113.

[20] CASADESUS-MASANELL R, RICART J E. How to design a winning business model [J]. Harvard Business Review, 2011 (89): 100-107.

[21] CHASIN F, et al. Smart energy driven business model innovation: An analysis of existing business models and implications for business model change in the energy sector [J]. Journal of Cleaner Production, 2020 (269): 1-13.

[22] CHESBROUGH H W. Environmental influences upon firm entry into new sub-markets: Evidence from the worldwide hard disk drive industry conditionally [J]. Research Policy, 2003, 32 (4): 659-678.

[23] CHESBROUGH H W. The era of open Innovation [J]. Sloan Management Review, 2003, 44 (3): 35-41.

[24] CHESBROUGH H, ROSENBLOOM R S. The role of the business model in capturing value from innovation: Evidence from Xerox Corporation's technology spin-off companies [J]. Industrial and Corporate Change, 2002, 11 (3): 529-555.

[25] CHESBROUGH H. Business model innovation: Opportunities and barriers [J]. Long Range Planning, 2010, 43 (2-3): 354-363.

[26] CHRISTENSEN C, RAYNOR M, MCDONALD R. What is disruptive innovation? [J]. Harvard Business Review, 2015 (12): 44-53.

[27] CHRISTENSEN C. The innovator's dilemma: When new technologies cause great firms to fail [M]. Boston: Harvard Business School Press, 1997.

[28] DOZ Y L, KOSONEN M. Embedding strategic agility: A leadership agenda for accelerating business model renewal [J]. Long Range Planning, 2010, 43 (2/3): 370-382.

[29] DUKE T, HWAIHWANJE I, KAUPA M, et al. Solar powered oxygen

systems in remote health centers in Papua New Guinea: A large-scale implementation effectiveness trial [J]. Journal of Global Health, 2017 (7): 184-192.

[30] FEHRER J A, WIELAND H. A systemic logic for circular business models [J]. Journal of Business Research, 2021 (125): 609-620.

[31] FOXON T. A coevolutionary framework for analyzing a transition to a sustainable low carbon economy [J]. Ecological Economics, 2011, 12 (70): 2258-2267.

[32] GEELS F W, KERN F, FUCHS G, et al. The enactment of socio-technical transition pathways: A reformulated typology and a comparative multi-level analysis of the German and UK low-carbon electricity transitions (1990-2014) [J]. Research Policy, 2016, 45 (4): 896-913.

[33] GEELS F W, SCHOT J. Typology of sociotechnical transition pathways [J]. Research Polocy, 2007 (36): 399-417.

[34] GEELS F W. Reconceptualising the co-evolution of firms-in-industries and their environments: Developing an inter-disciplinary triple embeddedness framework [J]. Research Policy, 2014 (43): 261-277.

[35] GEELS F W. Regime resistance against low-carbon transitions: Introducing politics and power into the multi-level perspective [J]. Theory Culture & Society, 2014 (31): 21-40.

[36] GEELS F W. The multi-level perspective on sustainability transitions: Responses to seven criticisms [J]. Environmental Innovation and Societal Transitions, 2011 (1): 24-40.

[37] HAMELINK M, Opdenakker R. How business model innovation affects firm performance in the energy storage market [J]. Renewable Energy, 2019 (131): 120-127.

[38] HANNON M J, FOXON T J, GALE W F. The co-evolutionary relationship between energy service companies and the UK energy system: Implications for a low-carbon transition [J]. Energy Policy, 2013 (61): 1031-1045.

[39] HERBES C, BRUMMER V, ROGNLI J, et al. Responding to policy

change: New business models for renewable energy cooperatives – barriers perceived by cooperatives' members [J]. Energy Policy, 2017 (109): 82-95.

[40] HITEVA R, TIMOTHY J. Beware the value gap: Creating value for users and for the system through innovation in digital energy services business models [J]. Technological Forecasting & Social Change, 2021 (166): 1-4.

[41] HUIJBEN J C C M, VERBONG G P J, PODOYNITSYNA K S. Mainstreaming solar: Stretching the regulatory regime through business model innovation [J]. Environmental Innovation and Societal Transitions, 2016 (20): 1-15.

[42] HUIJBEN J C C M, VERBONG G P J. Breakthrough without subsidies? PV business model experiments in the Netherlands [J]. Energy Policy, 2013 (56): 362-70.

[43] HYYSALO S, JUNTUNEN J K, FREEMAN S. User innovation in sustainable home energy technologies [J]. Energy Policy, 2013 (55): 490-500.

[44] IEA. Digitalization & energy [R/OL]. International Energy Agency, (2017-04-05) [2021-03-10]. https://www.iea.org/events/digitalization-and-energy.

[45] IEA. World energy outlook 2019 [R/OL]. International Energy Agency, (2019-11-13) [2021-03-12]. https://www.iea.org/events/world-energy-outlook-2019.

[46] INTERNATIONAL RENEWABLE ENERGY AGENCY. Renewable power generation costs in 2019 [R/OL]. (2020-06-02) [2021-03-12]. https://www.irena.org/publications/2020/Jun/Renewable-Power-Costs-in-2019.

[47] IPCC. Summary for policymakers of IPCC special report: Global warming of 1.5 ℃ [R/OL]. (2018-10-06) [2021-03-11]. https://www.ipcc.ch/sr15/chapter/spm/.

[48] JOHNSON M W. Seizing the white space: Business model Innovation for transformative growth and renewal [M]. Boston: Harvard Business School Publishing, 2010.

[49] JOHNSTONE P, KIVIMAA P. Multiple dimensions of disruption, energy transitions and industrial policy [J]. Energy Research & Social Science, 2018 (37): 260-265.

[50] KATTIRTZI M, et al. Incumbents in transition? The role of the "Big Six" energy companies in the UK [J]. Energy Policy, 2021 (148): 1-12.

[51] KOHLER J, GEELS F W, KERN F, et al. An agenda for sustainability transitions research: State of the art and future directions [J]. Environmental Innovation and Societal Transitions, 2019 (31): 1-32.

[52] KUNGL G, GEELS F W. Sequence and alignment of external pressures in industry destabilization: Understanding the downfall of incumbent utilities in the German energy transition (1998-2015) [J]. Environmental Innovation and Societal Transitions, 2017 (5): 1-22.

[53] LINDGADT Z, et al. Business model innovation: When the game gets tough, change the game [J]. The Beston Consulting Group, 2009 (9): 1-8.

[54] LIU Y, FENG S, CAI S, et al. Carbon emission trading system of China: A linked market vs. separated markets [J]. Frontiers of Earth Science, 2013 (10): 465-479.

[55] LOOCK M. Unlocking the value of digitalization for the European energy transition: A typology of innovative business models [J]. Energy Research & Social Science, 2020 (69): 1-9.

[56] MACHADO C G, WINROTH M P, Ribeiro da silva E H D. Sustainable manufacturing in Industry 4.0: An emerging research agenda [J]. International Journal of Production Research, 2020, 58 (5): 1462-1484.

[57] MARKARD J, RAVEN R, TRUFFER B. Sustainability transitions: An emerging field of research and its prospects [J]. Research Policy, 2012 (41): 955-967.

[58] MCELROY M B, LU X, NIELSEN C P. Potential for wind generated electricity in China [J]. Science, 2009, 5946 (325): 1378-1380.

[59] MCMEEKIN A, GEELS F W, HODSON M. Mapping the winds of whole system reconfiguration: Analyzing low-carbon transformations across production, distribution and consumption in the UK electricity system [J]. Research Policy, 2019 (48): 1216-1231.

[60] NASER H M, MOHAMMADREZAEI M, HUNT J, et al. Internet of Things (IoT) and the energy sector [J]. Energies, 2020, 13 (2): 494.

[61] NIELSEN K R. Policymakers' views on sustainable end-user innovation: Implications for sustainable innovation [J]. Journal of Cleaner Production, 2020 (254): 1-12.

[62] OSTERWALDER A, PIGNEUR Y, TUCCI C L. Clarifying business models: Origins, present, and future of the concept [J]. Communications of the Association for Information Systems, 2005 (16): 1-25.

[63] OSTERWALDER A, PIGNEUR Y. Designing business models and similar strategic objects: The contribution of IS [J]. Journal of the Association for Information System, 2013, 14 (5): 237-244.

[64] PANG Y, et al. Business model of distributed photovoltaic energy integrating investment and consulting services in China [J]. Journal of Cleaner Production, 2019 (218): 943-965.

[65] PROKA A, et al. When top-down meets bottom-up: Is there a collaborative business model for local energy storage? [J]. Energy Research & Social Science, 2020, 69 (5): 1-13.

[66] PUMPHREY K, et al. Green hope or red herring? Examining consumer perceptions of peer-to-peer T energy trading in the United Kingdom [J]. Energy Research & Social Science, 2020, 68 (5): 1-15.

[67] RAUTER R, JONKER J, BAUMGARTNER R J. Going one's own way: Drivers in developing business models for sustainability [J]. Journal of Cleaner Production, 2017, 140 (1): 144-154.

[68] RICHARD H, ROBERT G. How do energy systems model and scenario

studies explicitly represent socio-economic, political and technological disruption and discontinuity? Implications for policy and practitioners [J]. Energy Policy, 2021 (149): 1-20.

[69] RICHTER M. Business model innovation for sustainable energy: German utilities and renewable energy [J]. Energy Policy, 2013, 62 (5): 1226-1237.

[70] RUGGIERO S, et al. Business model innovation in demand response firms: Beyond the niche-regime dichotomy [J]. Environmental Innovation and Societal Transitions, 2021 (39): 1-17.

[71] SALAH F, FLATH C M, SCHULLER A, et al. Morphological analysis of energy services: Paving the way to quality differentiation in the power sector [J]. Energy Policy, 2017 (106): 614-624.

[72] SBORDONE D, BERTINI I, DI PIETRA B, et al. EV fast charging stations and energy storage technologies: A real implementation in the smart micro grid paradigm [J]. Electric Power Systems Research, 2015 (120): 96-108.

[73] SCHAR S, PRAKTIKNJO A. The role of a digital industry 4.0 in a renewable energy system [J]. International Journal of Energy Research, 2019, 43 (8): 3891-3904.

[74] SCOTT T B, STRAKERA K, WRIGLEY C. The discourses of power – governmental approaches to business models in the renewable energy transition [J]. Energy Policy, 2019 (130): 41-59.

[75] SMALL F, FRANTZIS L. The 21st century electric utility: Positioning for a low-carbon future [J]. Ceres, 2010 (7): 5.

[76] SOMALI A, PINKSE J. The consequences of smart grids for the business model of electricity firms [J]. Journal of Cleaner Production, 2015 (7): 1-12.

[77] SOVACOOL B K. Contestation, contingency, and justice in the Nordic low-carbon energy transition [J]. Energy Policy, 2017 (102): 569-582.

[78] SOVACOOLA B K, GEELS F W. Further reflections on the temporality of energy transitions: A response to critics [J]. Energy Research & Social Science,

2016 (22): 232-237.

[79] STRUPEIT L, PALM A. Overcoming barriers to renewable energy diffusion: Business models for customer-sited solar photovoltaics in Japan, Germany and the United States [J]. Journal of Cleaner Production, 2016 (123): 124-136.

[80] TEECE D J. Business models, business strategy and innovation [J]. Long Range Planning, 2010 (43): 172-194.

[81] TROTT P. Innovation management and new product development [M]. London: Pearson Eduction Inc., 2017.

[82] WAINSTEIN M E, BUMPUS A G. Business models as drivers of the low carbon power system transition: A multi-level perspective [J]. Journal of Cleaner Production, 2016 (126): 572-585.

[83] WESSELING J H, BIDMON C, BOHNSACK R. Business model design spaces in socio-technical transitions: The case of electric driving in the Netherlands [J]. Technological Forecasting & Social Change, 2020 (154): 1-11.

[84] WEST J, GALLAGHER S. Challenges of open innovation: The paradox of firm investment in open-source software [J]. R&D Management, 2006, 36 (3): 319-331.

[85] WEST J, VANHAVERBEKE W, CHESBROUGH H. Open innovation: A research agenda [A] //CHESBROUGH H, VANHAVERBEKE W, WEST J. Open innovation: Researching a new Paradigm [M]. Oxford: Oxford University Press, 2006: 285-307.

[86] WU Z, SUN H, DU Y. A large amount of idle capacity under rapid expansion: Policy analysis on the dilemma of wind power utilization in China [J]. Renewable and Sustainable Energy Reviews, 2014 (32): 271-277.

[87] ZENG M, LIU X, LI N. Overall review of renewable energy tariff policy in China: Evolution, implementation, problems and countermeasures [J]. Renewable and Sustainable Energy Reviews, 2013, (25): 260-271.

[88] ZHAO H, GUO S, FU L. Review on the costs and benefits of renewable

energy power subsidy in China [J]. Renewable and Sustainable Energy Reviews, 2014 (37): 538-549.

[89] ZHOU K, YANG S, SHAO Z. Energy Internet: The business perspective [J]. Applied Energy, 2016 (178): 212-222.

[90] ZOTT C, AMIT R. Business model design: An activity system perspective [J]. Long Range Planning, 2010 (43): 216-226.

[91] 埃森哲. 消费者数字化需求攀升,能源供应商落后预期 [R/OL]. 埃森哲咨询有限公司, (2017-06-28) [2021-04-04]. https://www.accenture.cn/cn-zh/company-new-energy-consumers-research.

[92] 安海忠, 钟维琼, 何波, 等. 全球能源管理体制分析 [J]. 资源与产业, 2013, 15 (6): 1-6.

[93] BP能源公司. BP世界能源统计年鉴2016 [EB/OL]. (2017-07-23) [2021-02-14]. http://www.bp.com/zh_cn/china/reports-and-publications.html.

[94] BP能源公司. BP世界能源统计年鉴2020 [EB/OL]. (2020-06-17) [2021-04-8]. https://www.bp.com/zh_cn/china/home/news/press-releases/news-06-17.html.

[95] 曹军威, 孙嘉平. 能源互联网与能源系统 [M]. 北京: 中国电力出版社, 2015.

[96] 曹军威, 等. 能源互联网: 信息与能源的基础设施一体化 [J]. 南方电网技术, 2014, 8 (4): 1-10.

[97] 曹军威, 等. 能源互联网与能源路由器 [J]. 中国科学: 信息科学, 2014, 44 (6): 714-727.

[98] 车亮亮. 我国能源绿色转型对策研究 [J]. 大连理工大学学报 (社会科学版), 2015, 36 (2): 41-46.

[99] 陈启鑫, 王克道, 陈思捷, 等. 面向分布式主体的可交易能源系统: 体系架构、机制设计与关键技术 [J]. 电力系统自动化, 2018, 42 (3): 1-7+31.

[100] 戴宗翰．CPTPP所竖立的电力能源贸易壁垒：兼论我国推动全球能源互联网的贸易挑战［J］．东南大学学报（哲学社会科学版），2019，40（21）：85-92．

[101] 德国最大的能源公司E. ON决定剥离发电业务［EB/OL］．科技世界网，（2015-08-24）［2016-06-11］．http：//www.twwtn.com/detail_ 44822.htm．

[102] 德勤管理咨询有限公司．售电市场改革激发商业模式创新［EB/OL］．（2016-11-21）［2021-03-21］．https：//www2.deloitte.com/cn/zh/pages/energy-and-resources/articles/new-china-power-report.html．

[103] 方行明，何春丽，张蓓．世界能源演进路径与中国能源结构的转型［J］．政治经济学评论，2019，10（2）：178-201．

[104] 国务院发展研究中心资源与环境政策研究所．中国能源革命进展报告2020［M］．北京：石油工业出版社，2020．

[105] 韩英铎，余贻鑫，黄其励，等．能源互联网：中国战略性新兴产业发展报告［R］．中国工程院，2015．

[106] 黄春林，孙中昶，蒋会平，等．地球大数据助力"可持续城市和社区"目标实现：进展与挑战［J］．中国科学院院刊，2021，36（8）：914-922．

[107] 克里斯滕森．创新者的窘境［M］．吴潜龙，译．南京：江苏人民出版社，2001．

[108] 李俊峰，柴麒敏．论我国能源转型的关键问题及政策建议［J］．环境保护，2016（5）：16-21．

[109] 李善友．颠覆式创新：移动互联网时代的生存法则［M］．北京：机械工业出版社，2014．

[110] 林伯强，李江龙．环境治理约束下的中国能源结构转变：基于煤炭和二氧化碳峰值的分析［J］．中国社会科学，2015（9）：84-107．

[111] 刘敦楠，曾鸣，黄仁乐，等．能源互联网商业模式与市场机制［J］．电网技术，2015，39（11）：3057-3063．

[112] 刘强，白玉竹，范爱军．全球能源互联网的产业效应分析［J］．

山东社会科学，2017（80）：162-168.

[113] 刘晓东．能源互联网背景下能源4.0转型路径探究[J]．生态经济，2018，(6)：89-93+99.

[114] 刘永相，徐华池，江冰，等．基于充电网络与车联网平台的能源互联网生态体系研究[J]．全球能源互联网，2019，2（5）：492-501.

[115] 刘振亚．全球能源互联网[M]．北京：中国电力出版社，2015.

[116] 史丹．推进中国能源转型的供给侧措施[J]．中国经济学人，2017，12（1）：80-97.

[117] 史丹．当前能源价格改革的特点、难点和重点[J]．价格理论与实践，2013（1）：18-20.

[118] SU W C, HUANG A Q．美国的能源互联网与电力市场[J]．科学通报，2016，61（11）：1210-1221.

[119] 孙宏斌，郭庆来，潘昭光，等．能源互联网：驱动力、评述与展望[J]．电网技术，2015，39，（11）：3005-3013.

[120] 孙宏斌．能源互联网：理念、架构与前沿展望[J]．电力系统自动化，2015，39（19）：1-8.

[121] 王继业，孟坤，曹军威，等．能源互联网信息技术研究综述[J]．计算机研究与发展，2015，52（3）：1-18.

[122] 王剑．能源互联网体系构建及对策研究[J]．科技管理研究，2016（10）：203-209+220.

[123] 王君安，高红贵，颜永才，等．能源互联网与中国电力部门商业模式创新[J]．科技管理研究，2017（8）：26-32.

[124] 王君安，颜永才，易艳春，等．MLP下我国能源发展转型历程、困境与对策[J]．宏观经济管理，2017（11）：81-88.

[125] 王敏，徐晋涛，黄卓．能源体制改革：有效的市场、有为的政府[J]．国际经济评论，2014（4）：37-54.

[126] 王抒祥，饶尧，宋艺航，等．电动汽车充换电服务商业模式综合评价研究[J]．现代电力，2013（2）：89-94.

[127] 王旭,徐向艺,褚旭,等.绿色金融:均衡发展还是择善而从?:权力博弈视角下基于电力企业的实证研究[J].山东财经大学,2018,39(10):93-104.

[128] 魏炜,胡勇,朱武祥.变革性高速成长公司的商业模式创新奇迹:一个多案例研究的发现[J].管理评论,2015(7):218-231.

[129] 魏炜,李飞,朱武祥.商业模式学原理[M].北京:北京大学出版社,2020.

[130] 魏炜,朱武祥,林桂平.基于利益相关者交易结构的商业模式理论[J].管理世界,2012(12):125-131.

[131] 邬亮,赵小凡,齐晔.改革开放以来中国能源供需特征与治理模式[J].中国人口·资源与环境,2014(24):1-6.

[132] 吴静.新能源革命能否促进中国工业绿色转型?:基于因素分解法的实证分析[J].经济体制改革,2017(2):184-191.

[133] 项目综合报告编写组.《中国长期低碳发展战略与转型路径研究》综合报告[J].中国人口·资源与环境,2020,30(11):1-25.

[134] 肖兴志,李少林.能源供给侧结构性改革:实践反思、国际镜鉴与动力找寻[J].价格理论与实践,2016(2):23-28.

[135] 徐景安.中国政府究竟应扮演什么角色:评杨小凯、林毅夫、张维迎之争[J].中国经济报告,2014(12):62-65.

[136] 徐鹏,徐向艺,苏建军.行业变革背景下先发企业合法性的获取机制:基于扎根理论的国家电网公司案例[J].经济管理,2017(110):39-53.

[137] 徐箏,孙宏斌,郭庆来.综合DR研究综述及展望[J].中国电机工程学报,2018,38(24):7194-7205.

[138] 杨锦春,孙欣欣.能源互联网制度创新研究[J].上海经济研究,2019(90):60-68.

[139] 杨锦春.能源互联网:资源配置与产业优化研究[D].上海:上海社会科学研究院,2019.

[140] 于明远，范爱军．全球能源互联网：推进"一带一路"发展新契机［J］．理论学刊，2018，275（1）：78-84．

[141] 詹·法格博格，戴维·莫利，理查德·纳尔逊．牛津创新手册［M］．柳卸林，译．北京：知识产权出版社，2009．

[142] 曾鸣．泛在电力 IoT 与互惠共赢能源互联网生态圈［J］．中国电业，2019（8）：22-27．

[143] 张国兴，高秀林，汪应洛．我国节能减排政策协同的有效性研究：1997— 2011［J］．管理评论，2015，27（12）：3-17．

[144] 张锐，寇静娜．全球清洁能源治理的兴起：主体与议题［J］．经济社会体制比较，2020，208（2）：182-191．

[145] 张维迎．中国有五大阻碍创新的法律和政策［EB/OL］．新浪财经，（2017-06-06）［2017-07-24］．http：//finance.sina.com.cn/zl/china/2017-06-06/zl-ifyfuzny3473075.shtml？cre=zl&r=user&pos=5_ 2．

[146] 张小平，李佳宁，付灏．全球能源互联网对话工业4.0［J］．电网技术，2016，40（6）：1607-1611．

[147] 中国石油经济技术研究院．2050 年世界能源展望［R］．2020．

[148] 周大地．实现中国零碳能源系统的九点建议［J］．环境与生活，2021，155（1）：35-37．

[149] 周济．智能制造："中国制造2025"的主攻方向［J］．中国机械工程，2015，26（17）：2273-2284．

[150] 周黎安．转型中的地方政府：官员激励与治理［M］．北京：格致出版社，2017．

[151] 周其仁．产权与中国变革［M］．北京：北京大学出版社，2017．

[152] 周孝信，曾嵘，高峰，等．能源互联网的发展现状与展望［J］．中国科学：信息科学，2017（47）：149-170．

[153] 周亚虹．政府扶持与新型产业发展：以新能源为例［J］．经济研究，2015（6）：147-161．

后 记

能源互联网深度融合能源系统和现代通信技术，为能源体制创新提供新空间，也带来市场利基创新的新动力。开放式创新理念吸引更广泛主体参与能源互联网发展，形成充分竞争的市场体制，加速推进面向碳中和目标的能源转型。我国发展能源互联网，面临重大机遇与挑战，需要跨界思维来重塑能源生态，构建生态文明下的绿色低碳能源体系。

作为推动力的能源互联网相关技术进步与作为拉动力的能源互联网商业应用创新之间的互动推动能源互联网发展。目前的研究多集中在能源互联网相关技术上，对能源互联网商业应用关注不足，技术市场扩散迟缓。前所未有的能源行业技术变革也意味着前所未有的不确定性及其所带来的机遇与挑战。为在变革和挑战中敏锐感知机遇、把握机遇，需要有志于推动能源互联网发展的各方参与主体具备更为前瞻性及创造性的战略思维。

鉴于能源转型受制于社会现实体制，而社会现实体制受制于历史演变，现实困境是历史演变中不同层次具有适应性的主体间相互作用的均衡结果。只有跳出现行能源体制的束缚寻找新出路，汇聚能源互联网新动力，才可能打破均衡。

中国能源企业传统商业模式面临巨大挑战。能源互联网大大扩展并重新界定能源行业的空间和边界，改变能源运行环境，增强市场主体的合作意识，使能源从生产端直接到消费端，彻底重构价值链上的利益分配格局，为体制创新提供新空间；也有潜力从消费端反向影响生产端，使生产真正做到随需而动，建立新供给模式和交易关系，带来能源企业商业模式创新的新动力。

当国家指令性能源发展模式受阻时，转换思路，多管齐下，寻求包含社会、市场和政府分工协作的市场创新演变是可行途径。开放式创新吸引更广泛主体参与能源互联网发展，形成充分竞争的市场体制，引导公众参与、政

后 记

府支持、新竞争者加入，成为能源转型的路径选择。人口规模和领土面积大国的叠加，使我国创新思想集聚迸发，交流较为频繁，技术创新发生率较高；由于市场需求规模较大，社会消费差异大、层次多，有传统、求新等不同消费需求，也存在不同支出水平，新技术产品容易得到市场的逐级接受，市场化和产业化较快；我国互联网发展水平、新能源技术、智能电网基础设施在全球处于领先水平，其深度融合带来的破坏式创新，可以大大解放和发展生产力。可见，在我国大力发展能源互联网更具大国优势。相关企业应该主动利用能源互联网带来的转型机遇，创新商业模式，以最小化成本、风险和环境影响，使机会、选择和社会利益最大化。

人类缺乏与当前和历史趋势显著背离的未来发展的想象力。从化石能源模式到可持续能源模式的转变是一个巨大的挑战。发展能源互联网已逐渐成为全球共识，其推动需要开放的多学科、多视角、多行业领域的共同努力。

本书所研究的能源互联网商业模式创新搭建起能源互联网技术与商业应用实践的桥梁，为可持续能源在能源互联网市场上成功和更广泛应用提供抛砖引玉的研究探索。

由于本人能力有限，本研究尚有诸多不足之处，敬请读者不吝赐教！

王君安
2021 年 5 月 6 日